사이코드라마 수퍼비전

Supervision in Psychodrama
Experiential Learning in Psychotherapy and Training

Hannes Krall · Jutta Fürst · Pierre Fontaine 엮음
최대헌 · 방기연 · 심호규 · 소용주 옮김

박학사

Translation from the English language edition:
Supervision in Psychodrama

by Hannes Krall, Jutta Fürst and Pierre Fontaine

역자 서문

먼 길을 떠나는 이들을 위하여

전문가의 길을 간다는 것은 분야마다 필요한 절대시간과 경제적 비용을 투자하고 과학적 근거를 위한 지적 노력을 아끼지 말아야 한다. 더불어 전문가로서의 성장과 성숙을 위한 개개인의 자발성이 높은 인지, 창조적인 정서, 열린 문화보존성으로 상황과 관계에 필요한 역할행동 노력도 기울여야 한다. 이러한 일반적 자질과 전문적 자질을 위한 노력이 쉽지 않기에 많은 사람들이 도전을 하지만 전문가의 지위를 갖는 것이 무척 어렵다. 전문가라는 지위를 가져도 타인으로부터 인정을 받고 스스로 자부심을 가지면서 전문가로서 필요한 능력을 지속적으로 유지하는 것은 더 어렵다. 역자 역시 이런 과정을 거쳐 왔고 앞으로도 이런 과정 속에서 전문가의 삶이 이어지리라 생각한다.

이 책을 국내에 전달하고자 마음을 가지고 시작한 이유는 미국 중심의 관점들에서 유럽의 상황과 시스템에 대한 소개가 필요하다고 생각했기 때문이다. 미국은 상담과 심리치료에 많은 것을 선도하지만 상담과 심리치료에 일천한 우리나라의 입장에서는 편향된 미국중심에서 벗어나서 유럽의 상황을 배우는 것도 다양성이라는 측면에서 필요하기 때문이다. 두 번째는 먼저 시작한 사이코드라마전문가로서 새롭게 배움을 시작을 하거나 가르침을 준비하는 사이코드라마전문가들의 수퍼비전 오류가 후학들에게 미치는 부정적 영향을 최소화하기 위해서 다른 나라의 전문가들의 노력을 함께 배우고 성장하기 위함이다.

이런 바람에 수퍼비전의 전문가이신 고려사이버대 방기연 교수님께서 흔쾌히 전체 진행의 방향을 잡는 데 동참하여 주시고, 상담전문가로서 현장에서 오랫동안 활동하고 있는 공군리더십센터 심호규 박사님이 초벌 번역을 진행하여 주셔서 빠르게 작업이 진행되도록 조력하여 주었다. 그리고 오랜 기간 드라마형식에 관심을 갖고 연구도 하신 사과나무상담센터 소용주 박사님도 함께하여 사이코드라마 수퍼비전 번역을 다양한 학교, 현장과 다양한 이론적 배경을 지닌 분들이 참여하여 다학제적 관점에서 시작하게 되었다.

번역과정에서 유럽의 사이코드라마 교육에 대한 가치와 전문가 교육시스템이 다양하면서도 무척 체계화, 전문화되어 있다는 것을 알고 현재 우리나라에서 진행되는 전문가 양성 과정에 대해 많은 도전과 아이디어를 배웠다. 특히 자격증 취득 중심의 교육과정의 문제점을 안고 있는 우리나라의 전문가 양성방법이 많은 문제를 갖고 있는 것은 모두가 우려하는 점이다. 이런 우려를 최소화하는 유럽의 자격취득과정과 취득 후 성장하기 위한 수퍼비전 과정은 우리나라에서도 시급하게 도입해야 할 과정으로 보여진다.

"진정한 어른이 된다는 것은 앞선 어른들의 영향으로 만들어진 존재에서 자신의 삶을 책임지는 능력과 다른 이들과 함께 살아가기 위한 능력을 스스로 만들어 가는 존재일 때이다."

전문가로서의 성장도 마찬가지이다. 앞선 전문가의 도움으로 수련생들이 만들어져 가기에 전문가들의 수퍼비전의 영향력은 지대하다. 그러기에 자발성과 창조성을 지닌 수퍼바이저의 노력은 무척 요구된다. 수련생들도 수퍼바이저의 방법이 모두 옳은 것이 아니라는 것을 아는 것도 중요하다. 그래야만 스스로 길을 만들어 갈 수 있는 능력을 배우게 된다. 이 책은 이런 두 가지 목적에 훌륭히 도달할 수 있도록 안내하리라 믿는다.

번역하는 과정에서 각기 다른 나라의 전문가들이 저자로 참여하여 용어의 통일성을 유지하는 것이 많은 어려움과 시간을 보내게 하였다. 나름 용어의 통일성을 기하고자 노력하였지만 다소 문체의 연결에 어색함이 있을 수 있다. 이것은 대표역자인 본인의 책임임을 밝혀 둔다.

끝으로 많이 지체되고 시일이 길어짐에도 충실히 출판되도록 함께하여 주신 출판사 대표님과 편집담당자님께도 감사를 드린다.

2016년 7월

심리극장청자다방에서 최대헌 마음 모아

저자 서문

사이코드라마 수퍼비전

Hannes Krall, Jutta Fürst, Pierre Fontaine

수퍼비전은 심리치료와 훈련에서의 학습 과정과 전문성 개발에 중요한 역할을 담당한다. 교육생과 사이코드라마 디렉터들은 자신들의 경험을 되돌아보며 자신의 성과와 잘못을 규명, 반성하고 대안을 찾게 된다. 어떠한 이론과 방법론을 적용하든 간에, 수퍼비전은 전문 교육에 있어서 핵심적인 의미를 지닌다.

수퍼비전에 대해서는 다양한 접근법과 정의가 여러 문헌을 통해 제시된 바 있다. Bernard와 Goodyear(2009)는 임상 수퍼비전에 대한 문헌을 종합하여 정리한 바 있다. 그들은 수퍼비전을 다음과 같이 정의하였다.

"보다 연차가 높은 전문가가 동일한 직종에 종사하는 전문가로서, 보다 연차가 낮은 전문가를 대상으로 개입하는 것. 이러한 관계는 평가적인 동시에 위계적인 성격을 지니며, 일정한 시간에 걸쳐 이루어지고, 연차가 낮은 사람의 전문 기능 수행능력을 향상시키는 동시에 해당 전문가가 상대하는 내담자들에게 제공하는 전문 서비스의 질을 살피고, 해당 직종에 진입하려 하는 사람들에 대한 일종의 문지기 역할을 하는 것을 목적으로 한다."(2009, p. 7)

이러한 정의는 우리에게 중요한 방향성을 제공해주지만, 그럼에도 강조해야 할 것은 사이코드라마에서의 수퍼비전이란 일방적인 개입이 아니라 상호작용에 기반한 학습의 과정이라는 것이다. 수퍼비전이 훈련 단계에 따라 위계적인 것은 맞지만, 그 관계는 점차 진화하여 결국에는 동등한 위치에 있는 전문가 사이의 관계로 귀결된다. 수퍼비전은 내담자나 집단을 대상으로 어떻게 개입해야 하는지에 대한 지시로부터 출발하여, 사이코드라마를 더욱 개선하기 위하여 구체적인 질문과 문제에 대해 서로 고민하고 탐색하는 과정으로 진화한다. 이로써 수퍼비전은 사이코드라마의 질을 개선하기 위한 임상 연구자로서 행동하는 동시에 향후 실무를 위해서 구체적이고도 상황기반적인 지식을 창조해나가는 공동창작 행위라고 할 수 있다.

수퍼비전은 사회복지, 교육, 심리학, 심리치료 및 의학 등 다양한 분야에서 오랜 전통을 이루고 있다. Houtsma(1973, p. 10), Bernard, Goodyear(2000, p. 81)와 같은 저자들은 수퍼비전의 유래를 미국의 자선협회(Charity Organization)로 보고 있다. 19세기 후반 무렵, 이 단체는 자원봉사자들을 감독하는 데 사회복지사를 활용하였다. 일정한 보수를 받는 사회복지사들은 두 가지 임무를 띠고 있었다. 하나는 자원봉사자들에게 가난한 사람들과 어려움에 처한 자들과 함께 일하는 법을 가르치고, 다른 하나는 이들의 업무 효율을 관리하는 것이었다. 이러한 서로 다른 두 가지 측면은 현대 수퍼비전에서도 찾아볼 수 있다. "수퍼비전의 주된 목적은 수퍼비전을 받는 사람의 전문역량 개발을 촉진하는 것이고(지지적/교육적 기능), 동시에 내담자의 안녕을 달성하는 것이다." (Bernard & Goodyear, 2009, p. 12).

심리상담 분야에서 최초의 수퍼바이저를 꼽자면 프로이트(1909/1967)를 들 수 있다. 프로이트는 제자와의 대화를 통해 그 제자의 아들이었던 "꼬마 한스"의 사례를 다루었다. 심리치료에서 나타난 임상 경험에 대해 학습하는 과정은 다른 분야에서도 중요하게 등장했다. Rogers(1842)는 각 회기(session)를 기록하고 검토할 것을 주문했는데, 상담뿐만 아니라 수퍼비전에서도 동일한 접근법을 주장했다. Bernard와 Goodyear (2009, p. 83)는 "수퍼비전은 Rogers에게 있어 중심적인 위치를 차지한 오랜 관심사였다."고 밝히고 있다.

Moreno의 경우에는 수퍼비전 혹은 그와 유사한 절차에 대해서 직접 언급한 적은 없다. 그의 초점은 행위자들, 그리고 바로 지금-여기, 무대에서 무슨 일이 일어나는지에 맞추어져 있었다. 성찰이나 암묵적인 '수퍼비전'은 무대에서, 또는 행동을 통해 이루어진다. Moreno는 문제에 대한 해결책은 바깥에서 거리를 유지하고 있는 전문가가 아니라 문제에 관여하고 있는 사람들 자신만이 찾을 수 있다고 굳게 믿고 있었다. Moreno가 지닌 학습 개념은 일종의 도제식 모델을 따르는 것으로 보인다. 교육생들에게 더욱 자발적이고, 창의적으로 자신만의 길을 찾기를 장려한다는 점에서 그렇다.

현재 사이코드라마 훈련에서는, 그것이 교육에 적용되든 상담이나 심리치료에 적용되든 간에 상관없이, 수퍼비전이 초심자들의 역량 개발에 있어 중요한 부분을 차지하고 있다. 이런 이유로, 수퍼비전은 유럽 사이코드라마 훈련 연맹(Federation of European Psychodrama Training Organisation: FEPTO)의 표준 훈련 과정으로 명시되어 있기도 하다.

훈련을 받는 동안 훈련생들은 일대일 및 집단 상황에서의 심리상담을 실시하며, 사이코드라마 분야의 경험 있는 수퍼바이저가 제공하는 계속되는 성찰과 탐구의 과정을 거친다. 일반적인 전문적 표준에 입각하면서도 자신만의 독특한 작업 스타일을 이루어내기 위해서는, 사이코드라마 훈련 과정에서 배운 실무적이고 이론적인 여러 요소들을 잘 종합해야 한다. 양질의 수퍼비전은 훈련 과정에서 훈련생들을 뒷받침하고 안내하는 데 있어 핵심적인 부분을 담당하며, 동시에 실무와 이론, 기법과 방법론적 표준, 윤리적 문제 등에 관해서 신뢰할 수 있는 기준점을 제공해주는 역할을 한다.

그러므로, 수퍼비전의 형식은 다양하게 존재한다. 수퍼비전은 일대일로도, 집단으로도 실시할 수 있다(공동 2인, 보다 큰 집단, 팀). 특별 형식으로는 동료 수퍼비전이 있는데, 이는 한 집단 내의 훈련생들이 수퍼바이저와 훈련생의 역할을 서로 나누는 것이다. 널리 쓰이는 수퍼비전 형식은 다음과 같다.

- *훈련 집단 내에서의 라이브 수퍼비전:* 훈련생 중 하나가 집단 회기를 진행하며, 동료 훈련생들은 주인공 역할을 맡는다. 수퍼바이저는 직접 참여하여 참관하면서 훈련생의 작업을 평가하고 때로는 직접 개입하기도 한다. 이로써 수퍼바이저는 직접 훈련생의 작업을 살펴보고 즉시 피드백을 줄 수 있게 된다. 이러한 형식은 훈련 집단이 실제 주인공과의 작업을 잘 나타내주는 모의훈련이 될 수 있거나, 적어도 그에 상응하는 경험을 제공해줄 수 있다는 가정에 기초하고 있다. 다만 이러한 가정에 모든 전문가가 동의하는 것은 아니다.
- *훈련생이 진행한 회기에 대한 간접적 수퍼비전:* 이 형식은 수퍼비전에서 가장 흔히 쓰이는 형식이다. 수퍼바이저는 훈련생이 주인공과 진행하는 회기에 직접 참여하지 않는다. 수퍼비전 시, 훈련생이 질문과 애로점을 제시하는데, 이때 우선은 말로써 제기하고, 그 밖에 역할극, 오디오 또는 비디오 기록을 사용해서 제시하기도 한다. 보통 훈련생은 자신이 업무에서 직면한 어려움과 애로점에 대해 설명한다. 나중에는 이러한 설명이 문제점과 잠재적 해결책에 대한 구두 성찰 또는 사회측정학적이거나 사이코드라마 방식에 의한 성찰의 형태를 띨 수 있다. 이러한 형식의 수퍼비전은 상당한 정도의 개방을 필요로 한다.

- *일상 회기에서의 라이브 수퍼비전 또는 직접 수퍼비전:* 훈련생은 임상 현장에서 주인공과 일대일 또는 집단으로 작업을 한다. 직접 수퍼비전, 즉 라이브 수퍼비전에서는 수퍼바이저가 회기에 참석한다. 수퍼바이저는 같은 방에 있을 수도 있고—드물기는 하지만—일방경 뒤에 서 있기도 한다. 방 안에서 수퍼바이저는 직접 참관하거나 역할을 담당할 수 있고(상담사, 공동진행자 등), 거울 뒤에 있는 경우에는 단독으로, 또는 팀과 함께(Anderson, 1987), 훈련생이 진행하는 회기를 참관할 수 있다.

사이코드라마에서의 수퍼비전은 각국에서 오랜 시간에 걸쳐 발달한 다양한 작업 방식에 기초하고 있다. 따라서, 이들 간에 개념과 경험을 공유하는 일의 중요성이 점점 더 분명해지고 있다.

지난 몇 년간 Pierre Fontaine은 유럽 사이코드라마 훈련 연맹(FEPTO) 연례 학회 기간 중 수퍼바이저들을 위한 워크숍을 시작하여 수퍼비전 이론과 실무 면에서의 공유와 교류를 증진하고 있다. 이후 Fontaine은 사이코드라마 훈련에서의 수퍼비전에 대한 단행본을 편집하여 다양한 접근법을 소개하고 논의하는 계획을 추진했다.

여러 국가의 사이코드라마 수퍼바이저들을 대상으로 수퍼비전 수행 방식에 대한 글을 의뢰한 것이다. FEPTO 홈페이지에 저자를 모집하는 공고가 게재되었고, 일부 저자들에게는 지식과 경험의 기고에 대한 의뢰가 전달되었다.

이 책의 주된 목적은 서로 다른 나라에서 훈련 중 수퍼비전을 수행하는 방법을 공유하고, 양질의 수퍼비전에 대한 생산적인 논의와 향후의 발전을 촉발시키는 것이다. 위에 언급한 의뢰에서 다룬 주제와 질문의 초점은 다음과 같다.

- *수퍼비전의 주요 측면에 대한 이론, 철학, 윤리:* 중요하게 고려해야 하는 이론적, 개념적, 철학적, 윤리적 쟁점. 우리가 수행하는 수퍼비전의 기초, 배경 또는 틀은 무엇인가? 수퍼바이저와 훈련생 사이의 역할 분담과 관계는 어떠한가?
- *수퍼비전에서의 방법, 환경, 기법, 개입:* 작업에 중요하거나 작업에 자극을 주는 방법론적인 측면들. 우리가 수퍼비전을 어떻게 수행하고 있는가? 수퍼비전의 목적, 측정기준, 지침으로는 어떠한 것들이 있는가? 수퍼바이저와 훈련생 사이의 관계에 대한 작업 등, 특수한 측면으로는 어떠한 것들이 있는가?
- *수퍼비전의 내용과 절차:* 흥미로운 경험, 주제, 사례들, 회기, 상황전개, 갈등, 좋

은 수퍼비전의 예들, '마법 같은 순간'과 함정들. 수퍼비전에서 실제적 접근방법과 도움이 되는 측면들로는 무엇이 있는가?

- *수퍼비전에 대한 연구 및 평가:* 수퍼바이저를 위한 질 관리와 평가를 위한 연구와 수퍼비전 또는 비전 교환. 수퍼비전에서 어떠한 것이 효과가 있는 것인지 우리가 어떻게 알 수 있는가? 수퍼비전을 어떻게 하면 개선할 수 있는가?
- *수퍼바이저 훈련:* 수퍼바이저를 위한 훈련은 어떻게 이루어지는가? 평가 절차는 있는가? 실무 경력과 자기 성찰은 어느 정도로 필요한가?

이 책에 수록된 글을 기고한 저자들은 수퍼비전에 대한 다양한 이론적 개념과 작업 방식을 보여주고 있다. 지난 세월 동안 다양한 개념과 작업 방식들이 사이코드라마 학습을 위한 훌륭한 기반을 조성해 놓았음은 분명해 보인다. 그럼에도 불구하고 이후의 논의와 발전에 많은 어려움이 있을 것이 분명하다. 수퍼비전에 대한 이론적 기초, 윤리, 훈련 및 연구는 향후의 고민을 위한 중요한 도전을 던져주고 있다.

편집자들은 이 자리를 빌어 수퍼비전에 대한 접근방식과 경험을 공유해준 이 단행본의 기고자들에게 깊은 감사를 표하는 바이다. 또한 Dorothy Langley와 Peter Kohler는 영문본 교정에 많은 도움을 주었다. 그리고 FEPTO와 Klagenfurt 대학에도 이 책의 발간에 준 도움에 감사하는 바이다.

이 책의 각 장이 이론, 연구와 실무에 있어 창의적인 발전을 촉발시키는, 풍부한 정보를 갖추고 용기를 북돋아주는 지적 자원이 될 수 있기를 바라마지 않는다.

참고문헌

Anderson, T. (1987). The reflecting team. Dialogue and metadiaogue in clinical work. *Family Process, 26,* 415–428.

Bernard, J. M., & Goodyear R. K. (1992, 2009 4th). *Fundamentals of clinical supervision.* Upper Saddle River (NJ): Pearson Education.

Freud, S. (1909/1967). Analyse d'une phobie chez un petit garçon de 5 ans (Le petit Hans). *Cinq psychoanalyses* (pp. 93–198). Paris: Presses Universitaires de France.

Houtsma, L. (1973). *Aspectern van supervisie.* Bloemendaal (NL): H. Nelissen.

차 례

역자 서문 iii

저자 서문 v

I
수퍼비전 이론과 개념적 틀

수퍼비전 이론과 개념적 틀—개요 3
Jutta Fürst

인본주의적 과정: 역실연을 통한 수퍼바이저의 역할 8
Norbert Apter

융 심리학적 접근방식: 사이코드라마의 현장 수퍼비전 29
Maurizio Gasseau & Leandra Perrotta

톱니바퀴 맞추기—다양한 전문 분야의 훈련에서 실무까지 52
Agnes Dudler & Kersti Weiß

구조화된 훈련 내에서의 자기 관찰로서의 수퍼비전 69
Giovanni Boria

'La Verveine'에서의 수퍼비전 88
Pierre Fontaine

II
수퍼바이저, 훈련생, 주인공의 관계적 측면

수퍼바이저, 훈련생, 주인공의 관계적 측면—개요 109
Pierre Fontaine & Jutta Fürst

사이코드라마 훈련의 수퍼비전 관계: 과정 그 이상 113
Sue Daniel

수퍼비전—과도기에 있는 드라마의 삼각형 133
Judith Teszáry

사이코드라마 수퍼비전의 관계적 측면: 사회적 원자: 수퍼바이저–훈련생–주인공 144
Einya Artzi

디렉팅에 대한 훈련생의 불안감: 불안감에서 호기심으로의 여행으로서의 수퍼비전 157
Arşaluys Kayir

III
수퍼비전의 구체적 방법

수퍼비전의 구체적 방법—개요 171
Hannes Krall & Jutta Fürst

수퍼비전에서의 사이코드라마와 역할극 기법 173
Chantal Nève-Hanquet

디렉터와 주인공의 상호작용에 대한 수퍼비전 181
Jan Lap

사이코드라마와 수퍼비전에 대한 사이코드라마의 공헌 196
Ildikó Erdélyi

무대에서의 '아이디어 교환'과 전문가 정체성의 발달—수퍼비전에서의 실용적 적용 205
Hilde Gött

IV
수퍼비전에 있어서 수련과 연구

수퍼비전에 있어서 수련과 연구—개요 **215**
Hannes Krall

수퍼비전 수련에 기초를 둔 사이코드라마 **221**
Anna Chesner

수퍼비전과 훈련생들의 실무자 연구 **241**
Pierre Fontaine

연구 실행 촉진: 사이코드라마 디렉터 겸 연구자의 역할을 발전시키는
이상적인 시간으로서의 수퍼비전 **249**
Gabriela Moita & António Roma-Torres

수퍼비전의 그리스식 모델: 시각적 만남 **259**
Ioannis K. Tsegos & Natassa Karapostoli

수퍼비전과 평가: 목적, 실행과 유용한 요인 **276**
Hannes Krall & Jutta Fürst

편집자 및 저자 소개 297

찾아보기 301

I
수퍼비전 이론과 개념적 틀

수퍼비전 이론과 개념적 틀—개요

인본주의적 과정: 역실연을 통한 수퍼바이저의 역할

융 심리학적 접근방식: 사이코드라마의 현장 수퍼비전

톱니바퀴 맞추기—다양한 전문 분야의 훈련에서 실무까지

구조화된 훈련 내에서의 자기 관찰로서의 수퍼비전

'La Verveine'에서의 수퍼비전

Supervision in Psychodrama
Experiential Learning in Psychotherapy and Training

수퍼비전 이론과 개념적 틀—개요

Jutta Fürst

훈련 과정에서 수퍼비전이 이루어지는 다양한 방식과 형식을 살펴보면 마치 형형색색의 아름다운 정원을 거니는 것과 같다. 우리 눈앞에 펼쳐지는 다양한 모습에 취하다 보면 어떠한 것이 더 나은지 질문을 던지는 일을 피해버릴 수 있는 것이다. 비판을 줄이면 즐길 수 있다. 어떤 정원 배치를 보고 이것을 우리 정원에 가져다 쓰는 것을 고려해 보지만 우리 정원은 토질이 다르고, 기후와 크기가 달라 그러한 배치는 우리 상황에 맞지 않을 것이라는 점이 드러날 수도 있다.

정원에 비유하자면, 수퍼비전의 개념과 틀은 정원의 토양과 설계에 해당한다고 할 수 있다. 상황과 조건마다 그에 맞게 잘 자라는 식물은 따로 있다. 마찬가지로, 수퍼비전 기법도 사람에 따라 그 효과가 다를 수 있다.

훈련 과정에서의 수퍼비전은 훈련생의 실습 작업을 되돌아보는 학습의 과정이다. 그리고 그 구체적인 수행 방법의 기초가 되는 개념과 참조의 틀은 다양하다. 수퍼비전 과정은 수퍼바이저와 해당 훈련 기관이 가장 중시하는 철학, 인류학, 방법론 그리고 학습 이론에 영향을 받는다.

인류학에서 중요하게 제기하는 질문 중 일부는 방법론에만 영향을 미칠 뿐만 아니라 수퍼비전의 배경이 되는 근본 철학에도 영향을 미친다. 즉, "우리는 누구인가?", "우리는 사람과 기타 존재와 어떻게 관계를 맺는가?", "그들로부터 우리는 어떠한 영향을 받는가?" 그리고 "우리는 의사결정에 있어 얼마나 자유로운가?" 같은 질문들을 던지는 것이다.

사이코드라마의 이론적 개념은 지금-여기에서의 만남, 행위, 모든 존재에 깃들어 있는 창조성과 자발성의 잠재력, 애초부터 존재했던 역할의 발전, 관계의 사회측정학적 구조와 변화의 매개로서의 집단(Buer, 1999) 등의 개념에 기초하고 있다. 사이코드라마에서의 수퍼비전도 동일한 개념에 기대고 있다(Krall, 2008).

하지만 이어지는 여러 장에서 보게 되듯이, 훈련 과정에서의 사이코드라마 수퍼비전은 순수한 상태로 존재하는 것이 아니다. 정신분석학, 체계 이론, 인지행동이론 및 인본주의적 접근방법이 결합되어 있다. 이러한 접근방식들은 이론과 기법에서도 다양하지만 철학적 개념과 인류학적 개념에 있어서도 다양하다. Moreno는 비엔나에서 처음으로 사이코드라마의 발걸음을 떼던 시절 사이코드라마를 정신분석학과 영구히 분리하려 했지만(Moreno, 1995; 1954), 지난 수십 년간의 발전으로 인해 정신분석학과 사이코드라마 사이에 생산적인 교류가 생기게 되었다(Anzieu, 1984; Kellermann, 1980; Lebovici, 1971; Lemoin, 1982; Widlöcher, 1974). 또한 이러한 교류는 처음에는 서로 어울리지 않을 것처럼 보였던 여러 다른 접근방식과의 교류로 이어졌다.

사이코드라마와 체계적 방법론을 결합한 것은 Williams(1995), Farmer(1998), Lauterbach(2003), Varga von Kibed(2008) 등이었다. 또한 내담자 중심 접근방식 또한 사이코드라마에 도입되었고(Shearon, 1981; Macdonald, 1985), 인지 이론 또한 사이코드라마와 동반자 관계를 맺기에 이르렀다(Boury, Treadwell & Kumar, 2001; Baim, 2007).

이 장에서는 수퍼비전을 개념화하고 구조화하는 방식을 몇 가지로 추려 제시하고자 한다. 이 장은 이어질 장들을 준비하는 글로, 현장의 수퍼바이저들 사이의 지식 교류를 위한 일종의 도입이라고 할 수 있다. 또한 이 장은 독자 자신의 수퍼비전 스타일과 자신이 어쩌면 무의식적으로 기저에 깔고 있을 수 있는 개념에 대해 점검해 보는 데 도움이 될 것이다.

Norbert Apter는 자신이 기고한 장에서 내담자 중심 상담사가 갖추어야 할 주요 태도인 일관성, 무조건적 공감 및 이해에 초점을 맞추면서 피드백의 효과성을 강조하고 있다. 피드백을 주는 것은 모든 훈련과 수퍼비전 방식의 기본이 되는 요소이며 우리에게 매우 익숙한 것이기도 하지만, Apter의 글은 올바른 피드백이 얼마나 중요한지를 우리에게 다시 상기시켜준다. Apter는 사례를 통해 훈련생의 실습 작업에 대한 수퍼비전 과정을 설명하고 있다.

Apter는 "역실연(reverse enactment)"이라는 방법을 고안했는데, 여기에서 사례를 발표하는 훈련생은 주인공 역할만을 담당하며 상담사의 역할은 담당하지 않는다. 수퍼바이저는 훈련생이 자신에 대한 관찰과 자기 성찰을 통해 스스로 해답을 찾는 능력을 갖추고 있다는 신뢰를 지닌다. 주인공 중심 스타일은 사이코드라마 수퍼비전 방식에 어색함 없이 잘 들어맞는다.

Maurizio Gasseau와 Leandra Perrotta는 "현장 수퍼비전(supervision in situ)"을 제시하고 있는데, 이는 라이브 수퍼비전의 일종으로서 융의 분석방법을 지향하는 사이코드라마 훈련 집단에서 수행하는 방법이다. 정신분석학에서의 수퍼비전은 일반적으로 역전이의 분석과 교육자적 위치라는 두 개념적 양 극단 사이를 오간다. 융의 분석방법을 지향하는 사이코드라마에서는 현재 무슨 일이 벌어지고 있는지를 이해하기 위한 핵심 열쇠로서 해당 집단이 지닌 상상력의 집합적 차원을 찾는 데 초점이 맞추어진다 (Barz, 1988; Scategni, 1994).

Gasseau와 Perrotta가 묘사하는 수퍼비전 구조는 수퍼비전의 변증법적 측면과 분석적 측면을 서로 다른 회기로 나누어 분리시킨다. 전자의 경우 수퍼바이저는 그저 관찰자, 분석가의 역할을 유지하며, 단지 훈련생이 어려운 상황에 있을 때에 충고를 던지는 방식으로 도움을 주고 훈련생이 작업을 끝마친 후 자신의 느낀 점을 말해줌으로써 훈련생을 도와주는 선생으로서의 역할을 할 뿐이다. 후자의 경우 수퍼바이저는 디렉터의 역할을, 훈련생은 주인공의 역할을 담당한다.

Agnes Dudler와 Kersti Weiß는 "내적인 현실과 외적인 현실, 그리고 심리학적, 물리적, 사회적 역할 사이의" 상호작용과 상호연결성에 초점을 맞춘 수퍼비전 모델을 제시한다. 이러한 의미에서의 수퍼비전은 자신의 방법론을 그 자신이 종사하고 있는 전문영역에 맞게 조정하는 학습의 과정이다. 이러한 개념은 체계에서의 관계론과 가깝다. 사이코드라마 방법론은 실행에 의해서 이 상호작용을 느끼고, 이러한 상호관계성에서 나오는 문제에 대한 해결책을 찾고 이러한 시스템이 제공하는 이점을 활용하는 데에 쓰인다.

Giovanni Boria는 위와는 대조적으로 관찰, 계획, 수행, 분석, 피드백 및 다시 성찰로 이어지는 연속적인 과정에 초점을 맞추면서 인지적이고 행동적인 요소를 강조하고 있다. 비디오 녹화 방법을 적용함으로써, Boria는 감정과 직관보다는 행동과 사고에 초점을 맞춘 세심한 관찰을 수행한다. 체계화된 단계에 따라 학습이 진행되는 이러한 훈련과 수퍼비전 구조는 강력한 변증법적 영향을 미치며 수퍼바이저와 훈련생의 동료 집단에 의한 영구적인 자기 평가와 평가를 포함하고 있다.

이러한 각 방법론은 장점도 있지만 단점도 있다. 훈련생의 작업을 평가하는 수퍼바이저로서는, 동시에 믿을 수 있고, 개방적이고 정직한 태도를 취하는 것이 매우 어렵다. 소위 "라이브 수퍼비전" 집단에서는 훈련생이 동료로 구성된 집단 내에서 디렉터의 역할을 담당하는 것에 스트레스를 느낄 수 있고, 주인공의 역할을 담당하는 동료들이 자기 자신과 경쟁 관계에 있는 사람들이라는 점에서도 스트레스를 느낄 수 있다.

마지막으로 Pierre Fontaine은 자신이 기고한 장에서 사이코드라마 훈련에서의 다양한 수퍼비전 방식에 대해 설명하고 논의한다. Fontaine은 이러한 설명을 훈련의 각 단계로 나누어 제시하고 있는데, 그 단계는 치료 및 체험 단계, 훈련 집단, 보조로서 활용하는 인턴십 단계, 그리고 독립된 치료사로서의 수퍼비전하에서의 실무 단계이다. Fontaine은 또한 이러한 훈련 방법의 각 요소와 철학에 대해서도 고찰한다.

참고문헌

Anzieu, D. (1984). *Anlytisches Psychodrama mit Kindern und Jugendlichen.* Paderborn: Junfermann.

Barz, E. (1988). *Selbstbegegnung im Spiel. Einfüfrung in das Psychodrama.* Zürich: Kreuz Verlag.

Baim, C. (2007). Are you a cognitive psychodramatist? Reflections on the links between cognitive therapy and psychodrama. *The British Journal of Psychodrama & Sociodrama, 22,* 23–31.

Boury, M., Treadwell, T., & Kumar, V. K. (2001). Integrating psychodrama and cognitive therapy: an exploratory study. *The International Journal of Action Methods: Psychodrama, Skill Training, & Role Playing, 54,* 13–37.

Buer, F. (1999). *Morenos therapeutische Philosophie.* Opladen: Leske +Budrich.

Farmer, C. (1998). *Psychodrama und systemische Therapie.* Stutttgart: Klett Cotta.

Kellermann, P. F. (1980) Übertragung, Gegenübertragung und Tele-eine Studie der therapeutischen Beziehung in Psychoanalyse und Psychodrama. *Gruppenpsychotherapie und Gruppehdynamik.* 15, 3/4, 188-205.

Krall, H. (2008). Psychodrama und Soziometric in Supervision und Coaching. Anknüpfungspunkte in der qualitativen Sozizlforschung. In H. Krall, E. Mikula, & W. Jansche W. (Eds.), *Supervision und Coaching* (pp. 252-268). Wiesbaden: VS Verlag für Sozialwissenschaften.

Lauterbach, M. (2003). Rollentausch und systemische Therapie. *Zeitschrift für Psychodrama und Soziometrie,* 1, 80-90.

Lebovici, S. (1971). Eine Verbindung von Psychodrama und Gruppenpsychotherapie. In De Schill St. (Ed), *Psychoanalytische Therapie in Gruppen* (pp. 313-339). Stuttagrt: Klett.

Lemoin, G. (1982). Zu einer psychoanalytischen Theorie des Psychodramas. In H. Petzold (Ed.), *Dramatische Therapie* (pp. 127-147). Stuttgart: Hippokrates.

Macdonald, M. (1985). Das Psychodrama erforscht cine private Welt. Ein Praxisvergleich der Behandlungsansätzc von Moreno und Rogers (1947). *Integrative Therapie, 11*(1), 4-25.

Moreno, J. L. (1974). *Die Grundlagen der Soziometrie.* Opladen: Westdeutscher Verlag.

Moreno, J. L. (1995). *Auszüge aus der Biographie.* (Ed. Moreno J. D.) Köln: InSzenario.

Scategni, W. (1994). *Das Psychodrama. Zwischen alltäglicher und archetypischer Erfahrungswelt.* Solothurn, Düsseldorf: Walter.

Shearon, E. M. (1981). Ein Vergleich zwischen Rogers Selbst-Theorie und Morenos Spontaneitäts-Theoric, *Gruppendynamik, 12*(3), 236-256.

Varga von Kibed. M. (2008). Systemische Strukturaufstellung als erlernbare Sprache. In H. Krall, E. Mikula, E., & Jansche W. (Eds). *Supervision und Coaching* (pp. 97-108). Wiesbaden:

VS Verlag für Sozialwissenschaften.
Widlöcher, D. (1974). *Das Psychodrama mit Jugendlichen*, Freiburg: Olten.
Williams, A. (1995). *Visual & Active Supervision.* New York, London: W. W. Norton & Company.

인본주의적 과정: 역실연을 통한 수퍼바이저의 역할

Norbert Apter

이 장에서는 수퍼비전의 기본 원칙과 인본주의적 사이코드라마에서의 과정분석에 대해 다룬다. 한편으로 수퍼비전은 필수적인 전문가로서의 안전 및 개인적 안전성을 나타내며(이는 사이코드라마 디렉터와 주인공 모두에게 해당된다), 다른 한편으로는 상담의 지속적인 발전을 보장해준다. 인본주의적 사이코드라마에서의 수퍼비전은 과정분석에 초점을 맞춘다. 따라서 수퍼바이저는 조력자로서의 역할(존재 방식), 과정분석에서 초점 설정(관계-방법-임상), 기능(훈련생, 집단, 수퍼바이저) 및 틀 거리를 지탱하는 두 가지 운영상의 기둥(건설적인 피드백을 위한 규칙, 과정분석의 일반적 구조) 등의 주제를 마스터해야 한다. 이 장에서는 역실연 과정 추적의 전개에 대해 자세히 살펴볼 것이다.

1. 수퍼비전의 중요성

“기간과 상관없이, 수퍼비전을 받지 않고 업무를 계속하는 전문 상담사는 위험에 처해 있으며, 스스로 위험한 존재이기도 하다.” 이 말은 내가 하버드 대학 재학 중 한 선생으로부터 들은 말이다. 처음에는 이 말이 나에게 놀라움으로 다가왔다. 왜냐하면 그 당시 나는 일단 공부를 끝마치고 나면, 나에 대한 심리상담—인간 중심 접근방식 및 사이코드라마—과 전문 분야 교육만 끝내고, 내 영감을 새롭게 해줄 보수교육 과정 같은 것을 빼놓고는 더 이상 교육을 받을 일은 없으리라고 생각하고 있었기 때문이다.

이후 심리상담 분야의 다양한 전문 훈련 프로그램과 실무를 통해 얻은 경험을 거치면서 내게 또 다른 놀라움으로 다가왔던 것은 수퍼비전은 진정 나에게 큰 도움이 되었다는 점이었다. 수퍼비전 회기를 거치면서 나는 수퍼비전이 주는 다양한 이점을 인식하게 되었다. 내 성향, 내 욕구, 내가 느낀 순간들에 따라, 내가 모임에서 제기하려 들고 온 질문에 따라, 나는 이전에는 어렵게만 보였던 상황을 공유하고, 명확히 파악하고 풀어낼 수 있게 되었다. 전문가로서 느끼는 여러 스트레스(걱정, 지침, 소진 등), 나 스스로뿐만 아니라 내 주인공들도 위험에 빠지게 만들 수 있는 스트레스(주인공들에 대하여 치료를 할 수 없거나, 주인공들의 말을 잘 듣지 못하거나, 주인공에게 짜증을 내는 태도를 보임으로써; 이 경우 과정 자체가 중단될 수도 있다)를 이러한 모임을 통해 극복할 수 있었다. 수퍼비전 과정으로부터 나는 더욱 깊은 탐구를 진행할 수 있는 새로운 방향을 얻어가거나, 새로운 시각을 얻어왔다. 다른 말로 하자면, 나는 수퍼비전을 나 스스로에게, 내 직무 환경에 유리한 방식으로 활용했고, 그럼으로써 다시 건설적인 상담사가 될 수 있는 에너지와 영감의 새로운 원천을 찾고 재충전할 수 있었다.

심리상담사, 의사, 사회복지사, 교사, 교육자, 학교 교장 등 여러 동료들도 사정은 마찬가지였다. 이들은 수퍼비전이 주는 혜택을 누리고 있었으며, 수퍼비전을 통해 교착상태에서 벗어나고, 자신의 능력과 효율성의 범위를 늘리고, 자신의 일로부터 얻는 기쁨과 보람을 늘리고 있었다. 바로 이러한 점이 나 스스로가 내 경력 중 상당 부분을 다양한 분야의 전문가와 전문가 집단에게, 여러 기관에, 제네바와 그 주변 지역을 넘나들며 수퍼바이저로서 활동하게 된 이유였다.

나는 점차적으로 문화적인 견지에서 볼 때 수퍼비전을 받는 것은 전문가 입장에서 결코 쉬운 결정이 아니라는 점을 깨닫게 되었다. 전문가로서 우리는 다른 사람을 알아주고, 그 말을 들어주고, 안전한 환경에서 그들이 하는 말을 듣고 도움을 주는 것을 소임으로 하고 있다. 그렇다고 해서 상담사 자신의 지원과 지지에 대한 필요가 사라지는 것은 아니지만, 대부분의 상담사들은 그러한 필요를 표현하고 수퍼비전을 받는 일을 어려워한다. 왜냐하면 한 발자욱 떨어져서 보면, 즉 수퍼비전을 받아들이는 것은 다음을 내포하기 때문이다. 우리가 완벽하지 않으며 완벽하지 않아도 괜찮다는 것을 아무런 수치심 없이 인정하기, 우리가 모든 과정분석을 혼자서 다 할 수는 없다는 점을 인정하기, 잠시 시간적, 공간적, 수단적 여유를 내어 우리의 불완전성과 우리가 가진 자원을 나누고, 명확하게 하고, 확장하고, 그로부터 배우기.

심리치료에서의 수퍼비전은 한 걸음 물러나 자기 자신으로부터 거리를 두고, 동시에 지지를 받는 필수적인 순간이다. 수퍼비전은 우리의 능력 신장의 과정인 동시에 우리의 직무 수행을 점검하고 통제하는 과정이기도 하다. 훈련생과 수퍼바이저로서 보낸 지난 경험을 통해 나는 수퍼비전은 우리에게 다음과 같은 능력을 갖추게 해준다는 점을 분명히 깨닫게 되었다.

- 우리의 수행에 의문을 제기하는 역량
- 상담을 위한 이론적이고 임상적인 지표를 다시 찾을 역량
- 내담자들과의 관계에서 저변에 깔린 연결을 이해하는 능력, 그리고 때로는 치료 과정의 원활한 전개를 방해하는 연결, 전이와 역전이를 극복하는 능력
- 우리 자신의 한계를 고려하고, 그래서 우리의 스트레스를 관리할 수 있고, 감정적 과부하와 기관 운영상의 과부화(혹은 소진)를 피할 수 있는 역량
- 상황에 따라, 전문가로서, 건설적이고 효과적인 선택을 찾는 데에 헌신하는 역량, 그럼으로써 우리의 상담 수행을 새롭게 할 수 있는 역량

이로써 우리는 직무 방식의 안전성을 기하는 동시에, 주인공과 기관 및 자신을 위해 전문 역량의 지속적인 발전을 확보할 수 있을 것이다. 결국 내 수퍼바이저가 옳았던 것이다.

아래 이어지는 내용은 인본주의 사이코드라마[1)]의 네 단계 중 워밍업(warm-up), 실연(enactment), 나누기(sharing) 다음에 오는 네 번째 단계인 과정분석의 기본 원칙에 대해 설명한다.

2. 인본주의적 과정분석

내가 놀랍다고 생각하는 것은, 사이코드라마의 네 번째 단계로서 전 세계의 훈련 프로그램에서 수퍼비전을 수행하는 데에 자주 쓰이는 단계인 과정분석이 관련 문헌에서 언급되는 일이 그리 많지 않다는 점이다. James Sacks[2)]의 방대한 문헌에서 언급된 일부 포르투갈 문헌(예: Aguiar & Tassinari, 1994; Campedellie & Wolff, 1980; Monteiro & Brito, 2000; Naffah Neto et al., 1981) 및 영국 문헌(예: Goldman & Morrison, 1984;

---

1) 어떤 이들은 사이코드라마가 그 방법만으로도 인본주의적이라고 평가한다. 하지만 그렇게 생각하지 않는 사람들도 있다. 그러므로 우리는 '인본주의적 사이코드라마'라는 용어를 J. L. Moreno의 방법과 Carl R. Rogers의 인간 중심 접근을 통합한 사이코드라마를 지칭하는 데 사용한다(Rogers는 인본주의적 접근의 창시자로 여겨진다).

2) http://www.pdbib.org에서 자료를 찾을 수 있다.

Kellermann, 1992; Williams, 1989)을 제외하고는, 사이코드라마 일반에 관한 수많은 문헌들 중에서 과정분석에 대해 다룬 문헌은 매우 적다.

과정분석은 잠시 뒤로 물러서 거리를 두고 사이코드라마 회기의 다양한 과정을 분석하는 순간으로서, 그 목적은 스스로의 수행을 확인하고 전문 역량을 더욱 개발하는 것이다. 이러한 과정분석은 지지적인 환경 내에서 이루어진다. 위에서 보았듯이, 과정분석은 사이코드라마 수퍼비전 특유의 방식으로서, 학습 과정에 대한 수퍼비전과 전문 영역으로서의 수퍼비전을 모두 포함한다. 따라서 중요한 것은 과정분석을 원활히 수행하기 위해서는 해당 과정에서 나타나는 여러 초점에 대해 마스터하고 있어야 한다는 것이다. 이러한 점은 집단 환경에서 더욱 중요해진다. 아래 설명에서는 집단 환경을 기반으로 하고 있다.

인본주의적 사이코드라마에서는 수퍼바이저의 역할이 매우 중요하다. 한편으로 수퍼바이저는 과정분석의 세 가지 기능, 지지적인 환경 내에서 한 발 물러서 거리두기, 전문가로서의 수행을 확인하고 점검하기, 전문 역량을 개발하기가 이루어지도록 확보하는 역할을 담당한다. 다른 한편으로, 수퍼바이저는 다섯 가지 요소를 동시에 실시한다. (1) 조력자 역할 수행하기, (2) 인본주의적 과정분석의 본질적 3초점 만들어내기(2.2절 참조), (3) 과정분석의 다양한 기능의 이점 제공하기, (4) 건설적인 피드백이 제공되도록 하기, (5) 과정분석의 전개를 효과적으로 구조화하기.

이러한 구성요소 각각은 모두 중요하며, 수퍼바이저가 인본주의적 사이코드라마 디렉터 훈련생을 지원하는 데 있어 고려해야 할 다양한 요소를 담고 있다. 아래에서는 수퍼바이저가 수행하는 역할의 이러한 다섯 가지 측면을 더욱 자세히 설명하고자 한다.

2.1 촉진자의 역할

사이코드라마에서는 안정적인 관계가 이루어지는 분위기를 만드는 것이 가장 중요하다. "Moreno의 사이코드라마는 … 인간의 복잡다단함과 내면화된 역할을 수용하는 환경에서 이루어진다. 판단과, 분석과, 해석이 이루어지는 환경이 아닌 것이다."(Apter, 2003). 이는 워밍업이나 실연 또는 나누기에 이르는 전체 단계에 해당되는 말이다. 이러한 환경을 통해 주인공은 근본적인 안전감과 안정감을 얻게 된다. 과정분석 단계에도 이 말은 적용된다. 분석과 해석이 조력적인 분위기에서 이루어지지 않는 경우에도 말이다. 하지만 사이코드라마 관련 문헌들은 어떻게 이러한 분위기를 만들 수 있는지에 대해서는 설명하고 있지 않은 경우가 많다. 그래서 인본주의적 사이코드라마는 Carl Rogers(1968)가 말하는 관계적 차원에 근거하고자 한다. 이러한 입장에서 사이코드라마 디렉터가 수행하는 근본적인 역할은—특히 사이코드라마에서 수퍼바이저가 수행하는 역할은—촉진자이다. 각 사이코드라마 회기와 과정분석에서 촉진자는 세 가지 태도로 이루어지는 분위기를 만들어내는데, 이 세 가지 태도는 서로 합쳐 필요충분조건이 된다.

- *인간에 대한 무조건적 수용*(달리 말해 *무조건적으로 긍정적인 인식*). "무제한적 인정은 자기 인정, 자기 수용과 자신감을 북돋아준다. … 무조건적 수용의 목표는 타인에 대한 단순한 지식이 아니라, 두 인간 사이의 상호적인 인정이다."(Schmid, 2001, p. 51) 이렇듯 서로를 반기고 서로의 존재를 그 행위와 상관없이 인정해주는 것은 학습의 과정 중에서 실수를 해도 괜찮은 분위기를 만들어주고, 이로써 학습의 과정 자체를 원활하게 해준다(Rogers, 1972).
- *타인을 이해하려는 세심하고 진정성 있는 노력으로서의 공감*(Bohart & Greenberg, 1997; Rogers, 1975). 집단 내 각 구성원에게 탐색적으로 접근하면서, 수퍼바이저/촉진자는 지적 능력에 있어서의 차이와 유사함이 천천히 드러날 수 있도록 함으로써 각 구성원이 자기 자신을 표현하는 데 불편함을 느끼지 않도록 하는 동시에 분석의 대상인 과정에 대한 일반적인 이해도를 높이게 된다(Rogers, 1972).
- *일치성*은 진실성의 일종으로서, 한 사람이 자신의 경험을 표현하고 그로부터 무엇을 얻었는지 말함으로써 그 경험을 자신의 것으로 만드는 것을 말한다. 이러한 방식으로 자신을 표현하고 드러낼 경우 하나의 온전한 사람과 다른 온전한 사람의 진실한 만남이 가능해지며, 이는 관계를 더욱 깊이 있게 만들 수 있다(Mearns & Thorne, 1999). 일치성이 수용 및 공감과 공존할 때, 그러한 분위기의 대화를 촉진함으로써 Martin Buber와 J. L. Moreno가 그토록 중요하게 여겼던 나와 너 사이의 진실한 만남을 추진할 수 있게 된다(Buber, 1969; Moreno, 1964).

이렇게 볼 때 관계적인 분위기를 원활하게 하는 것은 '행위의 방식'이 아니라 '존재의 방식'이다. 그러한 방식은 학습을 가능하게 하고, 그러한 학습으로써 안전감과 신뢰감을 증진할 수 있다(Apter, 1987). 안전감과 신뢰감을 주는 분위기가 원활하게 형성되면, 이러한 분위기 속에서 각 사람의 내적인 경향이 자기 실현(self actualization)[3]의 방향으로 기울어지며, 이로써 발달적 측면에서 유리한 지형이 펼쳐지게 된다(Rogers & Kinget, 1962). 혹은 Fine이 설명한 Moreno의 이론을 차용하자면 "최적의 자발성 및 적응성의 요소"가 활성화된다(Fine, 1979). 이렇듯 집단의 각 구성원은 자신에게 주어진 분석의 자유와 자기 자신이 가진 자원을 이용하여 개별적으로나 집단적으로 과정분석의 발달에 기여할 수 있다. 그리고 그럼으로써 혜택을 얻을 수 있다.

2.2 인본주의적 과정분석에서의 세 가지 초점

Jinnie Jefferies(in Karp, 1998)는 과정을 분석하는 것과 과정분석을 정의하는 것은 맥락을 고려해야 한다고 강조했다. Jefferies는 '과정분석'에 적합한 기초 요소를 몇 가지 강조하는데, 집단 과정을 분석할 수 있고, 주인공이나 사이코드라마 디렉터의 과정 또는 훈련생의 과정 등을 분석할 수도 있다. 과정분석 중 어디에 초점을 맞추는가 하는 것은 그 순간 또는 발생한 필요에 따라 달라질 수 있다. 인본주의적 과정분석은 기본적으로 사이코드라마의 세 가지 주요 차원에 초점을 맞춘다.

■ *사이코드라마 디렉터, 주인공 및 집단 사이의 관계:* 사이코드라마에서는 관계와 그로 인한 상호영향이 중심적 위치를 차지한다(Moreno, 1937). 인본주의적 심리학자(Maslow, 1972; Rogers, 1951)들이 지적하듯이, 회기 중에 관계적인 분위기를 유지하는 것이 내담자의 발전에 있어 중요한 위치를 차지한다. 인본주의적 사이코드라마의 주요 특징 중 하나는, 사이코드라마 디렉터의 존재 방식에 특별히 주의를 기울여야 하고, 그로부터 기대되는 신뢰, 자신감, 안전감과 창의적 자발성의 분위기에 주의를 기울여야 한다는 것이다.

■ *사이코드라마의 사용:* 사이코드라마 훈련을 받는 훈련생은 사이코드라마 방식의 여러 가지 측면에 대해 통달하려고 노력하는데, 이를 위해서는 사이코드라마 디렉터의 다양한 역할, 행위를 지금-여기의 맥락에 위치시킬 수 있는 능력, 사이코드라마 방식에

---

3) 누구라도 가치로운 인간으로서, 모든 인간은 내적 및 외적 상황을 고려하고 자기 자신에게 가장 좋은 것을(적어도 가장 덜 해로운 것을) 선택한다(Apter, 2003). 이것은 인간 중심 치료의 기본 원리이며, J. L. Moreno가 발달시킨 사이코드라마의 자원 경향성(resource orientation)과 같은 개념이다.

서 사용하는 기법들을 선택하고 활용하는 방식, 효과적인 기법의 활용과 그 결과 등을 되돌아 볼 수 있게 해주는 피드백이 필요하다.

■ *이론적 및 임상적 측면:* 심리상담에서, 사이코드라마를 통한 수퍼비전은 상담계획 수립에 대한 진단적이고 예후적인 요소에 대한 분석 없이는 이루어질 수 없으며, 또한 이론과 임상 관찰 사이의 연계를 통해 치료에 대한 정확한 평가를 이루어내는 일도 중요하다. 이러한 과정은 과정분석에 있어 중요한 부분을 이룬다. 인본주의적 과정분석에서, 이러한 세 가지 초점은 형성적인 목표가 아니라 전제조건이다.

2.3 다양한 과정분석 기능

훈련 중의 과정분석은 훈련생이 회기를 감독하는 것을 도와줄 뿐만 아니라 각 훈련생의 학습에 도움을 준다. 과정분석은 다음과 같은 점에서 도움을 준다.

- 관계적인 관점에서, 해당 회기에서 유의미했던 요소를 명료화하는 것. 이러한 요소는 임상적인 요소뿐만 아니라, 방법론적이고, 기법적인 요소를 포함한다.
- 위에 언급한 요소들을 분석하고 그 기저에 깔린 역동적 관계를 분석하는 것
- 주어진 상황에서 그 요소들의 충분성을 확인하고 평가하는 것
- 자신이 관찰한 작업 수행 방식, 이론과 임상을 연계하는 것
- 선택 가능한 대안들을 개발함으로써 시야를 넓히는 것

수퍼비전을 받는 사람은 위에 열거한 과정분석 기능이 활성화될 때 자신의 학습 과정을 극대화할 수 있다. 나는 이러한 기능을 '다중-개별적 기능'이라 부르는데, '개별'이라는 말을 쓴 이유는 각 훈련생이 과정분석 과정을 자기 스스로의 방식으로 활용할 것이기 때문이고, '다중'이라는 말을 쓴 이유는 모든 집단 구성원이 그로부터 도움을 받기 때문이다.

■ *주인공을 위한 고유 과정분석 기능:* 훈련 집단에서 학습자이기도 한 주인공은 더 이상 집단 내에서 관심 또는 흥미의 중심에 서 있지 않다. 사실, 이러한 점을 제대로 보는 것이 매우 중요하다. 왜냐하면 과정분석은 주인공의 치료 과정의 연장선상에 있는

것으로 여겨져서는 안 되기 때문이다. 회기 중에 주인공이 자신의 생애 경험에 대한 해석을 거쳐야 한다면 이는 상당한 불안을 만들어낼 것이며, 이러한 불안은 결코 생산적인 것이 아니다. 왜냐하면 사이코드라마에서의 해석은 연기 그 자체에 내재한 것이기 때문이다(Leutz, 1985). 이렇듯 과정분석에는 두 가지 필수적인 기능이 있다. 하나는 주인공이 자신의 과정을 '탈중심화'하는 것이며, 다른 하나는 자신의 훈련생으로서의 역할을 온전히 뒷받침하는 것이다.

■ *집단을 위한 기초적인 과정분석 기능:* 과정분석은 집단의 발달과 학습에 있어 핵심적인 중요성을 지닌다. 과정분석의 주된 용도는 집단 자체의 집단 지성을 통해 학습 공동체를 증진하는 것이다.

인본주의적 사이코드라마는 '협업(working together)'을 권장한다. 과정분석은 집단적 학습 과정의 이러한 기본 기능을 보완해준다. 과정분석은 사람 사이의 학습을 증진시키고, 수퍼바이저를 통해 도움을 받는다. 과정분석을 통해, 각 훈련생은 자신에게 생겨난 의문점을 무엇이든 제기할 수 있고, 그에 대한 답을 찾음으로써, 자신과 집단 전체 모두에게 학습 과정에서의 전체를 제대로 지각할 수 있는 가능성을 허락해줄 수 있다. 관찰과 문제제기를 통해서 각 집단 구성원은 자신의 다층적인 지성, 또는 Gardner(1996)의 표현을 빌리자면 '집단 지성'을 활용할 수 있다.

서로 다른 스타일의 다중 지성을 가지고 집단에 기여함으로써, 집단의 각 구성원은 해당 집단이 개별 지성과 집단 지성 모두로부터 혜택을 얻게 할 수 있다. 차이점과 유사성은 서로 상쇄되거나 서로를 보완해준다. 각 구성원은 집단의 학습에 다양한 방식으로 기여한다. 각 구성원 고유의 관점(Apter, 1996)은 전체에 기여하며, 이러한 전체는 각 부분의 단순한 합과 다르며 그보다 더 '우월하다'. 공통의 이해관계로 연결되어 있는 협업의 장으로서의 학습 집단은 이러한 집단 지성을 이용하여 집단 자신의 지식을 축적한다. 이로부터 학습 공동체 전체가 혜택을 볼 수 있다.

■ *수퍼바이저-훈련자의 과정분석 기능:* 이러한 다중 교환의 순간을 통해 수퍼바이저-훈련자는 다음과 같은 일을 할 수 있다.

- 수퍼비전을 제공하는 학생의 수준을 평가하는 동시에 훈련 집단의 수준을 평가하고, 훈련 프로그램으로부터 효과적인 성과를 거두기 위해 필요한 향후의 조치

에 대해 평가한다.

- 각 개별 구성원과 집단 전체가 기여한 바를 인정하고 승인해준다. 이러한 인정과 승인은 한편으로 훈련생의 자신감과 발전에 대한 희망을 강화해주고, 다른 한편으로는 집단에 대한 적극적인 소속감을 뒷받침해주고 집단 지성의 형성에 기여한다.
- 얻을 수 있는 교훈을 정리하고 미래를 향한 문을 연다. 수퍼바이저는 더 머물러 있거나, 확장 또는 개발이 필요한 핵심적인 학습 요소를 확인한다. 수퍼바이저의 앞으로의 길을 알아차린다.

이처럼 과정분석은 개별 참가자와 집단 전체가 유용하게 활용할 수 있는 여러 기능을 제공해준다. 그 기능들을 잘 활용하기 위해서는 위에 언급한 세 가지 초점뿐만 아니라 관계적 분위기의 증진이 필요하고, 나아가 건설적인 피드백이 이루어져야 한다.

2.4 건설적인 피드백의 규칙

과정분석, 즉 사이코드라마 회기 과정에 대한 상세한 탐색은 피드백의 질과 효율성에 달려있다. 수퍼바이저의 역할은 한편으로는 안전감과 안정감을 보호하는 것이고 다른 한편으로는 학습 집단 내 만들어진 건설적인 신뢰의 분위기를 보호하는 것이다.

피드백은 다른 사람이 행한 하나의 행위 또는 몇 개의 행위(행동, 발언)에 대해서 얻은 이미지를 양육적인 방식으로 표현하는 의사소통의 한 수단이다. 피드백을 하는 이유 자체가 건설적인 성격을 지닌다. 즉, 피드백은 그 대상이 되는 사람을 양육할 뿐만 아니라, 공동의 건설을 목표로 하는 파트너십의 정신에 따라 관계 자체를 양육해주는 데에도 쓰인다.

피드백은 집단 내의 관계뿐만 아니라 공동의 과업, 신뢰, 일관성 등에 대해서도 이를 원활히 하거나 복잡하게 만들 수 있다는 점에서, 각 참가자가 다음과 같이 자신의 피드백을 준비하는 것이 매우 중요하다. (1) 상대방의 드러난 의도와 내밀한 의도를 인식한다. (2) 상대방의 내적 과정을 식별한다. (3) 현존하는 감수성에 주의를 기울인다.

이러한 요소를 고려하고 난 다음에는 기존의 관계를 고려하는 동시에 자신이 의도한 내용을 어떻게 가장 잘 전달할 것인가에 대한 판단을 내려야 한다. 건설적인 피드백의 기저에 깔린 기본적인 원칙은 다음과 같은 간단한 문장으로 표현할 수 있다.

피드백이 상대방에 의해 받아들여진다면, 그 피드백은 유용할 것이다. 따라서 피드백은 수용 가능한 방식으로 구상하고 표현할 필요가 있다.[4] 피드백의 수용 가능성과 실제 수용 정도를 늘리기 위해서는 '표현의 방식'뿐만 아니라 '존재의 방식'에 대해서도 주의를 기울여야 한다.

'존재의 방식'이라 함은 위에 언급한 세 가지 태도(무조건적 수용, 공감, 일치성)에 근거하고 있으며, 수퍼바이저는 이러한 태도를 실천할 수 있도록 많은 주의를 기울여야 한다. 때에 따라서는 학생들이 이러한 태도를 모두 경험하고 대화 도중에 이러한 태도를 견지하는 것을 어려워할 수 있다. 공감하고 수용하기는 하지만 자신을 분명하게 표현하지 못할 수도 있고, 또는 다른 이들의 감정에 주의를 기울이지 않고 자신을 표현하거나, 현재 작업을 진행 중인 사이코드라마 디렉터에게 혼란을 줄 수 있는 섣부른 판단을 내릴 수 있다. 따라서 이러한 근본적인 의미를 지니는 피드백의 순간에 '행위의 방식'에 대한 힌트를 주는 것이 중요하다. '존재의 방식'에는 지켜야 할 몇 가지 기본적인 원칙이 있다.

- 사람을 그 자체로 고유한 사람으로 불러주기
- 사람을 그 자아로서 불러주기
- 사람의 존재가 아니라 사람의 행동에 집중하기
- 판단이나 해석 없이, 실제 관찰한 것만을 기술하고 표현하기
- 넓은 시야를 제시하고, 때로는 일치하고 때로는 서로 다른 여러 가지 요소를 고려하기
- 현실적인 태도를 유지하기, 일반화와 과장을 피하기, 엄밀함(언제? 어디서? 무엇을?) 및 기술적 설명을 중시하기
- 강점과 가능한 어려움을 인정하기
- 정서 지능을 이용하여 공감에서의 감정적 거리를 유지하기(Goleman, 1995), 그리고 다른 사람의 정서 지능에 대해서도 주의를 기울이기
- 반동을 위한 충분한 공간을 두기[5]

4) 피드백이 수용되기 어렵거나 수용되지 않으면, 피드백을 언급하는 것은 유용하지 않다.

5) 피드백을 제공하는 것은, 우리 안에 그 사람으로 떠오르는 이미지를 그 사람에게 보여주는 것은 우리가 어떤 거울인지를 그 사람에게 보여주는 것이다. 우리는 거울이 하는 일을 잘 알고 있다. 거울에 비친 모습이 항상 보기 좋은 것은 아니다. 거울 속의 이미지는 너무 작거가, 너무 크거나, 너무 조잡하거나, 약간 변형된 상태이다. 그것이 전형적인 거울이다. 따라서 피드백을 받은 사람이 자기 소리는 내고, 언급하고, 조정하고, 부연설명을 하고, 명확화하고, 설명하려고 하는 것을 관찰하게 되는 것이 놀라운 현상은 아니다. 피드백 후의 이러한 반동은 필요하다. 이것은 훈련생이 피드백을 받고 무기력하다고 느끼고, 씁쓸한 감정을 느끼게 되는 것은 방지할 수 있기 때문에, 특히 집단 상황에서 중요하다. 훈련생에게 피드백에 대한 반응으로서 자신의 감정을 표현할 수 있는 기회를 제공함으로써 상호작용을 완성시킨다.

이러한 개인화된 피드백은 수용 가능한 것이 될 수 있으며, 사용 가능한 것으로 받아들여지고, 그에 따라 실제로 쓰일 수 있다.

2.5 과정분석의 구조화

위에 설명한 피드백의 규칙을 설명하고 실천하는 것만으로는 수퍼비전에서 발생할 수 있는 문제를 방지할 수 없다. 안전한 학습 환경을 조성하기 위해서는 과정분석의 구조화가 근본적으로 중요하다.

한 훈련생이 디렉터가 되고 다른 훈련생이 주인공이 되는 사이코드라마 중 실연 상황에서의 직접 수퍼비전의 경우, 두 사람이 스스로를 노출하게 된다.

- *주인공, 때로 매우 복잡한 문제를 통해:* 주인공은 자신의 내적/외적 현실을 드러내어 집단이 그 현실을 보게끔 만든 상태일 것이다. 사이코드라마의 2단계(실연)와 3단계(나누기)를 마무리함으로써 안전한 환경을 조성하고, 주인공이 자신이 공연한 사이코드라마의 결과를 조용히 이해할 수 있게 하는 것이다. 다시 한 번 강조하지만, 과정분석 단계 중에는 주인공의 심리적 문제를 직접 언급하지 않는 것이 중요하다. 주인공을 매우 불안정하게 만들 수 있기 때문이다.
- *사이코드라마 디렉터 훈련생, 자신만의 존재 및 행위 방식에 있어:* 사이코드라마 회기를 동료 훈련생들 앞에서 감독하는 경우, 해당 학생은 자신의 전문 역량뿐만 아니라 자신의 역량이 지닌 한계 또한 드러내게 된다. 자신이 받고 있는 지지의 질에 대한 생각이 어떻든지 간에, 그 자신의 개방성 및 건설적 결론에 대한 열망이 어떻든 간에, 사이코드라마 디렉터 훈련생은 자신의 동료와 수퍼바이저 앞에서 자신의 작업을 통해 자신을 드러냄으로써 매우 취약함을 느끼게 된다. 따라서, 주인공과 사이코드라마 디렉터 훈련생 모두 자신의 환경 안에서 안전함을 느껴야 할 필요가 있다. 수퍼바이저의 방법론을 신뢰할 수 있다는 사실은 이들에게 안정감을 준다.

과정분석 단계는 보통 다음과 같은 여섯 개의 단계로 진행된다. (1) 사이코드라마 디렉터 훈련생의 자기 피드백, (2) 주인공으로부터의 피드백, (3) 훈련 집단 구성원으로부터의 피드백, (4) 수퍼바이저로부터의 피드백, (5) 사이코드라마 디렉터 훈련생으로부터의 반응, (6) 관점과 마무리.

사이코드라마 디렉터 훈련생이 우선 자신의 작업을 평가하고, 그 후에 다른 사람들이 자신들의 느낌이나 생각을 말해준다. 어떤 점에서는 이러한 방식은 자기 자신의 전문가로서의 정체성을 재창조해 내는 과정과 같다. 회기가 끝나고 주인공이 떠나면, 사이코드라마 디렉터는 혼자서 계속해서 자기 평가를 실행한다. 두 번째 피드백의 경우 가장 중요한 의미를 지니는데, 이 피드백은 주인공이 해주는 것으로서, 이는 가장 중요한 의미를 지니는 주인공 자신의 피드백이 다른 참가자들의 영향을 받지 않게 하기 위해서이다. 세 번째 피드백은 동료 집단으로부터 오는 것인데, 수퍼바이저가 자신의 피드백을 사이코드라마 디렉터 훈련생에게 주기 전이라도, 바로 이 때 집단의 집단 지성이 매우 강력해질 수 있다. 그 다음에야 수퍼바이저가 말을 할 수 있으며, 이 때 수퍼바이저는 몇 가지 감정을 명확하게 하고 최초의 결론을 이끌어낸다. 과정을 마무리하기 전, 수퍼바이저는 의미 있는 관점을 제공해준다.

위에 언급한 바와 같이 과정분석 단계란 수퍼비전에 있어 하나의 순간에 불과하다. 수퍼비천이 전개되는 방식을 제시함에 있어, 과정분석 단계의 몇몇 주요 단계가 나타나고 수퍼비전의 다양한 단계에 걸쳐 나타나는 수퍼바이저의 다차원적 역할이 명확해질 것이다.

2.6 '역실연'을 통한 수퍼비전의 전개

이 절에서는 특수한 종류의 집단 수퍼비전의 전개에 대해 설명해보려 한다. 이는 바로 '역실연(reverse enactment)'이라 불리는 것이다. '역실연'이라는 것은 주인공이 자신이 아닌 다른 사람의 역할만을 연기하는(이 절의 예에서는 자기 주인공의 역할) 실연을 말한다. 사이코드라마의 연기 단계에서 주인공은 한순간도 자기 자신이 되어 연기하지 않는다. 이 방법은 내가 가장 좋아하는 방법인데, 왜냐하면 이로부터 얻을 수 있는 교훈이 매우 많고, 내실 있는 동시에 실제로 도움이 되기 때문이다.

수퍼바이저에 의한 인본주의적 방법은 이 장에서 열거한 이론적 단계 각각에 기초하고 있으며, 이를 통해 이후에는 다차원적 역할에 이른다. 이는 조력자로서의 수퍼바이저의 역할이 비침입적인 태도를 가지게 한다거나 때로는 아주 조심스러운 태도를 취하게 하는 경우에도 마찬가지이다. 역실연 수퍼비전은 아래와 같이 이루어진다.

표 1. 사이코드라마에서 수퍼바이저가 수행하는 다차원적 역할

인본주의적 사이코드라마에서의 수퍼바이저의 다차원적 역할

수퍼비전의 모든 내재적 기능을 모두 수행하기
물러서서 관점 확보하기
실제에 맞추어 점검하기
훈련생의 기술 개발하기
다섯 개 요소를 모두 동시에 실시하기

I. *긍정적이고 관계적인 분위기 조성하기:* 자기 실현에 대한 내재적인 경향을 신뢰하고, (a) 일치성, (b) 무조건적 수용 및 (c) 공감을 증진한다.

II. *인본주의적 과정분석을 위해 세 부분에 초점 맞추기*
- 사이코드라마 디렉터, 주인공 및 집단 사이의 관계
- 사이코드라마 방법과 기법의 활용
- 이론적 측면과 임상적 측면

III. *과정분석의 여러 가지 기능 탐구하기*
집단이 얻는 혜택: 학습 공동체 증진
주인공이 얻는 혜택: 새로 얻게 된 학습자로서의 역할 촉진
각 훈련생이 얻는 혜택: 회기에서 의미 있었던 요소를 식별하고, 이 때 이론적이고 임상적인 관점뿐만 아니라 관계적, 방법론적, 기술적 관점을 취하기, 식별한 요소와 그 역동을 분석하기, 주어진 상황에서 자신의 적절성을 평가하고 인정하기, 이론 및 임상 관찰을 연계시키기, 관점을 확장하기
수퍼바이저가 얻는 혜택: 일반적 수준과 향후 발전을 위해 필요한 조치 평가하기, 집단 내 각 구성원 및 그 각각이 기여한 바를 인정하고 소중히 하기, 습득한 교훈을 정리하고, 향후 학습으로 연결하기

IV. *다음과 같은 규칙을 시행함으로써 건설적 피드백 확보하기*
- 사람을 그 자체로 고유한 사람으로 불러주기
- 사람을 그 자아로부터 불러주기
- 사람의 존재가 아니라 사람의 행동에 집중하기
- 판단이나 해석 없이 실제 관찰한 것만을 기술하고 표현하기
- 넓은 관점을 제시하고, 때로는 일치하고 때로는 서로 다른 여러 가지 요소를 고려하기
- 일반화와 과장을 피하고 실제적인 관점 유지하기
- 강점과 애로점을 인정하기
- 공감의 정서적 거리 유지하기
- 반동을 위한 공간 제공하기

V. *다음과 같은 6단계를 통해 과정분석의 효율성 확보하기*
(1) 사이코드라마 디렉터 훈련생의 자기 피드백
(2) 주인공으로부터의 피드백
(3) 훈련 집단 구성원으로부터의 피드백
(4) 수퍼바이저로부터의 피드백
(5) 사이코드라마 디렉터 훈련생으로부터의 반응
(6) 관점과 마무리

■ *문제, 질문 또는 목적 파악하기:* 훈련생은 회기에 참가할 때 하나 또는 여러 개의 질문을 생각해온다. 그리고 훈련생은 하나 이상의 주인공/환자(또는 동료)에 대하여 자신이 생각해온 질문을 집단에게 설명한다. 수퍼바이저는 훈련생과 함께 학습자가 수퍼비전으로부터 기대하는 것이 무엇인지를 파악한다. 즉, 그 목적, 어떠한 것이 현실적이고, 도달 가능하고, 확인 가능하고 측정 가능해야 하는지를 파악하는 것이다.

1년차 훈련생인 존(John)이 매달 만나는 수퍼비전 집단에서 수퍼비전을 받고 있다.

존: 클라리사(Clarissa)라는 내담자를 6개월 동안 만나고 있어요. 우울증 내담자입니다. 제 문제는 이거예요. 클라리사가 회기 약속을 잡아놓고는 오다 말다 하는데, 그녀에게 점점 화가 난다는 거예요.

수퍼바이저: 그 문제에 대해서 이 수퍼비전으로부터 얻어가고 싶은 게 무엇인가요?

존: 클라리사를 건설적으로 직면하는 방법을 찾고 싶어요.

■ *전략 세우기:* 집단이 함께 모여 훈련생이 그 내담자를 드러내고 그 역할을 맡는 것이 적절한지의 여부를 결정한다. 이것이 학습자에게 이로울 것이라고 보이는 경우, 역실연을 통해 수퍼비전을 제시한다. 그 시점 이후로, 해당 훈련생은 동료 훈련생 중 누구를 선택하여 내담자의 사이코드라마 디렉터 역할을 맡게 할 것인지를 선택한다. 이때 선택받은 훈련생이 물론 그 선택에 동의해야 한다(그렇지 않을 경우, 선택 절차를 계속 진행한다).

■ *역실연 사이코드라마 실시하기:* 사이코드라마의 세 단계를 진행한다(워밍업, 연기, 나누기). 여기에서 두 훈련생은 각각의 역할을 수행한다.

- 주인공: 자신이 생각해온 문제를 해결하려 하고, 이제는 자기 내담자(클라리사)와 역할을 바꾸어 현재 사이코드라마의 주인공이 되는 훈련생(존).
- 사이코드라마 디렉터: 자신의 동료 훈련생(존)이 자신의 과정을 진행함에 따라 존이 인식하고 표현한 바에 따라 내담자(클라리사)를 지원하려는 훈련생(폴, Paul)

폴은 클라리사(존이 연기하는)에게, 클라리사가 자주 회기에 빠졌다는 점이 눈에 띄었다고 말한다. 2분간 대화가 이어지다 갑자기 클라리사가 말한다. “나는 얽매이는 게

싫어요. 나는 옛날부터 이런 사람이었다구요! 열여덟 살 때도 엄마 아빠가 최소한 매주 일요일 점심에는 집에 있으라고 했는데, 나는 그것도 질색이었단 말이에요!"

■ *다른 훈련생들도 보조 역할로 참여할 수 있다:* 사이코드라마 디렉터는 다른 구성원들을 부를 수도, 그렇지 않을 수도 있다(이는 전문가가 집단 사이코드라마로 진행하느냐, 개별 사이코드라마로 진행하느냐에 따라 달라진다). 실비아(Sylvia)와 롭(Rob)이 부모 역할을 맡도록 하고 사이코드라마를 진행한다. 사이코드라마 디렉터가 수퍼바이저의 도움을 필요로 하는 경우, 수퍼바이저도 활용할 수 있다.

■ *과정분석에서의 효율성 확보하기:* 사이코드라마의 세 단계가 완료되면, '사이코드라마 디렉터'(폴), 내담자 역할을 담당한 '주인공'(존)과 다른 구성원들은 다시 훈련생으로 돌아간다. 이제 집단 전체가 모여 '사이코드라마 디렉터'에 대하여, 주인공과의 관계, 집단과의 관계, 사이코드라마 방법의 활용, 사이코드라마에서 작용했던 이론적이고 임상적인 측면들에 초점을 맞추어 논의한다. 이로써 과정분석 단계를 시작하고[6], 수퍼바이저는 이에 대해 지원과 조력을 제공한다.

■ *자기 피드백:* 사이코드라마의 한 장면 또는 회기를 디렉팅한 훈련생(폴)으로 하여금 다음과 같은 점을 드러내도록 유도한다.

- 사이코드라마 디렉터로서의 경험(목적: 경험의 인식과 표현)
- 자신의 작업에 대한 평가(목적: 보존과 발전)
- 자신이 경험한 어려운 점 또는 부족한 점(목적: 보정 및/또는 교정)
- 자신에게 열려있던 선택지(목적: 가능성의 연장)
- 향후 개발할 기술 및 역량(목적: 발전)

■ *주인공으로부터의 피드백:* 사이코드라마 디렉터(폴)가 우선 주인공의 피드백(존이 연기한 클라리사)을 듣는 것이 중요하다. 왜냐하면 실제 회기에서 주인공은 디렉터의 유일한 파트너이기 때문이다. 사이코드라마 디렉터의 경험(사고, 감정 등) 외에, 내

---

6) 특별히 위험한 상황이 되면 피드백을 제공하는 규칙을 상기시키라.

담자에게 맞는 생각과 감정을 하는 것은 오로지 주인공뿐이다. 인본주의적 심리상담에서는 이 점을 의심하지 않는다. 왜냐하면 이 방법에서 내담자는 자신만의 진실을 지니고 있는 것으로 여겨지기 때문이다.

사이코드라마 디렉터의 경험과 주인공의 경험 사이에 왜곡이 있다면, 이러한 왜곡의 기원이 무엇인지를 이 단계에서 살펴보는 것이 좋다—이렇게 하면 행위의 방식이나 존재의 방식, 또는 사이코드라마 디렉터의 역전이에 대한 다양한 통찰, 질문, 가정을 발견할 수 있다.

내담자의 역할(클라리사)로 돌아가지 않기 위해, 이전에 주인공을 맡았으나 이제는 그 역할을 그만둔 훈련생(존)은 자신의 내담자의 입장에서 피드백을 준다(존이 경험하고 나타내는 바대로의 내담자). 훈련생은 자신의 내담자를 지칭할 때 "그/그녀"를 사용한다. 사이코드라마 디렉터 훈련생은 당분간 침묵을 유지한다.

■ *훈련 집단 내 구성원으로부터의 피드백:* 훈련 집단 내의 각 구성원이 사이코드라마 디렉터 훈련생(폴)에게 피드백을 준다. 폴은 침묵을 유지하고, 어떠한 코멘트도 하지 않고, 던져지는 질문을 수용하나 이에 대해 대답하지 않는다. 롭(Rob): "처음에는 아버지 역할을 어떻게 할지에 대해서 단서가 더 필요했는데, 조금씩 많은 역할 교대를 통해서 역할에 몰입할 수 있었어요." 수퍼바이저는 모든 피드백이 건설적인 것이 되도록 조절한다. 필요한 경우 구성원들의 코멘트를 다른 말로 바꾸거나, 더욱 명확히 해주거나 재구성하도록 한다.

■ *수퍼바이저로부터의 피드백:* 다음으로 수퍼바이저가 과정에 대한 자신의 분석을 공유한다. 내가 같이 일한 수퍼바이저들을 볼 때, 피드백의 종류는 다음과 같이 나누어 볼 수 있었다.

- 즉석 피드백: 회기의 주요 요소에 대해서 기억나는 대로 이야기하는 즉석 피드백 및 그에 대한 정중한 분석
- 서면 피드백: 수퍼바이저가 자신의 관찰 결과, 코멘트와 질문을 회기 전체에 걸쳐 세심히 기록하고, 사이코드라마 디렉터 훈련생에게 그 주요 내용을 말해준 후 기록한 노트를 건네주는 방식
- 동작 피드백: 무대에서 한 장면 형식으로 중요한 순간들을 재현하고 그에 대해 피

드백하는 방식. 이 때 제안이나 대안적 선택들을 덧붙이기도 한다. 이를 위해 선택하는 배우에는 주인공이나 사이코드라마 디렉터 훈련생 역할을 했던 구성원을 제외하는데, 왜냐하면 주인공이 자신의 사이코드라마를 완전히 새로 시작하는 일을 피해야 하며, 사이코드라마 디렉터 훈련생은 이 학습 단계에서 필요한 관점을 얻어야 하기 때문이다.

내가 훈련생일 때 받은 가장 독창적인 피드백이 있는데, 그것은 Ken Sprague의 피드백이었다. Sprague는 스케치북에 장면을 그리고는 그것을 가지고 피드백을 주곤 했다.

■ *사이코드라마 디렉터 훈련생의 반응:* 지금 단계까지 피드백을 받는 사람(폴)은 침묵을 지켰는데, 이 단계에서는 자신이 받은 피드백에 대한 인상을 표현한다. 사이코드라마 디렉터 훈련생이 충분히 자신의 감정, 생각, 느낌 등을 표현할 수 있도록 시간을 주고, 필요한 경우 이러한 것들을 집단과 함께 명확히 파악할 수 있도록 한다. 내 생각에, 이 때 매우 중요한 것은 사이코드라마 디렉터 훈련생의 느낌에 주의를 기울이는 것이다. 즉, 자신의 능력이 인정받는 데서 느끼는 기쁨, 자신의 부족한 점이 드러나는 데서 오는 좌절감(그리고 때로는 수치감), '제대로 하지 못하는 것'에 대한 두려움, 그리고 오해를 받고 있다는 짜증이나 분노에 이르기까지 여러 감정이 있는 것이다. 사이코드라마 디렉터 훈련생에게 주의를 기울임으로써 훈련생의 감정 과정과 그 과정에 대한 탐구에 대해—조력이 필요한 경우—조력할 수 있다.

또한 이 때 사이코드라마 디렉터 훈련생이 자신의 기반과 자신이 유지하고 싶은 것(보존), 피드백에 기초하여 개선하고 싶은 것(발전), 부족한 능력을 개발하기 위해 특히 주의를 기울이고자 하는 것(건설)에 대해 자세히 파악하도록 격려한다.

■ *관점과 마무리:* 종합 초안/마무리: 이 '중심 고리'를 마무리할 때, 수퍼바이저는 과정 중에 제기되었던 다양한 요소들로 돌아가서 사이코드라마 디렉터 훈련생이 도달한 여러 결론을 공식화하고, 얻은 교훈을 다시 강조하는 한편 발전을 보였던 요소들을 명시해준다.

■ *역실연의 결과 명료화하기:* 이제는 '첫 번째 고리'를 마무리할 때이다. 수퍼바이저는 특정한 상황에 대한 수퍼비전을 처음 요청했으며 나중에는 주인공(클라리사—역

할 교대를 통해)을 연기했던 훈련생(존)에게 이렇게 묻는다. "이 과정이 시작할 때 당신의 목적은 … 이었죠. 이제는 자신이 어디쯤 온 것 같나요? 이 활동으로부터 어떠한 결론을 얻었나요?"

훈련생(존)은 이 과정의 결과에 대해, 자신이 경험한 역할 교대의 결과와 과정분석 메커니즘을 통한 집단 지성이 기여해준 결과에 기초하여, 자신이 겪은 과정의 결과에 대해 평가한다. 존: "클라리사에 대한 제 분노는 클라리사 아버지의 분노를 닮았다는 면에서 유의미해요. 클라리사가 사이코드라마 회기에 결석하는 것이 무엇을 의미하는지를 클라리사와 함께 알아보는 것이 그저 제대로 출석하라고 요구하는 것보다는 더욱 건설적이고 효율적일 것입니다!"

이제 훈련생으로 하여금 관련된 관계 역동, 그 과정에서 발생한 임상적 징후, 그리고 방법론적이고 기법적인 관점에서 이제 고려해야 할 선택에 대해 생각해보도록 한다. 이러한 초점 각각에 대하여, 훈련생은 다음과 같은 것을 표현한다.

- 자신이 상담을 통해 추구해야 할 선택과 질문
- 자신이 이루었다고 여기는 발전
- 과정의 한계
- 관련이 없거나 아직 결론이 나지 않은 측면들

▪ *관점 얻기와 마무리:* 이제 회기를 마무리하고, 수퍼바이저는 마지막으로 훈련 집단에서 한 발 물러나 다음을 생각해보게끔 한다.

- 과정을 통해 집단 내에서 만들어진 관계의 건설적인 특징에 머무르기(분위기)
- 학습 공동체가 스스로를 표현하고, 실무와 이론 및 임상을 연결시키는 방식을 구체적으로 알아주고 그 가치를 알아주기(집단적/관계적 지식)
- 회기로부터 교훈을 도출하기(공통 경험을 통한 교훈)
- 실무 적용 가능성을 강조하기(실무에서의 적용 가능성)
- 향후 학습 단계를 강조하기(발전에 대한 예측)

관점 얻기의 이러한 마지막 단계는 집단 내 구성원 각각에게 케이크에 올려 놓은 체리와 같다. 구성원 각각은, 개별적으로 그리고 집단적으로, 과정 중에서 얻은 통찰 및 어려움에 대한 인식을 정박할 수 있지만, 동시에 회기로부터 도출한 교훈을 훈련생의 실무에 직접 적용할 수 있게 하면서 이후 개발할 남은 능력을 파악할 수 있게 한다.

3. 결론

이 장에서 보았듯이, 수퍼비전은 사이코드라마 디렉터 훈련에서 필수적이고 내재적인 요소이다. 이론과 연관된 훈련 모듈에서이든, 자기 경험과 디렉팅 경험(학습 과정분석)에서이든, 전문 실무에 대한 수퍼비전(실무의 과정분석)에서 이든, 훈련생은 집단 구성원 중 하나를 주인공으로 삼아 사이코드라마의 전형적인 3단계(워밍업, 실연, 나누기)를 모두 포함하는 회기를 디렉팅할 수 있는 기회를 가지게 된다. 이에 과정분석 단계를 네 번째 단계로 추가하여, 이 단계에서는 사이코드라마 디렉터 훈련생에게 중점을 두어 주인공의 과정을 지원하는 동시에 훈련생의 존재의 방식과 행위의 방식에 초점을 맞춘다.

수퍼바이저의 역할이 가지는 복잡다단한 측면은 각 수퍼바이저가 제공하는 차원—관계적 분위기, 3중 초점, 과정분석 기능의 다중성, 피드백의 건설성과 과정분석의 방법 등—에 연결되어 있다.

분명한 것은 인본주의적 과정분석에 있어서는 각 차원이 모두 중요한데, 각 차원을 전부 발달시키는 것이 언제나 가능하지는 않다는 점이다. 하지만 수퍼바이저는 자신의 촉진자로서의 역할을 주의 깊게 모니터링해야 하며, 항상 무조건적으로 긍정적인 인식, 공감 및 일치성이 동시에 이루어질 수 있는 관계적인 분위기를 조성해야 한다.

이러한 태도를 견지할 때 사람이 자신을 발견하거나 드러낼 때 필요한 안정감, 자신감과 자유를 이루어낼 수 있다. 그리고 이러한 태도는 사람이 자신이 할 수 있는 최대한 자신의 생명에 책임을 지는 경향을 높여준다. 동시에 지지와 안심을 제공해주며(Rogers, 1986, p. 129), 이는 변화의 과정에서 없어서는 안 될 두 가지 요소이다(Apter, 1999, p. 78).

인본주의적 과정분석의 범위가 무엇이든 간에, 수퍼비전 회기의 촉진자는 훈련생으로 하여금 거리를 두고 자신의 전문 실무를 점검하도록 할 뿐만 아니라, 학습 공동체로 하여금 공동 지성을 만들어내게끔 할 수도 있다. 다중적인 차원을 통해, 이러한 인본주의적 과정분석은 새로운 관점을 여는 수단이 되고, 창의성을 발휘할 수 있도록 하는 수단이 된다. 그리고 이를 통해 훈련생의 역량을 계속해서 발전시킬 수 있다.

수퍼비전은 어느 분야에서든 전문가의 (정신) 건강을 증진하고 자극해줄 수 있다. 따라서 훈련생에게는 수퍼비전이 해로울 것이 없다. 모든 사람이 수퍼비전으로부터 얻을 것이 있다. 수퍼비전에 참가하는 전문가 스스로는 자신이 위험해지거나 위험을 겪는 일이 없으며, 건설적이고 역동적인 이 과정에 참여함으로써 자신의 능력과 역량을 개발하고, 자신이 직접 다른 사람들의 발달에 조력할 수 있는 여건을 만들어준다. 이것이 바로 내 스승이 던져준 도발적인 말에 담긴 진정한 의미일 것으로 믿어 의심치 않는다.

참고문헌

Aguiar, M., & Tassinari, M. (1994). Processamento em psycodrama. *Revista da brasileiro de Psicodrama, 2*, 13–24.

Apter, N. (1987, 9 Février). Carl Rogers: Le dsuxième souffle de la psychologie. *La Suisse*, 6–7.

Apter, N. (1996). A la rencontre de nos "ailleurs": Nos unicités. *Brennpunkt: Journal de la Société Suisse pour l'approche et la psychothérapie centrée sur le client 69*, 7–19.

Apter, N. (1999). Change: What is at stake? *International Journal of Psychotherapy (European Association for Psychotherapy), 4*(1), 67–78.

Apter, N. (2003). The human being: J. L. Moreno's vision in psychodrama. *International Journal of Psychotherapy (European Association for Psychotherapy), 8*(1), 31–36.

Bohart, A. C., & Greenberg, L. S. (1997). *Empathy reconsidered: New directions in psychotherapy.* Washington: American Psychological Society.

Buber, M. (1969). *Je, tu.* Paris: Edition Aubier.

Campedelli, A. M., & Wolff, J. R. (1980). Processamento de um onirodrama pela teoria da matriz de identidade de moreno. *Revista da FEBRAP, 3*, 78–79.

Fine, L. J. (1979). Psychodrama. In R. J. Corsini (Ed.), *Current psychotherapies.* Itasca, IL(USA): F. E. Peacock Editions.

Gardner, H. (1996). *Les intelligences multiples.* Paris: Retz Eds.

Goldman, E., & Morrison, D. (1984). *Psychorama: Experience and process.* Dubuque: IA: Kendall Hunt.

Goleman, D. (1995). *Emotional intelligence.* New York: Bantam Books.

Karp, M. (1998). The director. Cognition in action. In M. Karp, P. Holmes, & K. Bradshaw Tauvon (Eds.), *The handbook of psychodrama* (pp. 147–165). London and New York: Routledge publ.

Kellermann, P. F. (1992). Processing in psychodrama. *Journal of Group Psychotherapy. Psychodrama & Sociometry, 45*, 63–73.

Leutz, G. A. (1985). *Mettre sa vie en scène.* Paris: Edition Epi/Desclée de Brower.

Maslow, A. (1972). *Vers une psychologie de l'être.* Paris: Edition Fayard.

Mearns, D., & Thorne, B. (1999). *Person-centered counselling in action.* London: Sage Publication.

Monteiro, A. M., & Brito, V. (2000). Etica no psicodrama: Contextualizando o processamento. *Revista da brasileira de Psicodrama, 8*, 41–43.

Moreno, J. L. (1973). Interpersonal therapy and the psychopathology of interperosnal relations.

In J. Moreno (Ed.), *Psychodrama* (Vol. 1). Beacon, N. Y.: Beacon House.
Moreno, J. L. (1964). *Psychodrama* (Vol. 1). Beacon, N. Y.: Beacon House.
Naffah Neto, A., et al. (1981). Analise e processamento de uma sessao de psicoterapia psicoramatica grupal, cum protagonista. *Psicodrama, 3*, 3–16.
Rogers, C. R. (1951). *Client-centered therapy.* Boston: Houghton Mifflin.
Rogers, C. R. (1968). *Le développement de la personne.* Paris (France): Bordas/Dunod.
Rogers, C. R. (1972). *Liberté pour apprendre.* Paris: Dunod.
Rogers, C. R. (1975). Empathy: An unappreciated way of being. *The Counseling Psychologist, 5*(2), 2–10.
Rogers, C. R. (1986). A client-centered/person-centered approach to therapy. In I. Kutash, & A. Wolfe (Eds.), *Psychoterapist's casebook.* Jossey Bass.
Rogers, C. R., & Kinget, M. (1962). *Psychothérapies et relations humaines.* Paris: Editionas Nauwelaerts.
Schmid, P. F. (2001). Acknowledgement: The art of responding. Dialogical and ethical perspectives on the challenge of unconditional relationshps in therapy and beyond. In J. D. Bozarth, & P. Wilkins (Eds.), *Unconditional positive regard* (pp. 49–64). Herefordshire, UK: PCCS Books.
Williams, A. (1989). *The passionate technique.* London: Jessica Kingsley.

융 심리학적 접근방식: 사이코드라마의 현장 수퍼비전

Maurizio Gasseau & Leandra Perrotta

저자들은 이 글에서 '현장(in situ)' 수퍼비전에 대한 융 심리학적 사이코드라마 모듈을 제안하고 있다. 이 모델에서, 훈련생은 현장에서 자기 작업에 대한 수퍼비전을 받음으로써 사이코드라마 집단에 내재한 과정의 다중성에 대해 성찰하고, 즉각적인 경험으로부터 배운다. 융 심리학적 사이코드라마에서는 두 명의 사이코드라마 디렉터가 공동으로 참여한다—한 명은 디렉터이고, 다른 한 명은 내레이터(narrator)이다. 디렉터는 회기를 감독하는 반면 내레이터는 집단 과정에 초점을 맞추어 주제를 파악하고 그 주제를 새로이 통합된 의식으로 재구성해낸다.

1. 수퍼비전의 다양한 수준

수퍼비전은 사이코드라마 디렉터 훈련생과 자격을 인정받은 사이코드라마 디렉터 모두에게 있어 근본적인 의미를 지니는 경험이다. 사이코드라마를 활용하는 다양한 집단 수퍼비전 모델들이 있다. 융 심리학적 사이코드라마 기관인 *Associazione Mediterranea di Psicodramma* 및 APRAGI-*Psicodramma*에서 쓰이는 모델은 다음과 같다.

- 개인 사례에 대한 사이코드라마 수퍼비전
- 새로 형성된 사이코드라마 집단과 기존 사이코드라마 집단에 대한 언어적 수퍼비전
- 사이코드라마 집단에 대한 사이코드라마 수퍼비전
- 사이코드라마 집단에 대한 '현장' 수퍼비전

이 글에서는 훈련생이 차례로 디렉터와 내레이터 역할을 맡아 자신의 작업에 대해 수퍼바이저로부터 현장에서 바로 수퍼비전을 얻는 형태인 '현장' 수퍼비전에 대해 알아보려 한다. 훈련생은 수퍼바이저가 훈련생의 작업에 관련되어 진행하는 드라마에서 주인공이 된다. 이러한 종류의 수퍼비전은 특정 집단에 대해서 어떠한 개입이 더욱 적절한지, 어떠한 애로점이 회기에서 발생할 수 있는지 등과 같은 사이코드라마 방법론에 대한 성찰을 촉진한다.

2. 융 심리학적 사이코드라마의 현장 수퍼비전 모델

현장 수퍼비전의 대상이 되는 사람은 다양하다.

- 수퍼바이저의 감독을 받으면서 4년 동안 1400시간의 훈련을 완료하고, 수퍼비전하에서 600시간의 실무를 마침으로써 자격을 얻은 신규 사이코드라마 디렉터
- 훈련을 마쳤으나 자신만의 집단을 아직 충분히 혼자 유지하지 못하여, 자신의 실수를 반성하는 것이 장려되는 안전한 공간에서 자신의 능력을 증진하고 싶어하는 사이코드라마 디렉터
- 자기 집단에 대한 임상 수퍼비전이 필요한 사이코드라마 디렉터, 또는 작업에서 새롭고 효율적인 사이코드라마 전략을 적용하는 데 초점을 맞추어 지속적인 훈련을 통해 전문 역량을 기르고 싶어하는 사이코드라마 디렉터
- 3~4년차 사이코드라마 훈련생으로서 고급 집단에서 회기를 진행하는 훈련을 하고 있는 훈련생. 3년차 훈련생은 600시간의 임상 훈련, 정신병리학, 집단 심리, 집단 역학, 분석 심리학, 사례 수퍼비전, 현재 진행 중인 집단에서 2년간의 사이코드라마 자기 경험을 마치고, 개인 치료를 거친 상태일 것이다. 3~4년차 훈련생은 훈련 기간 중 현장에서 90시간의 수퍼비전을 받는데, 이는 5시간 단위로 16회로 나누어진다.

현행 수퍼비전 집단의 이상적인 구성은 남녀 비율을 맞춘 8~10명의 훈련생과 1~2명의 수퍼바이저로 이루어진 구성이다. 수퍼비전 집단은 5시간 동안 진행하며, 이를 2시

간 30분씩 2개 단위로 나누며 중간에는 15분의 휴식을 둔다. 각 단위의 첫 번째 회기는 1시간 15분 동안 서로 다른 디렉터가 진행하고, 다른 훈련생이 이어 10분간 내레이션을 수행한다. 이후 한 시간 동안 아래의 방식을 이용하여 회기에 대한 과정분석을 한다. 디렉터와 내레이터는 현장에서 자신의 작업에 대한 수퍼비전을 받고, 즉각적인 경험과 피드백으로부터 학습을 할 수 있다. 휴식 후, 첫 번째와 유사한 회기를 진행하되 첫 번째와는 다른 두 명의 훈련생이 디렉터와 내레이터 역할을 한다.

수퍼비전 집단의 첫 번째 단위를 1시간 15분으로 제한한 이유는 과정분석에서 분석해야 할 소재의 양이 엄청나기 때문이고, 경험이 없는 사이코드라마 디렉터에게 긴 회기를 진행하는 것은 복잡스러운 일이기 때문이다. 빈도는 목표에 따라 달라지며, 수퍼비전의 목적과 해당 기관의 환경에 따라 달라진다. 다만 표준적인 빈도는 사이코드라마 훈련생의 경우 월 2회, 수퍼비전을 지속 연구 집단으로 활용하는 사이코드라마 디렉터의 경우에는 월 1회이다.

현장 수퍼비전은 활동에 대한 수퍼비전, 새로운 기법의 습득, 디렉터와 내레이터의 역전이에 대한 성찰, 그리고 집단 운영 등을 결합한 것이다. 융 심리학적인 수퍼비전 모델에서, 디렉터가 아닌 훈련생은 돌아가면서 주인공 역할을 한다.

현장 수퍼비전은 수퍼바이저가 풀어내는 수수께끼와도 같다. 디렉터가 이러저러한 장면을 선택하도록 하는 근본적인 동기가 무엇인가? 디렉터가 이러저러한 행동을 하지 못하도록 막는 '그림자'는 무엇인가? 사이코드라마 디렉터나 내레이터의 작업에 영향을 미치는 무의식적인 두려움, 세대를 넘는 반향일 수 있는 이 두려움은 무엇인가?

수퍼바이저가 현장에서 디렉터를 감독할 경우, 주인공의 무의식에서 나오는 이미지 또는 기억이 작업을 명확하게 해주는 경우도 많다.

현재의 현장 수퍼비전 모델은 1970년대 이탈리아에서 프랑스 출신 라캉주의 사이코드라마 디렉터인 Gennie와 Paul Lemoine가 개발한 것이다. Anne Ancelin Schützenberger(1998)의 영향을 받은 이 모델에서는 매 사이코드라마 회기마다 디렉터와 관찰자가 있었다. 이들의 수퍼비전 방법은 융 심리학 사이코드라마 디렉터이자 분석가인 Giulio Gasca(2004)가 1970년대 후반에 개발하고 사용했던 모델과 매우 유사하다.

융 심리학 사이코드라마 디렉터들은 기존 사이코드라마에서 사용하는 '디렉터(director)'라는 말보다 '감독(conductor)'이라는 말을 선호한다. 왜냐하면 감독이라는 말은 덜 극장 같은 환경에서의 집단 분석 개념을 지칭하기 때문이다. 융 심리학 사이코드라마에서는 실제 극장이나 무대도 없고, 장치나 소품도 없으며, 가면이나 조명도 없다. 단지 원형으로 배열한 의자들과, 사이코드라마가 이루어지는 부드러운 카펫이 있을 뿐이다.

3. 융 심리학 사이코드라마의 이론

융 심리학 사이코드라마(Gasseau & Gasca, 1991)는 분석 지향적 집단 치료로서, 텔레 무의식(tele unconsciousness) 및 공동 무의식(co-unconsciousness) 등 J. L. Moreno가 이룩한 중요한 사이코드라마적 혁신과 개념으로부터, C. G. Jung의 꿈, 집단 무의식, 원형적 의학 및 개별화에 대한 심층 심리학적 접근에서, Foulkes의 망(net)과 매트릭스(Foulkes, 1975) 개념 등을 활용한다.

융 심리학 사이코드라마는 상상적인 심리작업으로서, 여기에서 디렉터의 임무는 집단에서 나오는 이미지를 모으고 이에 초점을 맞추는 것이다. 이러한 이미지는 기억일 수도 있고, 꿈이나 적극적으로 상상한 장면일 수도 있다. 역할극은 융 심리학 사이코드라마에서 상상계의 재현만큼이나 중요한 의미를 지닌다. 특히 집단의 발현을 이루는 이미지에 관심을 쏟게 되는데, 이러한 이미지들은 전체 집단에 대하여 유용한 의미를 담고 있다.

Jung의 꿈 작업 개념은 꿈의 구조란 연극(drama)의 구조와 유사하다는 것이다.

융 심리학 사이코드라마에서는 모든 범주의 꿈을 실연한다. 상징적 꿈, 시각적 꿈, 악몽, 신탁 꿈, 반복되는 꿈 및 사회적 꿈, 꿈 배양은 Gasseau가 고대 Asclepius의 사상에 따라 개발한 기법이다(Gasseau & Bernardini, 2009).

희곡, 신화와 의식은 융 심리학 사이코드라마에서 서로 연결되어 있다. 희곡에는 규칙(또는 메시지)이 있으며 이들은 고통이라는 혼동되는 경험과 무의식이라는 혼돈의 경험을 재배열하고 재구조화한다. 이와 유사하게, 융 심리학 사이코드라마에서 의식의 틀은 무의식의 제약 없는 팽창으로부터 정신을 지켜준다. 융 심리학 사이코드라마에서의 주인공은 보편적 의미를 지는 신화적 실재의 일부분이다. 이는 사람들이 소외의 경험을 넘어 인류 전체의 공통된 차원으로 나아갈 수 있게 도와준다.

4. 디렉터

디렉터에게는 농구 경기에서와 같이 '작전 타임'을 요청할 수 있다. 작전 타임 때는 집단의 역동을 잠시 멈추고 디렉터는 수퍼바이저로부터 사이코드라마를 어떻게 진행할 것인지에 대해서 자문을 구한다. 불안정한 디렉터의 경우 개입의 유용함과 타당성에 대해서 자주 안심을 시켜 주어야 한다. 즉, 이전에 연기한 장면과 관련하여 주인공과 함께 다른 장면을 연기하는 것, 장면을 마무리하는 시점과 특정 기법을 사용하는 시점 등에 대해서 말이다. 때로는 디렉터가 더 이상 진행할 방법을 알지 못하고 막다른 골목에 다다른 기분이 들어 안심과 이끌어줌이 필요할 때에 '작전 타임'을 요청하기도 한다.

'작전 타임'은 최대 2~3분을 넘기지 않도록 하며, 디렉터는 작전 타임 종료 이후 주인공과 함께 작업을 다시 시작한다. 수퍼바이저는 다시 침묵을 유지하며 장면을 관찰한다. 수퍼바이저가 장면에 중대한 누락이 있어 디렉터의 일시적인 교착상태로 인해 주인공이 불필요한 고통을 받으리라고 느낀다면, 수퍼바이저는 일어나 대신 디렉터의 이중자(doubling) 역할을 한다. 수퍼바이저의 이러한 개입은 정확한 시점에 이루어져야 하며, 이로써 디렉터가 새로운 가능성을 제시하도록 해야 한다. "조력자를 집어넣을 수도 있겠네요. 주인공에게 이러한 극적 순간에 가까이에 누가 있었으면 좋겠는지 물어볼 수 있겠죠." 또는 "주인공이 돌아가신 할머니를 만나고 싶어할지도 모르겠네요. 할머니만이 자신을 용서해줄 수 있다고 여기니까 말이죠." 또는 "아직 태어나지 않은 아기 연기를 해보는 것은 어떨까요."

수퍼바이저의 이러한 개입은 디렉터가 염두에 둔 준비에 혼란을 가져오고 이를 불안정하게 만들 수 있으므로, 주인공이 불필요한 고통을 겪는 경우에만 국한하여 사용해야 한다. 억제된 공격성과 같이 집단의 치명적인 정서적 상태로 인해 극이 막힐 경우, 수퍼바이저는 잠시 디렉터의 역할을 맡아 "공격성이 과도하게 통제된 것 같네요. 주인공이 자기 분노를 표출할 수 있는 장면을 연기해보세요."와 같은 제안을 할 수 있다. 수퍼바이저의 제안을 받아들일지의 여부는 전략을 결정할 정보를 더 많이 가지고 있는 디렉터의 자유이다. 이러한 경우 외에 수퍼바이저는 절대로 디렉터에게 개입하지 않고, 디렉터가 자유롭게 자신의 선택과 자신만의 스타일을 실험할 수 있도록 놓아둔다. 물론, 디렉터의 작업은 이후 회기의 분석 과정에서 논의하게 된다.

디렉터의 수퍼비전 방식

디렉터의 현장 수퍼비전을 더욱 원활히 하기 위한 방식을 아래와 같이 제시하고자 한다.

- 집단 경청하기
- 워밍업
- 주인공 선택하기
- 주인공 면담하기
- 주인공 경청하기
- 연기의 장면 구성
- 역할 교대
- 이중자
- 독백, 거울, 역할 탐색 및 조력자
- 장면의 길이와 마무리
- 장면 해결
- 가상 장면
- 꿈 연기
- 침묵 관리
- 역할 벗기
- 내레이터 소개하기

집단 경청하기

진행 중인 집단에서의 융 심리학 사이코드라마 회기는 침묵으로 시작한다. 디렉터는 초반에 흐르는 침묵을 존중하는 법을 배워야 하며, 집단 구성원 간 의사소통의 사이사이 일어나는 침묵을 관리하고 이러한 회기 초반 단계에서 갑자기 전개될 수 있는 감정을 용인하는 법을 배워야 한다.

분석적 사이코드라마에서 자주 하는 실수 중 하나는 자신의 문제나 고통에 대해 처음 말하는 사람을, 집단 전체의 말과 그들의 개인적 주제와 갈등에 대해 들어볼 충분한 여유를 두지 않은 채 주인공으로 선택하는 일이다. 디렉터가 주인공이 될 수 있는 사람의 말뿐만이 아니라 집단 전체의 말을 들어줄 수 있도록 훈련시키는 것이 중요하다. 그렇게 할 경우 참가자들에게 표현의 자유가 허락되고 더 넓은 분석적 여유 공간이 생기게 될 것이다.

워밍업

위에서 언급한 바대로 융 심리학 사이코드라마에서의 진행 중 집단은 침묵으로 시작하며, 기존과 같은 워밍업은 필요가 없다. 각 구성원이 자신이 겪은 일과 개인적 문제에 대하여 말하는 것을 듣는 것이 그 자체로 워밍업이다.

하지만 새로 형성된 집단의 경우, 더욱 전통적인 의미에서의 워밍업이 필요하다. 이는 상호 신뢰와 집단적 결속력을 만들어내기 위해 필요할 수도 있고, 청소년이나 경계성/정신증 환자들과 같은 특정 인구집단의 경우에 필요할 수 있다.

또한 구성원이 10명이 넘어가거나, 지난 회기로부터 많은 날이 지났거나 집단의 에너지가 막혀있을 경우에도 워밍업을 선택할 수 있다. 이러한 경우 집단 역동을 워밍업함으로써 자발성과 창조성을 다시 활성화할 필요가 있기 때문이다.

수퍼바이저는 워밍업 시 주어진 언어적 표시사항을 기록하고 메시지 안에 혼란스럽거나 모순되는 내용, 순서의 불일치, 디렉터의 목소리 톤, 표시사항의 속도 및 불가능한 과제 부여(예를 들어 충분한 시간을 주지 않고 기억을 촉발하려 하는 것 등) 등을 지적해준다. 워밍업은 회기의 테마와 너무 동떨어져서는 안 된다. 수퍼바이저는 이후 다른 훈련생들이 처리와 논의 단계에서 워밍업에 대한 피드백을 주도록 유도한다.

주인공 선택하기

융 심리학 사이코드라마에서는 회기당 주인공이 둘 이상인 경우가 많고, 이들이 집단에 의해 사회측정학적으로 선택되는 경우는 거의 없다. 디렉터가 특정 구성원이 고통을 겪고 있거나 특정 구성원이 특정한 주제에 대해 각별히 높은 참여 의사를 보이고 있음을 직감할 경우, 디렉터는 그 참여자를 주인공으로 직감에 의하여 선택할 수 있다. 그렇지 않은 경우에는 자발적인 자기 선택의 기준을 따른다. 주인공의 선택은 집단, 디렉터와 주인공이 공동으로 만들어내는 결과물이지만, 집단이 주인공 선택에 대해 정서적으로 승인하는 것이 중요하다. 왜냐하면 그러한 승인이 있어야 해당 집단이 사이코드라마에 더욱 집중하여 감정적 참여도 더욱 높아지기 때문이다.

이러한 민감한 초기 단계에서, 디렉터는 육감, 느낌 또는 전략에 기반하여 참가자 중 한 명으로 하여금 특정 장면을 연기해보라고 제안할 수 있다. 융 심리학 사이코드라마는 기억이나 꿈의 이미지를 식별하고 이를 연기하는 과정으로 구성되어 있다. 디렉터는 고통스럽거나 극적인 장면을 연기하는 데 대해 두려움이 없어야 하며, 자기 자신의 내적 갈등이나 주인공 후보의 문제로 인해 시야를 잃는 일이 있어서는 안 된다.

무대에 나서기를 주저하는 주인공의 경우 일어나서 연기를 하라고 권하는 것이 필요할 때도 있다. 수퍼바이저는 디렉터가 어떻게 말과 제스처로 주인공에게 다가가 그 주인공으로 하여금 개인적이고 분석적이고 사이코드라마적인 개별화 작업에 참여하도록 유도하는지 살펴본다.

첫 번째 주인공의 사이코드라마가 끝나면, 디렉터가 다음으로 진행할 민감한 단계는 보조자의 역할을 해제하고, 나누기 단계를 준비하고 다음 주인공을 선택하는 단계이다.

이 단계에서, 디렉터가 범할 수 있는 실수는 다음과 같다.

- 새로운 주인공을 가지고 처음부터 다시 시작하는 것이 두려워, 첫 번째 주인공의 이야기를 분리하거나 마지막 장면을 마무리하지 않은 채 작업 진행을 늦추는 것
- 제일 협력적이고 열의가 있는 주인공하고만 작업하고자 하거나 가장 손쉬운 주제를 가지고만 작업하고자 하는 것
- 나누기 단계 이후, 집단이 내적 성찰을 할 수 있는 공간과 시간을 허락하지 않아, 기억이나 정서적으로 충전된 갈등이 나타나는 것

주인공 면담하기

디렉터는 주인공의 손을 잡고 해당 집단의 분석의 원 안으로 이끌면서, 주인공의 현재 상태, 과거, 정서 또는 두려움에 관련된 정보를 얻는다. 부모나 조부모를 연기하려 하는 주인공을 면담할 때, 중요한 것은 해당 친족의 생존 여부를 확인하는 것이다. 꿈 이야기를 들을 경우에는, 디렉터가 그 꿈의 줄거리를 처음부터 듣고, 꿈을 꾼 사람에게 꿈의 자세한 사항에 대해 묻고, 그 꿈의 내용의 시각화를 시도하는 것이 유용하다.

주인공이 막히거나 침묵을 지키는 경우, 또는 어떠한 연상(association)도 발생하지 않는 경우, 디렉터는 주인공으로 하여금 집단 안으로 걸어 들어오게 하여 신체 움직임을 유도하고 정신활동을 다시 활성화시켜야 한다.

이 단계에서, 디렉터가 범할 수 있는 실수는 다음과 같다.

- 자신을 주인공 앞에 위치시켜 주인공의 시야를 가리고 연상과 기억의 흐름을 막

는 것

- 두려움 때문에 주인공에게 특정 질문을 하지 못하거나 사적 공간을 침해하는 일을 너무 두려워하는 것
- 주인공을 충분히 면담하지 않고 서둘러 장면을 연기하려 하는 것

주인공 경청하기

2002년 불가리아에서 열린 유럽 사이코드라마 훈련 연맹(FEPTO) 연례 회의 중 열린 워크숍에서, 수퍼바이저들은 주인공이 겪는 고통과의 교감을 유지하는 일의 중요성과, 고통으로부터 도망치지 않는 일의 중요성에 대하여 모두 동의했다. 회피는 많은 경우 자기 자신의 해결하지 못한 문제를 대면하고 싶어하지 않는 것의 결과로 나타난다. 미혼인 여성 디렉터는 주인공이 웨딩드레스를 사는 장면을 연기하는 데에 곤란함을 느낄 수 있다. 최근에 사망한 가족이 있는 경우 디렉터는 친족이 사망하는 장면을 연기하지 못할 수도 있다. 아이를 가지고자 했으나 그렇지 못한 사람의 경우 모성에 관련된 장면을 연기하는 데 곤란함을 겪을 수 있다. 수퍼비전에서 가장 근본적인 과제 중 하나는 디렉터가 자신이 어떠한 선택을 했고 누락된 것은 없는지의 여부를 발견하도록 디렉터를 도와주는 것이다.

주인공의 말을 들어줄 경우, 디렉터는 집단과의 접점을 잃어서는 안 된다. 사이코드라마는 주인공뿐만 아니라 집단에 대해서도 그 템포를 존중하고 충분한 시간을 보장해 주어야 한다. 주인공이 무대에 있을 때에도, 디렉터는 집단의 존재를 잊어서는 안 되며 이후에 감당해야 하는 강한 감정 또는 욕구에 대해 항상 인식하고 있어야 한다.

연기의 장면 구성

Viktor Frankl(1997)은 상담사가 주인공에게 인생의 의미를 알려줄 수 있는 것은 아니라고 말하곤 했다. 인생의 의미란 주인공이 전개하는 심층적인 '게슈탈트'이며, 상담사는 단지 주인공이 이를 식별하고 인식할 수 있게 도와줄 뿐이다.

융 심리학 사이코드라마는 집단적 심리상담 모델로서 이미지 및 집단의 이미지 과정에 주의를 기울인다. 디렉터는 주인공이 자신이 꾼 꿈, 자신의 외상적 기억과 영향의 내적 이미지를 연기할 수 있게 도와준다. 장면 구성은 예술적이고 충분한 공간을 제공하며, 주인공의 그 무의식의 이미지가 나타날 수 있도록 해야 한다.

수퍼비전 과정에서, 수퍼바이저는 디렉터에게 이렇게 묻는다. "떠오르는 첫 번째

기억은 무엇이죠?", "이 사건과 연합된 첫 번째 이미지는 무엇이죠?" 그리고 주인공의 정신이 촉발한 이미지나 기억을 연기한다.

주인공이 집단을 다른 세상으로 이끌고 무의식의 이미지 안으로 이끄는 주술사가 되도록 돕고 격려해야 한다. 중요한 것은 장면의 해결을 위해 필요한 모든 역할과 요소가 있는 장면을 구성하는 일이다. 주인공이 억압을 느끼는 경우 디렉터가 이러한 내적 억압을 담당하는 역할을 찾고 연기하도록 주인공을 도와주지 않는다면, 장면이 결코 해결되지 않을 것이다. 디렉터가 알맞은 보조자를 선택하거나 정확하게 배치하여 장면을 충분한 정도로 현재화하지 못할 경우, 수퍼바이저는 디렉터가 장면 구성을 위해 필요한 것이 무엇이었는지를 이해할 수 있도록 도와주어야 한다.

수퍼비전은 부끄러워하거나 수동적인 사이코드라마 디렉터에게 장면에 대해 어떻게 기여할 수 있고 언어적 지시로 주인공을 어떻게 도와줄 수 있는지를 가르쳐주는 데에도 유용하다. "줄리아, 당신은 팜므 파탈이에요. 그리고 이제 로버트에게로 접근하고 있죠." 또는 "당신은 방금 침대에서 떨어져 울고 있어요. … 독백으로 가죠."

사이코드라마 디렉터는 주인공과 보조자의 움직임, 액션과 상호작용을 자신의 손과 얼굴 표현으로 리드미컬하게 이끌어가는 오케스트라 지휘자와 같다. 융 심리학 사이코드라마는 내적인 이미지, 꿈, 적극적인 상상력과 기억을 통해 작동하며, 사이코드라마의 장면과 주인공의 개인적 연구를 통해 게슈탈트 이미지로 변형한다. 이렇듯 주인공의 기억을 구체화하고 실체화하는 보조자를 잘 선택하는 것이 매우 중요하다. 옷장에 걸린 드레스가 있는 경우 그 드레스를 그려낼 보조자를 필요로 하며, 옷장과 선택받지 못한 드레스를 표현할 다른 보조자도 필요하다. 상처, 문이나 얼룩 등 상징적 역할을 연기하는 것도 마찬가지로 중요하다.

역할 교대

역할 교대는 사이코드라마에서 근본적인 의미를 지니는 기법이다. 수퍼바이저는 어떠한 역할 교대가 필요하고 어떤 역할 교대가 필요 없는지에 대해 주의를 기울여야 한다. 수퍼비전의 과제 중 하나는 사이코드라마 디렉터가 느리거나 지루하지 않은 핵심적인 장면을 전개할 수 있도록 훈련시키는 일이다. 시간은 매우 중요한 요소이며, 필요한 경우 역할을 교대하는 법을 배우고, 주인공에게 다른 보조자와 역할 교대를 하겠느냐고 물어보는 법을 배우는 것이 중요하다.

훈련생에게 올바른 역할 교대를 가르치는 것은 매우 중요하다. 죽은 친척이나 친구를 만나는 것과 같은 아주 감정적이거나 극적인 장면을 연기할 때, 디렉터는 움직임과 감정적 가소성, 그리고 주인공과의 공명으로 인하여 몸이 굳어버린 느낌을 받을 수 있다. 하지만 죽은 사람은 시체에 지나지 않는 것이 아니다. 죽은 사람은 대화가 가능한 혼령이 될 수도 있다. 역할 교대는 가상의 장면에서 메시지를 찾아내는 데 도움이 된다. 갈등이나 다툼이 있을 경우, 주인공인 다툼의 상대와 역할을 교대할 필요가 있다. 주인공이 나무 옆에 누워 햇살을 느긋하게 즐기고 있더라도, 태양과 나무의 역할과 교대함으로써 자신의 경험을 탈중심화하고 새로운 관점을 얻을 수 있다. 수개월 동안 우울에 빠져있던 젊은 여성이, 자신이 서 있는 나무와의 역할 교대를 통해 강한 평화의 감정을 느낀 사례가 있다.

이중자

융 심리학 사이코드라마에서, 주인공에 대한 이중자는 보통 디렉터가 담당한다. 특히 정신증 환자나 자아가 약한 사람의 경우, 디렉터는 주인공의 자아를 유지하고 힘을 불어넣어줄 수 있도록 감정과 느낌, 사고에 언어를 부여해주어야 한다.

이중자의 자세가 여기에서 핵심이 된다. 편집증 환자의 경우에는 외부로부터 인지되는 비난의 위협을 막기 위해 한쪽으로 비켜서는 것이 좋다. 일부 사이코드라마 디렉터들은 주인공의 신체 자세를 모방하여 내적 정신세계의 이중자를 담당하기도 한다.

많은 경우, 훈련생은 이중자 중에 주인공에게 손을 강하게 대거나, 아니면 주인공과의 동일시를 위해 주인공 뒤로 사라지기도 한다. 이러할 경우 장면을 해결하기 위한 탈중심화된 위치가 가능하지 않다. 언제나 최선의 방법은 주인공과의 정서적 동일시와 장면에 대한 보다 외적인 관찰 사이를 오가면서 '충분한' 거리를 유지하는 일이다. 너무 논리적인 디렉터의 경우 주인공에 대한 이중자를 반복적으로 과도하게 수행할 수 있다.

이중자의 내용에 대해 말하자면, 훈련생이 주인공에게 너무 귓속말을 하지 않도록 가르치는 것이 필요하다. 왜냐하면 생각과 느낌에 목소리를 부여할 때에 주인공에게 전해지는 통찰적이지만 고통스러운 메아리는 집단 전체가 들을 필요가 있기 때문이다.

독백, 거울, 역할 탐색 및 조력자

독백은 장면을 비활동 상태로 정지시키고 주인공에게 자의식의 내부로 들어갈 수 있도록 해주는 의미 있는 기법이다. 젊은 훈련생들은 때로 독백을 사용해도 된다는 사실을 잊어버리고는 주인공의 이중자를 너무 일찍 시도하여, 디렉터의 마음속에만 있는 주제와 생각을 끌어오는 결과를 만들어내기도 한다. 독백을 사용하면 주인공은 문제에 대한 통찰을 주는 생각을 얻어내거나 고통에 대해 새로운 시각을 가질 수 있다. 독백은 외상적 사건이나 예상치 못한 질문 또는 당혹스러운 요청이 제기된 경우 유용하게 쓰일 수 있다.

거울과 같은 다른 자아를 선택함으로써 외부로부터 장면을 바라볼 수 있도록 주인공을 유도하는 일이 얼마나 큰 도움이 될 수 있는지를 훈련생이 이해할 수 있도록 해야 한다. 이 기법은 장면의 관찰 시점을 바꿈으로써 주인공이 두려움, 무력감이나 상실감에 압도되지 않고 새로운 인식을 얻을 수 있도록 해준다. 주인공은 자기 자신에게 메시지를 줄 수 있는 기회를 가지게 되며, 자신의 의식 상태로 적극적으로 나아갈 수 있는 기회를 얻게 된다.

역할 탐색은 보조자가 더욱 공감 역량을 지닐 수 있도록 만드는 기법이다. 주인공이 집단에게 서로 다른 역할을 소개하는 기법인데, 이러한 기법은 사이코드라마 작업 진행을 늦출 수 있으므로 이따금씩만 사용해야 한다.

조력자는 어려운 경험이나 외상적 사건 동안 주인공을 보호하고, 아픈 기억을 연기할 경우 주인공이 외로움을 덜 느끼도록 도와주는 사람이다. 힘을 불어넣어주는 지지자이자, 주인공의 마음 안의 극장에 들어온 새로운 역할이다. 성적 학대를 받은 사람은 그 학대의 순간 그곳에 없어 자기를 보호해주지 못한 부모의 존재를 소환할 수 있다. 조력자와의 내적 대화는 무력감의 경험과 버려짐의 경험을 정서적으로 재구조화할 수 있는 자원이며, 힘과 끈질김을 지닌 새로운 내적 역할을 구성할 수 있게 도와준다.

한 여성 주인공은 시실리에 있는 그녀의 집에서 총성이 들려오는 장면을 연기한 적이 있다. 이 주인공은 마피아가 자기 방의 옆방에서 누군가를 살해하고 있다는 사실을 알아차렸다. 이 주인공은 태아 같은 자세로 몸을 구부렸고, 디렉터는 다른 어떤 사람이 같이 있었으면 좋겠느냐고 물어보았다. 주인공은 자신의 시아버지가 살해당하는 동안 자신의 남편과 아이는 다른 방에 있었다는 사실을 알고 있었고, 그들이 자기 옆에 있기를 절박하게 원했다. 남편과 아이를 장면에 불러왔고, 주인공은 그들을 포옹하고 이들을 보호해주면서 무력함의 경험을 내적으로 재구조화할 수 있었다.

훈련생으로 하여금 자신의 역전이를 이용하여 주인공의 외로움이 견딜 수 없는 정도가 되거나 보호에 대한 필요를 표현하지 못하게 되는 때가 언제인지를 감지할 수 있도록 유도해야 한다. 주인공의 느낌에 대한 직관은 이들의 가장 깊은 욕구를 감지하는 데 있어 필수적이다.

장면의 길이와 마무리

장면은 너무 길어서도 안 되며, 디렉터가 갈등 해결 방법을 알지 못한다는 데서 오는 죄책감 안에 갇혀버려서도 안 된다. 끝없이 늘어지는 장면은 지루해지며 피상적이 된다. 하지만—한 장면을 제외하고—디렉터가 역할을 충분히 탐색하지 않거나 역할 교대 또는 독백이 충분하지 않은 경우 장면이 너무 짧은 경우가 있을 수도 있다.

장면이 그 에너지를 모두 표출하고 나면, 디렉터는 장면을 결론짓고 다른 장면을 열어야 한다. 디렉터가 장면을 언제 마무리하고 교착 상태에서 무엇을 할지 잘 모르는 경우가 있을 수 있다. 감정적 장면의 절정에서 웃음과 같은 카타르시스가 있는 경우, 훈련생으로 하여금 에너지가 이미 흩어져버린 해당 장면을 마무리하도록 가르쳐야 한다. 역할 교대가 끝나고 주인공의 개인적 발달을 표현할 만한 것이 남지 않게 되면, 훈련생으로 하여금 주인공과의 연합으로 새로운 장면을 열어 사이코드라마가 지닌 변화의 능력을 활용할 수 있도록 가르쳐야 한다.

장면 해결

Zerka Toeman Moreno(2006)는 우리에게 극적인 생애 경험을 적어도 두 번 경험하게 된다고 했다. 한 번은 실재에서, 다른 한 번은 사이코드라마적인 가상에서 말이다. 하지만 장면이 그 자체로 역동을 재연할 수 있는 것은 아니며, 장면을 변화시키고 해결하는 것이 필요하다.

극을 회피하지 않고 유사한 방식으로 연기하는 것이 중요하다(Gasseau, 1995). 또는 주인공이 자신의 다른 자아가 장면을 연기하는 것을 바라보게 하는 것이 중요하다. 훈련생으로 하여금, 주인공의 마음의 극장 안에 있는 역할 사이의 의사소통을 활성화시키는 메시지를 부여해주는 기법을 도입하여, 더 깊은 이해를 이루어내도록 가르치는 것이 유용하다. 메시지는 의미 있는 타자에게 표현되지 않았지만 의미 있는 내용을 전달해준다. 주인공이 실재에서와 같이 굳어버린 장면에서, 이것이 디렉터에게도 전염되어 장면을 감독할 수 없게 되어버리는 일이 발생할 수 있다. Correale은 기억의 고정성과 역할의 굳어짐으로 인해 반복적이고 집착적인 행동이 나타나는 '기억 비대(memory hypetrophy)'에 대해 쓴 바 있다(Kaes et al., 1998). 주인공이 막히면, 디렉터는 주인공이 자신의 내적 주체성에 접촉하도록 도와주어야 한다. 이 때 이중자나 독백뿐만 아니라 주인공이 행동을 취하도록 유도하는 방법도 사용해야 한다. 과정분석 단계에서, 수퍼바이저는 디렉터가 해결되지 않거나 막힌 장면을 어떻게 변화시킬 수 있었는지에 대한 제안을 하고, 선택 가능한 대안에 대해서 검토한다. 디렉터의 과제는 주인공이 의사소통이 부족할 경우 이를 회복하고, 사랑하는 이들을 만나고, 과거의 보호적 상황에 들어가거나 상상 속의 행복한 장소에 갈 수 있도록 도와주는 일이다. 이러한 장면적 변화를 이루어내기 위해서는 디렉터가 창조성을 갖추어야 하며 다양한 해결방법에 대한 사이코드라마 레퍼토리를 숙달해야 한다.

가상 장면

가상 장면은 사건이나 관계가 주인공의 실제 삶이나 꿈에서 일어나지 않았던 장면을 말한다. 이러한 장면으로는 주인공이 실제로 만난 적이 없는 조상을 만나거나—이는 세대 간 사이코드라마에서 핵심적인 장면이다(Perrotta, 2011)—최근 사망한 친구 또는 친척을 만나는 장면 등이 있다. 수퍼바이저는 디렉터가 장면을 어떻게 감독하는지를 관찰하고 이야기의 표현과 내레이션이 이러한 혼령의 존재로 인해 더욱 수월해지는지의 여부를 관찰해야 한다. 훈련생이 이러한 장면을 연기할 수 있을 만큼 용기를 불어넣어준다. 훈련생에게 가상 장면에 있는 다양한 역할 사이의 상호작용을—마치 이들이 적극적 상상의 산물인 것처럼—촉진하는 법을 가르치고, 주인공이 조상들로부터의 질문에 대답하고 자신이 충고해주는 일을 원활히 하는 법을 연습하도록 가르쳐야 한다. 역할 교대는 소환된 사람의 정신활동 프로그래밍과의 동일시를 위해, 그리고 가상 장면에서의 대화를 위해 중요하다.

훈련생이 역할 교대의 타이밍을 잡고 죽은 자의 혼령과의 접촉이 만들어내는 강력한 감정과 메시지를 어떻게 다루어야 하는지를 알 수 있도록 도와주어야 한다. 특히 훈련생이 혼령이 등장하는 장면을 어떻게 마무리하는지 주의 깊게 살펴야 하고, 주인공이 어떻게 작별을 하도록 도와주는지를 관찰해야 한다. 죽은 사람의 역할로부터 보조자의 역할을 해제하는 것도 매우 중요하며, 마치 의식과 같이, 높은 강도를 가지고 수행해야 한다.

가상 장면은 취업 면접이나 사랑 고백같이 앞으로 발생할 중요한 사건에 대한 기대를 표출할 수도 있다. 부모의 이혼이나 혼인 금기의 위반 같은 핵심적인 의사소통의 경우 안전한 공간에서 수행하고 역할극으로 해볼 수 있다.

꿈 연기

융의 분석심리학에서는 꿈을 영혼에 대한 입구이자 무의식의 이미지 실재에 대한 진입로로 본다. 하지만 융 심리학 사이코드라마 디렉터는 꿈에 과도하게 매혹되어 꿈의 세계가 실재를 가려버리는 일이 없도록 해야 한다. 비만인 주인공의 경우, 디렉터가 고도로 상징적이고 원형적인 꿈을 연기하는 일에 현혹되어 주인공의 신체적인 문제를 간과하는 일이 발생할 수 있다.

사이코드라마는 꿈꾸는 사람이 자기 꿈의 지형을 거닐면서 꿈 이미지를 지각적으로 경험할 수 있는 유일한 방식 중 하나이다. 수퍼바이저는 훈련생이 주인공이 자신의 꿈과 함께 머물 수 있도록 모든 정신적 기능을 활용하도록 지도해야 한다(Barz, 2009). 그래야 훈련생은 장면과 공감할 수 있고, 자신의 자유 연상에 자신을 맡기고 꿈이 그 비밀을 드러내도록 할 수 있는 것이다.

꿈은 극적인 구조를 지니고 있으며, Jung은 "전체적인 꿈-작업은 본질적으로 주관적이며, 꿈은 꿈꾸는 자가 그 스스로 장면, 연기자, 대본 읽어주는 사람, 제작자, 작가, 관객, 비평가가 되는 극장"이라고 한다(Jung, 1934, pp. 149-172). 어떤 남성이—자신의 아니마의 상징인—아름다운 여성을 만나 숲으로 데려가 그 여성을 품에 안는 꿈을 꾼 경우, 꿈을 꾼 자로 하여금 여성의 따뜻한 손을 지각적으로 느끼도록 유도해야 한다. 남성은 여성의 냄새를 느끼고 자신의 모든 감각을 살려 꿈을 연기할 수 있어야 한다.

수퍼바이저는 꿈 재현에 있어 다음과 같은 점을 관찰해야 한다. 왜 꿈의 시작 부분을 연기하지 않았는가? 왜 주인공이 보조자 중 하나와 역할 전환을 하지 않았는가? 왜 꿈의 끝 부분을 연기하지 않았는가? 아주 긴 꿈에서, 이를 어떻게 서로 다른 장면으로 나눌 수 있는가?

꿈 장면은 제대로 설계하여 꿈 자체의 풍부한 감정을 반영할 수 있도록 해야 한다. 한 주인공의 꿈에서, 사이코드라마 집단은 교외에서 즐거운 소풍을 즐기면서 생선을 먹고 그 지방의 포도주를 마시고 있었다. 그러던 중 태양, 달, 북두칠성과 북극성이 동시에 나타나 하늘이 이상하게 밝아졌다. 마피아에게 암살당한 Giovanni Falcone 판사가 나타나 집단에게 다가왔다. 모두가 침묵을 지키는 가운데 판사가 입을 열었다. "나는 Falcone 판사라고 하오. 내 일을 마치지 못한 채 살해당했다오. 정의는 중요한 것이니, 사회 복지사, 의사, 치료사와 교사들이 내 과업을 이어받아 주시오." 이 꿈의 풍부한 '게슈탈트'를 존중하고, 태양, 달, 북두칠성 및 북극성과 Falcone 판사, 그리고 집단 자체를 위한 보조자를 선택해야 했다. 주인공은 별들 중 하나와 역할을 바꾸었고, 주인공으로 하여금 하늘의 다양한 위치에서 메시지를 주도록 유도했다.

꿈은 우리 내부의 극장에 있는 '페르소나'에 생명을 부여해주고, 페르소나 각각은 꿈꾸는 자의 마음에 있는 다른 철학, 다른 감정, 모호한 느낌과 무의식에 거주하는 '그림자'를 나타낸다. 디렉터가 중요한 역할을 무대에 올리는 것을 잊는 경우도 있다. 한 디렉터는 훔쳐간 가방의 역할을 간과하는 바람에 주인공이 가방을 되찾고 이를 탐색할 수 있는 가능성이 없어진 경우가 있다. 또 다른 꿈에서는, 주인공을 학대한 아버지가 납치를 당했는데, 디렉터가 아버지에 대한 보조자를 선택하는 일을 간과하여 주인공이 아버지와 대화할 수 있는 기회를 없애버린 일이 있었다. 또 다른 사례에서는 주인공이 보물 상자를 여는 열쇠를 찾았지만 디렉터가 보물 상자에 대한 보조자를 선택하는 일을 생략함으로 인해서 주인공이 보물 상자 안을 들여다볼 기회를 얻지 못하게 되었다. 특정한 역할에서 찾아볼 수 있는 중요한 상징적 요소를 통해 꿈에 새로운 의미를 부여해 줄 수 있다.

Moreno는 우리에게 계속 꿈을 꾸라고 가르쳤고, 악몽은 끝을 맺지 못한 꿈에 불과하다고 가르쳤다. 꿈꾸는 자가 그 꿈의 무서운 내용으로 인해 깨어나는 경우, 이는 끝을 맺지 못한 꿈, 또는 Grete Leutz의 표현을 빌리자면 카타르시스 없는 비극에 불과하다. 디렉터는 언제나 주인공이 악몽을 계속해서 이어가도록 유도해야 하며, 이로써 주인공이 자발적이고 창의적으로 꿈의 결말을 자유롭게 바꿀 수 있도록 해야 한다.

침묵 관리

수퍼바이저는 침묵이 촉발하는 사적인 고통에 주의를 환기시켜야 한다. 죽음 불안, 공허의 감각, 비어있음이나 길을 잃은 느낌 같은 것이 이에 해당한다. 훈련생으로 하여금 침묵의 소리를 조용히 듣고, 그 존재로서 집단을 안심시키도록 이끌어야 한다. 침묵이 해당 집단의 내적 성찰의 순간을 반영하는 경우 이 침묵은 소중한 것이 되며, 특히 집단 구성원이 잠시 시간을 들여 혼란스러운 바깥세상에서 빠져나올 수 있도록 해주는 것이 필요한 회기의 초반 단계에서 특히 중요하다.

역할 벗기

역할 벗기는 대단히 중요하다. 역할 벗기는 보조자가 주인공을 위해 짊어진 역할을 벗어버릴 수 있도록 도와준다. 보조자를 소환하여 자살, 혼란을 겪는 정신증 환자나 신체 역할 등 강렬하고 극적인 역할을 하게끔 하는 경우, 그 보조자가 자신의 정신세계 안에 자신이 맡은 역할의 요소를 흡수해버릴 위험이 있을 수 있다. 의식적인 역할 벗기만이 보조자가 외부에서 접목된 존재에게 무의식적으로 잠식당하지 않도록 보호하고 그 역할로 인한 결과를 회기 이후 자신의 개인적 삶까지 이끌고 들어가는 일이 없도록 할 수 있다.

역할 벗기는 사이코드라마 역할에서 벗어나도록 도와주는 의례의 형태를 띤다. 주인공은 각 보조자에게 자신의 손을 올려놓고, 명령적인 어조로 해당 역할을 그만 연기하라고 지시한다. 보조자들은 자신이 더 이상 자신이 연기한 페르소나가 아니며, 보조자 자신의 이름을 반복한다. "너는 더 이상 내 돌아가신 할아버지가 아니다. 너는 피터다."

의례의 방식은 조금씩 달라질 수 있다. Anne Ancelin Schützenberger는 주인공으로 하여금 보조자의 몸 위를, 마치 해당 역할을 씻어내듯 손으로 쓸어내리도록 한다. 어떤 디렉터는 보조자에게 제자리에서 뛰뛰기를 세 번 하면서 자신의 이름을 반복해서 외치거나 방 안을 뛰어다니도록 한다. 이 때 본질적인 요소는 자신의 이름을 불러 자신으로 돌아가고, 해당 역할에서 빠져나오도록 종용하는 일이다.

주인공이 감정적으로 충만한 장면의 끝 부분에서 보조자를 역할 벗기를 거치지 않고 끌어안는 경우가 있을 수 있다. 수퍼바이저는 이 때 역할 벗기가 없을 경우 심각한 결과가 발생할 수 있음을 주지시킨다. 일부 보조자는 특별히 강력한 역할 벗기가 필요할 수 있는데, 특히 자신의 개인적 문제와 공명하는 극적인 역할을 연기한 경우나 주인공과 깊이 공감한 경우에 그러하다. 역할은 정신세계 내부로 깊이 들어가며, 이는 치유적일 수도 있고 그것 자체가 병을 유발할 수도 있다. 보조자와 주인공을 보호하는 것은 언제나 디렉터의 책임이다.

집단 전체가 적절한 역할 벗기로부터 이득을 얻을 수 있다. 과학적 증거에 따르면 행동, 지각과 실행을 일치시키는 거울 신경계(mirror neuron system)가 있다고 한다(Damasio, 1999). 거울 신경은 타인의 행동에 대한 이해를 매개함으로써 대인적인 정신 과정에 있어 근본적인 역할을 수행하는 것으로 점점 인정을 받고 있다. 즉, 행위에 대한 지각은 그에 대한 내적인 자극에 해당하는 것이다. 동일한 신경 회로가 관련된다.

Gallese는 체화된 시뮬레이션은 의도적인 조정, 즉 다른 사람과 전-반사적으로 동일시할 수 있는 능력의 기초에 있는 기능적 메커니즘이라고 주장했다(Gallese, 2005). 엄격히 말해서, 거울 신경은 자아/타자의 경계를 허물어뜨리고 다른 존재와의 체화된 만남을 촉진한다. 이렇듯, 신경심리학적인 관점에서도 행위자와 관찰자 사이의 직접적인 실존적인 연결이 존재하고, 이는 충분한 역할 벗기 과정이 필요하다는 주장을 뒷받침해준다.

나누기

나누기 단계는 연기 종료 후에 따라오는 단계로서 높은 치유 효과를 지닌다. 나누기 단계는 카타르시스, 결속, 자기 지식, 실존적 요소, 희망의 결합, 보편성, 사이코드라마 디렉터와 사이코드라마 집단과의 치료적 결합 등의 치료적 요소를 통합하는 단계이다 (Yalom, 1985).

연기는 주인공이 집단에 주는 선물이며, 나누기는 다른 이들이 자신의 선물을 다시 주인공에게 주는 순간이다.

나누기는 올바로 진행해야 하며, 집단이 임의대로 진행하도록 내버려두어서는 안 된다. 보조자와 집단 내 다른 구성원들은 직접 분석이나 해석을 하거나 과도한 역할 피드백을 주어서는 안 되고, 자신의 인생사나 개인적 문제를 공유하거나 주인공과의 공감 및 개인적인 적응을 보여주어야 한다.

내레이터 소개하기

융 심리학 사이코드라마는 내레이터의 목소리로 마무리된다. 디렉터로부터 내레이터로의 이전은 부드럽게 이루어져야 한다. 디렉터는 내레이터를 소개하는 데 특히 주의를 기울여야 하며, 내레이션 시간이 다가오면 내레이터에게 미리 신호를 할 때에도 특히 주의를 기울여야 한다. 회기의 마지막 부분은 보통 10~15분에 이루어지는데, 이 부분은 내레이션을 위한 시간이며 디렉터는 다음과 같이 암시적인 말을 통해 내레이터를 소개해야 한다. "나눔의 말을 좀 더 듣고, 이 집단의 수수께끼에 대하여 내레이터가 무슨 말을 하는지 들어보도록 합시다."

자기 중심적인 디렉터의 경우 내레이터를 소개하는 것을 잊어버리고는 나누기가 마무리된 뒤에도 침묵을 지키거나, 내레이터의 말을 들어보자는 말을 몇 마디 말로 스치듯 웅얼거림으로써 내레이터의 가치를 떨어뜨리는 일도 있다.

디렉터가 피해야 할 또 다른 실수는 내레이션 다음에 자신의 관점을 더하는 일이다. 회기의 마지막 말은 내레이터가 해야 하며, 다양한 장면을 연결하는 실마리를 찾는 일은 바로 내레이터의 몫이다. 내레이션은 집단 역동에 대한 개인적인 견해이며, 따라서 절대적인 것이 아니다. 집단으로서는 공동으로 작업하는 디렉터들이 마지막 말을 놓고 경쟁을 벌이는 것보다는 한쪽의 견해만을 듣는 것이 안심이 될 것이다.

5. 디렉터에 대한 현장 수퍼비전

현장 수퍼비전은 회기 바로 뒤에 이어진다. 사이코드라마의 긴장이 약해지지 않도록 회기와 수퍼비전 사이에 휴식시간은 두지 않는다. 수퍼바이저는 디렉터에게 주인공에게서, 그리고 집단에게서 특히 어떤 주제가 가장 두드러졌는지를 물어본다. 디렉터는 애로사항, 치명적 순간과 교착의 순간에 대한 이야기를 나누고 자신이 이를 어떻게 대처했는지에 대해 이야기한다. 수퍼바이저는 회기 진행 중 뒤에 제시할 수퍼비전 양식에 따라 메모를 기록한다. 수퍼바이저는 사이코드라마가 촉발한 역전이의 느낌에 대해 나누고, 다른 방식으로 풀어나갈 수 있는 것이 있었으면 그 점을 제시한다. 수퍼비전의 이러한 부분은 수퍼바이저를 전문가로서뿐만 아니라 한 개인으로서도 드러나게 하는데, 왜냐하면 수퍼바이저는 이 때 회기 중 어떠한 순간이 불확실했는지, 어떠한 두려움이 디렉터와 집단을 막고 있었는지, 어떠한 침체의 순간이 자발성을 억눌렀으며 디렉터가 어려운 상황에서 빠져나오는 데 어려움을 겪었던 지점은 어디였는지를 제안하기 때문이다. 이 수퍼비전 단계에서, 훈련생은 수퍼바이저의 말을 받아적을 수 있으며, 이 단계를 통해 기법적이고 방법론적이고 인식론적으로 불확실했던 점을 명확히 할 수 있다.

수퍼바이저는 훈련생으로 하여금 서로의 스타일 차이를 존중하도록 유도한다. 수퍼바이저는 훈련생으로부터 자기 스타일의 완벽한 복제를 요구하는 것이 아니라, 자기 자신만의 서로 다른 진행 방식을 탐색하도록 권장한다.

디렉터에 대한 주인공의 피드백

수퍼바이저는 주인공으로 하여금 사이코드라마 도중 자신이 어떠한 느낌을 가졌는지에 대해 디렉터를 향해 피드백을 하도록 요청한다. 즉, 주인공이 되도록 강요를 받았는지, 이중자와의 역할 교대가 상황에 적절했는지, 그리고 각 장면이 자신의 내적 실재를 표현했는지의 여부를 피드백하도록 하는 것이다. 수퍼바이저는 또한 주인공으로 하여금 자신이 지닌 특별한 욕구 중 충족되지 않은 것이 있는지에 대해 물어본다.

사이코드라마의 현장 수퍼비전: 디렉터가 주인공 되기

모든 수퍼비전 회기에서, 수퍼바이저가 디렉터의 한계점과 장점을 언급한 후, 그리고 주인공의 피드백 후, 수퍼바이저는 디렉터를 일으켜 세워 장면을 하나 연기하게 한다. 디렉터가 주인공이 되어 진행하는 사이코드라마는 훈련생의 무의식이 이미지나 저변에 깔린 기억을 불러내어 자신의 작업을 분명히 파악하도록 해준다. 수퍼바이저는 주인공에게 존재하는 막힘, 특정 장면을 전개하는 데 대한 두려움을 감지하거나 분리, 강한 섹슈얼리티나 갈등 등의 주제를 탐구하는 데 어려움이 있음을 감지할 수 있다.

이 때 수퍼바이저는 다음과 같이 물어볼 수 있다. “분리라고 했을 때 처음 연상되는 것은 무엇입니까?”, “섹슈얼리티와 관련해 가장 먼저 떠오르는 것은 무엇입니까?” 또는 “당신의 부모가 겪은 갈등에 대해서는 무엇이 연상됩니까?” 그 후 수퍼바이저는 주인공이 자기 기억의 ‘페르소나’와 역할 교대를 해보도록 한다. 이전 사이코드라마와 연관된 이 기억은 심층적인 ‘게슈탈트’로서 디렉터가 겪은 어려움을 드러내준다. 경우에 따라서는 디렉터에게 “이 회기에 대해 생각할 때 가장 먼저 떠오르는 것이 무엇입니까?” 라고 물어보는 것만으로 충분할 수도 있다. 이는 훈련생의 무의식과의 대화로서, 주인공의 연상은 이를 통해 문제적인 막힌 부분을 드러내게 된다. 수퍼바이저가 요청하는 종류의 연상은 주인공의 일상생활의 기억이지, 꿈, 적극적 상상이나 가상 장면과 같이 디렉터의 진행 밑에 깔린 실재적인 문제로부터 주의를 돌려버리는 순간들이 아니다.

한 사례에서는, 디렉터의 모친이 최근 사망한 상태였는데, 이 디렉터는 집단 내에 자기 부모를 잃은 주인공 후보가 두 명 있다는 사실을 깨달았다. 두 후보 모두 해당 주제에 대해 작업함으로써 슬픔을 대면하려 했지만, 디렉터는 이 주제를 피하고는 훨씬 덜 극적인 장면을 연기하기로 결정했다. 현장 수퍼비전에서, 디렉터는 공동묘지에 있는 자기 모친의 무덤에 찾아가는 일에 대한 자신의 양가감정을 연기했다. 수퍼바이저는 디렉터가 “무덤에 가지 못하는 것”을 “돌아가신 부모가 있는 장면을 연기하지 못하는 것”에 연합시켰다. 훈련생은 애도에 대한 자신의 정신적 경험이 아직 해결되지 않아 해당 장면을 연기하지 못했다는 점을 깨달았다.

또 다른 사례에서는, 디렉터가 주인공에 대한 면담을 거부했으며, 어떠한 장면을 연기할 것인지를 이해할 수 있도록 주인공의 인생 경험을 이해하는 데 필요한 질문을 하지 않았다. 디렉터는 질문하기를 두려워하는 것으로 보였으며, 이후 수퍼비전 단계에서 수퍼바이저가 이 문제를 무엇에 연합시켰는지 물어보았을 때 디렉터는 자신이 어릴 적 질문을 너무 많이 한다는 이유로 자주 혼이 났고 부모들이 자신에게 입을 다물라고 말하곤 했다는 점을 기억해냈다. 이러한 경험으로 인해 질문하는 것에 대한 두려움이 생겨났고, 침묵을 지켜야겠다는 생각을 하게 되었다. 이러한 태도는 사이코드라마 디렉터에게 도움이 되지 않지만, 해당 디렉터는 주인공의 연기를 함으로써 자신의 개인적인 혐오에 대한 새로운 인식을 얻게 되었고, 집단 내에서 특정한 주제에 대해 어떻게 반응할지에 대해 새롭게 생각하게 되었다.

내레이터를 대상으로 해서도 내레이션 도중에 드러난 소재에 개인적 기억을 연상하고 관련 연상을 연기하도록 할 수 있다. 예를 들어, 10년 이상의 경력을 가진 내레이터가 한 회기에서, 주인공이 부모의 다툼을 지켜보면서 공황 상태에 있는 7살 때의 자신을 연기하는 모습을 지켜보고 있었다. 내레이터는 갑자기 공책을 덮고는 머리 속을 지워버렸다. 내레이션을 할 차례가 되자, 내레이터는 아까의 장면에 대해 몇 마디 말만 중얼거리고는 그 이후에 다른 주인공이 있었다는 사실은 잊어버리고 말았다. 현장 수퍼비전에서 주인공을 연기하게 되었을 때, 내레이터는 자기 부모가 심하게 싸우자 너무 무서워서 "아무것도 보이지 않도록" 큰 옷장에 숨었던 일을 기억해냈다. 같은 현상이 내레이션하는 동안 일어났던 것이다. 이 내레이터는 내면의 어둠에 자신을 가두어버리고는 다른 것을 보지 못하게 한 것이다.

현장 수퍼비전은 디렉터와 내레이터가 자신의 회피 또는 망각 경향에 대해 새로운 인식을 얻는 데 있어 매우 중요하다. 이러한 수퍼비전은 디렉터와 내레이터가 핵심적인 매듭점과 문제점을 더욱 성숙한 방식으로 직면하게 도와주며, 이를 주인공의 필요와 적응할 수 있도록 해준다.

6. 융 심리학 사이코드라마에서의 내레이션

융 심리학 사이코드라마에서, 내레이션은 붙잡아둠과 보존이라는 강력한 기능을 수행한다. 마지막 내레이션은 회기에 의미를 부여하며, 중요한 치료적 요소가 된다.

의식적인 차원에서, 내레이터는 집단이 겪는 변화의 증인이자 수호자이다. 디렉터는 연금술적으로 분해하는 반면 내레이터는 분해된 요소를 이어붙여 새롭게 통합된 의식으로 재구조화해낸다. 내레이터는 집단의 자기 반영적 기억이며, 내러티브에 기초한 치료제, 치유하는 이야기이고, 불일치점을 드러내고 과거와 현재 간에 줄거리를 엮어낸다. 내레이터는 말할 수 없는 것과 표현하지 못할 것에 목소리를 부여해준다.

내레이터가 수행하는 가장 중요한 과제 중 하나는 해당 집단이 반응하는 집단적 주제를 식별해내고, 연기에 통일성을 부여해주는 일관적인 신화적 틀을 확인해내는 일이다. 내레이터는 새로운 관점과 가능성을 열고, 창의성을 생성하는 씨앗을 심어, 새로운 것과 미지의 것이 집단 내에 들어올 수 있도록 해준다. 내레이션은 기억의 공간, 집단의 역사적이고 신화적인 연속성이다(Perrotta, 2009).

내레이터에 대한 수퍼비전 형식

우리는 융 심리학 사이코드라마에서 내레이터에 대한 수퍼비전을 원활히 하기 위한 다음과 같은 양식을 제시하고자 한다.

- 집단의 집단적 주제 식별하기
- 종합하는 기술
- 내러티브 및 스토리텔링 기술
- 감정 기술
- 집단과의 시각적 접촉
- 분석 기술
- 회기의 실연과 연결짓기
- 이전 회기와 연결짓기
- 역전이의 활용
- 누락된 요소 또는 부인
- 확대 과정
- 결론

이러한 양식은 엄격히 따르는 것을 목적으로 하지 않으며, 단지 수퍼비전의 다양한 측면과 주제를 탐구하는 도구로서 제시한 것이다. 현장 수퍼비전은 복잡한 경험이다. 저자들이 제시한 융 심리학 사이코드라마에서의 수퍼비전에 대한 현장적 접근방식은 디렉터와 내레이터가 자신의 작업에 대한 수퍼비전을 현장에서 받음으로써 사이코드라마 집단 내에 내재하는 과정의 다중성을 반성하고, 즉각적인 경험으로부터 학습할 수 있도록 하는 모델을 구성한다. 이러한 모델은 각 문제를 이들이 공명하고 실연하는 동시에 탐색할 수 있는 기회를 마련해준다.

참고문헌

Ancelin Schützenberger, A. (1998). *The Ancestor Syndrome: Transgenerational psychotherapy and the hidden links in the family tree.* London, New York: Routledge.

Barz, H. (2009). Psicodramma e sogno. In M. Gasseau & R. Bernardini, *II sogno. Dalla psicologia analitica allo psicodramma Junghiano*(pp. 269–287). Milano: Franco Angeli.

Clarkson, P. (1998). *Supervision: Psychoanalytic and Jungian perspectives.* London: Whurr.

Damasio, A. R. (1999) *The feeling of what happens: Body and emotion in the making of consciousness.* New York: Harcourt.

Foulkes, S. H. (1975). *Group Analytic Psychotherapy: Method and principles.* London: Gordon & Breach.

Frankl, V. (1997). *Man's search for ultimate meaning.* New York: Perseus Book Publishing.

Gallese, V. (2005). Embodied simulation: From neurons to phenomenal experience. *Phenomenology and the Cognitive Sciences, 4,* 23–48.

Gasca, G. (2004). *Psicodramma analitico. Punto d'incontro di metedologie psicoterapeutiche.* Milano: Franco Angeli.

Gasseau, M., & Bernardini, R. (2009). *Il sogno. Dolla psicologia analitica allo psicodramma Junghiane.* Milano: Franco Angeli.

Gasseau, M., & Gasca, G. (1991). *Lo psicodramma Junghiano.* Torino: Bollati Boringhieri.

Gasseau, M., & Scategni, W. (2007). Jungian Psychodarama: From theoretical to creative roots. In C. Baim, J. Burmeister, & M. Maciel, *Psychodrama: Advances in Theory and Practice*(pp. 261–269). London, New York: Routledge.

Gasseau, M. (1995). Lo psicodramma come trattamento omeopatico. *Psicodramma Amalitico, 5,* 57–62.

Jung, C. G. (1934). *The collected works of C.G.Jung.* London, New York: Routledge.

Kaes, R., Pinel, J. P., Kernberg, O., Correale, A., Diet, E., & Duez, B. (1998). Sofferenza e psicopatologia dei legami istituzionali. Roma: Borla.

Moreno, J. L. (1987). *The Essential Moreno: Writings on Psychodrama, Group Method and Spontaneity.* New York, N.Y.:Springer.

Perrotta, L. (2009). Alchimia di sogni e rappresentazioni: I'osservazione nello psicodramma Junghiano. In M. Gasseau, R. Bernardini, *Il sogno. Dalla psicologia analitica allo psicodramma Junghiano*(pp. 338–350). Milano: Franco Angeli.

Perrotta, L. (2011). Introduzione. In A. Ancelin Schütenerger, *Psicogenealogia* (pp. 5–9). Roma: Di Renzo Editore.

Toeman Moreno, Z. (2006). *The quintessenntial Zerka.* London, New York: Routledge.

Yalom, I. D. (1985). *The theory and practice of group psychotherapy.* London, New York: Basic Books.

톱니바퀴 맞추기—다양한 전문 분야의 훈련에서 실무까지

Agnes Dudler & Kersti Weiß

이 장에서 우리는 SZENEN Institute for Psychodrama 훈련생에 대한 수퍼비전 과정을 설명하고 논의할 것이다. 이 과정은 전반적인 사이코드라마 훈련 프로그램의 일부로서, 이 프로그램을 통해 우리는 자격을 갖춘 사이코드라마 디렉터를 양성하고 있다. 수퍼비전 과정은 두 단계로 이루어진다. 첫 번째 단계는 진행 중인 고급 훈련 집단에서 이루어지고, 두 번째 단계는 집단 바깥의 소위 실무 단계에서 이루어지는 단계로서 훈련생들은 이 단계에서 사이코드라마 기법을 수퍼바이저의 수퍼비전에 따라 자신의 임상 분야에 적용한다.

센터의 소장이자 고급 훈련 프로그램 담당인 Agnes Dudler는 첫 번째 단계를 담당한다. 두 번째 단계에서, Kersti Weiß는 수퍼비전을 제공하는 교육자로서 많은 훈련생들에게 중요한 역할을 담당하고 있다. Moreno의 광범위한 관점을 기반으로, Kersti Weiß는 하나의 모델을 개발했고(2007), 우리는 이 모델을 수퍼비전 과정에서 시행하고 훈련생들에게 전달해주었다. 이로써 훈련생들은 자신의 주 전문 분야에서 사이코드라마 기법을 실시할 때 어떠한 역할에서, 누구와, 어떠한 환경—어떠한 사회적, 역사적, 문화적, 정치적 맥락—에서 이를 실시하는지를 명확하게 이해할 수 있는 도구를 얻게 된다.

고급 훈련 프로그램의 근본적인 추동력은 자기 탐구, 방법론적 훈련, 이론 및 수퍼비전에서 온다. 이 요소들은 훈련 프로그램의 여러 단계에 다양한 수준으로 개입하여 각 단계를 형성하고, 각각의 의미 또한 단계에 따라 달라진다. 그리고 이 요소들은 훈련 과정을 수료한 다음에도 훈련생들의 사이코드라마 디렉터 방식을 계속해서 모양 짓게 될 것이다.

우리의 훈련 및 수퍼비전 목표는 티베트 라마 불교의 구절로 나타낼 수 있다. 그 구절은 다음과 같다. "제자들이 우리보다 더 뛰어나지 못하게 된다면, 우리의 전통은 죽어 없어질 것이다."

1. 훈련 과정 중의 수퍼비전

SZENEN Institute for Psychodrama에서의 사이코드라마 훈련 프로그램은 다양한 형태의 수퍼비전을 포괄하고 있다.

- 각 수퍼바이저 또는 고급 훈련 디렉터 및 기타 집단 구성원에 의한 훈련 집단 내 수퍼비전(훈련 1년차 종료 시 시작)
- 동료 집단 내 인터비전(intervision)(3년차에 시작)
- 전문화된 훈련 수퍼바이저와의 집단 수퍼비전(4년차에 시작)
- 훈련생의 직무 분야에서의 실무 경험을 갖춘 수퍼바이저와의 개인 수퍼비전(필요할 경우 3년차에 시작, 그 외의 경우 4년차에 시작)

수퍼비전은 훈련생들이 자신의 소집단을 이끌기 시작하는 때에, 훈련 집단 내에서 시작한다. 연차상으로는 늦어도 훈련 2년차에 해당한다. 동료 상담 집단은 이와 병행하여 운영하며, 3년차에 시작한다. 이러한 집단 중 대부분은 몇 년간 유지되며, 고급 훈련이 완료된 후에도 유지된다. 4년차에서는 훈련 집단 바깥에서의 실무 적용을 집단 수퍼비전 및 개인 수퍼비전과 병행한다. 여기에서, 수퍼바이저는 고급 훈련 프로그램의 주 담당 외의 수퍼바이저로서, 다른 기관으로부터 초빙되는 경우도 많다.

■ *훈련 프로그램의 목표 및 성공을 위한 요소:* 사이코드라마 디렉터가 자신의 일을 즐기고 잘 하기 위해서는—자신의 일을 잘 이해하고 새로운 응용 분야를 활용하기 위해서는—다양한 사람이 관련되는 다중적인 과정을 지나야 한다. SZENEN Institute에서 이러한 과정은 보통 5년 정도 지속된다. 여기에서 적용되는 규칙은 잘 만든 요리에도 적용할 수 있다. 재료가 좋을수록, 결과도 좋다는 것이다. 준비 초기에서 재료를 하나 태우거나 빠뜨린다면, 마지막에 나오는 요리의 질이 떨어지게 될 것이다. 훈련생을 더 잘 준비시킬수록, 이들이 외부 수퍼비전 단계에 들어갈 때에 그로부터 더 많은 것을 얻을 수 있을 것이다. 그러므로, 우리는 집단 훈련생과 그 리더를 선택하는 데 상당한 중요성을 부여한다. 근본적인 자기 인식을 확보하기 위해서는 과정에 대해서 연합하여, 또는 번갈아가면서 지속적인 리더십을 유지하고, 이러한 작업을 기초 훈련 2년 동안, 그리고 이후 과정 수료 시까지 지속할 수 있는 경험 있는 수퍼바이저가 한 명 이상 필요

하다. 이들은 서로 다른 각 분야 전문가들과 함께 기초 이론과 특정 주제에 대한 수퍼바이저로 활동한다. 훈련 집단이 더 오래될수록, 전문 분야 수퍼바이저가 관련되는 빈도가 더 많아진다. 이러한 안정적인 틀은 전문 주제에 대한 경험, 자체 실험과 다른 리더들을 위해 필요한 안정성, 연속성 및 유연성을 확보해준다. 따라서, 과정의 초기에서부터, 훈련생들은 자신들이 동일시할 수 있는 다양한 모델에 노출되며, 이로써 사이코드라마 디렉터로서의 자신의 역할을 정립하는 일을 더욱 수월하게 할 수 있게 된다.

오랜 기간 동안 안정적으로 유지되는 집단은 훈련생들이 자신의 약점을 드러내고 그 약점을 건설적으로 대처할 수 있는 신뢰의 분위기를 만들어내게 된다. 수퍼비전 상황에서는 성공하지 못한 프로젝트도 발표할 수 있는데, 이는 실수로부터 우리가 배우는 것이 많기 때문이다. 이를 위해서는, 처음부터 훈련생들에게 건설적인 피드백을 주고받도록 장려하는 것이 필요하다.

사이코드라마의 근본을 이루는 미래의 주인공, 고객들과 의뢰인에 대한 존중의 태도를 길러내기 위해서는, 훈련생이 자신이 받는 고급 훈련의 대상자가 되어야 한다. 우리는 훈련생들을 아이처럼 다루지 않으려고 최대한 노력하며, 의존성을 만들어내지 않으려고 한다(예를 들어, 연구소 내 개인 치료를 통해). 동시에, 아주 초기에서부터, 신체를 연관시키고, 현재의 정치사회적 사건을 고려하는 한편 유의미한 역사적 사건(예를 들어, 소시오드라마에서), 젠더 및 다세대적 관점에 대한 고려, 그리고 마지막으로, 종교적이고 영적인 차원을 고려함으로써, 우리는 자기 자신, 타인 및 발생하는 문제에 대한 총체적인 시각을 가지도록 장려한다.

이러한 목적과 철학 아래, 우리는 개별 요소들이 서로 일직선상에서 구축되는 것뿐만 아니라, 시계의 톱니바퀴가 맞물리듯이 서로를 움직이게 하고 앞으로 추동할 수 있는 훈련 개념을 개발했다. 훈련생들의 의존도가 아직 높은 훈련 과정 초기의 자기 탐색 단계에서조차, 훈련생들은 자율성의 톱니바퀴가 스스로 돌아가기 시작함을 감지하고는, 향후 단계에서 중요성이 점점 더해질 공동체에 대한 감각을 가지게 된다. 동시에, 자기 자신에 대한 견고하고 철저한 탐구와 초기 단계에서의 양질의 훈련을 통해, 훈련생들은 독립적인 작업이라는 목표를 향해 나아가는 전문 역량 개발을 위한 근본적이고 지속적인 추진력을 얻게 된다. 이러한 전체 과정은 또한 훈련 팀 구성원 사이의 강한 관계에 의해서도 추동된다.

2. 고급 훈련 과정

다년간의 훈련생 수퍼비전을 통해, 그리고 졸업생과 초빙 강사로부터의 평가 피드백을 통해, 우리는 SZENEN이 현재 사용하는 고급 훈련 프로그램의 개념을 정립했다.

■ *1년차: 자기 탐색:* 이 단계에서는 훈련생 자신의 문제와 전체 집단의 문제에 대한 탐색이 전면에 등장한다. 과정분석 단계와 리더의 결정에 대한 성찰을 통해, 훈련생들은 이 단계에서 쓰이는 기법과 접근법에 대해 의식하게 된다. 과정분석 단계에서, 리더는 어떠한 일이 이루어졌으며 그 이유가 무엇인지에 대해 설명한다. 이러한 방식으로, 훈련생들은 사이코드라마의 도구와 근본 과정에 대해 유희적이고 거의 무의식적인 방식으로, 자신의 경험과 실험과 성찰을 통해 친숙해진다.

이론적인 기반은 별도의 세미나와 (사이코드라마를 이용한) 작업 집단 발표를 통해 교육한다. 거의 의식하지 못한 채, 훈련생들은 사이코드라마적인 방식으로 자신을 표

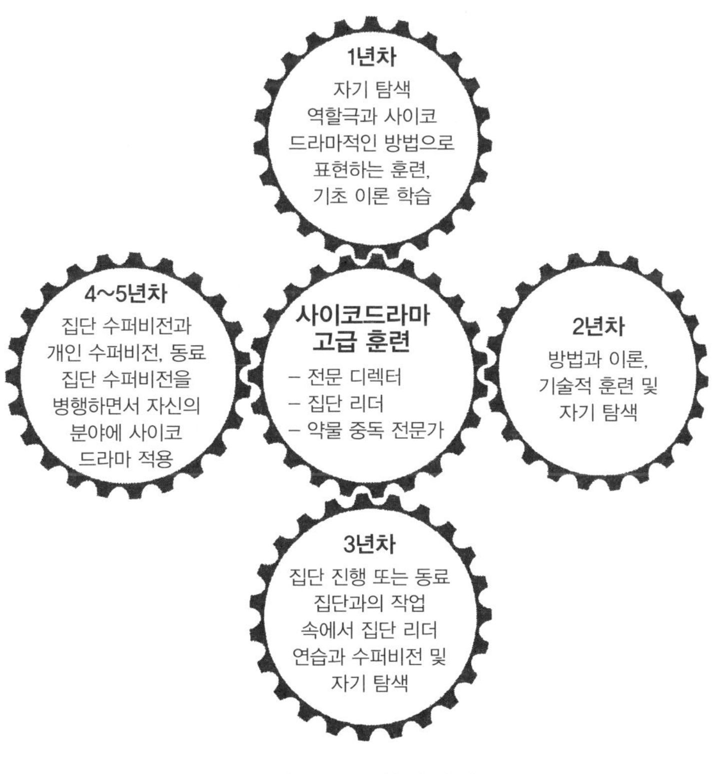

그림 1. 고급 훈련 과정

현하는 법을 연습한다. 예를 들어, 소집단에서 짧은 장면을 준비하거나 워밍업 단계에서 중요한 점을 제기하면서, "집단으로서의 우리는 누구인가?", "개인/집단이 다음으로 밟아야 할 단계는 무엇인가?"를 이야기하게 되는 것이다. 이러한 방식으로, 훈련생은 진단적인 이해를 기르고 적절한 사이코드라마적 재현방식을 연습하게 된다. 훈련생들은 모의 환경에서 처음으로 개입 계획을 수립하게 되며, 자기 자신과 다른 참가자 안에 그러한 계획이 가져온 결과를 관찰한다. 각 사람이 자기 자신을 더 잘 알게 됨에 따라, 다른 사람에 대한 이해와 공감을 더욱더 기를 수 있다. 그리고 자신을 숨기고 통제하려는 필요를 덜 느끼게 됨에 따라, 자기 자신과 자신의 과오와 약점을 드러내는 자유를 경험하게 된다. 이러한 과정은 훈련생 자신의 실무와 수퍼비전 과정에 대해 근본적인 중요성을 지닌다.

■ *2년차: 추가 훈련과 인간행동학(praxeology), 사회측정 및 집단 역동으로의 유기적 이행:* 이중자, 거울기법 및 역할 교대와 같은 기법 훈련을, 제한된(초점을 맞춘) 면담이나 치료 활동을 각 쌍이나 소집단별로 할당하고 이를 집단 전체와 다시 검토하고 논의하는 방식으로 강화한다. 훈련생들은 자기 분야에 대한 실무 적용으로부터 나타난 문제나 질문을 훈련 무대로 가져와 라이브 수퍼비전하에서 다양한 변화를 시도해볼 수 있다. 기본 훈련 단계인 첫 2년 동안의 평가 과정에서는 소집단을 통해 모든 훈련생을 위한 '역할 원자(role atom)[1)]'를 개발하고 감독하게 된다. 이렇듯, 적어도 이 단계에서는 각 훈련생이 라이브 수퍼비전하에서 자신의 본격적인 최초의 과제를 담당하게 된다. 최초의 과제는 사이코드라마 수행에 진단과 사이코드라마 속 역할 속에서의 성격의 정의와 개발을 통합하는 것이다.

■ *3년차: 개별 실무 및 집단 내 리더십:* 소집단을 통해 연습을 반복하는데, 이 때 수퍼바이저는 관찰자 역할을 맡는다. 훈련생에게는 치료 및 상담 과제를 주어 개별 및 집단적으로 수행하게 한다. 이러한 과제 수행은 라이브 수퍼비전을 받거나 집단 내 다른 구성원, 집단의 리더나 초빙 수퍼바이저의 수퍼비전을 받게 된다. 이로써 디렉터로서의 개별적 역할을 위한 준비와 사이코드라마 디렉터로서의 정체성 개발 과정이 시작된다.

---

1) '역할 원자'라는 개념은 독일어로는 'Rollenatom'인 성격을 발달시키는 '내적 디렉터'와 관계를 맺는 사이코드라마적인 역할들을 사용하는 '문화적 원자(cultural atom)'와 비슷한 개념이다.

세미나와 병행하여, 작업 집단은 다음 과제도 완료해야 한다: 1년차 훈련생은 사이코드라마 이론을 배우고 사이코드라마를 통해 집단 내에서 사이코드라마 이론을 습득한다. 2년차 훈련생은 집단 이론을 다루는데, 이 또한 사이코드라마나 소시오드라마 기법을 사용하여 이러한 이론을 접한다. 또한 훈련생들은 작은 실제 연습과 훈련 집단에서의 미해결 과제에 대해 집중적으로 작업한다. 3년차 훈련생은 이론 연습과 공부를 진행하는 동시에 훈련생 자신의 직무 분야에 대한 집단 전체 내에서의 작업 및 동료 집단 상담을 진행한다. 또한 훈련생은 각각의 문제에 대해 서로를 지도한다.

■ *4년차 및 5년차: 자신의 분야에서 훈련생의 실무:* 개인 수퍼비전, 동료 수퍼비전 및 집단 수퍼비전과 보충 세미나를 통해 구체적인 주제를 전문 강사와 함께 다룬다. 각 훈련생은 자신의 개인 수퍼비전을 위해 자격 있는 수퍼바이저를 선택하는데, 이 수퍼바이저는 해당 훈련생의 분야에 대한 실무 능력과 사이코드라마 경험을 갖추고 있어야 한다. 수퍼비전 과정에서 여기에 해당하는 부분에 대해서는 연구소와 고급 훈련 프로그램 리더들과 관련하여 비밀 보호가 적용된다. 연구소는 단순히 수퍼비전 단계가 성공적으로 완료되었거나 수퍼비전 단계의 연장이 필요하다는 통보만을 받게 된다. 이 수퍼비전에서, 훈련생은 자기 분야에서의 구체적인 실무 작업 방식을 개발하고 이를 반추할 수 있으며, 이를 자신의 개인적인 상황에서 다시 한 번 성찰할 기회를 가진다.

집단 수퍼비전은 최대한 가까운 관련이 있는 전문 분야 출신이거나 치료, 교육 또는 상담 분야 출신의 참가자 약 여섯 명으로 구성된 하위 집단에서 진행한다. 교육학적인 지향을 지니는 이 하위 집단은 두 가지 방법론 세미나로 위기 개입(Crisis Intervention)과 집단 과정에서의 사회측정학(Sociometry in Group Processes)을 통해 접했으며, 이 분야에 풍부한 경험을 지니고 있는 Kersti Weiß와 같이 작업하는 것을 선택하는 경우가 많다. 그러므로 다음 절에는 주 훈련 집단 또는 하위 집단 '바깥'에서의 외래 수퍼비전에 대한 Weiß의 논문을 수록했나. 그리고 여기에 다른 외래 수퍼바이저와 사이코드라마 훈련 과정 졸업생으로부터의 피드백을 보충했다.

3. 소시오드라마 개념과 수퍼비전에 영향을 미치는 요소의 모델

수퍼비전에 대한 나(K.W.)의 접근법을 사이코드라마 디렉터 훈련이라는 맥락에서 설명하기 위해서는, 우선 내가 수퍼비전 이론과 Moreno의 가르침, 즉 주어진 순간에 작용하는 우주적이고 사회적인 영향력을 인식하라는 가르침으로부터 개발한 수퍼비전 모델을 소개할 필요가 있다(Moreno, 1973, p. 3-8). 사이코드라마 디렉터 훈련을 위해, 이 모델은 실재 속의 많은 요소들 사이의 상호작용을 그려내면서 사이코드라마 디렉터 또는 소시오드라마 디렉터로서의 전문 작업의 개발에 대한 기본적인 방향을 제시하고 있다.

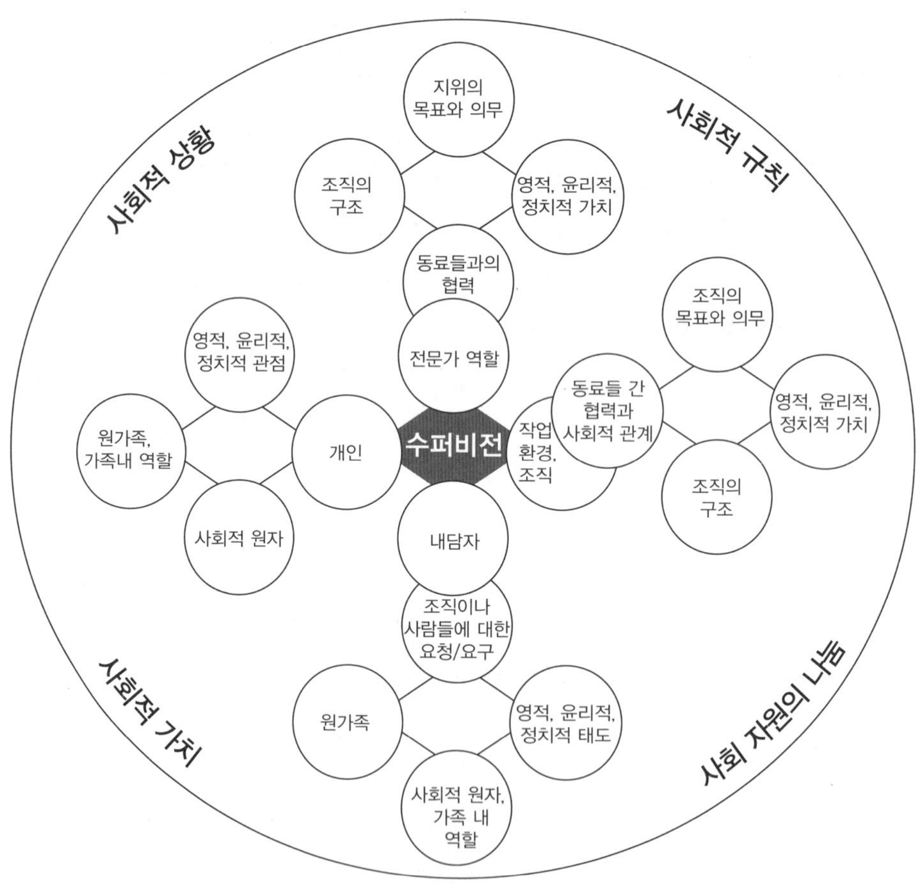

그림 2. 수퍼비전에 영향을 미치는 요소들(Weiß, 2007)

수퍼비전에 영향을 미치는 요소의 개요에 대해 아래에서 설명할 것인데, 이러한 개요는 하나의 상황에 '내부'와 '외부'로부터 모두 영향을 미치는 요소들의 복잡성에 접근할 수 있게 해주는 것을 목적으로 한다. 당연하게도, 이러한 요소들은 수퍼비전 상황에서만 작동하는 것이 아니다. 이 요소들은 일상생활과 직무의 일부분이기도 한 것이다. 이 모델은, 훈련생들이 영향력 있는 사건들의 많은 요소들이 서로 연결되는 방식을 시각적으로 이해할 수 있게 도와주고, 여기에서 훈련생은 이해를 위한 새로운 출발점을 찾거나, 현재의 상황이나 과거 상황에서의 건설적 행위를 위한 추동을 찾아낼 수 있다. 수퍼바이저에게, 이러한 모델은 수퍼비전 개념을 개발하고 수퍼비전 과정을 구조화하는 기초적인 방향점으로 기능한다.

내가 개발한 이 모델은 행동 연구를 위한 이론과 방법론으로서의 소시오드라마, 사회측정 및 사이코드라마에 기초하고 있으며, 목표는 이들을 수퍼비전에 적용하는 것이다. 아래에 제시한 접근법의 가치는, 특히 사이코드라마 디렉터와 수퍼바이저들이 오늘날 직면하는 수요가 J. L. Moreno(1889~1974)가 자신의 개념적 관심을 공식화하고 자신의 이론을 개발했던 당시의 역사적 맥락과 조건과 평행선을 그리고 있다는 점을 고려하면 더욱 커진다(Buer, 1989, pp. 5–44). 이 모델은 정치적이고 사회적인 격변의 시기에 많은 영향을 받았으며, Moreno 자신의 영적이고 철학적인 배경과 Moreno가 거쳤던 다양한 전문가 역할과 실무 경험으로부터 영향을 받았다. Moreno는 인간의 사회적, 사회 관습적, 그리고 문화적 맥락 안에서 인간 전체를 이해하는 데 관심이 있었다. 그의 저서와 사이코드라마 실제에서, Moreno는 사람의 개인적 행위와 심리적, 사회적 및 보편적 행동 전반에 걸쳐 사람에 대한 이해를 추구했고, 사람들을 자신의 연구 대상으로 삼아 삶에 대해 창의적으로 대처하는 가능성을 만들어내려 노력했다(Buer, 1989, pp. 181–236).

내적인 실재와 외적인 실재 사이의 상호작용과 심리학적, 신체적, 소시오드라마적 역할 사이의 상호작용을 분석함으로써, 우리는 상황의 여러 요소들을 체계적으로 관찰할 수 있다. 수퍼비전과 훈련 수퍼비전의 맥락에서, 이러한 분석은 이 기관을 운영하는 사람들에게 J. L. Moreno 고유의 신념과 이론적 체계에 대해 이해할 수 있는 기회를 제공한다.

사람과 그의 전문가 역할, 그 조직과 주인공/의뢰인 및 사회적 맥락 사이의 교차점 및 그 각각의 상호작용은 단순한 개인의 경험(내적 삶)이 드러내는 모습에 비해 훨씬 더 복잡하다. 이러한 요소들은 개인의 지각과 체계화에 지속적인 영향을 미친다. 갈등의 원인, 따라서 이들을 해결할 수 있는 가능성은 개개인의 영역 바깥에 놓여있는 경우가 많다. 이렇듯, 꼬임의 원인을 찾는 것은 수퍼비전 과정의 의미 있는 부분을 이룬다. 개인이 이러한 원인을 인식하고 받아들이면, 다시금 생산적인 행위자가 될 수 있다. 우리가 우리의 인식을 주인공과 의뢰인의 내적이고 상호심리적인 실재 및 또는 훈련생의 내적 실재와 상호심리적인 실재로 국한시킨다면, 우리는 과정을 심리화하고 개별화하는 것이다. 다른 말로 하자면, 이는 일반적으로 당면한 문제의 복잡성을 단순화하고, 그럼으로써 수퍼비전, 사이코드라마와 소시오드라마의 핵심적이고 명료화하는 충동에 해가 된다. 그리고 훈련생을 자유롭게 한다는 목표에도 해가 된다.

이 모델은 작용하는 요소들의 복잡성을 잘 보여준다. 집단의 구성원이 자신의 사례 중 하나를 선택하여 역할을 정하고 전체 모델의 사이코드라마적 과정을 작동시키는 것은 대단히 큰 도움이 되며 많은 것을 조명해준다. 전체적으로, 이 모델은 현재의 맥락과 주어진 기관에서의 사건 배열과 그 복잡한 과정 전체가 드러나고 제시되는 일종의 레이더 시스템으로 볼 수 있다. 이후 단계에서, 참여자들은 모델의 각 부분을 더욱 가깝게 살펴볼 수 있고, 이들을 더욱 심층적으로 연구할 수 있도록 '줌인'할 수 있다. 여기에서 가장 어려우면서도 동시에 제일 흥미로운 과제는 모든 참여자의 열의와 헌신에 다시 불을 붙이는 그런 것이다. 바로 개별 요소들이 서로 작용하여 상호작용적인 맥락을 형성하는 방식을 인지하는 것이다(하지만, 물론, 모든 수퍼비전 과정에서 모든 차원을 모두 살펴볼 수는 없을 것이다).

4. 출발점과 훈련 수퍼비전의 주요 목표

사이코드라마 훈련 과정을 선택하는 사람들은 많은 경우 전문가 정체성을 안정적으로 가지고 있으며 자기 전문 분야에 다소간의 경험을 지니고 있다. 추가적으로 전문 자격을 얻으려고 하는 이유는 경력 전환에 대한 욕구, 전문 실무 내에서 갈림길에 도달, 개인의 사적인 삶이나 경력에서 예상했거나 두려워했거나 바랐던 전환점에 도달한 경우 등 다양하다. 변화에 대한 욕구이거나 새로운 것에 대한 개발이나 발견에 대한 욕구이거나 전문 실무에 대한 새로운 도구를 획득하기 위한 동기이든 간에, 개인적 변화에 대한 욕구는 거의 모든 경우에 사이코드라마 훈련 과정에 대한 결정에서 중심적인(처음에는 전적으로 의식하지 못하더라도) 역할을 한다.

훈련 프로그램과 수퍼바이저들은 이렇듯 자기 탐색에 대한 욕구(및 자신의 인격을 개발할 필요)와 훈련 과정에서 제시되는 방법론적이고 이론적인 요구사항 사이의 긴장을 언제나 직면한다. 대부분의 경우, 훈련생은 현재까지 강렬하고, 극적인 자기 자신과의 직면, 자기 삶과 직무적 상황의 실재와의 직면을 경험하고, 모든 것이 잘 풀리는 경우(대부분의 경우 그렇지만)에는 실재를 명확히 보여주고 만족을 경험하게 된다. 훈련에 포함된 모든 이론과 연습에도 불구하고, 훈련생 자신의 자아와의 직면으로서의 자기 탐색 과정은 참가자에게 심오한 영향을 끼치며, 거의 모든 훈련생은 수퍼비전 단계를 이러한 우려와 함께 시작한다. "사이코드라마는 내 전문 분야에서는 소용이 없어요. … 절대!"

따라서, 본질적인 목표는 다음과 같다. 훈련생 자신의 사이코드라마 훈련으로부터 얻은 중요한 경험을 자신이 활동하는 실무 영역에 적용하는 것이다(다음 절 참고: "전문가 정체성과 사이코드라마 정체성 통합하기").

위에 설명한 훈련 프로그램은 개념과 그 실행 모든 면에서 훈련생을 바로 이러한 과정에 대하여 준비를 갖추게끔 하는 것을 목표로 개발되었지만—즉 자기 탐색 단계에서의 주된 주인공 작업을 지나치게 강조해서는 안 된다—사실 대부분의 훈련생은 이러한 자기 탐색 작업이 '진정한' 사이코드라마라는 믿음을 다소간 가지고 있으며, 이러한 기준에 따라 자신의 적용 시도를 평가한다. 훈련 수퍼비전에서 우리가 다루게 되는 첫 번째로 중요한 주제가 바로 이것이다. 이는 훈련생이 어떤 기관 출신이든지 마찬가지이다. 다른 수퍼바이저들 또한, 수퍼비전 단계에서는 훈련생들이 자신의 능력을 다시 배우고, (훈련 집단에서 경험하는 개입보다) 더욱 단기간의 개입에 맞추는 것이 필요하다는 점을 확인해주고 있다. Alfons Rothfeld는 다음과 같은 말로 평가에 대해 중요한 기여를 했다.

훈련생은 주인공 중심의 사이코드라마에 대한 기초 기법을 적용하는 데 상당히 능숙하다(장면 설정, 이중자, 거울기법, 역할 교대, 보조자 등). 이들은 장기간의 시간 틀에서의 극적 작업 또는 무대 작업 모델에 너무 많은 가치를 부여하곤 한다. 이렇듯, 한 장면과 유사한 과정 구조와 같은 단기간 개입에 적응할 필요성은 이들에게 타협인 것처럼 보이거나 세련되지 못한 사이코드라마로 보이게 된다(Rothfeld, August 2010, 개인적 진술).

우리는 이러한 상황을 적어도 두 가지 관점에서 이해할 수 있다. 개인적인 성장과 변화를 이끌어내는 집단 과정에 대한 깊은 경험은 지속적인 인상을 남겼으며, 그와 동일한 방식으로 작업하고 싶다는 욕구를 생겨나게 했다. 그러나, 훈련생 자신의 작업 환경 조건은 훈련 집단의 작업 환경과 다르다. 게다가, 훈련생이 해당 시점까지 개발한 역량을 볼 때, 훈련생들 중 이러한 종류의 작업을 자신이 익숙한 전문가 역할 속에서 수행하는 것을 상상할 수 있는 사람은 몇 되지 않는다. 이 점에서, 많은 훈련생이 사이코드라마를 지난 2년간 활용한 적이 없는 경우, 이를 실무에 적용하기를 꺼리는 것을 이해할 수 있다.

따라서 아래와 같은 점을 훈련생과 검토하고 명확히 하는 것이 중요하다.

- 나의 과제, 역할은 무엇이며 나의 주인공은 누구인가?
- 환경, 제도적 틀, 고객/주인공/의뢰인 및 동료와 상관의 사이코드라마에 대한 태도를 고려할 때, 내 전문 분야에서 사이코드라마를 가지고 작업하는 것이 실제로 의미하는 바가 무엇인가?
- 고급 훈련 집단과 여기의 다른 점은 무엇인가?

이 지점에서, 작은 연습마저도 자기 탐색 단계에서 얼마나 효과적일 수 있는지를 의식적으로 자신에게 상기시키고, 그러한 연습에 가치를 부여하는 것은 큰 힘이 된다.

훈련 수퍼비전의 여정—매개변수와 의무사항

수퍼비전 집단에서 서로를 만나는 일은 훈련 과정의 변화된 환경과 새로운 단계를 경험하고 이에 대해 이야기하는 기회를 제공해준다. 여기에서는 아래와 같은 요소들을 종합한다. 자신만의 바람과 두려움을 지닌 훈련생, 훈련 과정의 요구사항, 그리고 자신만의 가능성, 관점, 가치, 능력과 지식을 지닌 수퍼바이저. 여기에서 중요한 것은, 당사자들이 일단 만나서 신뢰 관계를 형성한 다음에는, 수퍼비전의 조건을 어떻게 정의할 것이며, 어떠한 내용과 요건과 주제에 초점을 맞추어야 하는지, 그리고 주어진 상황 속에서 초점을 맞추지 않아야 할 내용과 요건과 주제에는 무엇이 있는지에 대해 협상을 시작한다는 점이다. 이 때 잠시 시간을 들여 이러한 문제에 대해 이야기하는 것이 바람직한데, 왜냐하면 이러한 방식의 규명을 통해서 앞으로 닥쳐올 힘겨운 단계인 '보호관찰(probation)' 단계를 위한 안정적인 기반을 다져줄 수 있기 때문이다. 한 졸업생은 이렇게 말한 바 있다. "집단 수퍼비전 단계에서의 비공식적인 작업 분위기가 수퍼비전 사례를 이야기하는 일을 더욱 수월하게 하는 데 도움이 되었어요."

미래의 사이코드라마 디렉터를 위한 훈련 수퍼비전 과정은 다양한 수준에서의 발견과 학습의 차원을 지원하며, 특히 이러한 발견과 학습은 다음과 같은 점과 관련된다.

- 사이코드라마 기술의 올바른 적용
- 원하는 과제에 대한 적절한 적용
- 사이코드라마 디렉터의 기존 전문가 정체성과 사이코드라마 디렉터로서의 새로운 정체성의 통합
- 이론과 철학
- 방법론과 연구 접근법

이러한 차원은 모두 소규모 상호작용에서도 찾아볼 수 있지만, 수퍼비전 과정에서 우리는 이들을 위에 제시한 모델의 맥락에서 구체적으로 개별적으로 살펴볼 수 있다.

"사이코드라마가 내 전문 분야에서 효과적일까?"

훈련 4년차에 시작하는 수퍼비전 단계까지 프로그램을 진행한 훈련생들은 자신의 전문 분야 안에서나 바깥에서 자신들이 습득한 사이코드라마 기술을 사용하기 시작하는 위치에 오게 된다. 자기 탐색라는 문제와 전문가 정체성이 이 단계에서 다시 부상한다는 점은 이해할 만하다. 하지만 이러한 문제들을 조금씩 점진적으로 수퍼비전 과정에 대한 성찰 단계를 위한 소재로서 추적할 수 있었다. 이 시점까지의 훈련은 훈련생들로 하여금 자신만의 사이코드라마 작업을 수행하도록 하는 동기를 부여해주었다. 수퍼바이저 Alfons Rothfeld(2010년 8월에 나눈 개인적 대화)는 훈련생들이 실무에서 자신의 역량을 활용할 준비가 되어 있음을 인정하지만, 그 과정에서 훈련생들이 극복해야 할 내적이고 외적인 장애물이 있음 또한 언급하고 있다.

예를 들어, 훈련생들은 자신들이 각 기관에서 사이코드라마로 작업을 하는 최초의 구성원이 되는 상황에 처하게 되는 경우가 많다. 이럴 경우 자기 자신이 아직은 숙련된 사이코드라마 디렉터가 아님에도 불구하고 사이코드라마를 해당 기관에 도입하는 일을 담당하게 된다. 이 집단에서, 이들은 사이코드라마를 도입하는 전략을 가지고 실험할 수 있는 기회를 얻게 된다. 훈련 집단을 통해서, 이들은 자신의 작업, 고객층, 기관의

틀과 사이코드라마를 지지하는 동료들과 그에 회의적인(때로는 적대적인) 동료들에 대해 더욱 명확하게 파악하게 되며, 앞으로 발생할 수 있는 갈등에 미리 대처할 수 있다. 역할극 연습은 집단 구성원 중 하나가 리드하며, 라이브 수퍼비전과 함께 진행한다. 하나의 사례를 들면 다음과 같다.

직업 훈련 학교에서 학습장애 학생들로 이루어진 반에게 수학을 가르치는 교사가 있다. 얼핏 보면 평가 결과를 제출하는 과제와 의욕 없는 학생들에 대한 부정적인 경험은 사이코드라마 디렉터로서의 역할과 상치되는 것처럼 보이기도 한다. '무대 위에서의' 작업에서는, 이 교사가 가르치는 학생들의 교육 이력에서 나타나는 다양한 상황과 훈련 집단 구성원의 상황이 이 훈련생에게 명확하게 드러난다. 이들의 실망에 대처하는 과정을 통해 이 교사는 새로운 통찰을 얻게 되었다. 새로이 촉진된 학생들과의 동일시로 인해 교사의 창의성과 자발성이 새로 생겨나게 되었다. 이 교사는 더욱더 다양한 사이코드라마적 교수 기법을 개발하고, 이를 통해 학생들과 소통하고 이들의 용기를 북돋는다. 이어지는 몇 주 동안, 학생들의 학습 결과가 눈에 띄게 향상되었고, 학생들은 더욱 열의를 가지고 교실에서의 학습에 참여하며, 자신감 또한 상승했다.

사이코드라마 기술 개발하기

훈련생은 또한 실패한 사이코드라마 작업 시도에 대한 질문을 수퍼비전 집단에서 제시할 수 있다. 훈련생들은 역할극 기법을 사용하여 잘못된 것이 있는지, 그렇다면 어디에서 잘못되었는지를 살피고 결정한다. 이로써 훈련생들은 얽힘의 과정을 파악하고 살피는 동시에 '사소한' 기술적인 실수가 있었는지의 여부, 또는 보다 중대한 문제가 발생하여 지속적인 영향을 미칠지의 여부를 판단할 수 있다.

개별적 환경에서 일하는 훈련생의 경우, 집단에서 얻은 훈련 소재를 개별 상황에 옮겨 적용하는 일이 쉽지만은 않다. 이 지점에서, 워크숍 환경에서 수퍼바이저와 함께 창의적인 시행착오를 겪어보는 일은 이전의 연습에 대한 유용하고 필수적인 보충 과정인 것으로 이미 드러난 바 있다.

특정 직무 분야의 역동을 이해하고 일관성 있는 진단 과정을 개발하며 이를 실행에 옮기는 능력을 개발하는 일은 많은 양의 연습과 경험을 필요로 한다. 우리는 때로 약간씩 전진하고, 때로는 멀리 도약하기도 한다. 하지만 반대로 퇴보할 때도 있다. 중요한 것은 이를 발달의 정상적인 과정으로 이해하고 받아들이는 것이며, 이 때문에 용기를 잃지 않는 것이다. 일부 훈련생들은 개인 수퍼비전이라는 안정적인 분위기에서 자신의 실수에 대해 말하는 것을 쉽게 느끼기도 하지만, 수퍼비전 집단에서의 경험—즉 다른 사람들 또한 실수를 하며 약점이 있는데도 그 때문에 비난을 받지 않는다는 경험(이에 대해서는 자기 탐색 집단 단계에서도 언급한 바 있다)—또한 고무적일 수 있다. 나아가, 실수로부터 배우는 것이 얼마나 많은지를 발견하는 것은 학습 과정에서 중요한 요소이기도 하다.

역할극 연습은 보통 집단 내의 다른 훈련생이 리드한다. 이 때 생긴 여유를 가지고 수퍼바이저는 다른 역할을 담당할 수 있다. 예를 들어, 리더 역할을 맡은 훈련생을 대체하거나 어려운 상황이 생겼을 때 작전 타임 동안 전문가로서의 역할을 할 수 있는 것이다. 우리가 발견한 한 가지 사실은 필요에 따라 전문가를 집단 구성원으로 참여시키는 것이 매우 학습 효과가 크다는 것이었다. 따라서, 수퍼비전 단계에서 각 훈련생은 자신이 배운 능력을 이용하여 복잡한 상황에 대한 이해를 돕는 것뿐만 아니라 실험과 학습을 더욱더 진행할 수 있게 된다. '사례'와 그 상황에 대한 성찰과 그것을 탐구하기 위해 사용한 접근방식에 대한 성찰이라는 행위는 훈련생에게 상황에 대한 행위지향적 이해를 제공해준다. 동시에, 훈련생들은 예를 활용한 상황에서 자신의 리더십 행동에 대해 성찰하는 동시에, 집단 내 현재 상황에서의 리더십 행동에 대해서도 성찰할 수 있다.

전문가 정체성과 사이코드라마 정체성 통합하기

사이코드라마 디렉터로서의 개인 정체성의 발달은 수퍼비전 단계의 핵심이 되는 초점이다. ALfons Rothfeld의 말을 다시 한 번 인용한다.

사이코드라마 훈련이 개인의 전문가 역할에 미치는 영향과, 변화에 대한 열망과 훈련을 통한 개인의 성장을 반영하는 직장에서의 재구조화를 다루는 것이 수퍼비전 기간 중 상당 부분을 차지한다(Rothfeld, 2010년 8월, 개인적 대화).

자기 기술에 대한 자신감을 쌓고 사이코드라마를 진단, 개입 및 성찰에 사용해본 경험을 갖추게 된 훈련생들은 점점 자신이 배운 바를 자기 전문 분야에 적용하려는 열망을 가지게 된다. 이에 따라, 각 훈련생의 사이코드라마 디렉터로서의 역할을 교사, 심리치료사, 인력 개발 전문가, 사회 복지사, 성직자, 의사 또는 조직 컨설턴트 등 훈련생의 주 직무 분야와 통합할 필요가 생겨난다. 통합할 필요성은 전문가가 속한 각 분야의 경향(교육, 심리학, 사회학, 의학 등) 및 사이코드라마, 사회측정 및 소시오드라마의 이론과 실무 사이의 관계 정도에 따라 다르다. 여기가 바로 Moreno의 전체 이론이 흥미로워지는 지점이다.

Moreno가 이미 발견했듯이, 철학, 사회이론, 사회측정 및 역할이론은 연극에서 조직이론, 심리치료에서 사회정책에 이르기까지 많은 응용 분야에서 개개인들이 자신의 전문가 역할을 확장하고 그 전문 실무를 재정의하거나 창의성의 범위를 재정의할 수 있도록 영감을 주어왔다. 고급 훈련 프로그램에서 대부분 훈련생들은 이론에 대한 새롭고 더욱 깊은 연결을 이루어내며, 현실 연관성이 이전보다 더욱 강하다는 결론에 이르게 된다.

이렇듯, 훈련 수퍼비전 단계는 훈련생이 자신이 속한 직무 환경의 역동에 영향을 미칠 뿐만 아니라 자신의 고객, 동료와 그들과의 협업에 영향을 미치는 앞에 개인적인 요소들을 의식적으로 관측하고 경험하고 반성할 수 있으며, 이러한 요소들을 자신의 실무에 새로운 방식으로 실시할 수 있는 환경이 된다.

사례 1: 학생들에게 전문적인 지식을 전하고 그들의 학습 진행을 평가하는 업무로 주로 정의되는 업무를 맡은 교사가 있다. 이 교사가 담당하는 학급은 자기 탐색 집단이 아니다. 하지만, 이 교사가 자신의 교사로서의 전문가적 자기 개념을 자신의 사이코드라마 디렉터로서의 역량과 결합할 수 있다면, 자신에게 요구되는 과제를 완전히 새로운 방식으로 인식하고 개발할 수 있을 것이다. 이 교사는 개별 학생과 집단으로서의 학급 모두를 고려하며, 이 때 사회적이고 문화적인 가치와 학급 내에 존재하는 네트워크를 서로 영향을 미치는 요소로서 경험하고, 효과적이고 지속적인 학습의 기반으로서의 창의성과 자발성의 개발을 함께 경험하면서, 자신이 시도하는 새로운 교수 아이디어를 찾아들어갈 수 있다. 사회측정적인 면에서 학급 내의 집단 역동을 살피고 더욱 건설적인 경로를 따라 학급을 유도하는 간단한 조치조차도 학급 구성원 모두의 비전과 동기를 지금까지 보여온 한계점 너머로 멀리 확장할 수 있다.

사례 2: 업무 부담이 늘어남에 따라 자신의 주 직무를 벗어나 자신이 오랫동안 소중히 여겼던 사이코드라마 활동을 위한 시간을 가지지 못하게 된 한 성직자는, 설교를 위한 사이코드라마적 구조를 개발하고 시도해보았다. 그 결과, 자기 자신과 자신의 교구 모두 새로운 에너지와 동기로 가득 차게 되었는데, 이는 이 성직자가 자신의 메시지를 전

달하는 생생하고 활력에 찬 방식으로 인한 것이었다.

이러한 사례는 새로운 직무 행위 개념이 개인의 직무 능력과 정체성의 개발과 결합되는 다양한 방식 중 일부에 불과하다. 이미 친숙한 응용 분야와 새로운 응용 분야에서 사이코드라마 실무를 실시하는 중 경험하게 되는 발견의 상호적 기쁨은, 그 자체로, 우리의 훈련생들이 자신의 일상 생활 속에서 사이코드라마 능력을 개발할 수 있도록 동기와 에너지를 부여하는 기반이 된다. 서로 힘을 합쳐, 우리는 많은 것을 새로이 발견하고 다양한 과정을 추동함으로써 우리의 수퍼바이저로서의 작업이 더욱 흥미롭고 보람찬 것이 될 수 있도록 했다.

5. 전망

동료 훈련생과 수퍼바이저로부터의 피드백은 우리 교육과정의 지속적인 개선에 기여하는 중요한 도구이다. 졸업생들의 훈련 과정 경험으로부터 교훈을 얻기 위해서는 관련된 모두로부터의 과정 평가와 피드백이 정기적으로 필요하다. 이러한 평가와 피드백은 일반적으로 1년에 한 번 이루어진다. 우리가 졸업생으로부터 받는 피드백—특히 수퍼비전 대상으로부터 받는 피드백—은 특히 좋은 정보를 제공해주는데, 이들은 훈련의 실무 단계와 이후 일상 실무에서 자신이 배운 것과 여전히 부족한 점에 대해 더욱 명확하게 인식하게 되기 때문이다. 이렇듯, 졸업생들은 우리에게 앞으로의 과정의 일부 측면에 대한 확장, 재구조화 또는 전환에 대해 그리고 다른 측면들의 가치에 대해 제안해준다. 이러한 피드백이 의미하는 것은, 훈련 과정 졸업생들은 자기 분야에서의 실무 경험을 오랫동안 만족스럽게 통과한 다음에야 자기 분야에서의 작은 사이코드라마적 개입의 효과성을 인식하고 이해하게 된다는 것이다. 그리고 많은 졸업생들은 초심자 특유의 두려움과 불안정성이 줄어든 다음에야 자신이 얼마나 많은 역량을 내면화했으며 이제는 이러한 역량을 직관적으로 바로 활용할 수 있다는 점을 깨닫게 된다.

우리의 평가에 따르면, 수퍼비전의 다양한 단계와 형식은 신규 사이코드라마 디렉터가 자신의 창의적이고 견고한 사이코드라마 실무 방식을 수립하는 데 효과적으로 기여해준다. 이러한 점은 수퍼바이저와 훈련자가 모두 진정성이 있으며 설득력이 있는 사이코드라마 디렉터인 경우 더욱 돋보이게 된다. 훈련생이 자기 자신의 정체성을 개발함에 있어, 수퍼바이저들은 모델로서 기능하는 동시에 존중하는 태도를 갖춘 동시에 건설적인 비판을 제공하는 상대방으로서 기능할 수 있다.

'기계 안의 톱니바퀴 하나에 불과할 뿐'이라는 생각은 각 개인의 인정 욕구에 배치되는 방향으로 작동하는 것으로 보일 수도 있다. 하지만 시계의 작동에서와 마찬가지로, 각각의 기어의 질이 차이를 만든다. 우리의 경험에 따르면 좋은 앙상블은 남들보다 뛰어난 개인이 이루어낼 수 있는 것보다 더 많은 것을 이루어낸다. 고급 훈련 과정에서 19년 동안 재직한 경험을 바탕으로, 우리는 다음과 같이 단언할 수 있다(물론 이 점을 인정하는 것이 언제나 달가운 것은 아니다). 우리 훈련생 중 일부는 우리보다 더 뛰어나다.

참고문헌

Buer, F. (1989). *Morenos therapeutische Philosoghie.* Opladen: Leske & Budrich.

Buer, F. (1999). *Lehrbuch der Supervision.* Münster: Votum Verlag.

Dudler, A., & Bosselmann, R. (1996). Neun wesentliche Dimensionen einer effektiven Psychdramma-Weiterbildung. In R. Bosselmann, R., M. Gellert, & E. Lüffe-Leongardt, E. (Eds.), *Variationen des Psychodramas*(pp. 365-372). Meezen: Verlag Christa Limmer.

Dudler, A., & Bosselmann, R. (2008). Das Rollenatom - Psychodramatische Rollen in Aktion. *Zeitschrift für Psychodrama und Soziometrie*, 7/2, 244-259.

Moreno, J. L. (1973). *Gruppenpsychotherapie und Psychodrama.* Stuttgart: Thieme.

Moreno, J. L. (1974). *Grundlagen der Soziometrie.* Opladen: Westdeutsscher Verlag.

Weiß, K. (2007). Über-Blicke (zurück)-gewinnen. Wirkfaktoren in der Supervision. *Zeitschrift für Psychodarama und Soziometrie 2*, 185-200. Wiesbaden: VS Verlag.

Weiß, K. (2008a). Orientierung - Supervision undd Coaching mit Gewerkschafrsmitarbeitenden. *Zeitschrifr für Supervision*, *1*, 25-30.

Weiß, K. (2008b). *Dynamik knapper Ressourcen - Handbuch für Fuhrungskräfte, SupervisorInnen und OrhanisationsberaterInnen.* Kassel: Uni Press.

Weiß, K. (2008c). Soziodrama, Soziometrie und Psychodrama als gandlungsleitendes Supervisions-konzept. *DGSv aktuell: Konzepte für Supervision, 7*, 41-44.

Weiß, K. (2010). Knappe Ressourcen - neue Herausforderung für die Supervision. *Supervision, 1*, 18-26.

Weiß, K., & Bosselmann, R. (2005). Auf die Perspektive(n) kommt es an. Rollenwechsel und Rollentausch in der Organisationsentwichlung. *Zeitschrift für Psychodrama und Soziometrie*, *1*, 103-114.

구조화된 훈련 내에서의 자기 관찰로서의 수퍼비전

Giovanni Boria

이 장에서는 이탈리아 밀라노의 *Studio di Psicodramma*에서의 4년의 심리치료 전문과정 훈련생을 위한 수퍼비전에 대하여 다룬다. 이 과정은 사이코드라마-상담사(심리치료사)로서의 전문가 역할을 수행하는 법을 배우는 훈련생들을 위한 훈련 과정에서 기본 단계에 해당한다.

훈련을 거치는 동안 훈련생들은 두 종류의 수퍼비전을 받는다. 첫 번째 수퍼비전은 훈련 집단을 디렉팅하는 경험에 초점을 맞춘다. 두 번째 수퍼비전은 심리치료 영역의 외부 기관 상황에서 제공되는데, 여기에서 훈련생들은 기관이 자신에게 배정한 내담자와 전문가로서 작업을 진행한다. 이 장에서는 *훈련 집단*에서 제공되는 첫 번째 수퍼비전에 대해서만 다룰 것이다.

이러한 수퍼비전은 사이코드라마 디렉터의 역할을 맡은 사람의 자기 관찰적 태도를 촉진하고 자극하는 데 목적을 둔 단계로 이루어져 있으며, 이로써 반복되는 감정 기능과 인지 기능에 대한 통찰을 얻고자 한다. 각 학교의 변증법적 구조는 서로 다른 훈련 수준에 있는 학생들 사이의 협업을 통해 사이코드라마에서의 디렉터 역할에 대한 경험을 반추할 수 있도록 해준다. 나아가 이 장에서는 비디오 녹화를 사용하여 이 학습 과정을 원활히 하는 법에 대하여 설명할 것이다. 이 과정의 진행에 대한 사례를 보여주기 위해, 수퍼바이저와 훈련생으로부터 제공된 축어록을 인용하여 이 변증법적 구조가 어떻게 학생들을 위해 작동하는지를 보이도록 한다.

1. 훈련 집단의 구조

이 글에서 나는 '수퍼비전'이라는 말을, 심리치료와 훈련 분야의 의료 종사자가 내담자와 직무상의 관계를 관리하는 방법에 대해 다른 이와 협력하여(동료 또는 보다 많은 경험을 쌓은 이들과 협력하여) 성찰하는 공식화된 시간을 의미하는 말로 사용한다. 나는 이러한 과정이 Moreno의 사이코드라마 인식론에 이론적 및 방법론적으로 기초하고 있는 심리치료의 4년 전문과정 내에서 어떻게 모습을 갖추는지를 보일 것이다. 따라서 훈련생의 수퍼비전에 대하여 다루어보고자 한다.

여기에서 내가 언급하는 대학원 졸업 후 전문과정을 수료하기 위해서는 4년간 2천 시간의 이론과 실무 수업을 거쳐야 한다. 훈련 프로그램은 집단 훈련(600시간), 이론 과정(240시간), 방법론 세미나(240시간), 임상 세미나(320시간), 훈련 활동(600시간)으로 구성되어 있다.

*훈련 집단*은 12명 이하의 사람으로 이루어지며 훈련 집단 전용으로 구성된 공간(사이코드라마 극장)에서 사이코드라마 방법론에 따라 이루어진다. 주당 한 번, 반나절 동안 이루어지는 이 모임은 전문과정 1년차, 2년차, 3년차 및 4년차 학생들로 이루어진다. 모임 구성원은 훈련 과정을 수료한 사람이 나가고 1년차 훈련생이 들어옴에 따라 매년 바뀐다.

훈련생들은 진행 중인 활동에 참가하는 두 훈련생들의 지원을 받아 디렉터 역할을 연습한다. 훈련 집단은 이탈리아 내의 다양한 지역에 위치한 극장에서 만나 작업한다(캄파니아, 에밀리아-로마냐, 롬바르디아, 피에몬테, 베네토).

*이론 과정*은 집단 심리치료 접근방식에 기초한 구조화된 이론 학습을 제공하며, 특히 사이코드라마 방법론에 초점을 맞춘다. 이 과정은 매 학년 12월과 4월에 합숙을 하며 이루어진다. 각 해당 월 동안, 훈련생들은 호텔에서 4일 동안 모여 연차에 따라 다양한 과정에 참여한다.

모든 훈련생은 매월 *방법론 세미나*와 *임상 세미나*(토론 집단)에 참여하는데, 이는 훈련 연차를 기준으로 나뉜다.

기관 내에서는 일주일에 한 번 반나절 동안 수퍼비전에 기반한 실습을 진행하여 심리치료적인 성격의 개입을 제공한다. 해당 기관은 이탈리아 어디에 위치한 기관이든 상관없다. 이 활동은 해당 학교와 작업 방식을 규정하는 기관 사이의 협약이 있으면 어디에서든 가능하다.

1.1 구조화된 훈련 집단의 변증법적 기능

훈련 집단의 구조는—훈련 주기 전반에 걸쳐—열린 집단에 전형적인 현상을 경험할 기회와 이들을 어떻게 관리할지 학습할 기회를 제공해준다. 실제로, 각 학년 시작 시 새로운 훈련생이 들어옴에 따라 유용한 기술적 해결책을 수용하고 발견하는 것과 관련한 새로운 방법을 시험하게 되며, 훈련을 수료하고 집단에서 떠나가는 이들과의 분리는 떠나는 자와 남는 자 모두의 애도의 경험을 개발하기 위한 작업을 필요로 한다. 나아가, 집단 구성이 변화함에 따라 발생하는 집단 분위기상의 변화는 관계적 분위기의 변화를 이해하고 새로운 적응 방식을 발견할 수 있도록 훈련생을 훈련시킨다.

이러한 구조는 구성원으로 하여금 집단을 감독하는 책임을 담당하도록 하는 장점을 지닌다. 사실, 구성원의 연차가 서로 다르다는 점은 구성원의 능력 수준을 다양하게 하여 다소 복잡한 작업의 분배를 간결하게 한다. 상급 수준의 훈련생은 요구 수준이 좀 더 높은 책임을 할당받고, 초심자들은 좀 더 쉬운 과제부터 시작하는 것이다.

모든 훈련 활동은 비디오로 녹화하여, 디렉터/훈련생이 향후에 자신들의 모습을 확인하고 자신들의 감정을 비교하는 동시에 시청각적 도구가 자신에게 제공하는 지각을 가지고 역할에 몰입할 수 있게 한다.

1.2 수퍼바이저의 책임

집단을 담당하는 사이코드라마 수퍼바이저는 두 명이 있으며, 이들은 집단 외부에 위치한다. 수퍼바이저는 다음과 같은 책임을 진다.

- 집단의 조직적 기능 수행을 원활히 하는 것(물리적 공간 설정; 회기 시작과 끝 시간 엄수 관리; 일정에 따라 집단에 대한 감독 책임을 학생들 간에 분배하기)
- 학교 일정상의 특정 시점(각 학년 첫 대면 및 마지막 만남 등)에서 집단을 감독하기
- 디렉터의 책임을 맡기 위해 준비 중인 훈련생에게 조언과 지지를 제공하기
- 훈련생의 감독 중 지속적인 참조점을 설정하기
- 훈련생의 작업에 대하여 비판적인 성찰을 기록하고, 이를 며칠 내로 메일을 통해 훈련생에게 보내기
- 지난 달에 이루어졌던 수퍼바이저 수행으로서 훈련생들이 각자의 리뷰를 작성한 바 있는 감독 수행에 대한 비판적 수퍼비전

1.3 집단 내 디렉팅 절차

주마다 열리는 반나절 동안의 집단 모임은 각각 두 시간씩 진행되는 두 개의 단위(또는 회기)로 이루어지며, 그 사이에는 30분의 휴식 시간을 둔다. 디렉터의 역할은 여러 명의 훈련생이 분담하며, 각 사람이 속한 과정 진행 수준에 관련된 서로 다른 기술을 사용하도록 한다. 각 단위에 계획된 작업 구조를 표시하는 달력을 두는데, 여기에서는 서로 다른 알파벳을 사용하여 특정 과제를 각 학생에게 부여한다.

'B'는 해당 학생이 집단 모임을 시작하는 과제를 부여받았음을 표시한다. 해당 훈련생은 30분 동안의 활동을 통해 주인공을 식별하고, 이 주인공은 'E'로 표시된 다른 훈련생의 디렉팅을 받는다. 'B'는 집단에 들어온 지 수개월 정도가 지난 1년차 학생에게 부여하고, 'E'는 주인공에 대한 디렉팅을 실험하기 시작하는 3년차 학생에게 부여한다. 그러므로, 'B'와 'E'는 언제나 달력상에 같이 쓰인다.

'D'는 해당 회기의 주인공에 초점을 맞추지 않고 전체 집단과의 작업으로 이루어짐을 의미한다. 이러한 유형의 디렉팅은 2년차 훈련생에게 맡겨지며, 이 훈련생에게는 주인공과 동반하여 내적 세계를 탐험하는 힘겨운 책임이 아직 요구되지 않는다.

마지막으로 'F'는 보다 숙련된 4년차 훈련생에게 주어진다. 여기에서 훈련생은 어떠한 종류의 작업이 집단의 욕구에 더 적합한지를 판단하고, 집단에 초점을 맞춘 전체 회기를 진행하거나, 주인공을 식별하고 이후의 내적 세계 탐색을 진행하는 것을 목적으로 하는 작업을 계획한다.

2. 디렉팅, 녹화 및 자기 성찰

이러한 공식화된 수퍼비전 단계는 훈련생들이 실습 디렉터로서의 자신들의 행위에 대해 수퍼바이저가 직면하는 시점에 따라 구별할 수 있다(이러한 공식화된 수퍼비전의 각 단위는 'A'로 달력에 표시한다). 위에서 설명한 학교 구조에서는, 이러한 시점이 두 명의 수퍼바이저와 동료가 학생들을 대면하는 월간 회기에 배치되어 있다. 이 문제에 대해서는 훈련생들이 이 시간을 가장 잘 활용하게 하기 위한 기타 사적이고 개인적인 순간들을 고려한 후 나중에 다룰 것이다.

■ *차례 기다리기:* 자신이 집단을 디렉팅할 차례를 기다리는 것은 자신의 상상력을 자극할 책임과 자신의 정신을 훈련하여 적용되는 가설을 세우고 수퍼바이저로부터 자문을 구할 책임을 느끼는 디렉터에게는 헌신을 의미한다. 초기에 디렉터는 자기 자신에게 집중하여 다른 사람의 말을 듣지 않을 수 있다. 하지만 이는 일시적인 현상이며, 수퍼비전 시 알아차림을 조장할 수도 있다.

■ *실행:* 디렉터의 경험은 훈련생에게는 대단히 감정적이고 인지적인 사건이다. 많은 경우 정서와 정신적 명확함 사이에 불균형이 있지만, 이러한 종류의 경험을 반복함에 따라 훈련생은 둘 사이의 균형을 찾고, 안전감과 개인적인 직무 스타일을 찾게 된다.

■ *시청각 녹화:* 무대에 있는 동안, 디렉터는 상호작용하는 상황을 만들어 내며 카메라는 사건을 순서대로 녹화한다. 카메라는 광각 렌즈를 장착하여 주변 환경을 파노라마처럼 볼 수 있는 은밀하고 떨어진 장소에 장치한다. 소리가 극장의 어느 곳에서 발생하든지 여러 곳에 위치한 마이크는 명확하게 소리를 잡아내도록 녹화한다.

녹음의 기술적인 측면은 수퍼바이저가 담당한다. 녹화한 자료는 DVD로 저장하고 디렉터/훈련생의 소유가 된다. 다른 학생들은 사생활 보호와 안전을 지키겠다는 서약서를 작성하고 이 녹화자료를 관람할 수 있다.

■ *수퍼바이저의 주석:* 두 명의 수퍼바이저는 관중석에서 디렉터 역할을 하는 훈련생을 보며 자신들의 생각, 성찰, 피드백을 적는다. 수퍼바이저는 정체를 풀기 위해 꼭 필요한 경우 혹은 집단이나 주인공이 불필요한 고통을 피하게 해야 하는 경우가 아니면 수퍼비전적 개입을 피한다.

작업이 끝나면, 두 수퍼바이저가 작성한 노트는 동일한 형식으로 작성되어, 함께 교육적으로 자극이 되는 피드백으로 작성된다. 이 피드백은 작업 후 2~3일 후에 학생에게 우편으로 보내진다.

■ *회기 후 감정:* 디렉터/훈련생은 일반적으로 격정적인 감정을 경험한다. 그들은 사이코드라마 시연이 진행된 방식에 대해 불만족스러웠음을 표현한다. 자신의 시연에 만족하는 경우는 적다. 그들의 반응은 감정적이기 때문에 차분하고 중요한 시각을 확보하기 위해서는 거리두기가 필요하다.

수퍼바이저는 훈련생의 시연 바로 후에는 시연에 대해 언급하지 않고, 정리되어야 하는 감정에 대해 작업하지도 않는다. 수퍼바이저들의 시각은 (훈련생이 요청하더라도) 훈련생이나 집단 구성원들의 마음에서 일어난 내적 과정을 막을 수 있기 때문에 제공하지 않는 것이 좋다. 훈련생은 정지 상태에 남겨지고, 이는 후에 공식적인 수퍼비전 시간에 주제가 될 자기 관찰을 시작하게 한다.

■ *비디오 혼자 보기:* 집단에서 디렉터 역할을 하는 자신을 스크린에서 보는 것은 피할 수 없는 거리두기를 경험하게 하고 자신의 행동을 일상을 벗어난 형태로 시각적 및 청각적으로 인식하게 한다. 어떤 훈련생에게는 처음에는 이 연습이 매우 어려울 수 있다. 그들에게는 자신에 대해 가지고 있는 내적 표상과 녹화자료가 제공하는 이미지 사이에서 이해하고, 자신감을 되찾고, 조율하는 데 시간이 걸린다.

녹화자료가 줄 수 있는 중요한 유익은, 훈련생이 혼자 자료를 볼 수 있다는 것이다. 즉 훈련생이 공격을 당하거나 비판적인 타인의 시선 없이, 타인과 함께라면 표현하기 어려운 반응을 지유롭게 할 수 있고, 그 순간에 하지 못했던 개입에 대한 후회를 할 수 있는 시간을 가질 수 있다. 그리고 어떤 순간에라도 녹화자료를 정지시키고, 머물고 싶은 곳 혹은 다시 보고 싶은 곳을 보며, 녹화된 것을 수용할 수 있다.

특정 장면을 여러 번 보면서, 장면을 수정할 가능성을 확인하면 보다 명확성을 가지고, 디렉터의 마음 속에 있는 투사, 편견 및 결정화를 극복하는 일이 수월해진다.

■ *비판적 종합:* 자신이 수행한 디렉팅을 수정하는 경험을 한 훈련생의 정신적 작업을 문서화하여 동료 및 훈련생에게 (메일로) 보냄으로써 수퍼비전을 준비한다(달력에 'A'로 표시). 이러한 자기 성찰 및 관찰 작업은 실제적인 디렉팅한 경험과 DVD와 수퍼바이저가 보낸 메모에서 제공하는 지각적 정보와 비교하게 된다. 이러한 개별적 노력의 시점에서, 훈련생은 디렉팅을 둘러싼 정신 과정을 표현하는 글을 통해 자신의 생각에 완전한 형태를 부여한다. 이러한 글은 자유로운 생각의 흐름을 표현하며, 일정한 패턴을 따르지 않는다.

3. 공식적 수퍼비전

수퍼비전은 한 달에 한 번, 두 시간 동안 이루어지며 집단에 대한 훈련생의 디렉팅을 다룬다. 이 시간 동안, 자신의 비평을 수퍼바이저와 동료에게 보낸 대략 여섯 명의 훈련생이 수퍼비전을 받는다.

이 활동은 수퍼바이저가 리드하며, 디렉터/훈련생과 참석한 사람들 모두를 포괄한다. 이 활동은 역동적인 언어적 교류를 통해 관련자들의 느낌을 깊게 하고(*이중자* 기능), 디렉팅에 대한 동료의 인식을 이끌어내고(*거울* 기능), 역할 교대를 활용하여 짧은 장면을 실시함으로써 새로운 관점을 획득하게 한다(*인식적 탈중심화* 기능).

3.1 수퍼바이저의 역할

두 명의 수퍼바이저는 시간을 적절히 활용하여 교육적 면에서 우선순위를 차지하는 요소를 위한 충분한 시간을 확보할 책임을 진다(두 시간은 길지 않은 시간이다!). 수퍼바이저들은 자신이 확보한 증거—자신이 목격한 사이코드라마에 대한 기억, 훈련생에게 보낸 메모, 훈련생이 제출한 반응 등—에 기반하여 평가를 내린다. 수퍼비전 회기에서 자발적으로 제기되는 요청 또한 고려한다.

우선순위 기준은 서로 다른 디렉터가 제기하는 비판의 여러 측면을 말하는데, 이를 간과해서는 안 된다. 혼동되거나 착각한 방법론적 측면, 낙인을 부여해야 하는 개인적인 수퍼비전 방식, 집단 또는 주인공과의 조화를 어렵게 한 기대 또는 편견의 방해, 추가적인 자기 관찰을 제안하는 디렉터의 느낌 등이 있다. 하지만, 현존하는 긍정적인 측면과 각 디렉터에게서 찾아볼 수 있는 행위를 보강하거나 강조하는 데 초점을 맞출 충분한 시간을 남겨두어야 한다.

수퍼바이저들은 동료 간의 언어적 교류를 통해 주로 분석할 우선 사항들을 명시한다. 관심의 대상이 되는 학생에게 우선 시간을 할당하고, 그 다음으로는 더 많은 사람들이 돌아가면서 자신을 표현할 수 있도록 유도한다. 또한 수퍼바이저들은 조심스럽게 발언의 구체적인 대상을 부여하고, 자신들이 대하는 상황을 명확하게 정의하여 토론 조건을 조성한다. 그리고 많은 경우 관계에 대한 언어적 설명을 짧은 장면으로 바꿈으로써 디렉터가 이러저러한 주인공의 입장에 서 보게 하고, 그럼으로써 통상적이지 않은 관점을 경험할 수 있게 한다.

따라서 수퍼바이저들은 자신들이 가장 시급하다고 여기는 '문제들'에 대한 성찰을 위해 충분한 공간을 제공하는 역할을 담당하고, 가용한 시간의 본질적인 변수를 명확하게 밝힌다. 그리고 이렇게 확보한 공간에서 수퍼바이저들은 인지적이고 정서적인 성격의 대상 관계의 역동을 리드하고, 모두의 참여를 통해 새로운 명확함이 떠오를 수 있도록 유도할 수 있다. 더불어서, 수퍼바이저들은 마지막으로 내용을 세련화하여 학생들이 방법론적이거나 임상적인 참조점으로 삼을 수 있도록 한다.

3.2 훈련생의 역할

수퍼비전 시 집단 내 관심과 돌봄의 *초점이* 되는 훈련생은 그 당시에 다루는 사항에 대해서 가장 '적격의' 인물로서 간주해야 한다. 이러한 훈련생은 자신에게 즐거움이나 고통을 주었던 그 각별히 소중한 경험의 디렉팅으로서, 집단은 이러한 경험을 검토하기 위한 준비를 하고, 이 과정은 디렉터로부터 시작하여 구체적인 정신 작업의 다양한 순간들에 걸쳐 이루어진다(DVD 시청, 수퍼바이저의 메모, 자신들의 서면 성찰 등).

훈련생은 그 순간까지 집단 내에서 숙성되고 있는 어떠한 것을 제공해준 것이다. 그리고 이렇게 함으로써 훈련생은 집단 역동의 출발적인 역할을 수행하고, 여기에 동료와 수퍼바이저들의 느낌과 견해가 더해져 최초의 시각을 완성하고 때로는 교정하게 된다. 이러한 초기의 활동으로 새로운 관점과 명확성을 구축할 수 있고, 그에 따라 모든 참가자(훈련생, 동료, 수퍼바이저)를 위한 개인적 및 전문가로서의 발전을 이룰 수 있다.

3.3 동료의 역할

서로 다른 과정 수준에 있는 학생들을 모아 집단을 구성하면, 구성원들 사이에 기술의 위계가 생긴다. 즉, 집단이 가장 기본적인 내용수준을 다루고 있다면, 훈련 과정 중 앞선 훈련생은 자신이 획득한 알아차림을 강화하고, 이 지식으로부터 나온 소중한 공헌을 할 수도 있다. 훈련을 막 시작한 훈련생은 수퍼비전의 수준이 높으면 지적 논의를 이해하기 어렵다고 느낀다.

프로그램 1년차 학생에게 이 순간들은 사이코드라마의 주제들에 흠뻑 젖어들 기회가 되고, 미래의 이해를 돕는 단계로 경험된다. 처음에는 혼란스러워하지만, 곧 이런 복잡한 개념을 작업하는 것이 자신들의 책임을 깨닫고 평정을 되찾는다. 하지만 여기서의 학습이 이들의 기억 속에 남아, 훈련의 어떤 시점에 다시 복귀되어 재평가된다.

하지만 디렉팅의 기술적 방법 측면을 벗어나면, 대인관계는 훈련생의 수준과 상관없이 동등한 교환으로 이루어진다. 이 점이 주인공이나 집단 구성원의 감정과 관련된다. 모든 사람들의 주관적인 피드백은 수퍼비전 과정에서 간과되어서는 안 된다. 이 공헌은 *이중자*(집단 구성원으로서, 주인공으로서, 그리고 보조자로서 자신의 경험을 설명)로서 표현되거나 *거울*(디렉터가 되는 훈련생 자신의 이미지)로 디렉터에게 제공된다.

4. 수퍼비전 프로토콜의 사례

4.1 댄(Dan)의 디렉팅에 대한 수퍼비전

수퍼바이저: 댄, 동료들에게 당신이 2주 전에 디렉팅한 활동("B")에 대해서 기억할 수 있도록 해주세요.

댄: 잭(Zac)은 회기를 시작하기 직전에 자리를 떴습니다. 그래서 여러분들에게 기지개를 켜라고 했을 때, 저는 여러분들에게 잭을 떠나보내라는 메시지를 보냈던 겁니다. 그리고 저는 여러분에게 작은 집단을 만들고, 동물처럼 서로 냄새를 맡으라고 했습니다. 그리고 여러분들은 원으로 앉았고, 저는 여러분에게 다른 집단 구성원에게 다가가서 그 순간의 느낌을 말하도록 하고, 이전의 경험을 계속 같이하고 싶은 파트너를 선택하도록 했죠. 마지막으로 저는 여러분에게 마음에 떠오르는 이미지를 생각하고, 그 이미지에 이름을 붙여보라고 했습니다. 마크(Mark)는 주인공으로서 '비양심적인'이라는 이름을 붙였습니다.

수퍼바이저: 댄에게 해줄 말이 있는 분은 없으신가요?

마리아(Maria, 수련 2년차 학생): 저는 댄의 사려 깊음에 감사해요. 왜냐하면 우리 모두는 잭과 관련된 소식이 너무 갑작스러워서 충격을 받았거든요. 그는 우리와 떠난 잭 사이의 연결고리를 만들어내는 민감성이 있었고, 저는 그걸 사려 깊음의 표현이라고 느꼈어요. 나중에 생각하니 그도 겁에 질렸던 것 같아요. 그 다음 과제는 잘 이해가 안 되었어요. 내가 뭘 해야 하는지도 분명하지 않았고, 분위기는 덜 극적이고 놀이처럼 가벼웠지만, 우리 모두는 오히려 긴장했어요. 우리에게 동료들의 냄새를 오랫동안 맡

으라고 했을 때 저는 불편했어요. 잠깐 동안은 괜찮았는데, 너무 긴 시간 동안 냄새를 맡으라고 했고, 그건 강요하는 것 같았어요. 하지만 전반적으로는 댄이 회복시키는 역량이 있고, 주제를 구체적으로 접근하고, 집단을 소외시키지 않았다고 생각합니다.

비체(Bice, 수련 3년차 학생): 책을 언급한 것은 회복을 위한 활동이었어요. 그건 댄의 훌륭한 통찰이죠. 제가 그의 입장이었다면 저는 스스로에게 이걸 다루어야 할까 그리고 이 문제를 어떻게 직면하지 하고 물었을 것 같아요. 저 역시 다른 사람 냄새를 맡는 건 불편했어요. 왜냐하면 그런 활동은 시간이 좀 더 지난 후에 천천히 실시해야 할 것 같고, 저는 좀 영향을 받았어요. 그건 굉장히 친밀한 접촉이고, 이 활동에 좀 더 시간을 두었다면 흥미로웠을 것 같아요.

수퍼바이저: 댄, 당신의 생각을 설명해보겠어요?

댄: 제가 인정을 받은 부분도 있고, 집단의 분위기를 알게 해주는 통찰을 얻게 되어서 기쁩니다. 저는 혼란스러운 순간이 있었는데, 특히 과제를 명확히 표현하는 것이 어려웠습니다. 다른 순간에 보다 좀 더 평화롭고 자유로웠던 것 같아요. 저는 제가 하고 있는 개입에 좀 더 책임감을 가지려 했고, 거기에 머무르며 좀 더 확고해지기를 원했어요. 예상치 못했던 상황이 벌어졌고, 즉흥적으로 회기를 진행해야 했었죠.

수퍼바이저: 질문이 있나요?

댄: 저는 과제에 구조화를 좀 더 하라는 말을 들었어요. 회상해보니 제가 가진 직관을 구조화할 준비가 부족했던 것 같아요. 그래서 일반적인 방식으로 활동을 제안했죠. 비체는 제가 잘 마무리했다고 했는데, 그 말의 의미를 이해하고 싶어요.

비체: 댄이 작별인사하는 것에 대해서 작업하고 있었기 때문에 나 자신에게 그걸 어떻게 구조화할지를 물었죠. 나는 댄이 아주 능숙하게 그걸 했다고 했어요. 하지만 나는 서로의 냄새를 맡게 한 것과 작별작업 사이의 관계는 명확하지 않아요.

마리아: 댄, 당신이 제안한 활동을 연결하려고 더 노력했어야 했어요. 그 과제 뒤에 가닥을 잡을 수 있는 연결고리가 있었을 수 있고, 그렇다면 우리가 상황에 들어가기가 더 수월했을 것 같아요. 내 생각에 당신은 작별인사를 하는 것과 같은 어려운 작업을 위한 공간을 만들었어요. 그런데 그 이후에 관련없는 활동을 제안함으로써 분위기를 가볍게 하려고 노력한 것 같아요.

수퍼바이저의 종합적 발언: 댄, 당신은 자기 자신에 대해 재검토를 잘 했어요. 자기관찰은 잘 다듬어졌는데, 너무 부정적이지도 않고 너무 찬양하지도 않구요. 당신은 효과적이었던 것 같고, 여전히 문제가 될 만한 것 모두에 초점을 맞추었어요. 당신의 지적

이고 정서적인 용기에 찬사를 보냅니다. 당신의 직감에 감명을 표합니다. 물론, 작별인사는 좀 더 확립된 방식으로 구조화할 수도 있었을 것 같네요. 당신이 모두에게 요청한 정신 작용을 장면을 통해 시연할 수도 있습니다. 아주 간단한 것으로는, 잭을 나타내는 베개를 들고, 이를 중앙에 놓고 다음과 같이 말하는 것일 겁니다. "잭이 떠납니다. 돌아가면서 한 마디씩 잭에게 해주세요." 사람들의 생각은 마음 속에만 나타났지만, 무대에서도 이를 연기할 수 있습니다. 그 후에는 이 상황을 좀 더 파고들어갈 수 있었을 겁니다. 모두는 잭에게 작별인사를 함으로써 생겨난 분위기가 자신에게 불어넣어준 생각을 전해줄 만한 사람(현재 있는 사람이나 먼 과거로부터의 사람)을 생각해보라고 할 수도 있었겠죠. 줄여 말하면, 작별인사를 하는 것이 추가적인 발전의 계기가 될 수도 있었고 이를 통해 주인공과의 동일시를 이룰 수 있었을 겁니다. 하지만 당신은 집단을 디렉팅하고, 잠시의 혼란을 겪은 다음에는 상황을 장악했죠. 마지막으로 냄새 맡는 것에 관해서인데, 이것은 의미가 있지만 민감한 경험일 수 있어요. 작별인사를 하는 것과 냄새 맡는 것 사이에는 간극이 너무 컸죠. 참가자로 하여금 갑자기 서로 냄새를 맡게 하는 것은 매우 과감한 것일 수 있어요. 냄새를 맡는다는 것은 그 행위를 정당화하는 여러 단계가 이루어진 이후에 가능한 것이니까요.

4.2 댄의 디렉팅에 대한 수퍼바이저의 메모

수퍼바이저들은 자신의 메모를 훈련생에게 이메일로 보낸다. 수퍼바이저들은 주어진 과제가 일어난 정확한 시간을 쓰고(과제는 간략히 쓰고 이탤릭체로 쓴다), 댄에게 보낸 텍스트를 아래에 첨부한다.

(17:12 – 기록 시작)

17:12 – 아주 곤란하고 예상 못한 상황에 처했군요. 즉흥적으로 대처한다는 느낌인가요?

17:13 – *"당신에게 일어나는 일을 그대로 느낄 수 있도록 놓아두겠습니다. 과제는 주지 않고요…"*

이것 자체가 과제입니다.

17:14 – *"제스처를 해보세요. 잭에게 메시지를 전해주는 것처럼…"*

아주 좋아요. 좋은 직관이에요. 바로 이런 게 필요한 겁니다. 하지만 더 나아가서 명백한 메시지를 잭에게 준다는 관념을 연기해볼 수 있겠죠. 그리고 이후 단계는 즉흥적으로 이어나가서 주인공과의 동일시로 이어지게 말이죠.

17:15 – *"사랑의 메시지나 재결합의 메시지를 주기 원한다면…"*
좋아요. 아주 좋습니다. 예민하면서도 조심스럽네요. 하지만 과감하게 좀 더 구조화된 것을 제시해볼 것!

17:17 – *"돌아다니면서 동물처럼 서로의 냄새를 맡아보세요…"*
위의 작별의 분위기와 맞지 않네요. 완전히 다른 길로 갔어요.

17:20 – *"파트너의 팔을 잡고…"*
혼동되고 불확실한 과제입니다.

17:21 – *"'왈츠' 같이…"*
계속해서 혼동되는 과제네요. 무대 위에 있는 한 쌍은 다른 것을 하고 있어요. 자기 임의대로 행동하고 있군요.

17:23 – *"그리고 마무리로, 가서 짝을 지어 보세요…"*
좋아요. 그런데 뭘 위해서? 이야기? 춤? 집단 역동을 직접 감독해야 합니다.

17:25 – *"파트너를 선택하고 파트너에게 아까 무엇을 느꼈는지 말해주세요."*
좋아요, 아주 좋습니다. 명확하고 적절했어요.

17:33 – *"… 눈을 감고… 이미지를 바라보고… 하나를 고르세요…"*
좋아요. 좋은 진행입니다. 불을 껐으면 더 좋았겠네요.

17:37 – *"… 이미지를 하나 찾으면 제목을 붙여주세요…"*
좋습니다.

17:38 – *"제목을 소리 내서, 한 번에 하나씩 말해보세요… 각자 돌아가면서 자기의 호기심을 가장 자극한 제목을 말해보세요."*
집단을 잘 이끌고 있군요.

(마르코(Marco)를 주인공으로 선택)

좋아요 댄. 어려운 상황이었는데도, 당신의 공감 능력과 직관 덕분에 사태를 '정면으로' 대처할 수 있는 '알맞은' 아이디어를 가지고 있다는 점을 보여주었어요. 불안정함을 느낄 때에는 자신을 잃는 모습도 보였죠. 자신을 더 믿어보세요. 좋은 여정이 되길!

4.3 댄의 메모

아래는 댄이 보낸 메모이다. 이 메모는 DVD 시청과 수퍼바이저의 메모에 자극된 것이다.

저는 줄곧 즉흥적으로 회기를 진행했습니다. 제가 준비했던 계획은 잊어버렸죠. 시작 전에 책의 에피소드가 만들어낸 분위기가 상황을 더욱 어렵게 만들었어요. 이윽고 좋은 아이디어가 떠올랐지만 제 머리 속에서 그 아이디어에 명확한 형태를 부여하는 것이 어려웠고, 아이디어를 집단에게 제시하자 이것을 잘 구조화된 과제로 전환하는 데 제가 심리적으로 준비되어 있지 않았어요. 제 개인적인 한계를 모두 느꼈죠. 불안감, 제가 제시하고 싶어했던 것에 대한 신뢰감, 아이디어를 구조화된 과제로 전환하는 데 대한 실무적인 감각의 부족 같은 것 말입니다.

그러고 나서는 집단 전체를 완전히 다른 장소로 데리고 갔습니다. 제가 처음 디렉팅했던 회기에서도 했던 것이죠. 이게 제 방식인 것 같습니다. 상황이 '혼탁해'지면 갑작스럽게 변화시켜 버리는 것 말이죠. 저는 다른 사람들이 불쾌해하는 경우에도(좌절감이나 충분치 않다는 느낌 때문에), 좀 더 과감하게 감정을 유지하는 법을 배워야 합니다. 제가 제시한 혼동되는 과제 때문에 어느 시점부터는 각 쌍이 저에게 디렉팅을 받는다는 느낌을 받지 않게 되어 자기 스스로를 디렉팅하기 시작했어요.

그 순간에 완전히 몰두하고, 좀 더 강한 존재감의 구체적인 역할을 저에게 부여하고 더욱 권위를 스스로 느끼는 태도를 보강—아직 발전 중이기는 하지만—하는 책임을 더욱 강화할 필요가 있다는 느낌을 받습니다. 제가 가진 자원을 좀 더 믿고, 제가 하는 일에 대한 스스로의 존재감을 더욱 강하게 느껴야 한다는 느낌을 받습니다(예를 들면 나는 내 생각을 좀 더 조직하고, 내 지식을 좀 더 명확하게 표현했어야 했는데). 내 생각의 미로를 따름으로써 나의 강점을 잃는 대신에(사이코드라마 용어로는 나의 배우—자아를 해방하고, 나의 관찰자—자아를 유지하는 것이었습니다. 나는 대인관계 거리의 틀의 사용을 차단하는 그리고 극장 전체를 역동적으로 활용하기보다는, 정해진 곳에서 벗어나지 못하는 경향을 가진 것을 후회하고 있습니다. 이제는 조명이나 소품을 이용하는 데 자유롭다고 느껴집니다(나는 내 위치에 갇혀 있기 때문에 연기자들에게 내면으로 들어가서 이미지를 찾으라고 하는 순간에 적절한 분위기를 만들 필요를 느끼지 않았다). 그 외 나머지 시간에는 나는 스스로 즐기기 시작했고 만족감을 느끼기 시작했습니다. 그 순간의 아이디어가 형태와 방향을 갖추기 시작했습니다. 나는 이제 현장을 이끌 수 있었고, 상황이 복잡해 지더라도 정신을 잃거나 심하게 긴장하지 않았습니다.

5. 자기 관찰 과정

자기 관찰을 위해서 훈련생은 자기 자신을 대상으로 바라볼 수 있도록 한 발자국 뒤로 물러나야 한다. 성찰을 위한 작업을 너무 빨리 진행할 경우(예를 들어, 활동 이후 즉시 수퍼비전 시간을 배치할 경우가 여기에 해당한다), 언어적/인지적 성격의 감정적 분출 또는 표현이 너무 빨리 발생할 수 있다. 감정이 분출/표현되었다는 점에서 어느 정도 안심이 되기는 하겠지만, 발전적인 측면에서 본다면 그리 효과적이지는 않다.

주관적인 입장에서 중요하다고 인식한 요소에 초점을 맞추려는 경향이 자연스럽게 나타나게 되는데, 이러한 경향을 피하기 위해서는, 그리고 파편화되고 자동적으로 구성된 이미지와는 다르게 대상을 포착할 수 있는 넓은 시각을 가지기 위해서는, 시간적인 거리를 두어야 한다. 이러한 대상은 때가 되면 녹화 영상을 시청하고 수퍼바이저가 기록한 내용을 참고하는 과정에서 기억과 인상을 활용하여 재조립된다.

디렉팅 과정과 수퍼비전 과정 사이에 완충작용을 하는 시간을 삽입함으로써, 훈련생이 계속 미해결의 상태에 머무르면서 수퍼바이저의 평가를 기다리는 불안감을 인내하고, 다른 이들의 승인에 좌우되지 않고 사태의 흐름을 신뢰할 수 있도록 할 수 있다.

수퍼비전 과정에서 스스로의 작업에 대한 비판적인 반성의 시간을 가지는 목적은 기존에 있던 틀, 편견과 투사를 대체하는 새로운 관점과 신념을 성숙시키고, 마음 속에서 주관적으로 '실재'라고 인식된 내용들을 새로운 '진실'로 대체하는 것이다. 자기 관찰 과정을 통해 마음에 새겨진 내용들은 자신의 것이라고 인식되는 무언가가 가지는 특유의 증거라는 강점을 지니게 된다. 수퍼바이저가 아무리 권위 있다 하더라도, 훈련생은 이러한 과정을 외부에서의 간섭으로 경험하지 않는다. 이러한 작업틀에서, 수퍼바이저의 역할은 소크라테스식 문답법의 다양한 의미를 띠게 되며, 동시에 수퍼바이저의 교육자로서의 역할에 관련된 몇 가지 시사점을 던져준다. 특히, 수퍼바이저의 주된 책무 중 하나는 훈련생으로 하여금 자기 자신을 바라보고 진실을 발견하도록 이끄는 다양한 자극에 대처할 수 있도록 하는 것이다.

6. 훈련생의 감정

다양한 연차의 훈련생들이 자신을 돌아본 내용을 인용하는 것이 도움이 되리라고 판단하여, 훈련생들로 하여금 자신의 생각을 자유롭게 작성하여 제출하도록 했다. 다음은 훈련생들이 작성한 내용이다.

6.1 기리아(Giulia), 1년차

처음 사이코드라마 학교에 입학했을 때에는, 훈련생의 수퍼비전에 얼마나 많은 관심과 계획이 들어가는지 미처 알지 못했다. 그 때에는 정신없이 사이코드라마 디렉팅 방법에만 집중하던 때였다. 시간이 더 흘러서야 수퍼비전의 복합적인(하지만 복잡하지 않은) 구조를 이해하게 되었는데, 그 때 이후로는 꽤 자연스럽게 느끼게 되었다.

나 자신의 작업을 보다 명확히 인식하도록 만들어준 첫 번째 계기는, 어떠한 집단에 대한 디렉팅 계획을 명료화하라는 요구를 받았던 때였다(이것은 'B'라고 하는, 1년차 훈련생들의 활동으로서, 주인공이 등장할 수 있도록 도와주는 것을 내용으로 한다. 그리고 주인공에 대한 디렉팅은 3년차 훈련생이 담당하는데, 이 활동은 'E'라고 한다).

그래서, 내가 집단 디렉팅을 담당할 차례가 돌아오기 일주일 전, 나는 내가 그 집단에 제시하려 했었던 경험을 뒷받침해줄 계획을 생각해내었다. 이 과정에서 나는 내가 무엇을 하려 하는 것인지를 주의 깊게 생각하게 되었고, 이어서 제안서를 작성한 다음 우편으로 내 수퍼바이저에게 보냈다. 이후 얼마 되지 않아 피드백 결과가 돌아왔고, 제안 내용에 따라 몇 가지를 수정한 다음 계획을 다시 수퍼바이저에게 보냈다. 그리고 마침내… 나는 내 첫 번째 작업에 대하여 좀 더 여유로운 마음을 가질 수 있었다.

수퍼비전 방법론과 관련하여 나에게 깊은 인상을 주었던 두 번째 계기는, 훈련생의 사이코드라마 진행 모습을 촬영한 다음 집에서 스스로 디렉터로서의 경험을 시청할 수 있다는 점을 알게 되었던 때였다. 이렇게, 첫 번째 'B'활동을 위해서 나는 구조화된 계획서를 준비한 다음 그 계획서에 대한 수퍼바이저의 승인을 받았으며, 그와 함께 공 DVD를 준비했다.

사이코드라마가 끝나자, 훈련생들은 온갖 의혹으로 가득 찬 감정상태에 빠졌다. 우리가 잘 했나? 더 개선할 점은 무엇이 있을까? 의문과 질책이 내 마음을 가득 채웠다. 시간이 나는 대로(훈련생들의 일상이란 보통 매우 바쁜 법이다) 나는 동료 훈련생들에게 의견을 구하곤 했는데, 동료들은 언제나 관대한 편이었다(언제나 내 편이었다!). 때로는 마음을 굳게 먹고, 수퍼바이저들에게 다가가 간접적으로 인정이나 격려의 징후를 찾으려 하기도 했었다.

차분하고 흥분을 가라앉힌 상태에서, 하지만 감정적인 연관은 유지한 상태에서 DVD로 나 자신의 모습을 바라보는 것은 나 자신의 행동을 스스로 인식하는 데 커다란 도움이 되었다. 지금까지 미처 알지 못했던 나 자신의 행동방식, 움직임, 억양, 표정 등을 되돌아볼 수 있었다. 나 자신의 작업에 감정적으로 매몰된 상태에서는 자기 관찰 능력이 떨어지게 된다. 이 과정에서 나는 이러한 자기 성찰의 과정이 나에게 매우 근본적인 중요성을 지닌다는 점을 깨닫게 되었다. 이 과정을 통해 관찰자로서의 자아, 관찰 대상으로서의 자아를 분리하고 내 학습을 발전시킬 수 있었던 것이다. 이 부분이 전체 과정 중에서 가장 중요한 지점이며, 거울 놀이와도 같은 이러한 두 자아의 분리는 수퍼비전의 전체 틀을 위한 기초가 된다.

여기에서, 훈련생들의 학습 과정 및 자기 지식에 또 하나의 근본적인 요소를 추가할 필요가 있다. 그것은 바로 수퍼바이저와의 수퍼비전이다. 수퍼바이저들은 훈련생들이 사이코드라마를 진행한 후 며칠 후에 훈련생들에게 여러 가지 제안, 고려사항, 비판, 격려 및 칭찬을 담은 메모를 보낸다. 이와 같이, 지금까지 두 가지 빛이 사이코드라마에 대한 훈련생의 미숙함을 비추어주었다. 그 중 하나는 우리 자신의 모습을 바라보는 데서 오는 빛이며, 다른 하나는 전문가가 우리를 보아주는 데서 나오는 빛이다. 이러한 과정을 통해서 훈련생은 자신의 장점/단점을 좀 더 명확히 볼 수 있게 된다.

우리의 성찰 내용을 비교하고 서로의 관점을 모아봄으로써, 훈련생들은 자신의 작업에 대한 메모를 얻게 된다. 이러한 메모는 학교장, 수퍼바이저 및 훈련생의 동료들에게 제공된다. 또한 이러한 문서를 작성함으로써 집단 활동 중 우리가 받은 인상, 우리의 감정, 우리의 실수를 다시 생각해볼 수 있게 된다.

나 자신의 모습을 살펴보고 수퍼바이저들로부터 피드백을 받은 후 그 순간의 열기가 사라지지 않은 상태에서 메모를 작성하는 것은, 나에게 있어 나 자신의 디렉팅 역량을 정확하게 때로는 엄격하게 판단할 수 있는 중요한 순간이었다. 물론 아직 갈 길이 멀다는 사실은 알고 있다. 내 실수와 한계에 집착하며, 내 장점과 내가 가진 자원을 관대하게 바라보며 그에 안주하려는 경향이 있다. 나를 가장 지지해주고 내가 가장 감사함을 느끼는 집단에게 마음이 가는 경우도 많다.

수퍼비전에 연계된 거울 놀이는 아직 끝나지 않았다. 고전적인 사이코드라마를 가르치는 학교에서, 집단의 목소리가 없다면 그것은 말이 되지 않을 것이다. 여기에서, 지금까지의 과정을 보다 풍부하게 해주는 관점을 더해주는 새로운 요소가 등장한다. 그것은 바로 집단의 관점이다. 이것이 바로 훈련생의 사이코드라마 진행에 빛을 비추어주는 세 번째 요소에 해당한다. 귀중한 의미를 지니는 이 활동은, 디렉터/훈련생으로 하여금 사이코드라마 진행과정을 관찰하고 그 내용을 집단에게 자세하게 설명하도록 부탁하는 방식으로 이루어진다. 그리고 두세 명의 동료는 그 조건을 어떻게 경험했는지를 이야기한다. 집단은 언제나 진정으로 과정에 참여해야 하며, 형식적으로 임해서는 안 된다. 사이코드라마에는 정말 텔레가 작용한다!

자기 자신을 다른 사람의 눈을 통하여(우선은 자기 자신의 눈을 통하여, 다음으로는 수퍼바이저의 눈을 통하여, 다음으로는 동료의 눈을 통하여) 보는 이러한 가능성은 언제나 매우 큰 감정을 동반하며 인지적인 풍부함을 가져다준다. 내가 처음 느꼈던 혼란스러움을 여전히 나는 자비롭고 애틋하게 바라보지만, 나는 이 여정을 이제 시작한 것뿐이며 아직 발견할 것이 많다는 사실을 점점 더 분명히 깨닫게 된다. 그리고 이 여정에서 나는 혼자가 아니라는 점 또한 느끼고 있다.

6.2 카샤(Catia), 3년차

여기에서는 *Scuola di Psicodrmma*에서 훈련생으로서의 작업에 대하여 받은 수퍼비전 중 나에게 자극이 되었던 측면과 어려웠던 면에 대하여 서술해보고자 한다.

■ *자극이 되었던 측면:* 나의 디렉팅을 DVD로 녹화함으로써, 나의 단점과 장점을 명확하게 인식할 수 있었다. 나 자신이 사이코드라마 디렉팅을 하는 모습을 바라봄으로써, 기억을 애써 더듬지 않고서도 나의 약점을 찾아낼 수 있었다. 내가 사용하는 정확한 단어, 그리고 주인공이 사용하는 정확한 단어를 들을 수 있었고, 사이코드라마 방법론에서는 디렉터의 말과 몸짓이 (주인공의 말과 몸짓만큼이나) 매우 중요한데, 나는 한편으로는 나의 관찰 역량을 기를 수 있었고, 다른 한편으로는 내가 사용하는 단어를 명확하게 사용하는 법을 연습할 수 있었다.

나의 수퍼바이저들이 보내준 메모는 두 수퍼바이저의 서로 다른 작업 스타일을 알아볼 수 있게 도와주었다. 수퍼바이저들로부터 받은 피드백은 하나였지만, 두 수퍼바이저는 서로 상당히 다른 의견을 지닐 수 있으며, 서로 독자적으로 나의 디렉팅을 평가

한다. 이러한 과정은 사이코드라마 디렉팅에 있어서 (서로 다른 훈련, 나이 및 경험에서 나오는) 여러 개인적인 스타일을 접할 수 있도록 도와주었다.

이 과정에서 감정들이 나에게 몰려왔다. 수퍼바이저로부터 피드백을 받고 DVD를 본 후 스스로 기록을 작성하는 과정에서, 나의 디렉팅에 대한 방법론적이고 기술적인 측면만을 생각하기보다는 나의 개인적인 감정을 되돌아보는 편이 더욱 쉬웠다.

집단 토론에서는, 동료들과 주인공의 피드백이 많은 도움이 되었다. 수퍼비전 과정에 동료들이 참석해줌으로써, 제안된 활동에 대한 피드백과 디렉터로서의 나를 어떻게 인식하는지에 대한 피드백을 주도록 동료들에게 부탁할 수 있었다. 이것은 내가 특정한 개입 유형이 다른 유형에 비하여 효과가 더 높다는 사실을 깨닫는 데에 도움이 되었다. 주인공이 나에게 준 피드백은 내가 사이코드라마 과정에서 주인공과 함께 할 수 있었는지를 이해할 수 있도록 도와주었다.

집단 수퍼비전은 내가 동료들의 경험으로부터 배우고, 이들의 도움으로 지식을 얻고, 사이코드라마 디렉팅을 위한 준비를 더 잘 갖출 수 있도록 도와주었다. 1년차 때에는 사이코드라마에 대한 이해가 부족했지만, 차츰 사이코드라마 디렉팅 방식에 관련된 다양한 요소를 습득하기 시작했고, 이러한 교육은 그 이후에 나에게 많은 도움이 되었고, 3년차와 4년차에 좋은 지식 배경을 갖출 수 있는 기반이 되었다.

■ *어려웠던 측면:* 비디오로 나 자신의 모습을 보고 자신의 목소리를 듣는 것은 나에게 어려운 일이었고, 나는 이 어려움을 극복해야 했다. 비디오로 보는 나 자신의 모습은 처음에는 부자연스럽고 창피하기까지 했다. 동료들과 이야기해본 결과 동료들도 자신의 목소리를 들으며 참아내기가 어려웠고 그래서 이 불쾌한 미러링을 피하려고 시도했다는 걸 알게 되었다. 하지만, 이러한 어려움을 극복함으로써 나는 나의 습관적인 자세를 인식하고(그럼으로써 무대 위에서 나의 자리를 더 잘 이해할 수 있었고), 나의 목소리를 더 잘 활용할 수 있게 되었다(톤을 조절하는 등). 이러한 요소는 사이코드라마에서 매우 중요하다.

동료들에 대하여 디렉터 역할을 담당하는 것도 쉬운 일은 아니었다(학교 밖에서, 수퍼비전을 받는 사이코드라마 디렉터로서 활동하면서). 내담자 집단을 이끄는 동안, 나는 더 자연스럽고 민첩한 느낌을 가지게 되었다. 집단 작업에 대한 '훈련'을 더 잘 받은 나의 동료들도 자기 자신을 놓아주고, 마음에서 우러나오는 대로 행동하는 데에 어려움을 느끼는 경우가 많았는데, 이러한 어려움은 이들의 참여를 인위적으로 만들고 이들이 말을 아끼도록 만들었다. 나아가, 내 동료들을 대상으로 디렉팅을 하는 과정에서 나오는 주제들은 개인적이거나 내밀한 내용은 다루지 않는 경우가 많았다. 반대로, 수퍼비전을 받는 정식 업무에서 내담자들을 대상으로 사이코드라마를 디렉팅하는 때에는 그러한 일이 일어나지 않았다.

내가 어려움을 느꼈던 또 다른 요소는 마치 평가하는 듯한 느낌을 주면서도 아무 말도 없이 앉아있는 수퍼바이저들의 존재였다.

7. 결론

훈련생들은 높은 신뢰감을 가지고 훈련 과정에 들어온다. 또한 자기 자신을 대상으로서 관찰하는 일이 얼마나 유용한 것인지를 스스로 보여주기도 한다. 이러한 바라봄과 인식은 수퍼바이저들과 집단 구성원들의 인식을 통해서 보다 풍부해진다.

훈련생의 경험은 자기 반성의 과정을 통과하며, 관점을 다양화해주는 다양한 거울을 지나게 되며, 이러한 거울은 각 상황을 중요한 참고점으로서 읽어낼 수 있는 다양한 가능성을 보여준다. "비디오의 눈은 해석하거나 판단하거나 왜곡하지 않고, 다만 직접적인 피드백을 줄 뿐이다."(Laura의 말). 훈련 과정에 대한 여러 이야기들은 자기 인식을 향한 내적인 움직임과 새로운 역량의 획득을 보여준다. 이것이 바로 우리가 수퍼비전이라고 부르는 형성 과정의 목표이다.

참고문헌

Boria, G. (2005). *Psicoterapia psicodrammatica.* Sviluppi del modello moreniano nel lavoro terapeutico con gruppi di adulti. Milano: Frnaco Angeli.

Muzzarelli, F. (2007). *Guidare l'appendimento.* Milano: Franco Angeli.

'La Verveine'에서의 수퍼비전

Pierre Fontaine

'La Verveine'은 사이코드라마 훈련 및 사이코드라마를 통한 훈련을 목적으로 하는 모임으로서, 1963년 벨기에에서 창단했다. 1973년에는 브뤼셀 CFIP(Centre for Training in Psycho-sociological Intervention: 정신사회학적 개입 훈련 센터)와 합병했으며, 이후 이 구조를 유지하며 지속적인 훈련을 제공하고 있다.

CFIP-La Verveine 그룹에서의 사이코드라마 및 사이코드라마 훈련은 몇 가지 특징을 지니고 있다. 그 중 주요한 특징은 다음과 같다.

- 집단의 중요성. 주인공은 집단 토의의 워밍업 단계에서부터 등장하여, 해당 집단의 중심 주제를 가진 사람으로서 자신을 소개한다. 이러한 방식은 La Verveine의 최초 수퍼바이저인 Anne Ancelin Schützenberger(1958~1966)의 방식을 따른 것이다.
- 공동디렉터와 집단의 구성원의 이중자의 적극적인 활용은 Doreen Elefthery가 도입한 방식이다. La Verveine은 Dean Elefthery와 Doreen Elefthery와 함께 1967년부터 1973년까지 사이코드라마 작업을 집중적으로 진행한 바 있다.
- 사이코드라마와 사이코드라마 훈련의 공동디렉터. 이러한 작업은 Anne Schützenberger(공동디렉터/어시스턴트), SEPT[1]의 Paul Lemoine과 Gennie Lemoine(디렉터 및 공동디렉터/관찰자 역할을 교대로 담당) 및 Dean Elefthery와 Doreen Elefthery(합동 공동디렉터, joint co-directors) 등이 각자 다른 방식으로 진행한 바 있다.

La Verveine에서의 수퍼비전은 1960년대 초에 La Verveine의 구성원들이 여러 기관

1) SEPT(Société d'Etudes du Psychodrama Pratique et Théorique): 파리의 사이코드라마에 대한 실제적인 이론 연구를 위한 협회

에서 젊은 공동치료사들을 대상으로 한 작업에서 사이코드라마를 활용하기 시작하는 단계에서 다양한 어려움에 봉착하면서 시작되었다. 구성원들은 리더가 없는 여러 소집단으로 모여 서로의 지식과 무지를 공유했고, 각자의 장면을 반복해서 연기하면서 개선해나갔다. 나중에 알게 된 사실이지만, 이때부터 우리는 일종의 동료 집단 수퍼비전을 진행하고 있었던 셈이다.

이 장에서는 다양한 방식의 사이코드라마 훈련 수퍼비전을 소개하고 논의한다. 이 장에서의 논의는 훈련의 각 단계를 따라 구성되었다. 치료 및 체험 단계, 훈련 집단 단계 조력자로서의 인턴십 단계, 정식 임상가로서의 실무 단계. 그 이후에는 이 훈련 방식의 각 요소와 철학에 대하여 고찰하고자 한다.

1. 체험 및 치료 집단

첫 번째 단계에서의 사이코드라마 훈련은, 심리적인 성숙이나 심리치료를 원하는 다양한 사람들로 구성된 치료 집단을 경험하는 것으로 시작한다. 훈련생은 사이코드라마와 집단 치료를 경험하게 된다. 예를 들어, 주인공으로의 이중자 및 집단의 '메아리'를 얻는 것이 가지는 의미를 깨닫게 되는 것이다. 이들은 주인공, 대립자, 이중자, 집단 구성원 등 다양한 역할을 맡게 되며, 이로써 서로에게 치료사 역할을 한다.

새로운 역할을 맡게 되는 새로운 참가자에게는 다음과 같이 안내한다. "대립자로서, 당신은 주인공의 관점에서 주인공의 아버지 역할을 하게 됩니다." 또는 "당신은 이중자로서, 당신이 이중자 역할을 하고 있는 그 사람 뒤에 서서, 그 사람을 주시하고, 당신의 말에 어떻게 반응하는지 지켜보아야 합니다." 이러한 안내는 환자, 사이코드라마 훈련생 등 집단의 모든 구성원을 대상으로 하지만, 물론 훈련생들은 그 안내 내용에 좀 더 주의를 기울여야 할 것이다.

치료 집단은 사이코드라마 디렉터로 하여금 실제적인 방법으로 자신의 전문 분야를 배울 수 있게 해주는 동시에, 다른 이들에게 심리적인 도움을 줄 수 있는 능력 및 공감 능력을 키워준다. 하지만, 치료 집단은 수퍼비전과는 다른 것이다.

체험 및 치료 집단에 대한 가입은 집단을 소개하는 주말 프로그램에 참여하고 해당 치료 집단의 디렉터들과 면담을 하는 방식으로 이루어진다. 가입 승인 여부는 일차적으로 가입하려는 사람이 심리학 분야에 종사하고자 하는 뜻이 있는지의 여부와 해당인의 관계 문제(사이코드라마의 징표)를 기준으로 한 선정 과정을 통해 결정된다.

2. 사이코드라마 훈련 집단에서의 수퍼비전

초반 회기에서, 훈련자는 집단을 이끌면서 해당 집단의 결속력을 다지고 자신의 스타일을 소개한다. 그 다음으로는 한 시간 반 가량의 회기를 연속으로 2회 가진다. 첫 회기는 훈련생이 주도하며, 다음 회기에서는 참가자들이 전 회기의 작업에서 무슨 일이 있었는지 되돌아보는 '과정분석'을 진행한다.

2.1 훈련생이 이끄는 사이코드라마를 중심으로 하는 첫 번째 회기

■ *워밍업 및 디렉터의 등장:* 집단을 처음으로 안내하고 고무시키는 것은 수퍼바이저의 몫이다. 수퍼바이저는 집단의 구성원들로 하여금 "어제는 시어머니를 뵈었어요."와 같은 개인적인 소식과 "어떤 기관에서 사이코드라마를 맡았는데…"와 같은 일 관련 소식을 서로 나누도록 유도한다.

다음으로 수퍼바이저는 누가 회기를 이끌고 싶은지 물어본다. 그에 대한 반응은 "전 아직 준비가 안 된 것 같아요.", "오전에는 안 되지만, 오후에는 할 수도 있을 것 같아요." 등 다양할 것이다. 이렇게 워밍업을 거치다 보면, 이렇게 말하는 훈련생도 있을 수 있다. "제 문제에 대해서 제가 주인공이 되어보고 싶습니다."

집단 구성원들은 서로 협의하여 의사결정을 한다. 결정은 대부분 빠르게 이루어진다. 지원자가 없거나, 경쟁이 치열해지는 경우는 거의 없다. 집단에서는 사람들이 돌아가며 다양한 역할을 맡는 것이 필요하다는 점을 고려하며, 나이가 적은 구성원들에게도 기회가 돌아갈 수 있다. 이 때 수퍼바이저는 제시된 계획의 타당성 여부를 판단한다.

■ *팀 짜기:* 이렇게 선출된 디렉터는 혼자서 집단을 담당할 것인지, 아니면 공동디렉터를 세울 것인지의 여부를 결정한다. 보통은 공동디렉팅을 하는 편이다(후반부의 공동디렉팅 부분 참조). 디렉터는 공동디렉터를 선택하는 기준은 상냥함이 아니라 효

과성과 상호보완성이어야 함을 강조한다.

그 다음으로, 두 디렉터는 공동디렉터가 어떠한 도움을 주어야 하는지, 그리고 어떻게 서로 협력할 것인지 결정한다. "제가 디렉터 역할을 할 때에는 주인공에게 너무 가까이 다가서는 경향이 있어요. 이중자 역할은 당신이 맡고, 저는 뒤로 물러나서 집단 전체를 담당할게요. 괜찮으신가요?" 또는 "이번 주말 첫 번째 회기인 이 회기에서는 워밍업에 시간을 더 할애할 거에요. 당신이 구성원들 몇 명의 이중자 역할을 해주고, 집단에서 주인공을 선발하도록 해주세요." 아니면 다음과 같이 간단하게 시작할 수도 있다. "자, 시작해볼까요? 일단 시작하고 차차 맞춰가도록 하죠."

디렉터들이 역할을 시작하기 전, 수퍼바이저는 디렉터들에게 다음과 같이 시간 제한을 두도록 안내한다. "최대 75분 드리겠습니다. 한 장면이 더 나올 경우에는 시간을 더 드리도록 하죠." La Verveine에서는 보통 75분이 적당한 것으로 여기고 있으며, 이 시간 동안 디렉터들로 하여금 짧은 장면이나 일화를 연기하도록 주문한다.

■ *훈련생이 디렉팅하는 사이코드라마 회기*: 디렉터로 선정된 훈련생은 공동디렉터와 함께 워밍업, 연기 및 집단 피드백 등 전체 회기를 진행한다. 수퍼바이저는 무언가가 분명하게 잘못될 위험이 있거나 주인공이 트라우마를 입을 실제적인 위험이 있을 경우를 제외하고는 회기에 개입하지 않는다. 다행스럽게도 그러한 위험이 발생하는 일은 매우 드물다.

위와 같은 훈련 집단에서, 디렉터/훈련생은 손을 들어 회기를 잠시 중단하고 휴식 시간을 가지도록 할 수 있다. 휴식 중, 디렉터는 같은 팀원(들)과 크게 또는 조용히 이야기를 나누거나, 수퍼바이저의 조언을 구한다. 아니면 짧은 중간 피드백을 통하여 지금까지의 진행 상황을 점검할 수도 있다. 이후 디렉터/훈련생이 다시 손을 들면, 휴식 시간은 끝나고 잠시 멈추어두었던 회기를 다시 시작한다.

2.2 과정분석에 초점을 맞춘 두 번째 회기

여기에서 '과정분석'이란 진행된 회기에 대하여 분석하는 것을 의미한다. 작업이 어떻게 이루어졌고 어떻게 진행되었는지를 뒤돌아보거나, 무언가 다른 방식으로 해볼 수 있는 것은 없었는지를 살피는 것이다. 과정분석 회기는 한 시간 반 가량 소요되며, 다음과 같이 시간을 분배한다. 디렉터 발언 시간 10~15분, 주인공 발언 시간 5분, 그리고 나머지 시간은 집단 전체 발언 시간 및 특정 부분을 다시 연기하는 시간으로 삼는다.

■ *초기 피드백 및 회기에 대한 디렉터팀의 반성:* 보통 사이코드라마에서는 회기가 끝난 후 디렉터들이 잠시 물러나 방금까지의 회기에 대하여 논의하고 그 회기에 대한 사항을 정리한다. 훈련 집단의 경우에는 휴식 시간 후 회기를 진행한 팀을 따로 모아 한쪽에 놓고는, 나머지 집단 구성원과 그들을 분리하는 상상의 벽을 설정한다. 그리고 나머지 집단 구성원은 조용히 디렉터들의 말을 듣는다.

과정분석을 시작하기 전, 디렉터팀은 언어적이고 비언어적인 방법으로 "연기를 끝낸 후 개인적으로, 그리고 팀으로서 어떠한 느낌이 드는가"를 표현할 수 있다.

이후 수퍼바이저는 다음과 같은 질문을 함으로써 디렉터팀의 작업을 촉진할 수 있다. "당신 자신과 파트너에 대해서 가장 마음에 드는 점은 무엇인가요? 어떠한 시점에서 가장 기분이 좋았나요? 어떠한 시점에서 만족도가 가장 낮았나요? 스스로에게 어떠한 질문을 던지고 있나요? 더 나은 작업 방식을 찾고 있나요? 특정 시점에서 선택을 해야 했던 적이 있나요? 대안은 무엇이었나요?"

■ *집단에 의한 과정분석:* 주인공: La Verveine에서는 보통 주인공으로부터 시작한다. 주인공도 훈련을 받는 대상이다. 주어진 문제에 대한 지지 및 '지도'에 대하여 주인공이 하고 싶은 말은 무엇인가? 만족했던 점은 무엇인가? 덜 만족스러웠던 점은 무엇인가? 주인공에게 있어 가장 중요한 개입 또는 순간은 무엇이었는가? 과정분석 단계에서는 사이코드라마의 상황을 계속 이어가는 것은 바람직하지 않은 것으로 본다. 경우에 따라서는 주인공이 자신이 겪은 일에 너무 몰입해 있어, 그 경험에 대해 이야기하고 싶어하지 않을 수도 있다. 이러한 희망사항이 있을 경우 이를 존중하며, 다시 디렉터에게 돌아가 과정분석을 한다.

■ *집단:* 집단은 어떻게 진행되었는가? 핵심 주제 구성은 어떻게 되었는가? 주인공 선택은? 주인공을 둘러싸고 형성된 응집력은? 나눔은?

다음 번에 자신이 디렉터를 맡을 수도 있다고 생각하는 *집단 구성원 개인:* 무엇을 배웠는가? 더 발전시키거나 다르게 해보고 싶은 일은 무엇인가? 이것은 우리가 지금까지와는 다른 과제를 시작하는 것을 의미한다. 즉, 단순한 분석이 아니라 우리가 관측하고 추구하는 것을 재연하고 보여주는 것, 나의 평소 표현을 빌리자면 '더욱 발전시키거나 다르게' 할 수 있는 것을 재연하고 보여주는 것이다. 이것을 La Verveine에서는 '인간 관계의 실험실'이라고 부르는데, 역할극을 활용한 일종의 시험대 역할을 한다. 수퍼비전하에서의 이러한 작업 방식에 대해서는 다음에서 자세히 서술한다(Fontaine, 1975).

2.3 인간관계의 실험실

제약회사에서 일하는 화학자들은 수백 가지의 제품을 개발하고 나서야 이들이 원하는 치료 효과를 지니면서도 허용치를 넘어서는 부작용이 없는 제품을 찾아낼 수 있다. 마찬가지로, 심리학자 또한 자신의 작업 방식을 확장하면서 대안을 시험한다. 그리고 심리학자는 여러 가지를 일상적으로 시도해보는 법을 연습함으로써, 이러한 시험에 익숙해져야 한다.

La Verveine에서는 폐기해도 무방한 밑그림을 작성한다. 이 단계에서는 트라우마를 입을지도 모르는 어머니와 작업하는 것이 아니다. 15분 동안 어머니의 위치와 정신상태에 스스로를 위치시키고, 그 역할에서 자신이 느낀 바를 말할 의향을 갖춘 사람과 작업하는 것이다. 이 때, 역할을 서로 바꿈으로써 나머지 사람도 그 느낌을 알 수 있게 한다.

구체적으로 살펴보자면, 작업은 2~3명의 인물이 등장하는 구체적인 상황을 가지고 이루어진다. 시간은 최대 2~5분으로 하며, 3~4개 정도의 개입이 이루어진다(그 이상이 될 경우 잊어버리는 경향이 있다). 그 다음으로는 관련된 이들 및 지원한 작은 집단의 구성원들의 경험을 듣고, 새로운 버전을 시도해본다. 수퍼바이저는 연기와 말 사이의 균형, 집단 내의 '우리'와 한 사람이 던진 질문 사이의 균형을 유지하는데, 예를 들어 여기에서는 첫 회기의 공동디렉터가 던지는 질문이 이에 해당한다.

■ *수퍼바이저에 의한 과정분석:* 과정분석 단계에서 수퍼바이저는 특정 구절을 반복하는 일종의 메아리 기능을 한다. 그리고 회기가 끝나면 그 때까지 발생한 사항과 말을 요약한다. 디렉터의 작업을 평가하면서, 우리는 언제나 그 작업의 장점으로부터 시작한 다음, 발전이 더 필요한 측면 및 모색의 방향에 대하여 이야기한다.

■ *성찰:* 위에서 설명한 바와 같이, 수퍼비전은 몇 명의 사람이 정해진 순서에 따라 디렉터/훈련생, 공동디렉터, 주인공, 집단, 수퍼바이저의 순으로 진행된다. 이러한 순서는 의도적으로 선택한 것이다. 또한 알아둘 점은 이러한 수퍼비전 방식은 '기법

(technique)'에 초점을 맞춘 것이며, 주인공 및 그 성격을 이해하는 것에 좀 더 집중하는 개인 치료의 수퍼비전에 비해 더 집단을 기반으로 한다는 점이다.

3. 인턴십

'인턴십'이란 '훈련생'이 정식 사이코드라마 디렉터의 어시스턴트로서 수행한 작업을 의미한다. 훈련생이 훈련 집단의 사이코드라마 디렉팅에서 어느 정도의 수준에 다다르면, 그 훈련생은 이제 정식 사이코드라마 디렉터를 보조할 준비가 된 것으로 평가할 수 있고, 그러한 보조를 통하여 훈련을 진행할 수 있다.

3.1 훈련 집단에서 인턴십으로의 이행

훈련생이 사이코드라마 인턴십을 시작할 경우, 훈련생은 훈련 집단을 바로 떠나는 것이 아니라 훈련 집단에 잠시 더 머물러있는 것이 보통이다. 이것은 그 훈련생이 훈련 집단으로부터 지지를 얻고, 같은 수준에 있는 동료들과 자신이 경험하는 것에 대하여 이야기할 수 있도록 하기 위해서이다.

물론 사이코드라마 디렉터 및 공동디렉터, 그리고 그에 대한 수퍼비전은 계속되지만, 독립된 사이코드라마 디렉터로서 수행하는 실무와는 많은 차이점이 있다. 훈련 집단과 훈련생으로서의 실무 사이의 주된 차이점은 다음과 같다.

- 첫째, 사이코드라마 집단의 목적이 다르다. 이전 단계에서의 목적은 사이코드라마 분야에 대하여 *배우는 것*이었으나, 현 단계에서의 작업 목적은 주인공을 돕고 치료하는 것이다. 실무에 입문하게 되는 것이다.
- 훈련 집단의 경우, 드라마 주인공은 동료 훈련생으로서, 이들이 제시하는 문제점은 *가벼운 수준*의 문제이다. 이 때 초점은 디렉터 훈련이다. 인턴십의 경우, 제시되는 문제는 *보다 심각한* 문제들이며, 실제로 도움을 얻으려고 온 주인공을 상대하게 된다.
- 인턴십 단계에서의 작업은 강도가 훨씬 높으며, 매주 3~4시간의 집단 회기 및 개

표 1. 훈련 집단에서 인턴십으로의 이행

		훈련 집단	사이코드라마 주인공의 인턴십
사이코드라마 집단의 목적		사이코드라마 치료 분야에 대하여 배우기	주인공 치료하기
시간	집단 모임 주기	매달	매주
	디렉터 또는 공동디렉터 담당 주기	8인 집단의 경우, 네 번에 한 번	언제나
	디렉터 및 메아리 사이의 시간 간격	$\frac{1}{2}$시간	즉시
관계	수퍼바이저와의 관계	부모 전이	선배, 동료
	공동디렉터와의 관계	형제자매 전이	
	주인공과의 관계	• 동료 • 심각성이 덜한 문제 • 과정분석 • 진행 방식에 초점	• 실제 주인공 • 심각한 문제 • 해당 사례와 그 병리에 초점
	제3자(치료비 지불인, 의사, 가족)와의 관계	없음	있음

인 회기(모노드라마)가 진행된다. 토론에 소요되는 시간은 그보다 약간 적으며, 8~10명 이하의 사람들이 의견을 제시하고, 질문을 하거나 제안을 내놓는다.

- 8명으로 구성된 훈련 집단에서는, 각 구성원이 디렉터 또는 공동디렉터로서 회기의 4분의 1을 이끌게 되는 반면, 인턴십 단계에서 훈련생은 매 회기마다 공동촉진자 또는 촉진자 역할을 맡게 된다.
- 훈련 집단의 경우, 훈련사/수퍼바이저는 일반적으로 *부모와 같은* 인물을 담당하며, 공동디렉터는 *형제와 같은* 인물이다. 인턴십 과정의 훈련생에게, 수퍼바이저는 선배, 동료 또는 팀 동료 역할을 한다.
- 마지막으로, 인턴십 진행 중에는 훈련생으로 하여금 서비스료를 지불하는 보험사, 해당 주인공을 의뢰한 의사, 또는 주인공의 배우자 등 제3자에게 소개하고 이들과 어느 정도의 관계를 맺게 하는 것이 좋다. 이렇듯, 인턴십은 현장에서, 근거리에서 즉각적으로 이루어지는 수퍼비전하에서, 그리고 실무적인 환경 속에서

이루어지게 된다.

인턴십을 시작하기 전, 훈련생은 다음 역할을 담당할 역량을 갖추어야 한다.

- *사이코드라마에서의 보조 치료사, 보조 자아, 대립자* 등 또는 전문적인 이중자 또는 세션 후반부에 집단에게 또는 회기 후에 디렉터들에게 자신의 관찰 결과를 말해주는 관찰자의 역할
- 디렉터와 동등한 수준에 있는 것으로 여겨지는 *공동디렉터*의 역할. 공동디렉터 역할을 담당하는 방식에는 두 가지가 있다. 하나는 사이코드라마 디렉터 역할과 보조자 역할 사이를 오가면서 공동디렉팅을 하는 방법, 또는 업무를 대칭적으로 나누면서 공동디렉팅을 하는 방법

훈련생 또는 어시스턴트가 되는 것은 장인의 도제가 되어 장인의 솜씨를 지켜보는 것과 같다. 장인이 성공적으로 업무를 진행하는 것을 본 다음, 장인이 자신의 전략을 설명하는 것을 듣는 것이다. Napier와 Whitaker(1972, p. 497)에 따르면, 장인이 때로 실수를 저지르는 것을 목격하는 것도 중요하다. "내 수퍼바이저도 때로 실수를 하곤 했다. 인내심이 소진될 때도 있었으며, 주인공을 이해하지 못할 때도 있었다. 언제나 친절한 것도 아니었다. 그 분도 결국 인간이라는 것을 알고서 어찌나 안심이 되었던지…" 상담사는 그저 생각하는 뇌로만 이루어진 존재가 아니다. 자신만의 감정이 있으며, 집단과 가까워지거나 멀어지기도 한다.

맨 처음 회기부터 훈련생은 적극적으로 훈련에 몰입한다. 일부 수퍼바이저는 훈련생으로 하여금 자신이 관여할 정도를 결정하도록 한다. 물에 뛰어들기 전 깊이를 살펴보는 것처럼 말이다. 다른 수퍼바이저의 경우에는 그저 손짓 하나로 훈련생을 즉시 투입하기도 한다. "이중자는 여기로." 대부분의 경우는 시험 기간을 거치면서 훈련생과 서로 잘 알게 되는 과정을 거친 후에야 훈련생이 회기의 일부 또는 전부를 디렉팅하도록 허용하는 것이 보통이다.

훈련생의 개입에 대한 피드백은 꽤 빨리 이루어지는 편이다. 훈련생이 수퍼바이저와 함께 촉진 역할을 하는 경우, 마치 춤에서와 같이, 훈련생은 수퍼바이저가 자신의 움직임을 따라가거나, 반대로 균형을 맞추거나, 그에 적응하거나 아니면 그로부터 벗어나는 것을 느끼게 된다. 그 이후 이어지는 토론에서, 훈련생은 자신의 경험을 그 기억이 아

직 생생할 때 이야기할 수 있고, 개별 작업과 공동 작업에 대한 피드백을 받을 수 있다.

또한 훈련생은 여러 질문을 할 수 있는데, 여기에는 수퍼바이저의 작업에 대한 질문도 포함된다. 회기 중 워밍업 및 피드백 과정에서 훈련생은 그의 개입에 대한 해당 집단의 반응을 보고 살피게 된다. 장기간 유지된 집단과 같은 경우에는 집단 역동이 작용할 수 있고, 이전 훈련생이 떠나고 그 후임이 들어옴에 따라 집단 내 관계가 영향을 받는 결과가 나타날 수 있다.

3.2 훈련생과 수퍼바이저의 관계

훈련생은 인간으로서, 사이코드라마 디렉터로서, 훈련자로서—Marineau의 말을 빌리자면(2006) 마스터이자, 모델이자, 멘토로서—존경할 수 있는 수퍼바이저를 찾고 선택해야 한다. 서로에 대한 기대에 대한 합의가 이루어져야 한다. 이러한 수퍼바이저에 대한 기대를 표현하고, 이를 경청해야 한다. 회기에서 훈련자에게 기대되는 것은 무엇이며, 이것이 시간에 따라 어떻게 바뀌게 되며, 그 발전을 어떻게 규율해야 할 것인가? 훈련생은 자신이 생각하는 바를 말해야 하며, 튜터는 그 말을 긍정하거나, 지지하거나 저지하며, 필요한 경우 훈련생의 방향을 새로 잡아줄 수도 있다.

훈련생은 회기 토론에 참여하여, 자신의 개입에 대한 피드백을 받으며, 실제 상담사의 개입에 대한 질문을 할 수도 있다. 토론에 앞서 몇 가지 점에 대한 합의가 필요하다. 회기 후 또는 회기 전 토론에 얼마만큼의 시간을 투입할 수 있으며, 얼마만큼의 시간을 투입하기 원하는가? 해당 대상자에 대하여 훈련생은 어떠한 도움을 줄 것으로 기대되는가? 이후에 회기에 대한 요약서를 작성해야 하는가? 주인공의 진척상황을 기록해야 하는가? 자기 자신의 진척상황에 대하여 훈련 일기 또는 일지에 기록해야 하는가?

훈련생은 이동 준비 및 이동 시간 등에 관련한 시간과 비용의 제한을 받아들여야 한다. 보수는 있는가? 훈련생이 투입하는 자원 및 회기 후의 훈련에 활용할 수 있는 시간 사이에 균형을 이루어야 한다.

실무자 또는 수퍼바이저와 훈련생 사이의 관계는 위계적일 수도 있고, 상호보완적일 수도 있으며, 둘 다일 수도 있다. 상사와 그 부하, 또는 교사와 학생의 관계가 생기는 것이다. 그 관계는 또한 동등한 관계일 수도 있다. 한쪽이 다른 쪽보다 사이코드라마 디렉터로서의 경험은 더 많겠지만, 회기가 진행되는 동안 자기 자신으로서 행동하고 서로 다를 수 있는 동등한 권리를 가지며, 함께 작업할 자유를 가지는 것이다.

이러한 관계에서는 각자 서로가 투입한 바를 인정하며, 분업이 이루어지고, 서로의 의사가 합치하여 더욱 적극적으로 행동하게 된다. 그 결과 팀의 분위기가 관계를 촉진하는 쪽으로 발달한다. 같이 프로젝트를 수행하고, 그 수행에 열정적으로 임하며, 서로 협력하여 여러 가지를 시도하고, 앞으로 전진하며, 같이 즐거워하고 아파하며, 서로를 아끼는 것이다.

관계가 제대로 풀리지 않는다면, '식구 앞에서 화내기'를 주저하지 말아야 할 것이다. Napier와 Whitaker(1972)는 그 중 한 명이 회기에 계속해서 늦었던 일을 통해 이 점을 보여주고 있다. 서로 관점이 다를 가능성을 명심하되, 서로에 대한 존중은 잃지 않는다. 이러한 면에서 상담사는 본보기가 되는 위치에 선다. 자신들도 나름의 문제를 겪을 수 있지만, 그 문제에 대하여 이야기를 나눌 수 있다는 점을 보여주는 역할이다. 겉으로만 합의하는 것은, 차이를 둘러싼 갈등을 숨김으로써 오히려 더 큰 위험을 초래할 수 있다.

실무 수퍼바이저와 같이 수행할 평가 중 가장 중요한 것은, 훈련생이 독립하여 수퍼비전을 받는 실무자로 이행하는 과정과 관련된 평가이다. 물론 훈련생은 독립 실무를 시작하기 전에 다른 수퍼바이저를 만나게 되지만, 수퍼바이저의 의견을 듣고 관련 사항을 논의하는 것은 중요하다. 왜냐하면 실무 수퍼바이저는 훈련생의 작업에 대하여 객관적인 견해를 가지고 있기 때문이다.

4. 개인 수행에 대한 수퍼비전

훈련생은 점점 성장하여 자신의 일에 대한 숙련도를 어느 정도 갖추게 된다. 인턴십을 통해서는 개인적으로나 집단을 통해서 주인공을 만나고 이들을 지지하는 방법을 배운다. 평가가 긍정적이라면, 훈련생은 여건이 맞을 경우 정식 디렉터로서 주인공을 맞이하거나 특정 기관에서 집단 상담을 담당하게 된다. 같이 일할 사람을 찾았다면, 그 다음에는 수퍼바이저를 선정해야 한다.

수퍼바이저 선정은 중요하다. 해당 지역 내 수퍼바이저의 수가 얼마 되지 않더라도 마찬가지이다. 수퍼바이저와 훈련생은 서로를 잘 알아야 하며, 미리 만나 면담 시간, 길이와 비용, 훈련생이 원하는 도움의 유형 및 훈련생의 장점 및 단점에 대하여 이야기를 해놓은 상태여야 한다. 주인공이 위기 상황에 닥쳤을 때 수퍼바이저에게 연락하는 것이 가능한가? 위계가 있는 수퍼비전 관계에 우정 관계가 겹칠 위험은 없는가?

4.1 간접 수퍼비전에 대한 소개

Bernard와 Goodyear(2009, p. 182)는 수퍼바이저를 찾는 많은 사람들이 수퍼비전에 대하여 잘 이해하지 못하고, 수퍼비전에 대하여 불안함을 가지고 있다는 점을 알게 되었다. 따라서 이들에게 수퍼비전이 무엇이며 어떻게 진행되는지에 대한 10분 분량의 영상을 보게 했다.

La Verveine의 경우 (훈련 집단 및 인턴십 과정에서의) 현장 수퍼비전으로부터(회고, 보고 및 기록을 거치는) 훈련생 자신의 임상 실무에 대한 간접 수퍼비전으로의 이행은 매우 중요한 의미를 갖는다. 이러한 이행을 수월하게 하기 위하여, La Verveine에서는 때로 간접 수퍼비전에 대한 소개를 하곤 한다. 이러한 방식은 Mendelsohn과 Ferber(1972, p. 443)의 간단한 실험에서 영감을 얻은 것인데, 집단을 통하여 진행하며 다음과 같은 세 단계에 따른다

*1단계*는 사이코드라마 회기 진행 중에 이루어진다. 회기는 훈련생이 진행하며 해당 훈련 집단의 평상시 방식에 따라 진행하는데, 다만 수퍼바이저 중 한 명이 자리를 비운다(이 수퍼바이저는 2단계에서 간접 수퍼비전을 수행한다). 역할극 후, 디렉터들은 자신들끼리 해당 회기에 대하여 논의하고, 수퍼바이저에게 발표하고 그에게 물어볼 내용을 준비한다.

*2단계*는 디렉터에 대한 수퍼비전. 여기에서의 수퍼비전은, 수퍼바이저가 회기 내용을 모르는 상태에서 진행된다는 점에서 간접적이다. 수퍼비전을 받을 디렉터들은 수퍼바이저에게 방금의 회기에서 무슨 일이 일어났는지 설명한다. 실제로, 수퍼바이저는 디렉터들이 인식한 회기 내용과 디렉터들이 수퍼바이저에게 말하고 싶어하는 내용을 듣게 된다.

Mendelsohn과 Ferber(1972, p. 443)는 "자신이 하고 있다고 생각하는 것이 실제로 자신이 하고 있는 것과 차이가 있는 디렉터들에게서 필연적으로 나타나는 왜곡"에 관심을 두고 있는데, 다만 그러면서도 "수퍼비전의 진정한 주제는 실제 일어난 일이 아니라, 그 경험에 대한 인식"이라는 점을 인정하고 있다.

*3단계*는 수퍼비전 과정에 대한 집단 토론이다. 이 때에는 언제나 같은 질문이 등장한다. 오직 한 사람의 인식에 기초하여 수퍼비전을 할 수 있는가? 주인공의 경험은 얼

마나 중요하며(수퍼비전에서 역할 교대가 가지는 효용성과 관련), 공동디렉터가 기여하는 바는 얼마나 중요한가?

4.2 훈련생 자신의 실무에서의 현장 수퍼비전

젊은 사이코드라마 디렉터가 정식 디렉터로서 활동하기 시작한 후에도 현장 수퍼비전이 가능한가? 어떤 이들은 수퍼바이저가 개입할 경우 디렉터가 자신의 위치를 잃게 되고, 주인공들이 제3자의 간섭을 받아들이기 꺼릴 것이라는 이유로 현장 수퍼비전이 불가능하다고 여긴다. La Verveine의 입장은, 적절한 방식을 찾는다면 현장 수퍼비전을 계속할 수 있다는 것이다. 두 가지 예를 들어보도록 하겠다. 첫 번째 예는 '자문가'로서의 수퍼바이저에 관한 것이고, 두 번째는 '조력자'로서의 수퍼바이저에 관한 것이다.

■ *수퍼바이저-자문가:* 가벼운 정신 장애가 있는 이들과의 사이코드라마 진행 중에 긍정적인 경험을 한 일이 있다. 중증 장애가 있는 장애인들을 위한 돌봄센터에서 사이코드라마를 시작하려 하는 두 젊은 사이코드라마 디렉터에 대한 수퍼비전을 의뢰받은 때였다. 나는 의뢰를 수락하기 전에 조건을 내걸었는데, 그것은 내가 필요하다고 판단할 경우 센터에서의 회기에 같이 참여할 수 있어야 한다는 것이었다. 따라서 해당 집단에게는 회기 중에 하는 말과 하는 행동을 교수와 함께 논의하게 될 것이라는 점을 말해주었고, 교수가 집단으로 찾아와 회기를 살펴보고 토론에도 참여할 수 있다는 점을 말해주었다. 실제로 센터에 간 횟수는 2~3회에 그쳤다. 주인공들은 자신의 말과 연기에 디렉터들이 그만큼 중요성을 부여했다고 여기고는 기뻐했고, 수퍼비전을 받은 디렉터들과 나 또한 이러한 수퍼비전이 유용했다는 결론을 내렸다.

■ *수퍼바이저-조력자:* La Verveine의 수퍼바이저 중 한 명이 정신병원에서 우울증 또는 정신증을 알고 있는 환자를 대상으로 매주 열리는 사이코드라마 집단에 참여하고 있었다. 또 다른 병원에서 일하는 상담사들이 La Verveine에서 사이코드라마 훈련을 받고 있었는데, 이들은 자신들의 병원에서도 비슷한 집단 치료를 진행하고 싶어했다. 이들은 6개월 동안 조력자로서 인턴십 과정을 거쳤고, 이후에는 자신들의 병원에서 회기를 시작하면서 그곳에서 현장 수퍼비전을 해줄 것을 부탁했다. 수퍼바이저는 4개월 동안 훈련생들이 진행하는 회기에 참석하기로 했다. 수퍼바이저는 이중자를 통해 회기에

개입할 수 있었고, 그럼으로써 특정한 지점에 대하여 주의를 환기시킬 수 있었다. 회기 후 토론의 경우, 수퍼바이저는 La Verveine에서 보통 사용하는 방법으로 개입했다.

4.3 사전 수퍼비전

수퍼비전은 집단 프로젝트가 시작할 때부터 이루어져야 한다는 것이 La Verveine의 입장이다. 그리고 여기에 더해 '사전 수퍼비전'이 있다. Wilkins(1999, p. 41)는 이에 대해 "주인공과의 작업을 위한 준비 또는 집단 치료를 위한 사전 준비"라고 쓰고 있다. La Verveine에서는 훈련생들에게, 정식 사이코드라마 디렉터로서 사이코드라마 회기를 처음 진행하기 전에 많은 준비 작업을 통하여 기초를 다져야 하며, 이것이 나중에 치료 과정에서 무엇을 이루어낼 수 있을지를 결정하게 된다고 말해준다. 그 이유는, 무엇을 한 번 선택하고 이를 알리고 나면, 그 선택을 뒤집거나 바꾸기가 어려운 경우가 많기 때문이다. 이 때문에 La Verveine에서는 사이코드라마 집단을 위한 계획을 구성하는 첫 번째 단계에서부터 수퍼비전을 받는 것이 바람직하고 또 필요하다는 입장을 견지하고 있다. 따라서 회기를 진행할 해당 기관에 대하여 이야기하고, 사이코드라마 실무의 시작 단계에 대하여 이야기한다. 이 때 논의하는 주제는 다음 목록과 같다. 상담사들로 하여금 이 목록을 읽어보도록 주문하고, 어떠한 주제를 수퍼바이저와 이야기하고 싶은지 말하게 한다.

이 목록은 해당 집단을 위한 연기 공간의 준비 등과 관련하여 다양한 선택지를 제공하고 있다. La Verveine에서는 훈련생들로 하여금 자신의 스타일을 만들어내도록 유도하는 편이다. 이 과정에 대해서는 이미 다른 지면을 통해 소개한 적이 있다(Fontaine 2001, p. 309-316). 다만, 몇 명의 서로 다른 수퍼바이저들을 거쳤음에도 훈련생들이 자신이 속한 조직에서 취하는 방식을 따라가는 경향이 있다는 사실은 La Verveine에서도 인지하고 있다.

■ *공간 장악하기:* 디렉터와 집단 전체가 자신들이 있는 공간을 장악하는 것이 중요하다는 것이 La Verveine의 생각이다. 그 공간이 다른 때에는 다른 용도로 쓰인다 하더라도 마찬가지이다. 따라서, 새로운 방을 장악하기 위해 디렉터는 너비 3m 길이 4m 넓이의 파란색 카펫을 준비한다. 회기가 시작되기 전, 탁자를 옆으로 쌓아놓고는 카펫을 의자 사이로 펼친다. 이렇게 되면 집단 전체가 "아! 여기가 우리의 새 보금자리구나!"

하는 느낌을 가질 수 있다. 이 상태에서 회기를 시작하는 것이다. 회기가 끝나면 카펫을 조심스럽게 다시 말아, 서로 나란히 서 있는 두 캐비닛 위에 올려놓는다.

■ *의식:* 앞에서 본 것처럼, 회기의 시작과 끝에는 특정한 의식을 진행한다. 공간을 장악하는 의식 말고도 다양한 의식이 있는데, 50년 전 La Verveine에서 성격 문제가 있는 청소년들과 함께 사이코드라마를 진행한 적이 있다. 회기를 통해 청소년들이 자신

표 2. 사전 수퍼비전 목록

장소	시간
• 사이코드라마실: 도면 • 무대를 중앙에 놓을 것인가, 아니면 말발굽 대형으로 배치한 자리 가운데에 놓을 것인가? • 의자, 쿠션 또는 카펫 • 소품, 작은 탁자, 가벼운 의자, 원형의자, 천 • 음향 또는 영상물 • 휴식시간을 위한 물품: 유리잔, 음료, 보관용 찬장 • 디렉터실(토론 및 휴식용)	• 회기 길이 + 성찰 시간, 회기 전후 디렉터 토론 시간 • 과정 길이: a) 외래주인공 진료: 1회기, 2회기, 일, 주말당, 주, 2주, 10일 동안 전담 후 휴식, 또는 b) 기관 내 진료 • 회기 간 간격 • 주인공의 전념 기간 / 시간 약속 미준수–전부 참석까지 기다릴 것인가? 아니면 바로 시작할 것인가?
디렉터	**참여자 집단**
• 단독, 아니면 공동촉진? • 회기 외의 시간 투입에 대한 합의 • 임무 및 역할 분배, 회기 중 상호보완/교대 • 회기 밖에서의 역할: 필기/파일정리/기록/의뢰 당사자와의 연락 • 재무 처리 • 권한 및 책임 • 팀 수퍼바이저 • 디렉터팀 내 긴장이 발생할 경우 누구에게 자문을 구할 것인가?	• 대상 참여자 특성: 나이, 성, 집단 크기, 이질성? • 무엇을 두려워하는가? • 회기/문서 공지 • 선발, 규칙, 절차, • 시작 또는 설명 회기, 면담 • 가입, 선발, 집단, 시험, 면담, 합격 절차 • 집단 탈퇴, 경고 등의 절차
기관 내의 사회적 맥락	**개인 실무에서의 사회적 맥락**
• 개인 면담 및 사이코드라마와 디렉터 정보 • 요청 듣기 • 집단 프로젝트(위 참조), 시간, 장소, 집단 참여자, 재정 문제 등에 대하여 관리자에게 보고 및 협상 • 간호사, 개별 정신과 의사, 응급구조요원, 어시스턴트 등 관련자에 대한 정보 및 그들의 말 듣기	• 의사, 상담사 및 그 주인공을 위한 안내 • 사이코드라마란 무엇인가? • 디렉터의 자기 소개 • 실제적 세부사항, 시간, 장소 • 재무 및 법무적 조건 • 등록, 가입

을 표현하고, 자기 자신이 될 수 있도록 한 다음, 각자의 보호소로 돌아가는 프로그램이었다. 그런데 보호소의 직원들이 La Verveine에게 불만을 표시했다. "당신들이 아이들에게 너무 많은 자유를 주었어요. 돌아오고 나서는 아이들을 통제할 수가 없단 말입니다." 이후에 La Verveine는 세션을 마무리한 후 10~15분 정도의 이행 기간을 두어, 청소년들로 하여금 지금까지 사용한 방을 정리하고 청소하는 것을 돕도록 부탁했다. 그리고 관리자들에게는 방이 너무 말끔히 정리되어서 놀랍고 기뻐할 것이라고 말해주었다. 또한 청소년들은 회기 시작을 위한 의식을 만들어내었는데, 그 목적은 집단 내에서 한 말과 취한 행동이 보호소의 직원들에게 알려지지 않게 하기 위한 것이었다. 청소년들은 유명한 세 마리 원숭이 흉내를 내면서, 다음과 같이 말했다. "우리는 맹세한다. 우리는 아무것도 보지 못했고, 아무것도 듣지 못했으며, 입은 굳게 다물었다. 맹세를 어기면 머리를 잘라 강물에 띄워 보낼 것이다." 이 의식[2)]을 시작하게 된 것은 한 소녀가 보호소의 소장에게 "수녀님, 사이코드라마 했는데 우리가 수녀님 연기했어요."라고 말한 다음부터였다.

5. 훈련과 자격 인정 후의 수퍼비전

디렉터로서의 경력을 지속하는 한 훈련도 계속된다는 점은 당연하지만, 독립하여 실무를 감당할 능력이 있다는 인정을 받게 되는 순간은 분명히 있다. 훈련을 통하여 독립된 상태와 상호의존하는 상태 사이의 전환이 점차적으로 원활하게 이루어지도록 할 필요가 있다. 다음에서는 동료 수퍼비전 집단 및 셀프 수퍼비전에 대하여 간단히 살펴보려 한다. 이러한 수퍼비전은 La Verveine의 수퍼비전 프로그램의 연장선상에 있는 것으로서, 집단 전체가 이 과정에서 매우 중요하지만 제1의 초점은 훈련생 자신에게 맞추어져 있다.

2) 우리는 이 부분이 어떻게 형성되었는지 모른다. Leuven이라는 곳에서 축복받은 Margaret이라는 분이 존경을 받았는데 여관에서 일하면서 고객의 비밀을 지켰다가 1255년에 살해를 당했다. 시신이 강에 버려졌는데, 시신이 강 상류로 거슬러 올라왔다.

5.1 동료 수퍼비전 집단

동료 수퍼비전 집단은, 앞에서 설명한 종류의 협동적 수퍼비전 집단에서 5~6인의 구성원이 서로 마음이 잘 맞고, 수퍼바이저 없이 집단을 꾸려나가고 자신들 사이에 책임을 분담할 수 있다는 충분한 자신감이 있는 경우에 형성될 수 있다. 다른 경우에는 지리적 위치에 따라 집단을 구성한다.

동료 수퍼비전 집단 내의 각 임무는 서로 돌아가며 맡게 된다. 그 때마다 다음과 같은 역할을 분배해야 한다.

- 하나 또는 두 가지 사례를 발표하고 해당 집단에게서 도움을 얻고자 하는 질문을 던지는 발표자
- 모임을 이끌고 누가 발언하고 행동할지를 결정하는 진행자
- 그 외 다른 집단 구성원들은 발표자와 함께 해결책을 찾는 자문가의 역할을 맡는다.
- 경우에 따라서는 관찰자 총무를 세워서 모임이 끝난 후 해당 집단의 작업과 그 날 배운 것을 정리하도록 한다.

이러한 집단은 단순히 특정 사례를 수퍼비전하는 것뿐만 아니라, 한 구성원이 새로운 기법이나 이론적 입장을 발표하는 기회가 될 수도 있다. 여기에서 구성원들은 자신의 주인공들과의 작업에 대한 도움을 얻을 뿐만 아니라, 동료들과의 사회적 유대를 쌓고 이들의 전문 식견으로부터 도움을 받을 수 있다.

5.2 셀프 수퍼비전

Williams(1995, p. 212)에 따르면 "집단은 서로 협동하여 각 구성원의 셀프-자문가' 로서의 역할을 개발하도록 하여, 각자가 자체점검 능력이 있는 전문가가 되도록 할 수 있다."고 한다. 그리고 이어 집단의 행동 방식을 설명하고 있다(id, p. 211). Todd는 수퍼바이저에 대하여 같은 내용을 쓰고 있다. "수퍼바이저는 훈련생들이 셀프-수퍼비전을 할 수 있도록 준비해주어야 한다."(Todd, 1997/2002, p. 19)

6. 결론

마지막 장에 다다랐으니, 나 자신에게 우리의 훈련생들에게 하는 질문과 동일한 질문을 던지는 것이 정직한 처사일 것 같다. 무엇이 가장 마음에 드는가? 작업 방식 중 어떤 점이 좋았는가?

내 대답은 이렇다. 나는 셀프-수퍼비전을 좋아하는데, 예를 들어 훈련생이 훈련 중에 진정성 있고 명확한 시각으로 자신을 평가하고, 이에 대하여 동료들이 존경과 정성으로 지지해주는 순간이 좋다. 이러한 순간은 타인과의 관계 속에서, 또한 그 타인들 덕분에, 훈련생이 진정한 자신으로서 있는 순간이다.

또한 집단 작업도 좋다. 특히, 심리사회학 워크숍에서, 집단이 적절한 동시에 창의적인 답을 모색하는 것을 보는 순간이 좋다.

마지막으로 나는 훈련생들의 발전 상황을 추적하는 것을 좋아한다. 한 훈련생은 이렇게 말한 적이 있다. "6년 전에 처음 여기 왔을 때에는 많은 질문을 안고 왔죠. 지금도 질문은 많지만, 이제는 생각하는 법을 익혔습니다."

위의 예에서, 통시적으로든 공시적으로든 간에, 내가 생각하는 건강한 개인, 건강한 가족, 건강한 시스템이라는 주제(Fontaine, 1985)와 관련하여 M. Buber, E. Erikson, J. L. Moreno와 다른 많은 저자들의 흔적을 확인할 수 있다. 특히, '나 자신으로 있는 것'과 '타인과 함께 공존하는 것' 사이의 놀라운 상호보완성, 그리고 변화의 과정에서의 연속성의 영원성에 대하여 강조하고 싶다.

우리가 기억해야 할 점은 Moreno는 단순히 환자 집단을 대상으로만 함께 작업하지 않았다는 것이다. Moreno를 도와주는 디렉터팀이 있었다. "주인공의 정신세계에 어떻게 들어갈 것인가? 이러한 작업은 디렉터로서 혼자 할 필요가 없다. 다른 팀원을 활용하면 되는 것이다. 사이코드라마의 작업은 팀에 의한 작업이다."(Moreno et al., 2000, p. 69)

지금까지 공동 훈련에 대한 나의 신념과 확신을 이 글을 통해 표현했다. 이 지면을 빌어 훈련 집단의 주요 팀원들이었던 이들을 언급하고자 한다. Nand Cuvelier, Dorothée Fontaine-Nyssens, Herman Engelhardt, Bernard Robinson과 Chantal Nève-Hanquet. 또한 이 글을 작성하는 데 도움을 준 Christine Vander Borght와 Micheline Weinstock에게도 감사의 말을 전한다.

참고문헌

Bernard, J. M., & Goodyear, R. K. (2009, 4th ed.). *Fundamentals of Clinical Supervision.* Upper Saddle River, N. J.: Pearson.

Fontaine, P. (1994). In Belgium CFIP – Verveine. In P. Fontaine (Ed.), *Study and coordination of Psychodrama Education in Europe* (pp. 46–49). Oxford Meeting. 1994. Preliminaty documents.

Fontaine, P. (1975). Stuscturaion en jeu de rôle de formation. *Acta Psychiatirica Belgica, 75*, 905–915.

Fontaine, P. (1985). Familles saines. Esquisse conceptuelle générale. *Thérapie Familiale 6*(3), 267–282.

Fontaine, P. (2001, 2nd ed.). From admissions to qualifications: the transitions in the spychodrama training curriculum. In P.Fontaine (Ed.), *Psychodrama training. A European view* (pp. 99–110). Leuven: (BE) FEPTO Publications.

Fontaine, P. (2001, 2nd ed.) The development of tne trainee's own style. In P. Fontaine (Ed.), *Psychodrama training. A European view* (pp. 309–316). Leuven: (BE)FEPTO Puvlications.

Marineau, R. F. (2006). *Supervision in Psychodrama and group work and the model of the reflexive practitioner. A Summary.* Workshop at IAGP Congress at Sao Paolo.

Mendelsohn, M., & Ferber, A. (1972). Is everybody watching? In A. Ferber, M. Mendelsohn, & Napier A. (Eds.), *The Book of Family Therapy* (pp. 431–444). Science House. Aronson.

Moreno, Z., Blomkvist, L. D., & Rützel, Th. (2000). *Psychodrama, Surplus–reality and the Art of Healing.* London: Routledge.

Napier, A. & Whitaker, C. (1972). A Conversation about Co–Therapy. In A. Ferber, M. Mendelsohn, & A. Napier(Eds.). *The Book of Family Therapy* (pp. 480–506), Science House. Aronson.

Todd, T. C. (1997; 2002). Self supervision as a universal supervisory goal. In T. C. Todd, & C. L. Storm, *The complete systemic supervisor. Context, Philosophy and Pragmatics* (pp. 17–25). New York: Authors Choice Press.

Wilkins, P. (1999). *Psychodrama.* London: Sage.

Williams, A. (1995). *Visual and Active Supervision. Roles, focus, technique.* New York: Norton.

II

수퍼바이저, 훈련생, 주인공의 관계적 측면

수퍼바이저, 훈련생, 주인공의 관계적 측면—개요

사이코드라마 훈련의 수퍼비전 관계: 과정 그 이상

수퍼비전—과도기에 있는 드라마의 삼각형

사이코드라마 수퍼비전의 관계적 측면: 사회적 원자: 수퍼바이저–훈련생–주인공

디렉팅에 대한 훈련생의 불안감: 불안감에서 호기심으로의 여행으로서의 수퍼비전

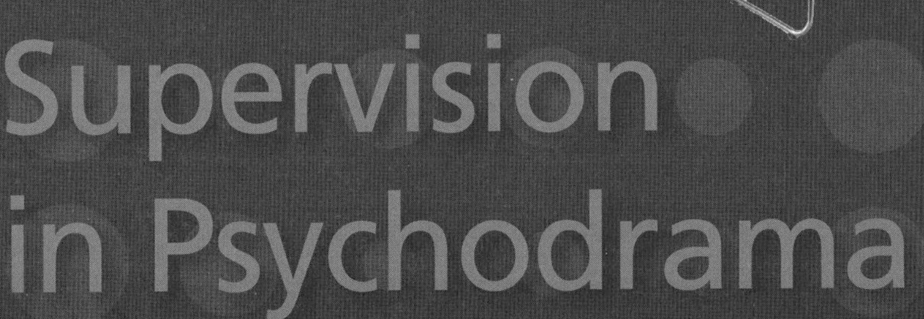

수퍼바이저, 훈련생, 주인공의 관계적 측면 – 개요

Pierre Fontaine & Jutta Fürst

수퍼바이저는 훈련생뿐만 아니라 훈련생의 주인공과도 관계를 맺으며, 더 나아가 주인공에게 정서적으로 중요한 사람들과도 관계를 맺는다. 훈련생이 주인공들에게 집단 상담을 제공하고 있거나, 수퍼바이저가 집단 수퍼비전을 제공하고 있다면 관계는 더욱 복잡해진다.

수퍼비전에서 관계는 매우 중요한데, 상담과 심리치료에서 관계가 중요한 것과 같다. 우리는 "피라미드처럼, 수퍼비전의 관계는 다른 관계들에 대한 관계"라고 말할 수 있다(Fiscalini, 1997, p.30 in Bernard Goodyear, 2009, p.149 재인용).

수퍼비전 관계는 여러 관점들로부터 설명될 수 있다. 이는 둘 혹은 그 이상의 사람들 사이의 상호작용 그리고/혹은 다른 역할들의 조합으로 볼 수 있다.

수퍼바이저와 훈련생 두 사람 관계는 치료 상황의 작업동맹과 비슷하다. 수퍼바이저는 훈련생의 자기 개방이 자연스럽게 일어나도록 하기 위해 안전하고 따스한 환경을 만들어야 한다. 수퍼비전 과정에서 훈련생은 의존적인 상태에서 자율적인 상태로 발전해간다. 치료적 관계에서 상담사는 주인공에게만을 책임진다. 수퍼비전에서 수퍼바이저는 훈련생의 주인공에 대한 책임을 진다. 이는 삼자적 관계로 불릴 수 있다. 여기에는 두 개의 평행 관계가 존재한다. 수퍼바이저와 훈련생의 수퍼비전 관계와 훈련생과 주인공의 치료적 관계이다. 이 관계들은 훈련생을 통해 연결되어 있다. 치료 관계에서 수집한 정보, 염려, 질문들을 수퍼비전 관계로 가져오고, 수퍼비전에서 얻은 새로운 통찰력, 아이디어, 전략들을 다시 치료 관계로 가져간다.

사이코드라마는 언제나 중요한 타인들과 연결되어 있는 주인공을 생각한다. '사회적 원자'라는 개념을 가진 사이코드라마 디렉터는 단 한 명의 주인공이라도 절대 개인만 다루지 않는다. 치료사로서 사이코드라마, 상담사 혹은 수퍼바이저는 주인공의 사회적 네트워크를 가시화하고 그것을 꼭 다룬다. 이 시스템들은 평행(parallel, 분석적 용어로), 동일 구조(isomorphic, 체제적 용어로), 혹은 공명상태(in resonance)라고 부른다(Elkaïm, 1995, p.660). 이 상황은 수퍼바이저가 집단상담을 하는 훈련생에게 집단 수퍼비전을 제공하면 더 복잡해진다.

수퍼비전 관계는 또한 역할과 목표로 설명될 수 있다(Williams, 1995, pp.28-104). 수퍼바이저의 주된 역할을 교사, 촉진자, 자문가, 평가자로 구분한다. 수퍼바이저는 대가이고 훈련생은 견습생이라고 간주되기도 한다.

*교사*의 역할은 특별히 훈련 초기에 큰 부분을 차지한다. 훈련생들은 실무를 시작할 때 수퍼바이저가 교사가 되어주기를 바란다. 교사 역할의 목표는 역량을 발전시키는 것인데, 기술을 연마하고, 이론에 기반해 가설을 세우고, 구조와 틀을 유지하도록 하는 것 등이다.

*촉진자*의 역할은 안정적인 상황과 Winnicott(1965)이 말한 '지지적 환경'을 만드는 것을 목표로 한다. 이는 "훈련생들이 성찰적인, 수용적인, 창의적인, 불확실한 것에 인내할 수 있도록 성장하기 위해 수퍼바이저들이 제공해야 하는 관계"이다(Geller, Farber & Schaffer, 2010, p.212). 촉진자로서의 수퍼바이저는 훈련생에게 정서를 과정화하는 기회를 주기도 한다.

*자문가*로서의 수퍼바이저는 문제를 해결하기 위한 정답을 주기보다는 선택지를 주기 위해 훈련생과 협력한다(Williams, 1995). 반대로 *평가자*는 피드백을 해야 하며 훈련생보다는 교육기관과 사회에 대해 좀 더 책임감을 가진다. 평가자로서의 수퍼바이저들은 문지기의 역할도 가지고 있다. 학회나 전문가협회는 훈련생이 개업하는 것을 허가하는 데 이 평가를 활용한다. 수퍼바이저와 훈련생의 이론적이고 철학적인 태도에 따라 강조하는 역할이 달라진다.

Bateson(1977, p.83-84)은 상보적인 관계와 대칭적인 관계를 구분한다. 수퍼비전이 성공하면 훈련생과 수퍼바이저의 관계는 의존에서 독립으로 그리고 상호보완에서 대칭적으로 발전한다.

어떤 훈련생들은 대가-견습생이라는 관계 모델을 원한다. Geller, Farber, Schaffer (2010, p.218)의 연구는 대가-견습생 모델을 지지하는데, 그들은 "훈련생은 장기기억에 수퍼바이저를 대화 상대로 저장하고, 개입을 계획하고 실행하는 동안 수퍼바이저처럼 생각한다. 이는 마치 훈련생이 수퍼바이저의 역할을 강하게 기억하고 그 관계가 좋다고 생각되었을 때 수퍼바이저를 참조하는 것과 같다."

부모나 교사와 같은 권위자와의 관계 경험은 수퍼바이저와 훈련생의 관계에 영향을 미친다. 수퍼바이저는 수퍼비전 방식이 훈련생에게 어린 시절의 느낌과 기대를 불러일으킬 수 있음을 명심해야 한다. 수퍼바이저는 역할 기대를 사용하여 그것을 그대로 반영하거나 다른 역할 모델을 제공할 수 있다. Marcia Karp[1]는 예시를 통해 그녀가 어떻게 "훈련생과의 지속적인 역기능적인 애착을 피할 수 있는지"를 설명했다.

수퍼바이저는 훈련생이 어떻게 제일 잘 배울 수 있는지를 확인해야 한다. 나는 훈련생 개인이 필요로 하는 애착을 고려하며 수퍼비전 관계를 맺는다. 어떤 학생은 지속적으로 지켜보고 이끌어주며 많은 개입을 원한다. 하지만, 다른 학생은 스스로 시험해볼 공간을 필요로 한다. 후자는 자신의 행동에 대한 스스로의 피드백을 통제하고 수퍼바이저가 끼어들기보다는 질문해주기를 원한다.

수퍼비전을 맡게 된 훈련생 디렉터에게 나는 다음과 같은 질문을 한다. 그들이 정해진 주인공에게 초점을 맞추려 하거나, 집단의 워밍업을 시작하려 하면, 나는 이렇게 시작한다.

"나는 디렉터로서 당신의 학습을 돕고 싶습니다. 나는 우리가 생산적인 작업 관계를 가지기를 바래요. 그래서 민감한 질문을 하나 하겠습니다. 부모님과의 관계는 어떠했나요?"

수련 중인 디렉터는, "어머니는 무관심했고 나를 방치했어요."라고 답할 수 있다. 그러면 나는, "그렇다면 필요할 때 당신을 멈추고 제안해주기를 바라겠군요. 그리고 가끔은 내가 당신의 입장이 된 것처럼 당신이 어떤 것을 받아들이고 어떤 것을 거부할 것인지를 이야기하는 건 어떨까요?" 그 훈련생은 안정적이고 지원받는다는 느낌을 받는다. 권한을 가진 자가 이끌어주는 것이 그의 인생에서는 빠져있었기 때문이다.

반대로, 수련 중인 디렉터가 "권위적인 부모님은 날 질식시킬 것 같았고, 비판적이고 나의 이야기는 들어주지 않았어요."라고 한다면, "내가 당신이 결정을 내릴 수 있도록 여유를 주는 것이 좋겠군요. 당신이 나의 도움을 청할 때까지 기다리겠어요."라고 할 것이다. 이 접근은 아마도 유용할 것이다.

수퍼비전에서 이진의 부정적인 역기능적 애착의 패턴을 반복하면 생산적인 학습이 일어나지 않는다. 학습자는 영감을 받지 못하고, 좌절하고, 끝없이 비판받는다고 느낄 것이다. 이러한 부정적인 반응들은 사이코드라마를 디렉팅하는 데에 있어서 자발성에 대한 사랑과 열정을 죽여버린다.

---

1) 2010년 6월 24일, e-mail

이 장에서는 위에서 언급된 측면들을 설명한다. Judith Teszáry는 훈련생에 대한 수퍼바이저의 태도를 강조하고 관계에 대한 정신역동적 접근과 심리극적 접근의 다른 점들을 설명한다. 과정분석의 구조화된 방식을 사용하여 그녀는 이중자를 적용하고, 역할 교대, 거울기법, 훈련생들이 자유롭게 아이디어를 낼 수 있도록 열린 형태의 토론 가능한 방식으로 이론적 설명을 제공하기도 한다.

Einya Artzi는 초기에 대가-견습생 관계와 훈련생의 역할에 대한 장단점을 설명한다. 관계심리분석학자인 그녀는 마음은 실제와 상상된 관계의 패턴으로 형성된다는 이론적 개념을 이용하여 수퍼비전에 대한 자신의 모델을 독자들에게 소개한다.

Sue Daniel은 수퍼비전에서 상호관계 형성에 초점을 맞춘다. 그녀는 역할이론, 사회측정학과 자발성의 이론에 근거해서 훈련생과 수퍼바이저의 상호 발달을 기술한다. 수퍼바이저가 여러 역할 중 어떤 역할을 취하느냐에 따라서 훈련생 안에서 발달하는 역할이 달라지는 것이 확연하다.

Arşaluys Kayir는 수퍼비전 집단 안에서의 수행 불안의 문제와 수행 불안의 다양한 이유들을 다룬다. 역할 모델이 되는 그녀의 방식을 설명하고 과정을 구조화함으로써 훈련생들은 차근차근 자신감과 자기 주장 능력을 발전시킨다.

참고문헌

Bateson, G. (1972 / 1977). *Vers une écologie de l'esprit.* Paris: Seuil.

Bernard, J., & Goodyear, R. K. (2009, 4th ed). *Fundamentals of Clinical Supervision.* Upper Saddle River(N. J.): Pearson.

Elkaïm, M. (1995). Description d'une évolution. In Elkaïm M. (Ed.) *Panorama des thérapies familiales.* (p. 587-612). Paris: Seuil.

Geller, J., Farber, B., & Schaffer, C. (2010). Representaions of the supervisory dialogue and the development of psychotherapists. *Psychotherapy, Theory, Research, Practice and Training. 47*(2), 211-220.

Williams, A. (1995). *Visual and active supervision: Roles, focus, techniques.* New York: Norton.

Winnicott, D. W. (1965). *The maturational process and the facilitating environment.* New York: International Universities Press.

사이코드라마 훈련의 수퍼비전 관계: 과정 그 이상

Sue Daniel

수퍼비전 관계는 사이코드라마 디렉터의 정체성 발전에 있어서 중요한 역할을 한다. 수퍼비전 관계는 두 사람 사이의 살아있는 관계이며 헌신, 연결과 상호성을 요구한다. 이 장의 초점은 수퍼바이저와 훈련생 사이의 관계와 그 훈련의 여정에 있다. 나는 '훈련'과 '수퍼비전'을 정의하고 사이코드라마의 학습에서의 자발성이론, 사회측정학 이론, 역할 이론이라는 세 가지 이론적 토대를 살펴볼 것이다. 수퍼바이저가 사이코드라마 디렉터는 어떻게 만들어지는지를 이해하고 수퍼비전에 대한 철학과 계약의 중요성을 이해하는 것이 중요하다.

1. 훈련과 수퍼비전은 무엇인가?

사이코드라마의 가르침과 배움은 훈련과 수퍼비전의 과정을 통해 일어난다. 나는 훈련과 수퍼비전이 밀접하게 관련되어 있음에도 불구하고 그 둘의 차이점을 상세히 기술하는 것이 유용하다고 생각한다. 훈련은 내용, 철학, 이론, 개념, 그리고 기술들과 밀접하게 관련되고, 수퍼비전은 훈련생이 방법을 적절하게 적용하는가를 포함하는 전문가 정체성과 역량과 관련되어 있다.

수퍼비전의 주된 목적은 훈련생의 사이코드라마 디렉터 역량을 향상시키고, 발전시키고, 증가시키고, 사이코드라마 디렉터로서의 역할 발전을 돕는 것이다. 수퍼비전은 훈련생이 사이코드라마 기법을 응용하는 것의 효과성이 증가할 수 있도록 한다. 훈련생과 주인공들 간의 관계는 일대일 수퍼비전의 주요 초점이다. 훈련 집단에서 디렉터가 주인공과 만드는 관계 또한 수퍼비전의 부분이자 한 영역이다.

이 수퍼비전 과정에는 두 사람이 있는데, 수퍼바이저와 훈련생이다. 그들이 함께 만드는 관계는 훈련생의 전문가로서의 정체성을 발전시키는 데에 중점적인 역할을 한다.

이 관계의 진화와 지속은 몇 년을 지속하며 훈련생이 발전하면서 많은 변형을 거친다. 수퍼바이저도 이 과정에서 궁극적으로 함께 성장한다.

수퍼비전은 성장 과정이다. 이는 도전적이고 흥미롭기도 하며, 타인과 긴 기간 동안 관계에 들어간다는 것을 생각하면 심지어 조금 무서울지도 모른다. 훈련생은 독특한 역량, 인생 경험과 가치를 가진 성인이다. 훈련생의 사회적 문화적 관계는 이미 잘 발현되어 있다. 성인 간의 가까운 관계를 지속할 수 있는 수퍼바이저의 능력은 훈련생이 그와 같은 능력을 집단과 주인공에게 유지하는 데에 매우 중요하다. 집단 과정은 또한 전문가로서의 정체성 발전에 도움을 준다. 이는 오로지 동료와 수퍼바이저와의 관계가 발전하고, 오랜 시간 동안 지속되는 집단에 속하는 것으로, 그리고 수퍼비전을 받으며 사이코드라마를 수행하면서 발생가능하다.

'결속'은 수퍼비전에 있어서 조작적 단어이다. 우리는 훈련생들과 연결되며 그들은 우리와 연결되고 있는가? 우리는 어떻게 이 결속을 가능하게 할까? 나는 만날 때마다 훈련생을 새롭게 바라보는 것을 좋아한다. 나는 훈련생을 처음 만났을 때부터 생긴 그리고 매 만남마다 존재하는 훈련생과의 사이의 텔레를 알아차리게 된다. 이 사람은 오늘 나와 함께 있을 때 어떠했는가? 나는 어떠했는가? 우리가 이야기하는 동안 어떤 생각들이 떠오르며, 우리의 대화는 어떤 내용인가? 나 자신 안의 이러한 워밍업은 내가 그들과 완전히 결속하기 위해 필수적이다. 따라서 '명확히 보는 자'로서의 역할은 수퍼바이저가 해야 하는 필수적인 역할이다.

사회측정학자로서 나의 역할은 수퍼비전 과정과 필수불가결하기도 하다. 나는 과정 밖에 서 있지 않는다. 나는 그 안에 있으며, 다른 이들과 마찬가지로 그 과정에 영향을 주고 있다는 것을 안다. 이는 두 방향의 과정이다. 수퍼바이저와 훈련생의 독특한 역할 세팅과 그 역할들 간의 관계가 시행되며 서로에게 영향을 미친다. Jacob Levy Moreno는 다른 사람과의 모든 상호작용에는 가치 시스템(일련의 개인적인 원리와 표준)이 개입되어 있다고 주장했다(Moreno, 1946). 각 상호작용을 통해 등장하는 역할들은 우리가 인식하든 하지 못하든 그 가치들의 발현인 것이다.

2. 사이코드라마의 세 가지 이론적 토대

세 가지의 상호연관된 이론들은 사이코드라마 훈련과 수퍼비전에 관련되는데, 학습의 자발성, 사회측정학, 역할 이론이다. 이 셋의 중심에는 관계성이 자리하고 있다.

2.1 학습의 자발성이론

학습의 자발성이론에는 내용을 배우는 것이 아닌 자발성의 상태를 연습하는 것이 포함되어 있다. 준비작업의 과정이 이것과 연관되어 있다. 인생은 새로운 것들을 지속적으로 보여주기 때문에, 우리가 개인 혹은 집단과 시행하는 어떤 회기든지 이 현상에 의해 좌우된다. 집단과의 새로운 상호작용으로부터 무엇인가를 창출해냄을 통해 새로움을 이해하는 것은 우리가 수퍼바이저 그리고 집단의 리더로서 받게 되는 도전이다(Daniel, 1982). 자발적일수록 어떤 상황이라도 참신함과 적절성으로 맞이할 수 있는 가능성도 크다. Moreno는 배우는 자의 자발성 상태의 상승과 하락이 배움에 영향을 준다고 했다. 그는 두 가지 방식의 배움을 규정했는데, 과잉 학습과 과소 학습이다. 이들은 자발성이론, 텔레, 워밍업과 관련된다(Moreno, 1946). 과잉 학습을 하면 어느 순간에 자유롭게 쓸 수 있는 자발성을 가지고 있지 않는데, 리허설을 너무 많이 한 격이다. 과소 학습은 자발성을 최대한 발휘할 수 있도록 해서 주어진 어떠한 상황에도 수많은 요소들을 고려할 수 있도록 한다. 과소 학습은 배움에 있어서 보다 쉬운 이동, 즉 상황들의 더 넓은 범위에 적용하는 것이 더욱 쉬워지는 것이다. Moreno는 "과잉 학습자는 현상 유지를 위해 보수적인 상태를 원하며, 과소 학습자는 자발성이 번창하기를 바란다."고 말했다(Moreno, 1934, 1978, p.543).

따라서 워밍업은 어떠한 활동에서도 중심적이다. 워밍업 과정은 자발성이론에서 나오는 실제적인 용어이다. 이는 자발성의 작업적 정의이다. 워밍업의 목적은 사람들을 깨우고, 상황에 그들을 포함시키는 것이다. 워밍업으로 알려진 많은 활동들이 집중을 촉진한다. 주인공, 보조자, 집단 구성원들은 상태의 달성을 향해 이끌어주는 신체적인 그리고/혹은 정신적인 이미지들을 사용하여 실제 행동을 시작한다. 자기소개, 이중자, 거울기법, 역할 교대와 같은 기술들이 이 과정을 촉진한다. 따라서 모든 수퍼바이저들은 훈련생들이 난관에 봉착했을 때 이 원리를 생각할 수 있다. 진행 중 장애물이 나타나면, 수퍼바이저는 아마도 워밍업에 초점을 맞출 것이다. 사회측정학적 질문들은 워밍업을 발전시키거나 새로운 워밍업을 만드는 데 도움이 된다. 사회측정학자 역할을 할 때 수퍼바이저는, 아마도 '순진한 질문자'의 역할을 차용하여, "당신이 지금 하는 워밍업은 어떤 것인가요?" "어떤 것이 당신이 이 집단에 속하는 것을 방해하나요?" "오늘 수퍼비전에 참여하기 전에 하고 온 워밍업은 무엇인가요?"와 같은 질문을 할 수도 있을 것이다. 's' 요소라고 알려진 자발성의 이해는 배움과 기술의 사용과 응용의 중요한 전제조건이다. 필수적인 관계들을 발전시키는 것에 관련된 요소이다.

2.2 사회성측정이론

나의 훈련 프로그램의 기본 내용은 J. L. Moreno(1934)의 사회성측정이론에서 끌어왔는데, 그는 사회성측정이론을 그가 속해서 살고 일하는 조직들, 시스템들, 공동체들을 증진하고 자극하기 위해서 이후에 발전시킨 방법의 바탕으로 삼았다. 사회성측정은 관계라는 개념에 그리고 사람은 연대가 필요하다는 것에 기초한다. 사람들의 본성을 조각나고 고립화된 것으로 보는 것보다 연대하는 것으로 보는 것은 Moreno의 사회성측정의 모든 것이라고 할 수 있다. 상호의지적인 인간의 필요는 내재적이고, 그것이 없으면 우리는 존재하지 않을 것이다. 사실, Gavin O'Loughlin(2009)이 지적한 바와 같이, "자연적인 시스템의 지탱 없이는 그 누구도 존재하는 것 자체조차도 달성한 적이 없다."

사이코드라마 수퍼바이저는 사회측정학과 이의 치료적인 텔레의 과정에 대한 지식을 가지고 있어야 한다. 텔레 관계는 자기 교정의 도구를 제공한다. 예를 들어, 나는 나의 교육과 수퍼비전 방법이 각 훈련생에게 적절히 행해지고 있는지 알 수 있다. 수련 중인 디렉터와 그들의 보조자들은 동료가 수퍼비전받는 것을 보면서 배우는 동안 기능하는 새로운 방법들을 경험하고 배운다. 아직 관계가 충분히 발전하지 않았기 때문에, 내가 훈련에 관해서 끼어들거나 첨언하기에는 조금 이른 경우도 있다. 하지만 수퍼바이저가 빨리 첨언할 수 있기도 한데, 이때는 관계를 깊게 하기 위해서이다. 훈련의 수준, 학습자의 특성 그리고 맥락은 수퍼바이저가 다양한 개입을 선택하도록 영향을 미친다.

2.3 역할이론

역할이론의 바탕은 '문화적 원자(cultural atom)'이다. 문화적 원자란 사람과 그 사람에게 중요한 사람들 사이의 사회적 원자의 역할 관계 패턴이다. 이 관계적 이론은 사이코드라마 방식의 전형이다. 사회적 그리고 문화적 원자라는 쌍둥이 개념에는 비범함이 있는데, 그것은 우리는 언제나 누군가 혹은 무엇인가와 우리 삶의 어느 때에든지 관계를 맺고 있다는 것을 상정하는 것이다. 우리는 서로에게 영향을 준다. 이는 역할이론이 사이코드라마 훈련의 필수불가결한 부분이라는 것을 말해준다. 모둔 훈련생에게 디렉팅 능력을 도와줄, 그리고 그들의 역할 관계들을 동료들과 수퍼바이저, 그들에게 중요한 사람들에게까지 넓히도록 하는 역할을 발전시키는 것은 필수적이다. '순진한 질문자', '자발적인 연기자', '인생을 즐기는 자'와 같은 역할들은 필수적인 배움에 꼭 필요하다.

나는 역할이론을 심리치료로서 상담에서 그리고 개인 혹은 집단을 수퍼비전할 때 사용한다(Daniel, 2009). 역할의 형성은 개념화를 가능하게 하는데, 이는 차례로 수퍼바이저들과 상담사들이 훈련생이나 주인공들, 그리고 고유의 역할들과 반응들의 과정과 상황을 평가할 수 있게 해준다.

3. 수퍼비전에 비전 가지기

수퍼비전이라는 용어 자체는 보는 것의 예술성을 요구한다. 우리는 어떤 것이 우리의 내적 과정의 '안에' 있고, 어떤 것이 우리를 둘러싼 세계 '밖에' 있는지 볼 수 있다. '명확한 관찰자'의 역할을 하는 수퍼바이저는, 무엇이 있는 것 같은지가 아니라, 무엇이 '있는지'를 본다. 우리가 '무엇이 '있는지'를 볼 때, 우리는 무엇인가 발견한다. 수퍼비전은 발견에 대한 것이고, 모험과 명확성에 대한 것이며, 새롭게 보는 것이다.

우리는 사이코드라마 훈련 과정에서 디렉터의 성장을 보기를 원한다. 우리의 지향점은 무엇인가? 이 지점이 바로 '대단한' 비전이 필요한 시점이다. 과정의 끝에서 우리가 보게 될 어떤 것을 상상할 수 있을까? 관계에 속한다는 것이 무엇인지를 알고 그를 유지하는 사람인가? 인식력, 민감성, 기술을 더 많이 발전시킨 사람인가? 디렉터로서의 적절한 기능을 위한 필수적인 역할을 발달시킨 사람? 그 이미지에 필수적인 어떤 역할들을 상상할 수 있을까? 디렉터에게 가능한 역할의 범위는 어떨까? 디렉터가 오래된 것에 휩쓸리고 있는가? 디렉터가 오래된 아이디어, 이미지, 가치, 편견을 가지고 일하고 있는가? 혹은 그들은 열린 마음으로 현재를 이해하고 있는가? 우리의 비전은 여행의 동반자가 될 만한, 다른 사람의 입장에서 보고 들을 수 있는 사람이다. 일련의 창의적인 표현을 발전시킨 사람이거나 자발적으로 상호작용하는 무한대의 능력을 가진 사람일 수도 있다. 일과 놀이에서 새로운 창의적인 해결책들을 찾고 싶어하는 사람일 수도 있다. 마지막으로, 역량의 제련과 새로운 배움을 좋아하는 사람일 수도 있다. 어떤 비전이든, 우리가 하나를 가지면, 우리는 시작할 곳을 알게 된다.

4. 수퍼비전의 철학

수퍼바이저로서 나는 내가 나와 같이 자신만의 창의성과 자발성과 아이디어를 가진 타인과의 사회측정학적 시스템에 있는 것을 예의 주시한다. 수퍼바이저로서 나의 역할은 사회측정학적 시스템을 가지고 일하고, 이 방법의 실무자들이 될 사람들을 훈련하고 수퍼비전할 수 있는 가이드라인을 세우는 것이다.

훈련의 내용에 대해서는 가야 할 길이 명확하다. 하지만 스스로를 되돌아보며 다른 사람에게 보이기 싫은 측면을 발견하는 것도 포함하기 때문에, 사이코드라마를 배우는 능력은 훈련생에게는 때때로 꽤 어려운 것이다. 수퍼비전의 철학을 세우는 것은 매우 가치 있는 것이다. 다음의 철학은 예시의 역할을 하며 다섯 개의 기본 원칙을 포함한다.

- 사이코드라마 훈련생 혹은 디렉터와 친밀한 관계를 세우고 그 사람의 성장을 목표로 한다.
- 훈련생의 자발성 상태와 관련된 워밍업 기술을 발전시킨다.
- 사이코드라마 과정의 중심에 있는 치료적인 텔레 과정을 이해한다.
- 자신의 한계를 찾거나 깨닫는 것을 포함하는, 훈련생의 성격 형성을 고려한다. 무엇이 그들의 성장 한계인가, 그들은 무엇을 할 수 있는가, 무엇을 할 수 없는가?
- 역할이론(Moreno, 1946; Daniel, 2009)에 대한 지식을 가져야 한다. 역할이론을 이해하는 것은 위의 문항들을 보충할 수 있게 해주고, 그 반대도 가능하다.

5. 수퍼바이저의 역할

수퍼바이저가 실행해야 할 역할들은 아마도 '치료사', '사회측정학자'('시스템 분석가', '사회적 조사자'), '역할이론가', '자발적인 연기자'일 것이다. 또한 '창의적인 천재를 믿는 자' 그리고 '창의적인 예술가'일 수도 있다. 나는 수퍼바이저의 역할을 이루는 *세 가지 주된 역할*로 정의했다. 나는 특히 지금 '수퍼바이저'라고 말하는데, 그 이유는 수퍼바이저는 '훈련 관리자', '교육과정 개발자'와 같은 더 많은 역할을 가지기 때문이다. 자연적으로 역할들 사이의 중첩이 있는데, 왜냐하면 역할들은 우리 자신 전체에 대한 표현이고 한 역할이 각기 분리된 것이 아니기 때문이다.

(1) 제작자(producer)—'창의적인 예술가', '자발적인 연기자', '현명한 사람', '마술사' 그리고 '코치' 같은 역할들을 포함한다.

(2) 사회성측정학자(sociometrist)—'사회성 분석가'와 같은 역할들을 포함한다. 이는 그가 평가를 내릴 수 있고, 어떤 것을 관련된 요소로 나누어 설명할 수 있다는 것을 의미한다. 사회성측정학자는 또한 '사회성 조사자' 혹은 '탐험가'이기도 한데, 특정 시간과 상황에 무엇이 일어나는지 볼 수 있는, '명확한 관찰자'이자 '적극적인 경청자'인 것이다. 사회성측정학자는 텔레 관계를 통해 집단의 구조를 바라볼 수 있으며, 이런 면에서는 '시스템 생각자'이자 '순진한 질문자'이다. 사회성측정학자는 이상적으로 새로운 관점들을 발견하는 것을 즐기고 삶에 감사할 줄 안다. 사회성측정학자는 보통 '삶을 사랑하는 자'이고 관계에 관심이 있는 사람이다.

(3) 치료사(clinician)—'명확한 관찰자', '적극적인 경청자', '강조하는 사람', '창의적인 예지자' 같은 역할들을 포함한다. 치료사는 또한 '치료적 안내자'이기도 한데 집단과 역할을 분명히 하고 준비작업을 도와준다. 치료사는 집단 상담사이거나 리더일 수 있다. 사이코드라마에서 치료사는 사이코드라마 기술을 언제 어떠한 크기로 시행할 줄 아는 '제작자'이자 '선생님'이다. 치료사는 분쟁의 해결법을 알고 있으며, '롤 모델', '코치' 그리고 '역할 훈련자'이다. 그들은 누구에게나 내재하는 '창의적 천재를 믿는 사람'이다.

어떠한 분야에서 일하는 사이코드라마 수퍼바이저라도 이 세 가지 역할군을 자신이 속한 분야의 문화적 언어를 유지하면서 사용할 수 있다.

6. 훈련 집단 안에서의 수퍼비전

훈련 집단은 수퍼비전이 이루어지는 최적의 맥락이다. 수퍼바이저는 훈련생 중 디렉터가 기능하는 것을 볼 수 있고 드라마 도중에 필요한 개입을 할 수 있다. 나와 각각의 훈련생 사이의 수퍼비전 관계는 첫 회기부터 발전한다. 나는 훈련생과, 그들의 학습 스타일, 무엇을 지시했을 때 얼마나 받아들일 수 있는지, 얼마나 필요한지, 어떻게 전달할지 등을 알게 된다. 그들은 나를 알고 믿게 된다. 우리는 서로 배우는 과정에 있는 것이다. 각 훈련생에게 반응해야 하기 때문에 나 또한 배우고 있는 것이다. 모든 훈련생들은 각각 다른 수퍼비전 방법을 필요로 한다. 나는 집단에서 누가 지식은 적지만 자신감이 높은지, 자신감은 없지만 지식이 많은지, 작은 제안에도 싸움을 하는지, 긴장하는지, 수동적인지, 폭력적인지 혹은 의심이 많은지를 인지하고 있다. 나는 또한 나의 디렉팅으로부터 그리고 동료들이 받는 수퍼비전을 보면서 훈련생이 얼마나 배우고 있는지를 관찰한다. 수퍼비전을 할 때에는 개입을 하는 타이밍, 목소리 톤 그리고 개입의 배치를 고려하는 것이 중요하다. 이것이 신뢰를 두텁게 한다.

나는 훈련생들을 수퍼비전하는 가장 좋은 방법은 그들이 디렉팅하는 순간에 이루어진다는 것을 알게 되었다. 훈련생들은 '실제 상황'에 있으면서, 그들의 주인공과 연관을 맺으면서 감정적이고 감각적인 영향을 경험하며 동시에 완전한 지적 기능을 경험한다. 새로운 훈련생들은 방법과 기술을 배우고 있기 때문에 지도를 필요로 한다. 지식과 기술이 향상되면서 그들은 기술을 정제하기 위해 또 다른 수퍼비전을 필요로 한다. 훈련생들은 코치, 선생님 혹은 치료적 가이드의 역할이 필요할 수도 있다. 다음은 역할 예시들이다.

A) 코칭:

예시 1: 수퍼바이저는 훈련생-디렉터에게 주인공에게 역할을 바꾸라고 말하라고 지시한다.

예시 2: 수퍼바이저는 훈련생-디렉터에게 주인공으로부터 가까이 혹은 멀리 이동하라고 지시한다.

예시 3: 훈련생이 관객에게 등을 돌리고 디렉팅하고 있을 경우, 수퍼바이저는 그것을 삼가고 관객과 지속적으로 관계를 맺고 있으라고 지시한다.

B) 가르치기:

예시 1: 수퍼바이저는 훈련생-디렉터에게 잠시 멈추라고 하고 지금 어떤 생각을 하고 있는지 물어본다.

예시 2: 수퍼바이저는 훈련생-디렉터에게 그의 느낌을 말하도록 하고, 디렉팅하는 동안 그 느낌을 계속 가지라고 말한다.

예시 3: 디렉터 역할 훈련 방법: 훈련생-디렉터가 어떻게 해야 할지 모르고 있을 때, 수퍼바이저는 드라마를 멈추고 전체 집단에게 짝을 지어서 어떤 일이 일어나고 있고 자신이 디렉터라면 어떻게 디렉팅할지를 이야기해보라고 한다. 훈련생들은 이야기한 것을 공유한다. 그 후에, 수퍼바이저는 훈련생-디렉터에게 드라마를 계속하도록 한다. 학생 디렉터는 어떻게 하라고 지시받지 않는다.

C) 치료적 가이드:

예시 1: 수퍼바이저는 드라마를 멈추고 훈련생-디렉터와 함께, '비판적인 판사'로부터의 메시지, '불안한 이모' 역할, 그리고 주인공과 평행 과정에 있을 때 야기되었을지도 모르는 감정적인 사건과 같은 장애물을 분명히 하면서, 드라마를 진행한다.

수퍼비전은 정의된 목표와 목적을 가진다. 나는 훈련이나 소규모 집단 수퍼비전 회기를 시작하기 전에 종종 간략한 계획을 적곤 한다. 나는 또한 그것이 끝나면 회기를 기록하거나 노트를 적거나 역할 도표를 만들기도 한다. 이러한 역할 도표는 나의 역할 이름을 적고 연관된 훈련생들의 역할을 기록하는 것을 포함한다. 이것은 나 스스로에게 어떤 일이 있었는지를 생각하고 평가할 수 있게 해준다. 이는 나의 준비작업을 도와주고, 명확히 생각하고 다음 회기를 위한 계획을 만드는 것을 도와준다.

마지막으로, 훈련생의 학습을 재미있게 만드는 것도 수퍼바이저의 중요한 능력이다. 우리는 즐길 때 가장 잘 배운다.

7. 방법의 개념화

훈련생-디렉터가 배운 개념을 얼마나 이해하고 흡수했는지를 아는 것도 수퍼바이저의 역할 중 하나이다. 그들은 디렉터나 보조자들의 행동을 보거나 집단 구성원들 간의 관계를 보면서 개념들이 제대로 학습되고 연관되고 있는지 알아차릴 수 있다.

집단 구성원에게 특정한 과제를 주는 것은 알아차리기 도구를 제공한다. 예를 들어, 드라마의 말미에 집단에게 그들 중 둘 혹은 셋이 차례대로 나와서 역할 바꾸기에서 어떤 것을 보았고 그 기술을 사용한 결과를 발표하라고 할 수 있다. 이렇게 함으로써 내가 가르치고 있는 개념들이 그들에게 전해지고 있는지를 알 수 있다. 발표는 무엇이 일어났는지, 어떤 역할이 언제 등장했는지, 혹은 기술 적용의 결과 등을 포함할 수 있다. 이러한 활동은 시간이 얼마 걸리지 않으며, 훈련생들의 생각을 확장하는 기회를 주며, 스스로 권위를 가지는 기회를 준다. 이는 그들이 독립적으로 기능하는 것을 도와주며, 집단에게 이것이 훈련이라는 점에 집중하게 해주고, 수퍼바이저가 훈련생들의 학습 스타일을 알게 해준다. 훈련생들은 또한 집단의 앞에 서면서 리더가 되는 것을 배우고, 본 것을 표현하고 어떻게 생각하는지를 표현하는 법을 배운다.

훈련 과정에서 나는 훈련생들이 스스로의 기능 수준을 알도록 하기 위한 과제들을 만든다. 이는 훈련생이 자신의 학습 능력에 대한 자신감을 발전시키도록 도와준다. 내 기관에서 훈련생들은 훈련의 첫 번째 해에 작은 연극을 통해 서로를 제작자로서 관리한다. 그들은 보통 작은 작품을 만들고 따라서 우리는 어마어마한 '디렉터'의 역할보다는 '제작자'의 역할을 먼저 가르친다. 그들은 무대로 나오고, 짧은 연극을 디렉팅하면서, 보조자 역할을 수행함을 통해 자신감을 얻는다. 자신감은 훈련생들이 더 잘 기능하고 더 자발적이 되도록 해준다. 이와 동시에 불안감의 감소와 지식을 쌓고 배우는 능력의 향상도 이루어진다. 훈련생들은 당연히 자신이 전체 사이코드라마를 진행할 수 없다는 것을 알지만, 집단의 리더 역할을 경험하면 디렉터의 기법을 훈련의 초반부터 사용하기 시작한다. 그러면 그들은 일대일 수퍼비전에서 자신이 기법을 어떻게 사용하는지에 대한 예시를 집단에서 공유한다. 훈련생 중 한 명은 훈련을 시작했을 때 대형 병원의 정신과에서 일하고 있었다. 그녀는 두 번째 해의 중간 즈음에, 수퍼바이저로부터 자문을 받으면서 병동에서 환자들에게 사이코드라마를 시작했다. 정기적인 수퍼비전을 받았고 훈련 집단에게 그녀의 작업을 발표했다. 9년 후, 그녀의 사이코드라마 집단은 스태프와 환자들에게 계속 인기 있었다.

훈련생의 자발성이 늘어날수록, 훈련 집단은 작업 집단이 된다. 훈련생은 손쉽게 작업에 집중하고, 자신들의 경험으로부터 아이디어를 만들고, 역할 레파토리가 발전하면서, 자신을 더 보여주고 싶어하는 역할의 범위가 확대된다. 그들의 동료들 간의, 그리고 수퍼바이저와의 관계는 빠르게 발전한다. 집단의 개방적 분위기가 발전하면 집단 구성원들은 역할을 더 쉽게 분석할 수 있게 되고, 정확한 역할 도표를 만들고 개입을 할 수 있게 된다. 그들은 책임자로서, 보조자로서, 그리고 구성원으로서 높은 자발성을 가지고 일할 수 있게 된다. 나는 일련의 새로운 활동들을 제공하고, 새로운 것을 만들어냄으로 인해서 수퍼비전 관계를 역동적이고 적절하게 유지할 수 있는 기회를 가진다. 훈련생-디렉터의 역할은 관찰되고 그들의 성장은 기록된다. 나는 이를 바탕으로 개입을 한다. 나는 훈련생이 발전하기 위해 어떤 역할 혹은 역할들이 필요한지 그리고 어떤 개입이 요구되는지 알아내려 한다. 이는 훈련생과의, 때로는 집단과의 자문으로 이루어지며, 우리는 일련의 활동에 동의한다.

8. 적극적인 아이디어의 생성

훈련생들은 경험적 방법을 통해 아이디어를 배우고, 스스로 동료들과 관련된 계획을 생성하면 사회측정학적 지위가 상승한다. 다음 네 가지 예시는 이를 보여준다.

- 훈련받은 지 2년째 되는 두 명의 훈련생은 구체화에 대한 기술을 더 많이 배우고 싶었다. 훈련 집단에 이 사실을 말했을 때, 다른 구성원들은 이 개념에 대해 생각하기 시작했다. 나는 그들이 생각을 토론하면서 집단의 관계들이 발전하는 것을 보았다. 매우 흥미로웠기에 나는 다음날 전부를 이 기술 훈련에 집중하기로 했다.
- 어느 날, 한 훈련생이 주인공을 수행하고 구체화를 경험하고 싶다고 했다. 구체화에 집중하여 보조자들은 그들의 역할을 넓혔고 결과적으로 집단의 자발성이 높아졌으며 훈련생은 깊은 경험을 할 수 있었다.
- 훈련 종결기의 훈련생은 사회성측정이 어떻게 조직의 책임자로서의 작업에 정보를 제공하는지를 깨달았다. 그는 그의 집단에, 직원 회의에, 그리고 위원회에서 매우 효과적으로 사회성측정을 적용해왔다. 하지만 그가 무엇을 했는지에 대해 사이코드라마적으로 그리고 사회성측정학적으로 분명히 표현하지 못했다. 이 새로운 깨달음이 훈련 집단 내의 긴 대화와 토론을 야기했다.
- 경험 많은 훈련생은 자신을 폭력적으로 표현하는 십대들과 가족들을 위한 집단

을 운영한다. 그녀는 자신의 아이디어를 집단 워밍업에 사용하고 집단의 안전을 도모하기 위해 작은 과제들을 이용한다. 이것이 사이코드라마 집단은 아니지만, 그녀의 집단 작업은 거울기법을 포함하며 그녀는 사회성측정 지식을 바탕으로 일하고 있다.

9. 훈련생의 작업과정에 대해 작업하기

훈련이 지속되면서 훈련생들은 자신의 직장에서 일어난 상황을 집단에 가져온다. 예는 다음과 같다. 한 훈련생은 디렉팅할 때 자신의 즉각적인 반응을 신뢰하기 어렵다고 보고했다. 그녀를 의자에 앉힌 상황이 세팅되었다. 수퍼바이저는 그녀의 의심이 어떻게 분명해졌는지 물어보았다.

훈련생: 그것은 내 위의 구름과 같아요.
수퍼바이저: 그 의자에서 나와서 구름이 되어보세요. (그녀는 의자 뒤로 간다)
수퍼바이저가 구름에게: (역할 인터뷰를 한다.) 그녀에게 무엇을 하려는 건가요?
구름이 된 그녀: 나는 그녀 스스로 의심하게 만들고 있어요.
수퍼바이저: 당신이 어떻게 그렇게 하는지를 그녀에게 말해주세요. (그렇게 한다.)
수퍼바이저: (역할 인터뷰를 한다.) 또 그녀에게 할말이 있나요? 지금 말해주세요.
구름: 조심해야 해요.
본인이 된 훈련생: (의자에 앉은 채로 수퍼바이저에게) 분리된 기분이 들어요.
수퍼바이저: 저기 있는 의자를 가져다가 옆에 놓으세요.
새로운 의자에 앉은 훈련생: (새로운 역할을 맡는다.) 나는 네가 지금 하는 것이 괜찮다고 생각해. (이 새로운 측면과 대화를 한 다음 그녀가 또 다른 역할이 필요하다는 것을 알게 된다. 이번에는 엄마의 역할인데 그녀의 실제 엄마는 아니다.)
새로운 엄마로서의 훈련생: (가까이 다가오며) 너는 잘 하고 있단다.
자신으로서의 훈련생: 고마워요. (그녀는 매우 크게 감동받았다.)

엄마의 역할로 감정을 표현했을 때 그녀에게서 분명한 감동이 느껴진다. 이것은 아름다운 순간이다. 관계라는 것은 조건 없는 사랑의 동반 관계이다. 구름은 이제 그녀에게 영향을 주지 못한다. 이와 같은 한 장면 드라마는 새로운 역할들의 형성과 통합에 매우 유용한 작업이다. 이 드라마는 그녀에게 내적 믿음을 강화시키고 자신을 더욱 사랑하도록 도왔다. 그녀가 엄마 역할을 할 때, 그녀는 자신에게 '사랑하는 엄마'가 되는 능력을 스스로 발전시키고 있었다. 그녀는 실제 엄마와 그런 경험을 하지 못해서 사랑받지 못한다고 느끼고 십대 시절에 약물에 중독되었었다.

또 다른 예는 다음과 같다.

매달 만나는 상담사들의 모임이 있었다. 어느 날 회기에서 멤버 중 한 명이 그녀가 운영하는 집단에 대해서 매우 불안하다고 말했다. 그녀는 며칠 밤을 자지 못했고, 어제도 잠을 설치고 일찍 일어나 집 청소를 하고 있었다고 했다. 그녀는 장소로 그녀의 주방을 세팅했다. 그녀는 새벽 2시에 설거지를 하고 있었다. 나는 그녀에게 방을 걸어다니며 독백을 하도록 했다. "당신에게 일어나고 있는 모든 것, 생각, 감정과 느낌을 우주에게 큰 소리로 말하세요." 그녀는 그렇게 했고 몇 분 지나지 않아 갑자기 멈추고 울음을 터뜨렸다. 나는 그녀에게 가까이 다가가 숨을 들이쉬고 내쉬라고 몇 번 말했다. 울음이 그친 후에, 그녀는 자신이 얼마나 겁에 질렸었는지 알게 되었다고 했다. 그녀가 공포와 마주하여 이를 깨달았다는 사실은 아주 중요한 순간이었다. 정화 작용의 카타르시스는 그녀의 불안함을 사라지게 했고 그녀는 자발적이 되었다. 이전에는 그녀의 불안감이 너무 높아서 어떤 것도 누구도 그녀에게 다가갈 수 없었고 바로 생각할 수도 없었다. 그녀는 즉시 개방적으로 되었고, 그녀의 계획에 집중하고 아이디어로부터 활동들을 만들어낼 수 있었다.

이 회기는 이후 삼십분 동안 더 진행되었고 그 시간 동안 그녀는 독립적으로 그녀의 아이디어를 계속해서 만들어내고 불안감 없이 아이디어와 계획을 화이트보드에 적어갈 수 있었다. 집단은 이를 통해 얻은 것이 있었고 각 구성원들은 회기 계획에 대한 노트를 만들었다. 활기찬 토론이 이어졌다.

하지만 훈련을 시작한 지 얼마 되지 않은 훈련생들에게는 역할을 발전시키는 아이디어, 사회적 원자를 탐구하는 것 혹은 기술을 이해하는 것이 더 중요하다. 경력이 있는 훈련생에게는 역할을 좀 더 정제하고 강하게 만드는 것을 포함한다. 하지만, 훈련의 수준에 상관없이 나의 목표는 그 순간의 사람과 만나는 것이다.

10. 관계 속에서 읽고 쓰기

관계 속에서 쓰는 것은 혼자 쓰는 것과는 꽤 다르다. 이는 명확한 생각을 발전시키는 것을 도와주며, 개념적 능력을 확장시키고 감정과 생각의 통합을 보다 가능하게 해준다.

훈련 첫 해에는 훈련생들에게 역할 도표나 창의적 내용으로 한두 문장의 짧은 글을 쓰도록 권장했다. 둘째 해에는 훈련생들이 드라마에서 관찰한 역할들을 쓰거나, 그렸고, 우리는 역할이론의 프레임을 이용해서 이를 진행했다(Daniel, 2009). 글쓰기는 전체 훈련에서 중요한 부분이다. 모든 훈련생들은 자신의 글을 수퍼비전받고, 여기서 그들은 과거의 두려움들, 거부와 좋지 않았던 것들과 마주한다. 따라서 수퍼바이저와의 관계는 매우 중요하다. 둘 다 이 과정에서 시험을 거치게 된다.

경력 훈련생들이 프로젝트, 보고서, 논문 혹은 사설들을 마무리하면 이를 도서관에 보관한다. 그들은 자신의 글들이 동료들과 수퍼바이저들의 발전에 도움을 준 것을 보러 오는데, 이때 자부심이 더해진다.

훈련 기관에 도서관이 있으면 좋은 자원이 된다. 훈련생들은 사이코드라마에 대한 방대한 문헌을 이용하여 지식을 쌓을 수 있다. 그들이 흥미 있는 자료를 빌리는 동안, 수퍼바이저들은 그들에게 작업의 분야나 특정 개념적 분야에 알맞은 논문을 추천해줄 수도 있다. 이는 그들이 그들보다 커다란 무엇인가와의 관계에 있다는 것을 통해 긍정적이고 전문가로서의 정체성을 형성하는 것을 도와준다. 그들은 다른 훈련생들의 작업은 물론이고 다른 나라의 사이코드라마 디렉터들의 아이디어들에 대해서도 그리고 특정 분야에서 사이코드라마를 적용하는 방법에도 익숙해진다.

11. 사이코드라마 디렉터의 전문가로서의 정체성

훈련생들은 성격적 욕구와 학습방법이 다르기 때문에 다양한 정체성 형성 과정을 겪을 것이다. Moreno는 배움의 두 가지 방법을 정의했는데, 과잉 학습과 과소 학습이다. 이미 언급했듯이, 이는 자발성이론, 텔레, 워밍업과 관련이 있다(Moreno, 1946). 중심 목표는 자발성 상태의 훈련이다. 이는 수퍼바이저의 자발성에 대한 이해를 요구한다. 예시는 다음과 같다.

자스민(Jasmine, 실제 이름도 아니고 특정 성을 지칭하지도 않는다)은 사이코드라마를 진행하고 있었다. 주인공이 역할 훈련으로 이익을 볼 것이 분명해졌다. 그들은 배우자와의 관계 발달을 위한 특정한 역할이 없었다. 가족 문화에도 역할이 존재하지 않았다. 자스민은 역할 훈련에 애를 먹었다. 그녀의 자리를 잃었다가, 다시 찾았다가를 반복했다. 그녀는 코칭을 꽤 잘 했다. 하지만 후에 우리가 회기를 진행하는 도중에 그녀는 아무 것도 몰랐고 그녀의 동료들 앞에서 그것이 명백히 보이는 것이 부끄러웠다며 울음을 터뜨렸다. 자스민은 어떤 역할 훈련도 하지 않았거나, 보기만 했거나, 다른 사람들이 할 때 과정의 일부였거나, 다른 곳에 있었거나, 이전 훈련에 빠졌거나, 많은 경우가 가능했다. 하지만 드러난 것은 그녀가 드라마를 이끄는 평범한 방법을 가이드라인을 통해 매우 잘 배웠다는 것이었다. 이 회기에서 그녀는 갑자기 예상치 못한 모르는 상황에 던져진 것이었다. 회기 진행은 수퍼바이저에게 자스민의 자발성이 더 필요하고 다음 훈련에서 동료들처럼 즐길 수 있도록 자발적인 능력을 키워주는 것이 필요하다는 것을 알게 해주었다. 수퍼바이저는 자스민에게 집중하지 않았고 대신 소시오드라마를 시작하며 일련의 새로운 활동들을 하도록 만들었다. 집단의 수행 불안이 조금 낮아지고 사람들이 보다 편안하고 개방적인 태도를 가지게 되었다.

Ekstein과 Wallerstein(1972)은 학습자들의 유형을 열린 학습자, 불안한 학습자, 투쟁하는 학습자로 나누었다. 수퍼바이저가 다양한 학습 스타일을 알면 훈련생들의 독특성을 받아들이고 존중할 수 있게 된다. 그들은 훈련생들의 독특함을 존중하고 동시에 그들과 그들이 속한 집단의 과정에 기여하도록 할 수 있다. 이 방법으로 그들은 각각의 훈련생들에게 열려 있으며 체계적으로 가르치겠다는 것을 보여준다.

수퍼바이저는 모든 것을 아는 것이 아니며 알아야 하는 것도 아니다. 사실, 가끔 그들이 모르는 채로 새로운 것에 개방적인 태도로 훈련생들을 마주하는 것이 매우 좋은 것이기도 하다. 이를 통해, 수퍼바이저는 훈련생에게 두 가지 학습 상황을 제공하는 것이다. 수퍼바이저는 그들이 훈련생의 정체성을 형성하는 것에 기여한다는 것을 알고 안심해도 된다. 수퍼바이저는 훈련생의 '역할모델'이다.

전문가로서의 정체성은 두 부분이 결합된 것이다. 첫째로 어떤 사람이, 내적 경험의 반영, 전문가로서의 관계, 인생 경험 등을 포함하는, 전문가로서의 자신을 어떻게 보는지이다. 이것은 '내적' 동일시 과정을 구성한다. 둘째 부분은 '외적' 동일시 과정을 포함하는데, 그 전문가 집단에 그 사람이 속한다는 것을 통해 얻어진다. 이는 측정될 수 있다. 예를 들어, 훈련생은 이후에 평가되고 위원회에 의해 통과되는 사이코드라마 대본을 쓸 수도 있다. 그는 이제 사이코드라마 디렉터가 되기 위한 필수적인 요구사항의 한 부분을 충족한 것이고 사람들은 그것을 알아준다. 반대로 내적인 과정은, 수퍼바이저와의 동일시 과정을 포함한다. 이는 관계의 미묘함과 다양성 때문에 조금 더 복잡한 부분이다. 두 부분으로 이루어진 동일시 과정은 수퍼바이저와 함께한다. 수퍼바이저는 (1) 훈련생이 목표로 하는 것과 비슷한 혹은 다른 가치들을 가진 사람 혹은 (2) 방법과 기능의 '모델'로 함께한다.

전문적인 정체성은 그 사람 인생의 부분이 된다. 따라서 사이코드라마에서 훈련하는 과정은 반드시 전문적인 자아 발견과 개인화의 기회를 제공해야 한다. 이것이 이루어지지 않으면, 훈련생이 성장과 충족을 위한 새로운 길을 찾거나 수퍼바이저가 새로운 관점이나 역할을 발전시켜야 한다. 수퍼바이저와 훈련생이 함께 형성하는 관계는 훈련생의 전문가로서 정체성 형성의 중심이다. 이 관계의 발전과 유지는 오랜 시간 동안 이루어지며 훈련생이 발전함에 따라 많은 변화를 겪는다. 수퍼바이저 역시 이 과정에서 최적으로 성장한다. 이는 함께하는 여행이다. 두 사람이 그들의 관계 속에서 어떻게 발전하는가는 아주 거대한 창조적인 대단한 과정이다. 각각은 이 관계 안에서 그리고 관계를 통해서 변화된다.

■ *상호보완적이고 대칭적인 역할 관계들:* 공식적인 상호 긍정적인 수퍼비전 관계는 사람들이 함께 좋은 것을 만들기 위해 중요하다. 수퍼비전 현장에서, 수퍼바이저는 수퍼바이저여야 하고 훈련생은 훈련생이어야 한다. 즉, 학생은 그들이 배우는 자임을 기억하고 수퍼바이저의 지시를 받으며 발전할 것이라는 것을 알아야 한다. 수퍼바이저와 훈련생의 역할은 상호보완적이다. 이것이 의미하는 바는 무엇인가? 각자 지정된 역할이 있다는 것이다. 이 공식적인 관계가 한쪽 혹은 양쪽 모두에게 이해되지 않을 때 문제가 발생한다. 마치 부모와 아이 혹은 밤과 낮처럼, 상호보완성은 다름을 포함한다. 선생님과 학생의 사회적 역할 관계는 상호보완적으로 설명될 수 있는데, 선생님은 가르치고 학생은 배운다. 수퍼바이저와 수퍼바이저, 부모와 부모, 아이와 아이의 사회적 관계는 대칭적이라고 설명된다. 대칭적 역할 관계의 핵심은 유사성이다.

어떠한 '사회적' 상호보완적 혹은 대칭적 역할 관계에서든, 사람들은 역할의 레파토리를 가지는데, 예를 들면, 어떤 시점에도 상호보완적 혹은 대칭적이라고 설명되는 사이코드라마적인(정신적인) 혹은 신체적인(생리학적인) 역할들이다. 아이는 아버지에게 사랑스러운 동반자일 수 있고, 그들은 같이 비행기 모형을 만들며, 서로의 행동에 맞추어, 나무 합판을 건네주며, 잡아주고 풀칠하며, 함께 삶을 즐길 수 있을 것이다. 그 순간 그들은 대칭적인 역할 관계에 있는데 둘 다 삶을 즐기는 사람이고 따뜻한 동반자이기 때문이다. 좋다/나쁘다, 약하다/강하다의 개념은 상호보완적 아니면 대칭적 역할 관계에는 맞지 않는다. 이는 맥락에 의존하며, 특정한 맥락 안의 사람들에 의존한다. Gregory Bateson(Watzlawick, Beavin, & Jackson, 1967)이 상호보완적 그리고 대칭적 개념을 제안했다. 나는 이 표현이 사람들과 일하고 그들을 내 훈련에 동화시키는 것에 매우 가치 있다고 생각한다(Daniel, 2009). 중요하게 고려해야 할 것은 우리가 옳고 그른가 보다는, 관계이다. 두 명이 맺는 관계에는 세 개의 독립체가 있는데, 사람 a)가 독립체 1, 사람 b)가 독립체 2, 그리고 그들의 관계 c)가 독립체 3이다. 이 개념은 커플 상담과 가족 치료에 매우 중요하고 유용하다.

수퍼바이저와 훈련생의 유연한 능력과 서로에게 상호보완적 혹은 대칭적 역할을 맡을 수 있는 능력은 헌신, 자발성, 창의성을 필요로 한다. 때때로 수퍼바이저는 변화를 원하는 사람이어야 한다. 이러한 철학을 가지는 것은 지혜, 개별성 그리고 일생 동안의 가치 있는 동맹의 성장을 낳을 것이다.

12. 계약의 발전

개인 수퍼비전의 계약을 맺을 때는 고려해야 할 세 가지 주요 사항들이 있다.

- 개인의 지속적인 전문적 성장
- 그들이 수퍼비전을 받으러 오는 이유
- 자발성을 보완하고 안정감을 높이는 목표 세우기

훈련 집단에서, 목표는 수련 중인 디렉터가 계약을 통해 그들의 주인공과 상호 관계를 세우는 것이다. 예시는 다음과 같다. "이 드라마에서 집중하고 싶은 것은 무엇입니까?" "이 일을 하면서 당신의 목표는 무엇입니까? 그럼, 우리는 당신이 부인에게 뭐라고 말할지 알아보도록 하겠습니다. 이 장면을 다시 방문하고 무엇인가 완성해봅시다. 어떻습니까?" 이들은 인터뷰 동안 이루어질 만한 질문들이다. 계약을 맺는 것은 진행자와 주인공 모두에게 방향을 제공하고 안정감을 준다.

수퍼바이저는 또한 회기의 시작에서 어떤 종류의 수퍼비전을 원하는지를 질문함으로써 훈련생들 중 진행자와 계약을 맺을 수 있다. 이는 훈련생이 훈련의 둘째 혹은 셋째 해에 있을 때 가능하다. 그 이전에는, 대부분의 수퍼비전은 방법을 배우는 것에 관한 것이고 수퍼바이저는 훈련생에게 특별히 말하지 않고 과정에 자주 개입할 것이다. 또한 새로운 훈련생들은 스스로 어떤 수퍼비전이 필요한지 모를 수도 있다. 진행자의 역할을 맡은 바로 '지금-여기'에 가장 많은 것을 배울 수 있다. 이후에 그 순간의 느낌은 잊혀지고 수퍼비전은 경험이라기보다는 지성화 과정이 될 것이다. '지금-여기' 관계의 과정은 훈련생과 수퍼바이저에게 더 많은 배움을 가져다준다. 이는 나에게 윤리에 대해 말하도록 한다.

13. 윤리

윤리는 도덕 법칙의 체계이다. 이는 관계의 질, 서로 어떻게 해야 하는지, 순간에 우리가 어떻게 생각하고 느끼고 행동하는지 그리고 하루하루의 상호작용에서 서로 어떻게 잘 지내는지에 대한 것이다.

우리가 서로와 어떻게 관계를 맺고 있는지는 맥락, 역할 관계, 그 사람, 계약 그리고 시간에 따라 다르다. 한 시대에 적절한 역할 행동이 다른 시대에는 아닐 수도 있다. 어떤 맥락에서 허용 가능한 것이 다른 맥락에선 불가능하기도 하다. 계약은 상대적이다. 어떤 사람이 훈련에 온다면 그들은 훈련을 받아야 한다. 어떤 사람이 수퍼비전을 받으러 온다면 수퍼비전을 받아야 한다. 훈련과 수퍼비전에서도 우리가 서로에게 어떠한지 그리고 주인공과 내담자에게는 어떠한지가 중요하다. 계약은 작업을 시작하는 틀을, 그리고 그 안에서 행동하는 방법을 결정한다.

윤리의 규정은 훈련생, 대중 그리고 전문가 집단을 보호한다. 이는 참고할 것과 틀을 제공한다. 이는 사람들과 집단 사이의 양방향 관계를 생각하도록 만든다. 윤리 강령의 기본원칙을 이해하는 것이 수퍼비전 과정의 부분이다. 나는 윤리에 대한 다양한 읽기와 토론이 일대일 수퍼비전은 물론 집단 훈련에 유용한 활동이라는 것을 확인했다. 나는 특별히, Zerka Moreno(Moreno, Z. T, 1972; 2006)의 "사이코드라마, 사회성측정, 개인 정신치료, 무조건적인 사랑의 문제에 대한 노트"를 추천하는데, 그 이유는 이것이 훈련생들이 훈련 과정에서 경험하는 특별한 것들을 다루기 때문이다. 이 명쾌한 작업은 상담사들과 집단 리더들 그리고 내담자와의 관계를 다룬다. 이러한 가이드라인을 가지는 것은 훈련생이 어떤 분야에서 일하든 사이코드라마를 적용하기에 유용하다.

14. 여행의 끝

훈련생들은 사이코드라마에 대한 지식과 이해가 깊어지면서, 일련의 역할들과 집단을 지도하는 능력을 발전시켰다. 이제 그들은 훈련 과정을 마치려 한다. 그들은 또한 프로젝트를 완수했고, 사설이나 논문 같은 글도 썼다. 각자는 이제 공식 훈련의 마지막 단계인 실습을 할 준비가 되었다. 이것은 인생 여행이고 지속되는 전문가로서의 발전과 자신과의 그리고 타인과의 관계의 지속이 포함되므로 배움의 과정에서 마지막 단계는 아니다.

이쯤 되면, 나는 훈련생들에게 두세 쪽 분량의 훈련 과정에 대한 글을 쓰라고 한다. 이 글은 그들이 언제 그리고 왜 훈련을 시작했는지, 흥미로운 순간, 주요 장면, 깨달음, 어려움과 장애물, 중요한 사람들 혹은 사건들을 포함한다. 훈련 과정에 대해 쓰는 활동은 훈련 과정에 대한 그들의 감정이 활기를 띄게 하며 힘이 나게 해준다. 자신과 더욱 깊게 연결되게 해주며 자신과 남에 대한 더 큰 인식과 받아들임을 가능하게 한다. 그들은 과정의 완성, 들인 시간 그리고 지나온 엄청난 '여행'을 인식한다. 때때로 그들은 성취한 것에, 수퍼바이저들과 동료들과의 관계에, 그리고 훈련방법 그 자체에 비춰진 자신을 발견한다. 이 쓰기의 과정은 자신과 타인과의 관계를 깊게 만들며 그들이 공인된 사이코드라마 디렉터가 되는 여행에 좀 더 나아갈 수 있도록 해준다.

15. 결론

훈련생이 전문가로서의 정체성을 형성하는 것은 수퍼비전의 목표이다. 이것은 사이코드라마의 철학에 대한 이해와 그것을 적절히 실행할 수 있는 기술과 능력이 어우러져, 수퍼바이저와 받는 자의 관계를 통해 이루어진다. 수퍼비전은 학습, 타인에 대해 세심하게 주의를 기울이는 것, 존경하는 관계들의 균형이다. 수퍼바이저는 넓은 범위의 역할 목록이 필요하다. 때때로 그들은 고무적이어야 하고, 어떤 때는 확고하고 상냥해야 한다. 그들은 관계를 맺는다는 것이 의미하는 것을 이해할 필요가 있고, 그들이 훈련하고 수퍼비전하는 사람들에게 헌신할 수 있는 역량을 지녀야 한다. 이는 훈련생들이 그 과정을 믿고, 관계에 대해 배우고 방법에 대한 사랑을 키우는 것을 보장하기 위한 필수적인 요구사항이다.

참고문헌

Daniel, S. (1982). *Building a healthy group culture: A psychodramatic intervention.* Unpublished monograph. The Zerka Moreno Library, Psychodrama Institute of Melbourne, Australia.

Daniel, S. (2009). Psychodrama, role theory and the cultural atom: New development in role theory. In C. Baim, J. Burmeister, & M. Maciel (Eds.), *Psychodrama: Advances in theory and practice* (pp. 67–81). London & New York: Routledge.

Ekstein, R., & Wallerstein, R. S. (1958/1972), *The teaching and learning of psychotherapy* (2nd ed). New York: The International Universities Press.

Moreno, J. L. (1934/1978). *Who shall survive?* (3rd ed.) Beacon, N.Y: Beacon House, Inc.

Moreno, J. L. (1946/1985). *Psychodrama, Vol. 1.* (7the ed.) Ambler, PA: Beacon House, Inc.

Moreno, Z. T. (1972). Note on psychodrama, sociometry, individual psychotherapy and the quest for "Unconditional Love". *Group Psychotherapy and Psychodrama, 4,* 155–157.

O'Loughlin, G. (2009). In private conversation. Psychodrama Institute of Melbourne, Australia.

Watzlawick, P., Beavin, J. H., & Jackson, D. (1976). *Pragmatics of human communication: A study of interactional patterns, pathologies and paradoxes.* New York: W. W. Norton & Company Inc., pp. 67–71.

수퍼비전—과도기에 있는 드라마의 삼각형

Judith Teszáry

이 장에서 나는 수퍼비전 과정에 대한 견해를 밝히고 다양한 상황에서 내가 활용하는 수퍼비전 방법을 공유하려고 한다. 다양한 상황이란 보다 숙련된 훈련 집단의 훈련생에 대한 직접적인 수퍼비전, 치료 집단 보조자들에 대한 수퍼비전, 그리고 훈련생의 수행에 대한 수퍼비전이다. 나의 목적은 동료들이 자신의 창의성을 사용하는 것과 새로운 기술들을 개발하는 것에 보다 큰 자유를 가질 수 있게 하는 것이다. 다음 Søren Kierkegaard의 인용문은 수퍼비전에 대한 나의 비전을 요약한다.

타인이 이해하도록 하는 기술에 대해

만약 어떤 이를 특정 장소로 진정으로 이끌어주고 싶다면, 반드시 최우선적으로 그가 지금 어디에 있는지를 알고 그곳에서 시작해야 한다. 이것이 도움의 기술에 대한 비밀의 전부이다. 그렇지 않으면서 자신이 누군가를 도와줄 수 있다고 생각한다면 그것은 착각에 빠진 것이다. 진정으로 타인을 돕기 위해서는, 나는 반드시 그보다 더 이해해야 한다—하지만 반드시 최우선적으로 그가 이해하는 것을 이해해야 한다.

만약 내가 그렇게 하지 않으면, 나의 대단한 이해는 그를 전혀 도와주지 못한다. 그럼에도 불구하고 내가 대단히 많이 이해했음을 주장하려 한다면, 그것은 내가 헛되거나 오만하기 때문이고, 기본적으로 그에게 이익을 주고 싶은 것이 아니라 내가 그에게 존경받고 싶기 때문이다. 하지만 모든 진정한 도움은 겸손과 함께 시작된다.

도움을 주는 사람은 첫째로 도우려는 사람 아래서 스스로 겸손해야 하고 따라서 돕는 것은 정복하는 것이 아니라 섬기는 것임을, 돕는 것은 군림하는 것이 아니라 참는 것임을, 돕는 것은 잘못되는 경우와 타인이 이해하는 것을 이해하지 못하는 것을 참아낼 수 있는 시간을 원하는 것임을 이해해야 하는 것이다(Kierkegaard, 1859).

1. 개요

수퍼비전의 방법은 치료적 행위의 방법과 일치해야 한다. 사이코드라마는, 제3자가 분석의 방에 절대 나타나지 않는 정신분석과 달리, 사이코드라마 디렉터의 역할이 전체 집단에 보이는 방법들 중 하나이다. 가족 치료에서, 수퍼바이저 혹은 팀 전체가 회기에서 어떤 일이 일어나고 있는지 때때로 되돌아보며 방에 앉아있는 것은 꽤 일반적이다 (Andersen, 1991).

전이와 역전이와 함께하는 일을 포함한 사례들을 수퍼비전에 가져오는 것은 정신분석의 전통인데, 이는 정신분석 방법의 핵심이다. 이것은 전이와 역전이가 사이코드라마 회기에서 일어나지 않는다는 것을 의미하는 것이 아니라, 그것들을 다루는 도구가 다른 것이다. 우리는 주로 '원래의' 사람을 장면에 데려오고, 치료적 방법으로 디렉터와 집단 멤버 사이의 전이를 다루지는 않는다. 오히려, 디렉터는 자신의 디렉터로서의 역할에 '열중'해 있다. 만약 전이가 너무 강하고 협동에 장애물이 되면, 회기는 동료 디렉터가 이끌어야 한다. 가끔씩, 전이가 애초에 디렉터를 위해 만들어졌다고 해도, 진행자와 '원래' 사람의 문제가 생겨나고 그것이 드라마 안으로 녹아들기도 한다.

또한, 사이코드라마 디렉터는 정신분석가와는 대조적으로 중립적이지 않고, 오히려 그녀/그의 느낌에 열려있고 심지어 상황에 적절하게 반응하면서 그것을 표현하기도 한다. 그녀/그가 기능하는 방향은 상호주관적인 시각에 더 잘 맞으며, 이는 자발성과 역전이에 대한 상담사의 더 많은 개입을 의미한다.

나는 방법과 조화를 이루기 위해서, 열린, 보이고 투명한 방향의 수퍼비전을 선호하고 가능한 한 직접적인 수퍼비전을 선호한다. 우리가 만약 사이코드라마를 공동 창조라고 생각한다면, 우리가 무엇을 함께 하는 것인지 주인공의 동의를 얻는 것은 더욱 중요하다. 디렉터의 의도는 내면의 목소리 혹은 질문의 형태로 크게 말해질 수도 있다.

전이와 역전이는 수퍼비전 집단에 포함될 수 있지만, 전체적인 중심으로 행해져서는 안 된다. 사이코드라마에는 많은 측면들이 있는데, 전이/역전이에 대한 질문보다 더 많은 집중을 필요로 하는 것들이다. 나의 수퍼비전 회기에서는, 경력 있는 훈련 집단에서 직접적으로 실행되든, 사이코드라마를 연습하는 진행자들의 집단이든, 환자들과 함께 하는 사이코드라마 집단이든, 나는 문제-기반의 경험적인 학습 모델을 적용한다. 사이코드라마 진행이 주인공이 성취하기를 원했던 변화를 이루고 문제를 해결했는가? 초점은 디렉터/수퍼바이저의 문제에 있고 주인공의 문제에 있는 것이 아니다.

수퍼비전은 또한 구체적 그리고 일반적 사이를 교차하는 특별한 상황들을 포함한 가르치는 과정이다. 특히 교육/수퍼비전 회기들에서, 나는 철두철미하게 드라마의 모든 부분을 검사한다.

작업을 수행하기 위해 훈련생에게 필요한 기술과 역량은 무엇일까? 이것들은 다음을 포함한다. 주인공과 텔레를 형성하는 것(치료적 동맹), 문제를 탐색하고 찾는 것, 힌트를 찾고 다음 장면을 선택하기, 장면을 만드는 것, 문제를 파고드는 것, 인지적으로, 감정적으로 그리고 신체적으로 변화를 가져오는 것, 집단 과정을 촉진하는 것, 구체적인 문제에 대한 정신적인 지식을 가지는 것 등이다. 사이코드라마적인 과정은 직선적이라기보다 나선형 과정이지만 특정 순서에 의해 규정되는 구조도 존재하기는 한다.

진행된 드라마에서 무엇이 빠져있었거나 빠져있는가? 장면 세팅은 순수했는가? 그 과정을 도왔는가, 아니면 드라마를 평범하고 정적으로 만들었는가? 사이코드라마 진행의 연극적인 측면에 대한 질문은 나에게 중심적인 역할이 아니라면, 최소한 수퍼비전에 대해서는 중요한 것이다. 장면의 흐름과 제대로 된 창작은 주인공이 자신의 경험을 향상시키고 진실성을 증진시키는 것을 돕는다.

주인공과 디렉터 사이의 관계, 텔레, 치료적 동맹은 좋았는가? 디렉터는 극의 리듬과 주인공의 기분에 조율할 수 있었는가? 디렉터는 주인공의 내적 세계에 가까이 다가가기 위해 주인공의 이중자 역할을 한다. 그 목적은 주인공의 세계를 최대한 진실성있게 만들어 내기 위해서이다.

2. 경력 있는 훈련생들과의 수퍼비전 예시

수련 중인 디렉터는 회기를 이끌어 갈 1시간 15분을 가지고 있다. 우리는 1시간짜리 비디오테이프를 사용하여 각 회기를 녹화한다. 이 시간 제한은 훈련생들이 핵심에 집중해서 훈련하고 드라마가 끝나면 과정분석이 가능하도록 도와준다. 나는 훈련 집단 구성원들에게 진행의 다른 면들을 관찰하고 노트를 작성하도록 했다. 나는 다음과 같이 집단을 나누었다.

- 몇몇 훈련생들은 주인공과 디렉터 사이의 관계성을 따라간다.

- 다른 훈련생들은 연극적인 관점에서 장면 세팅을 본다.
- 몇몇 훈련생들은 보조자들이 적절하게 역할에 배치되었는지 체크한다.
- 몇몇 훈련생들은 무대 관리와 장면의 운영을 본다. 보조자들은 초기 장면에서 사용되지 않고 내버려져 있지는 않았는가? 새로운 장면 이전에 과거의 장면은 정리되었는가?
- 몇몇 훈련생들은 문제 탐색을 해본다.

■ *경력 있는 훈련 집단에서 과정분석을 실행하는 방법:* 훈련 중인 디렉터는 자신의 과정분석을 먼저 시행하고, 그리고 나머지 훈련생들과 집단 구성원들의 과정분석이 시행되고, 그 다음에 내가 분석을 한다. 먼저, 나는 긍정적 요소들을 언급하고 또한 진행하는 데 있어서 내가 걱정되었던 질문들을 제시한다. 훈련생은 나의 논평을 되돌아보고 장면에 대한 다양한 변형을 시도한다. 연기를 한 후, 나는 장면이 시행되었을 수 있는 또 다른 방안들을 보여주는데, 원래 연기자가 아닌 집단의 대역들을 사용한다. 이때, 집단 구성원들이 새로운 제안을 하거나 다른 해결방안을 제언하기도 한다. 이렇게 장면이 수정되는 것을 주인공이 보면 많은 것을 얻을 수 있다. 자주, 주인공은 수정된 장면에 들어가서 새로운 방향으로 다시 경험하고 싶어하는데, 예시는 다음과 같다.

음악과 춤을 사랑하는 젊은 남자가 있었다. 그는 학교에서 돌아오면, 춤추고 노래했다. 아버지는 아들이 춤추고 노래하는 것을 싫어했기 때문에 아들은 아버지가 없을 때만 춤추고 노래했다. 아버지는 아들이 동성애자가 될까봐 걱정했다. 원래 장면에서 젊은 남자는 라디오와 역할을 바꾸어 음악 몇 곡을 흉내냈는데, 수퍼비전으로 리메이크한 후, 우리는 그가 좋아하는 음악을 연주한 오케스트라를 추가했다. 그 장면이 준비되었을 때, 주인공은 장면에 참여해 다시 경험하고 싶어했다—오케스트라의 일원과 춤추는 사람 둘 다를 경험하고 싶어했다. 장면은 매우 선명해졌으며 주인공은 이 새로운 버전의 장면이 얼마나 자발성을 많이 주는지를 경험했다.

■ *디렉터와 주인공의 역할 바꾸기:* 때때로 나는 디렉터와 합의를 하고 드라마 중간에 다음과 같이 개입하기도 한다.

디렉터는 주인공과 첫 번째 인터뷰를 하고 있다. 그들은 장면을 둘러본다. 특정 순

간에 나는 디렉터에게 주인공과 역할을 바꾸어 주인공이 말한 것을 반복해보라고 말한다. 나는 또한 디렉터가 주인공의 말을 반복하는 동안 그 디렉터가 어떤 기분을 느꼈는지 말로 설명하라고 한다. 이것은 텔레를 형성하는 것에 도움을 주고 주인공이 자신이 이해받았다고 느끼게 해준다. 우리가 만약 Moreno가 상정한 것—타인에게 가장 가까이 다가갈 수 있는 것은 역할 교대이다—을 따른다면 이것이 주인공-디렉터 관계성에도 같게 적용될 수 있다는 것은 꽤나 논리적이라고 할 수 있다. 주인공의 역할에 있는 디렉터는 디렉터로서의 주인공에게 질문을 할 수도 있다. 디렉터로서의 주인공은 따라서 계속하기 위한 대답을 할 수 있을 것이다. 이러한 역할 교대는 주인공이 드라마를 만드는 것에 권한을 주고 참여하게 만든다. 나는 주인공의 문제에 대한 명확한 그림이 나올 때까지 디렉터와 주인공이 역할 교대를 여러 번 하도록 권장한다.

■ *수퍼바이저와 디렉터의 대화:* 나는 가끔 드라마를 멈추고 디렉터에게 의도나, 다음 장면을 선택한 배경이 된 생각을 묻기도 한다. 편견과 개인적인 해석이 꽤 자주 보이기 때문에 주인공에 의해 즉시 확인, 거부, 혹은 수정될 수 있다. 만약 자신이 특정한 장면을 연기하면 주인공의 이득은 무엇이며, 그 장면은 어떤 결말을 맺을까? 문제는 어떻게 이해되었는가?

이 개입과 열린 대화는 일반적으로 주인공을 방해하지 않는다. 반대로, 이 대화는 주인공이 힌트와 정보를 찾도록 도와주고, 가장 적합한 장면을 찾거나 만들도록 제안할 수 있게 해준다. 내가 디렉터에게 말하는 동안, 주인공이 상상 속의 장면을 경험하면서 카타르시스를 경험하기도 한다. 우리는 이 상상된 장면을 '가상 드라마'라고 한다.

■ *직접적인 개입—수퍼바이저가 디렉터에게 디렉팅하는 것:* 훈련 집단의 분위기가 자유롭고 실험, 되돌아보기, 그리고 비판단적 태도에 열려 있다면, 직접적이고 즉각적인 개입이 가능하다. 때때로, 수퍼바이저는 디렉터에게 자신이 이미 알고 있는 것을 상기시켜줄 필요가 있다. 자발성을 증가시키고 주인공의 강점을 찾아내는 것은 그러한 상기시켜주는 것의 예시이다. 훈련생이 주인공과 장면에서 힘을 가지고 있음을 드러낼 때, 주인공의 에너지와 창의적 협력성을 되찾는다. 이것은 특히 주인공이 자신의 상황을 절망적이고 무엇도 도와줄 수 없다고 생각할 때 유효하다. 예시는 다음과 같다.

한 남자 주인공이 디렉터에게 사전 인터뷰에서 몇몇 상황들에 대해 이야기하는, 예

나 지금이나, 부끄럽고 방치된 느낌을 받은 상황들에 대한 것이다. 디렉터는 어떤 에피소드가 가장 아프고 수치스러웠는지를 물어본다. 주인공은 처음엔 얘기하기 어려워하지만, 결국 12살 때 있었던, 그의 인생에 엄청난 영향을 미친 상황을 선택해서 이야기한다. 주인공은 매우 낮은 에너지 수준을 가지고 있고 자발성도 별로 없다. 만약 주인공이 자발성이 낮은 상태에 있다면, 언제나 주인공의 정신 건강에 좋은 경험들을 탐색할 수 있는 장면으로 이행하는 것을 추천한다. 디렉터는 그 트라우마의 중심으로 직접 가기보다는, 그것의 주변으로 가야 한다. 나는 디렉터에게 주인공이 자신감을 가진 장면으로 가도록 했다. 따라서 디렉터는 혹시 주인공이 12살에 즐거운 경험을 했는지를 물어보았다.

그는 그렇다고 대답했다. 좋은 친구가 한 명 있었다. 몇몇 짧은 장면에서, 두 소년들은 그들만의 모험을 하며 놀았다. 숲 속에서 나무 잎사귀를 말아 담배처럼 피웠다. 나무 꼭대기에 기지를 지었다. 주인공의 어린 시절의 활기와 즐거운 장면들이 주인공, 집단, 그리고 디렉터를 새로운 에너지로 채웠다. 주인공에게, 이것은 그가 수치스러운 상황과 마주치는 것에 대한 어려움을 조금이나마 해소해주기 때문에 꽤 중요하다.

주인공은 이제 보다 많은 자율성을 가지고 이어갈 수 있었고 다음과 같이 장면을 연기했다. 한 반 모두가 수영 연습을 하고 있었다. 수영 교사는 거의 파시스트에 가까운 권위주의적인 인물이었고, 소년은 화장실이 가고 싶어도 말할 엄두도 못 냈다. 그는 물 속에 계속 있어야 했고 결국 물 속에서 쉬를 하게 되었다. 연습은 종료되어야 했고 수영장 전체의 물을 빼야 했다. 이 상황은 매우 무서웠다. 그는 자신이 했다는 것을 말할 용기도 없었는데, 교사가 모든 소년의 수영복을 보고 나서 그를 매우 비난했다. 다음 날, 교실에서는 누구도 그 옆에 앉고 싶지 않아 했고, 상처를 주는 말로 그를 불렀다. 재연된 드라마의 끝에서, 소년의 아버지가 아들의 학교에 와서 같은 반 아이들에게 그런 사건이 있은 후에도 함께 해주겠느냐고 물어보는 수정된 장면이 나온다. 그렇지 않으면, 아버지는 아들을 다른 학교로 데려갈 준비가 되어 있었다. 학생들은 당연히 소년을 원한다고 했고 소년 옆에 앉겠다고 경쟁이 붙을 정도였다. 아버지의 역할을 할 때, 주인공은 그의 자존감을 얻었고 자신을 매우 설득력 있게 보여줄 수 있다는 것을 알았다.

숙련된 훈련생 집단의 수퍼비전 외에, 두 개의 다른 세팅들 또한 나의 수퍼비전 일에서 중요한데, 이는 다음의 두 예시들로 묘사될 것이다.

나의 치료 집단 보조자(어시스턴트)에 대한 수퍼비전—예시: 32살의 한 남성이 여성과의 성적 경험을 아직 한 번도 한 적이 없었다. 종교적 배경과 엄격한 도덕적 가정교육으로 인해, 그는 성생활을 더러운 것으로 생각했다. 디렉터는 이 남성을 아주 가까이에 두고 할 수 있는 한 조종하려고 했던 어머니와의 관계를 다루기로 결정했다. 남성은 어머니에게 여자와의 성생활에 대한 어머니의 부정적인 메시지가 자신을 어떻게 상처받게 했는지 말하면서 어머니에 대항하면서 해방감을 느꼈지만, 충분하지는 않았다. 사랑할 줄 아는 남성으로서의 역할이 발달하지 않아서 더욱 강력한 것이 필요했다. 나는 디렉터에게 남성에게 어떤 것을 열망하느냐고 묻도록 했다. 그는 공인된 삼림 관리자였고, 숲의 동물들에 대한 영화를 만드는 것이 취미였다. 그는 커다란 북부 사슴, 무스, 그리고 특히 거대하고 납작한 뿔을 가진 수컷 엘크를 좋아했다.

드라마화하기 위해, 우리는 그의 영화 중 하나를 재연했고 남성은 다른 모든 역할들을 연기했다. 한 장면에서, 무스(moose) 역할을 했고 집단에서 여성들을 골라 나무를 상징하도록 했다. 그는 나무 주변을 서성였고 등을 나무들(여성들)에 긁었고, 향기를 맡는 등의 즐거운 행동을 했다. 이 드라마 이후에, 그는 남편과 남자친구 역할을 맡도록 지시받았다. 이 집단의 훈련이 끝난 후, 그는 실제 삶에서 여성과 결혼을 할 수 있었다.

훈련생의 수행에 대한 수퍼비전—예시: 한 훈련생은 마약 재활 병원에서 일하고 있었는데, 동료들과 함께 사이코드라마 집단을 이끌고 있었다. 그녀는 처음으로 사이코드라마 디렉터로서 수행했다. 집단 구성원은 병원 거주자들이고 집단에 참여하기 전에, 각 참가자의 인터뷰가 시행되었다. 가장 마지막 회기에, 새로운 남성 구성원이 사전 면접 없이 참가하게 되었다. 그는 심리학자인 상사의 추천만 받았다. 그 남성은 처음에 훈련생을 유혹하려고 했으며, 회기가 끝난 후 그녀에게 사랑에 빠졌다고 말했다. 그는 이전에 교정 심리학자와 사귀었던 적이 있다고 말했다. 훈련생은 매우 혼란스러웠다. 그 남자는 매우 잘생겼고, 매력적인 외모를 가지고 있었으며, 그녀는 자신을 조금은 심심하고 별로라고 생각하고 있었다. 그녀가 이후에 그의 진료기록을 보았을 때, 그녀는 더욱 혼란스럽고 무서웠는데 그의 행동은 자아분열의 결과라는 것을 알았기 때문이다. 마약 재활 병원에 들어오기 전에, 그는 매춘부의 목을 졸라서 감옥에서 몇 년을 보냈던 것이다.

우리는 남자와 만나는 장면을 다시 구성했다. 나는 그녀에게 거울을 통해 장면을 보

도록 했고 그녀는 데이트에 나가 웃고 흥분된 젊은 여성으로 자신을 볼 수 있었다. 보조자들은 제스처와 표정을 과장되게 해서 보다 명확한 장면을 만들려고 했다.

나는 훈련생에게 유혹당한 자신을 연기할 한 명의 집단 구성원과, 유혹한 남자를 연기할 한 명의 구성원을 고르고, 두 명의 보조자도 고르도록 했다. 한 명은 전문가인 그녀 자신, 그리고 한 명은 남자의 살인자라는 어두운 면을 연기하는 구성원으로 이루어졌다. 나는 분리가 눈에 쉽게 보일 수 있게 의도적으로 두 역할에게 이중 메시지를 나누어주었다. 나는 그녀가 모든 역할을 하도록 했고, "넌 그녀를 가질 수 있어. 그녀는 이미 너의 것이야."라고 말하는 어두운 면의 남자 역할도 포함했다.

미소를 띤 남자는 그녀에게: "당신은 아름다워요. 난 당신을 존경하고 원해요."라고 말한다. 미소 짓는 그는 또 다른 목소리도 가지고 있다. "나는 다른 사람들과 같은, 평범한 사람이 되고 싶어. 나는 평범한 삶을 살고 싶고, 당신이 날 도와줄 수 있을 거라고 느껴져."

"젊고 야망 있는 심리학자에게 이건 아주 큰 도전일지도 모르겠네요." 내가 말했다.

"네, 저는 제가 그를 도와줄 수 있으리라 믿습니다. 그렇게 말하는 그는 매우 정직한 것 같아요." 훈련생이 말했다.

"그것은 사이코패스의 특징이고 우리는 그들이 말하는 것을 믿는 경향이 있어." 내가 대답했다.

역할 교대는 계속되었다. 보조자들은 역할을 더욱 발전시켰다. 우리는 그녀의 전문가로서의 역할을 강화시켰다. 집단 구성원들은 이 특정 상황에서 자신이라면 어떻게 했을까 하는 것을 보여주도록 지시받았다. 훈련생은 외부에서 그것을 보고 다시 전문가로서의 역할을 맡았을 때, 동료들이 보여준 역할 모델들의 본질을 사용했다. 그녀는 유혹당한 자신을 일하는 상황에서 배제시켰고, 스스로에게 "파티를 가거나 해서, 다른 곳에서 남자친구를 찾아야지, 여기서는 아니야."라고 말했다.

전문가 역할에서, 그녀는 그가 "쉬운 게임이네. 난 이전에도 해봤으니까. 난 항상 여자를 꼬시는 데 성공했지."라고 말했을 때 매우 화가 났다. 그녀는 화가 나서 그와 신체적으로 싸움을 했고, 이것은 그녀의 전문가 역할에 더욱 큰 힘을 주었다. 새로운 장면에서, 그녀는 심리학자인 상사와 경계와 일상에 대한 대화를 나누고, 그리고 그것이 접수 면접 과정에 미친 영향을 이야기했다. 이 수퍼비전은 환자 집단과의 직접적인 수퍼비전이었다면 불가능했을 것이다.

역할 분석, 역할 분리, 역할 훈련, 상황을 거울처럼 보기, 포럼 연극, 미래 장면들이

이 수퍼비전에 사용되었다. 정신병리학, 마약 중독, 학대와 착취의 이론적 기반 또한 탐색되었고 수퍼비전 과정에 통합되었다.

3. 성찰과 권고

우리는 '더 명확하게' 보기 위해서 수퍼비전을 한다. 성찰, 지지, 가이드, 했던 일을 돌아보기, 역량과 기술을 향상시키기 위해 그리고 전문적인 정체성 함양 기회, 어떤 맥락에서는 훈련생의 평가 기회까지도 제공하기 위해서 수퍼비전을 활용한다.

3.1 수퍼비전의 다양한 목표와 유형

수퍼비전에 있어서 연극 측면의 치료적 효과를 짚어내는 것은 필수적이다. 대부분 심리학자, 교사, 사회복지사, 성직자, 정신과의사인 훈련생들이, 드라마가 어떻게 구성되는지를 이해하지 못하는 것은 당연하다. 연극은 보여주는 기술이고 사이코드라마는 주인공과 집단의 경험을 향상시키고 심화시키고 표현해야 한다. 이것은 드라마의 "진행하는" 과정의 중요한 부분이고, 치료 효과에 대해 방법론적인 중요한 기여를 한다.

Moreno가 연극적 형식과 용어를 사용한 것은 우연이 아니다. 무대, 장면, 연기자들—주인공들, 보조자들, 집단, 합창단이나 관객들. 집단 수퍼비전에서 나는 훈련생에게 드라마의 장면들을 재구성하고 그것의 기술적인 부분을 발전시키라고 말한다.

또한 수퍼비전하는 것은 관련된 이론적인 배경을 성찰하며 통합해야 하는데, 예를 들어, 발달 이론이 드라마와 연결되어 있는가와 같은 것이다. 한 훈련생은 첫 번째 사이코드라마 시연을 노인요양소에서 했다. 나이듦의 존재적, 정신적, 생물적 문제들에 대한 지식은 드라마 진행의 이론적 틀만큼이나 필수적인 것이었다.

주인공의 나이와 관련된 측면의 문제들은 중요하다. 만약 주된 문제의 이야기가 몇몇 장면을 통해 주인공의 십대 시절로 이어진다면, 우리는 보통 그 나이에 발달이론 지식을 연결시킨다. 그 특정 나이에 풀어야 할 주된 인생과제는 무엇이었고, 그것들이 주인공의 문제들에 어떻게 반영되는가? 예를 들면 정체성, 성생활, 독립, 자율성, 십대 또래집단의 영향, 가치, 규범, 이상 등이 있다. 나이 관련 측면들을 잘 생각하는 것은 디렉터에게 적합한 질문을 만들도록 해준다.

3.2 다양한 종류의 수퍼비전의 장단점

■ *직접 수퍼비전:* 나는 자주 매우 구체적인 아이디어를 제시하고 가능성을 확장시키려고 하는데, 디렉터/훈련생이 이것을 유효하게 하는 실제 행위자이다. 훈련생은 또한 자신이 막혔다고 느낄 때 조언을 요청할 수 있다.

직접 수퍼비전은 훈련생이 즉각적으로 문제에 대한 자신의 새로운 생각을 시도하고 시행할 수 있다는 강점을 가지고 있다. 행동으로 배우는 것이다. 직접 수퍼비전은 훈련생이 자신의 관점을 여전히 유지함과 동시에 과정, 상황 혹은 질문을 수퍼바이저의 눈으로 보는 능력을 훈련시킨다. 이는 훈련생이 새로운 시각 혹은 해법을 수행과 통합하도록 훈련시킨다. 직접 수퍼비전은 사이코드라마 과정에서의 유연성을 훈련시킨다. 또한 협력성도 훈련시킨다. 주인공과 훈련생은 보다 경험이 많은 사이코드라마 디렉터의 존재로 인해 안정감을 느낀다.

그럼에도 불구하고, 훈련생이 그들 스스로의 흐름을 잃어버리고 수퍼바이저에게 너무 의존한다는 단점이 있다. 주인공은 수퍼바이저의 말을 더 많이 듣고 디렉터와의 연계를 잃을 수 있다. 그리고 훈련생은 자신감과 권위를 잃을 수 있다.

■ *훈련생의 시연에 관한 집단 수퍼비전:* 이점들: 훈련생들은 그들 스스로의 과정, 느낌, 그리고 집단과 주인공에 대한 의견에 대해 이야기하고 탐색하는 것에 더욱 개방적이다. 훈련생들은 주인공과 집단과의 관계를 탐색할 수 있고 스스로의 개인적 저항을 해결할 수 있다.

이는 동료 훈련생들과 좋은 경험을 공유할 수 있는 기회를 준다. 훈련생은 드라마 형식 안에서 완전히 자유롭게 자신의 가장 자연 그대로의 상상을 반영하고 시행할 공간을 가진다. 감정의 역전이 문제에 대처하기 적절한 맥락이다. 강한 감정들, 특히 부정적인 감정들은, 심지어 주인공을 향한 지나치게 과장된 긍정적인 감정들은, 작업될 수 있다. 훈련생은 주인공의 문제 혹은 성격의 주제와 관련된 자기 스스로의 삶의 장면을 연기할 수 있다.

수퍼비전의 경계, 구조, 내용이 아주 잘 확립되어야 한다. 만약 친밀한 전문가 집단이고 적절한 합의가 있다면, 만약 보다 전문적인 훈련생의 기능에 기여한다면 심지어

치료적인 필요도 달성 가능하다.

단점들: 주인공의 문제에 대한 수퍼바이저의 이해, 훈련생의 문제에 대한 이해에 대한 자신의 이해 그리고 수퍼바이저의 의도는 다르고 다양할 수 있고 중심 이슈에서 벗어날 수도 있다. 이 과정의 다양한 수준이 유용하기 위해서는 통일되고 조율되어야 한다.

수퍼비전이 이루어지는 상황이나 기술이 무엇이든, 훈련생-디렉터에게 학습을 위한 수퍼비전의 필요뿐만 아니라, 수퍼바이저들에게도 수퍼비전이 필요하다는 사실을 강조하는 것이 중요하다. 훈련생 혹은 훈련생들이 전문성을 유지하기 위해, 기술과 역량을 발전시키기 위해 수퍼비전이 필요한 것 못지않게, 수퍼바이저들 또한 속할 수 있는 되돌아보는 집단, 방법 발전 집단, 시각을 교환하는 집단이 필요하다.

참고문헌

Andersen, T. (1991). *Reflekterande processer.* Stockholm: Mareld.

Berglind, H. (Ed.) (1998). *Skapande ögonblick, psykodrama och sociodrama.* Stockholm: Bokförlaget cura.

Boss, M. (1984). *Existential foundations of medicine and psychology.* New York: Jason Andersen.

Kellermann, P. F. (1992). *Focus on psychodrama: The therapeutic aspects of psychodrama.* London: Jessica Kingsley.

Kilminster, S. M., & Jolly, B. C. (2000). Effective supervision in clinical practice settings: A literature review. *Medical Education, 34,* 827–840.

Kierkegaard, S. (1962). The point of view (1859). In *Kierkegaard's Writing, 22,* 27–30.

Tomm, K. (1989). *Systemisk intervjuteknik. En utveckling av det terapeutiska samtalet.* Stockholm: Mareld.

Williams, A. (1995). *Visual and Active Supervision: Roles, Focus, Techniques.* New York and London: Norton & Company.

사이코드라마 수퍼비전의 관계적 측면: 사회적 원자: 수퍼바이저-훈련생-주인공

Einya Artzi

나는 현장의 요청을 받고 사이코드라마 수퍼비전을 시작하게 되었다. 첫 제자들이 졸업해서 현장에서 일하기 시작한 후에, 그들과 다른 스승들의 제자들로부터 수퍼비전을 제의받았다. 그로부터 사이코드라마 수퍼비전의 형식은 형성되었고, 내 박사학위로(Artzi, 2001), 그 후에는 Kibbutzim 교육대학—표현적 치료 훈련 센터(Expressive Training Center)—의 수퍼비전 계획 단체 발전의 '촉매'로서 자리 잡았다. 수퍼비전으로서의 내 첫걸음은 세 명의 소중한 사람들을 동반했는데, 이들은 나에게 역할모델이자 수퍼비전 방향에 영감을 주는 사람들이었다. J. L. Moreno, 그의 말년에 그를 알게 되어서 영광이었는데, 그는 행동, 자발성, 역할이론 등과 같은 것에 깊은 믿음을 불어넣어 주었다. Zerka Moreno는 나의 멘토였고, 참만남 사이코드라마 기술과 인간적인 면모에 감동을 받았다. Claire Danielson[1]은 Beacon에 있는 Moreno 기관 밖에서의 첫 수퍼바이저였는데, 그녀는 나에게 주인공들에 대한 비공생 평등(non-symbiotic equality) 사이코드라마적 접근[2]의 중요성을 가르쳐주었다. 나는 이 스승들과 수퍼바이저로의 길을 택했고, 그들과 지금도 그리고 앞으로도 동행할 것이다.

이 논문은 사이코드라마 수퍼비전의 참가자들—수퍼바이저, 훈련생, 주인공—사이에서 일어나는 관계 측면에 대해 논하고 있다. 이 논문은 실제의 또는 상상된 관계 속에서 일어나는 정신적 패턴을 이해하는 관계중심 정신분석의 관점에서, 사이코드라마 수퍼비전[3]에서 일어나는 대인관계에 대해서 살펴볼 것이다. 관계 양상을 검토하는 것은 수퍼비전에서 이루어지는 수퍼바이저와 훈련생의 관계를 명확하게 하고 자세히 설

1) Claire Danielson(1935~2007), Ph.D. TEP. 성인교육 전문가, 명상가, 훈련가. Moreno와 Zerka Moreno의 학생. 그녀는 비폭력적 갈등해결, 명상, 회복적 정의(restorative justice)에 깊이 헌신했다.

2) 비공생 평등 사이코드라마적 접근(non-symbiotic equality psychodramatic approach)은 수퍼바이저와 훈련생 사이의 상호성의 경계를 안내하는 수퍼바이저의 책을 강조한다.

3) 히브리어로 수퍼비전(Hadracha)은 '방법을 가르치기, 혹은 바른 방법으로 지도하기'를 뜻한다. 즉, 이 접근에 의하면 여러 길이 있지만 택해야 하는 길이 있으며, 가르쳐야 하는 길이 있다.
한편 다른 언어의 수퍼비전이라는 용어는 검사(inspection)와 비판(criticism)이라는 뜻을 포함한다. 물론 검사와 비판이 훈련 과정의 일부이기는 하지만, 중요한 요인은 아니다.

명할 것이고, 이 복잡한 구조를 여기 지금 놓인 서로 엮인 관계 네트워크로서 고려하며, 그와 동시에 과거의 '그곳에' 대한 거리를 상기할 것이다.

사이코드라마의 활용은 복잡하고 다층적이다. 한편으로 디렉터에게는 사이코드라마 이론적 기반의 행동을 완전히 이해하는 것이 요구되고, Moreno 방식을 따르며, 다른 한편으로는 자신의 개인적이고 무의식 세계에서 즉흥적이고 창의적으로 행동하는 것이 요구된다. 그 때문에, 사이코드라마 학습 과정은 지식의 습득, 구체적인 기술과 더불어 자연적이고 개인적인 역량을 다듬는 것을 포함하는 특별한 방식의 지도가 요구된다. 사이코드라마 수퍼비전의 목적은 디렉터/훈련생들이 주인공에게 가장 영향력 있고 효과적인 서비스를 제공하도록 하는 데 있다. "할 줄 아는 사람이 아는 사람이다."라는 것에 의한, 현실적인 조치는 훈련생들이 인지적이고 감정적인 특징으로 이루어진, 전문가로서의 정체성을 습득하는 것을 조장해야 한다.

사이코드라마 수퍼비전 학습 과정은 훈련생들에게 전문가로서의 자아를 강화하는 합리적인 정신적 지주를 부여한다. 또한 사이코드라마 치료 과정의 발달과 요인, 그리고 '지금-여기' 개입의 이해를 돕는 기본 가정을 제공한다.

1. 수퍼비전과 사이코드라마 지도

수퍼비전의 역점은 훈련생에게 이론적이고 실용적인 지식을 제공하는 데에 있다 (Williams, 1995). 수퍼바이저는 자기 자신의 작업과 더불어 훈련생의 작업을 분석하고, 과정화하고, 자료를 참조하고, 훈련생의 논문을 읽는 등의 작업을 한다. 그럼에도, 사이코드라마 수퍼바이저들은 그와 동시에 자신이 수퍼비전-상담사 역할로서, 미래의 상담사들을 북돋아주는 것이 인격의 반영(감정적인 주제와 그 과정)이라는 것을 이해하며 다른 종류의 지식을 제공하는 것에 대한 책임이 있다. 수퍼바이저는 안아주고, 버티고, 듣고, 지도하는 역할을 몸소 보여주어야 한다. 수퍼바이저는 훈련생들의 성격-감정적 사이코드라마를 담당하는 디렉터이다.

한 가지 중요 질문은 지식이 어떻게 전달되느냐이다. 여기서, 작업은 두 부분으로 이루어진다. 1) 훈련생들에게 역할 모델이 되어줌으로 해서 지식을 전달하는 마스터로서의 수퍼바이저의 역할, 또는 2) 자주적인 인격을 구축하는 것을 강조하는 교육자로서의 역할이 있다.

마스터와 훈련생으로서의 역할에 대한 개념은 복잡하고 오해의 소지가 있기 때문에 명확한 설명이 요구된다. 실습은 치료 분야의 많은 훈련 상황 중 한 부분이다. 이는 치료상의 특성들이 예술의 영역에 가까워지기 때문에 사이코드라마 훈련에서 판별되게 인식될 수 있다. 우리가 알다시피, 현대까지 미술 학생은 화가의 제자였다. 마스터로서 수퍼바이저는 사이코드라마 방법, 기술, 행동의 패턴, 공리와 규범을 가르칠 수 있다. 하지만, 이 역할은 수퍼바이저를 유혹에 빠지게 할 수도 있다. 그는 지식과 경험으로 강화된 전문가임을 그만의 독특하고 심지어는 마력적인 카리스마로 인지할 수 있다. 이렇게 함으로 해서, 수퍼바이저 자신의 나르시스적인 욕구를 충족할 수 있다. 또 다른 잠재적인 위험은 훈련생-제자들이 수퍼바이저를 우상시하고 과잉동일시하고자 하는 욕구를 가지고 있어, 이 경향을 발전시킬 수 있다는 것이다.

훈련생의 자주성을 구축하는 교육자로서의 역할은 수퍼바이저가 실습이라는 개념을 균형 있게 받아들일 수 있게 한다. 이 역할은 수퍼바이저의 훈련생 개인의 발달을 지지하고 강화하는 것의 중요성을 이해할 수 있게 한다. 자신에 대한 이상화를 버려야 하는 것의 중요성을 아는 수퍼바이저들은 훈련생들을 개인적이고 전문가로서의 자유와 윤리적인 통합을 포함한 강한 자아를 가질 수 있도록 지도할 것이다. 이 자유는 즉흥성과 창의성을 가능하게 한다.

2. 수퍼바이저와 훈련생의 필수 역할

수퍼바이저와 훈련생의 다면적인 역할에서 중요한 부분은 두 축으로 구성된다. Moreno는 "역할 개념: 정신의학과 사회학의 중재(The Role Concept: a Bridge between Psychiatry and Sociology)"(1961)라는 논문에서 "역할은 자신이 가지는 실질적이고 가시적인 형태라고 정의하였다. 그리하여 우리는 역할을 개인이 특정한 순간에 다른 사람이나 물체가 연관된 특정한 상황에 대해 반응하는 기능적인 형태로 정의할 수 있다. … 모든 역할은 사적인 것과 집단의 것, 두 가지 면이 있다."

인증된 디렉터의 역할은 역할 레파토리에 기반을 둔다. Moreno(1972)가 쓴 세 가지 기본적인 역할들은 디렉터, 상담사, 분석가이다. Kellerman(1992)은 집단 리더라는 중요한 역할을 덧붙였다. 모든 수퍼바이저와 훈련생의 역할의 가장 근본적인 차이는 수퍼바이저는 '주는 자', 훈련생은 '받는 자'인, 그들의 관계적 상황이다. '주는 자'의 역할은 수퍼비전 체제와 모든 과정의 훈련생들에 대한 수퍼바이저로서의 권위와 책임이다. 또, 수퍼바이저는 주인공을 책임지는 적극적인 역할을 하기도 한다. 책임에 대한 수퍼바이저의 역할은 수퍼비전 중 발생하는 자신의 감정적 조절도 포함한다. 수퍼바이저는 과정을 자신의 감정으로 착색하는 것을 방지할 수 있도록 적절한 방법을 찾을 의무가 있지만, 감정 반응을 통해 스스로 이득을 얻고 또 훈련생들과 이득을 나눠야 한다.

관계적인 면에서 훈련생들의 역할은 모순으로 특징지어지는데, 수퍼바이저의 '주는 자' 역할과 훈련생의 '받는 자' 역할을 결합하는 기본적인 역할 위치로 반영된다. 몇 개의 역할들은 이 위치의 일부분이다.

- 몇 개의 역할들은 개인적–감정적 과정과 인지적, 실질적 것들과 대면하게 한다. 훈련생의 개인적–감정적 발달은 무기력함, 죄책감, 실패에 대한 걱정과 같은 불안한 경험을 수반할 수 있다. 그/그녀는 이와 같은 증상들을 수퍼비전 집단 내에서 주인공, 고용자, 수퍼바이저 그리고 동료 훈련생들과의 경험에서 겪을 수도 있다. 그와 동시에, 전문가로서의 발달은 지식과 기술 추구에 전념하는 학생 역할을 요구한다.
- 수퍼비전 집단의 일원으로서 그/그녀는 여러 역할을 하여야 한다. 한편으로는, 대인관계와 집단 소통에서 복잡함에 관여할 수 있다. 다른 한편으로는, 사이코드라마 디렉터로서 동료들을 돕는 것을 겸해야 하며, 이중자로서, 보조자로서 그리고 실용적 공유의 제공자로서 헌신해야 한다.
- 수퍼바이저의 모델을 따르며 자신 고유의 성격에 기반한 전문가 역할의 발달을 포함한 여러 역할을 요구한다.

이 여러 역할들은 복잡하고 때론 부담스럽고 혼란스러울 수 있다. 수퍼바이저의 역할은 훈련생들에게 개인적, 대인관계적 어려움에 대한 이해와 자제력을 주며 동시에 전문가가 되기 위한 필수적인 지식을 전달하는 것이다.

3. 수퍼바이저와 훈련생의 역할 사이의 관계 양상

'관계성(relationality)'은 심리분석의 관계적 학파에서 가장 주요한 개념이다. 이것은 현 시점에서 이 두 사람들의 만남은 상호적이고, 사람의 인생 초반기에 형성된 대인관계도 상호적이었다. 이 만남은 대화에서의 실제 혹은 상상된 관계라는 부분의 역할을 강조한다. Rolef는 "관계적 심리분석은 관계 패턴에서 인간의 마음이 형성된다는 것을 고려한다."(2010, p.3)고 강조했다. 이러한 생각들이 관계적 심리분석을 설명하는 것이지만, 이것들은 기본적인 심리극의 발상에 가깝다. 사이코드라마 수퍼비전 과정 중에 수퍼바이저와 훈련생 사이에서 어떤 일이 벌어지고 있는지 정확하게 설명할 수 있는 한 가지의 개념이 있다.

■ *사이코드라마의 '사회적 원자 수퍼비전'*[4]*:* '사이코드라마의 사회적 원자 수퍼비전'은 훈련생-수퍼바이저-주인공으로 가장 명확한 방식으로 관계적인 수퍼비전 상황을 제시한다. 사회적 원자 수퍼비전은 훈련생에게 그의 목적에 의거하는 관계에 상응하여 그의 개인적인 사회적 원자에 나타나는 중요한 타인들을 보여줄 수 있다. Moreno는 다음과 같이 기술했다.

> 사회적 원자는 한 개인이 감정적으로 관련되거나 동시에 그에게 관련된 모든 개인들의 핵심이다. 이것은 사회적 우주에서 감정적으로 조정된 대인관계에 관련된 가장 작은 핵심이다. 사회적 원자는 개인의 텔레가 다른 사람에게 도달하는 만큼 닿는다. 그 결과 이것은 개인의 텔레 범위라고도 불린다. 이것은 사회 형성에 있어서 중요한 과정적 기능을 가진다(Moreno, 1972, p.184).

수퍼비전에서 수퍼바이저, 훈련생, 그리고 주인공 사이의 관계는 유일무이한 사회적 원자를 생성한다. 이러한 사회적 관계의 공간에서 주인공의 '전이된' 관점과 함께 수퍼바이저와 훈련생이 존재하는 실제적인 관점이 존재하는데, 다음은 그 예이다.

---

4) 이 장에서 나는 '사회적 원자'라는 개념을 수퍼비전 안의 관계적 역동을 설명하기 위해 독특한 방법으로 사용한다. 이 경우 '사회적 원자'는 한 개인의 사회적 최소 단위를 뜻하지 않고, 수퍼바이저-훈련생-주인공의 사회적 관계를 뜻한다.

팸(Pam)은 3년차 훈련생이고 사이코드라마 훈련 기관에서 8명의 참여자로 구성된 매주 만나는 집단에 참여한다. 또래들처럼 팸은 처음으로 학습 장애와 적응과 기능에 어려움이 있다고 진단되었으며 그들 중 몇 명은 약간의 뇌 손상이 있다고 진단된 30~50대 연령의 10명이 참여하는 사이코드라마를 디렉팅했다. 수퍼비전 시간 중에, 팸은 그 집단의 한 주인공인 미라(Mira)를 받아들이는 데에 있어 자신의 분노와 불안, 그리고 죄책감을 설명했다. 그녀는 주인공들과의 지난 회기에 대해 이야기한다.

팸은 방으로 들어서면서 두 집단 구성원의 갈등을 목격했다. 미라는 모욕감을 느꼈기 때문에 태리(Tali)에게 소리를 질렀다. 팸은 이미 불안해졌고 뒤섞인 감정들로 회기를 시작한다.

첫 번째 장면: 주인공들은 감정을 공유한다. 미라는 집단에서 자신이 모욕을 당했다고 말하고 이것은 자신이 이 집단에 오게 된 이유가 아니라고 이야기한다. 팸은 미라와 태리 사이의 간단한 설명을 독려하고 이것은 둘 모두를 진정시키는 것처럼 보이며 그래서 나중에 드러날 것이다. 그러나 팸의 불만족은 점점 커져서 방향 감각 상실을 야기하여 사이코드라마 디렉터 역할에 집중하기 어렵게 만들었다.

두 번째 장면: 집단의 다른 멤버인 코비(Kobi)는 아이들에게 요정의 가루를 뿌리는 피터팬을 짧은 행동으로 보여주고 있으며 집단의 모든 참여자들이 같이 놀고 있다. 미라가 웃기 시작하자 노미(Nomi)는 그 순간에 웃는 것이 부적절하다고 말하며 그녀를 꾸짖는다. 상처받은 미라는 그녀가 무엇을 했는지 묻고 무대를 떠나면서 집으로 돌아가고 싶다고 주장한다. 작업은 중단되었고 감정들은 차단되었다. 팸은 미라의 협조 부족에 대한 분노, 자기 자신에 대한 비판, 그리고 죄책감 등 복잡한 감정을 느낀다. 그녀는 미라에게 남아있으라며 설득하고 모든 아이들에게 앉으라고 청한다. 이 순간 그녀는 비자발적이며 무기력하여 코비에게 힘이 되는 피드백을 주기 힘들다.

이러한 장면들은 어떻게 사이코드라마 기술들을 활용하여 혹은 미라에게 주인공이 되는 것을 요청하여 집단 구성원 간의 갈등을 명확히 해야 하는지를 몰랐던 초보 디렉터의 자연적인 기술과 경험 부족을 보여주는 예이다. 게다가 분노, 모욕, 그리고 죄책감과 같은 팸의 개인적-감정적 문제들이 등장한다. 감정적 문제들은 주인공의 행동에 따라 촉진되며 전문가적인 행동을 방해하며 그녀와 관련된 미해결문제, 혼란, 그리고 무력감을 야기한다.

수퍼바이저는 팸이 미라와 역할을 바꿀 것을 제안하는데, 왜냐하면 그것이 그녀에게 이해를 제공하고 미라와의 관계를 재개하도록 할 가능성이 있기 때문이다. 또한 그것은 팸으로 하여금 무의식적으로 미라의 분노, 모욕 그리고 벗어나고 싶다는 생각과 동일시했던 장소들에 안도감을 느끼게 할 수도 있다.

초기에 팸에게 미라와 역할을 바꾸고 그녀의 감정들을 이해하는 것이 어려웠지만 나중에 팸은 미라의 실제적 혹은 상상된 모욕을 더 잘 이해할 수 있었다. 다른 집단 구성원들의 도움으로, 코비의 짧은 연극 장면은 다시 만들어졌고, 미라는 다시 웃게 되었으며 다른 집단 구성원으로부터의 비판을 받았다.

노미: 그만 웃어.

미라(계속해서 웃으며, 표면적으로는 받아들인다는 태도로): 알겠어, 알겠어, 웃지 않을게.

팸: 무슨 일이야?

미라: (무대를 떠나며, 화가 난 모습) 이미 두 번이나 모욕을 당했기 때문에 난 갈거야. 상황이 블로킹 시점으로 다시 돌아갔어. 팸은 코비와 다른 참여자들에게 앉기를 부드럽게 강요했어.

이 장면들을 다시 만든 후에, 수퍼바이저는 집단 구성원들이 팸의 역할을 디렉터로 받아들이는 특별한 형태의 역할 훈련을 제안한다. 차례로 아나(Anat), 잰(Jan), 벤(Ben)이 팸과 역할을 바꾸어가며 미라에게 말한다.

아나: 너는 떠나는 걸 선택할 수 있을 거야.

미라: 아니, 나는 갈거야.

잰: 만약 네가 원치 않는다면 가고 다음 번에 다시 와도 돼.

미라: 나는 지금 가고 너와 다시는 이야기하지 않을 거야.

벤: 미라야, 사이코드라마 작업이 거의 끝나가기 때문에, 이야기할 시간이 있을 거야.

미라: 아마, 아마도.

아나: (위치를 바꾸어 이중자으로서 '미라' 바로 옆과 뒤에 서며) 나는 너무 모욕을 당했고, 두 번이나 매우 모욕당했지.

미라: 맞아… 맞아…

벤: (그녀 앞에서) 코비야, 혹시 요정의 가루를 미라에게 좀 뿌리고 그녀에게도 힘을 주는 게 너에게 괜찮니? (코비가 동의한다.)

미라: 그래…그래… 내가 망쳤고 나는 나를 통제할(console) 누군가가 필요해… 이것이 나를 어딘가 아마 더 안전한 곳으로, 힘으로 연결해줘…

수퍼바이저: 그러면 너는 힘을 가지니?

미라: 네. 네.

수퍼바이저: 잘되었구나.

공유하는 과정에서, 팸은 아나와 잰이 마지막으로 이야기한 것이 그녀가 다르게 느낄 수 있도록 해주었다고 말한다. 일주일 뒤, 팸은 그 일과 특히 미라와의 역할 교대가 미라와 정당하든 그렇지 않든 미라의 지속적인 모욕감을 더 가깝게 느낄 수 있도록 해주었다고 덧붙였다. 그녀는 즉각적인 이중자의 개념이 무대에서의 일들에 참가하게 해주면서, 미라의 모욕을 반복하면서, 미라를 받아들이는 새로운 문을 열어주었다고 느꼈다.

이 수퍼비전 회기의 예시는 수퍼바이저, 훈련생, 그리고 주인공 사이의 관계 구조를 나타내는 '사회적 원자 수퍼비전'을 묘사해준다. 이 사회적 원자가 다른 사회적 원자들의 집단의 일부라는 것을 기억하는 것이 중요함과 동시에, 그 중 중요한 두 가지가 역할극에 명확히 반영되어 있다.

첫째는, 팸과 다른 집단 구성원들과의, 특히 팸이 동질감을 가졌던 코비와의, 그리고 팸이 즉각적인 혐오감을 가졌던 미라와의 관계에서 설명되고 있는 환자의 사회적 원자이다. 둘째는 팸의 내면 세계로부터 나오는 성격의 '감정적인 사회적 원자' (Hollander, 1974)인데 이것은 아직 나타나지 않았고 그것과 관련한 고통 또한 나타나지 않았다.

팸의 수피비전 과정에서 개인적 감정적 문제들을 무시하는 것은 불가능하다. 모욕과 도피가 나타나고 진행되었을 때, 팸은 그들이 그녀 자신의 개인적인 고통의 감정들에 갇혀있었다는 것에 동의했다. 짧은 연극에서 나타났던 정도로까지, 그녀는 '코비'의 편을 들었고 미라와 동일시했던 장소들을 부정했다.

그렇기 때문에 그 회기가 진행되는 동안 그녀가 불안해하고 그녀의 자발성이 감소하고 그녀가 그 상황에 알맞은 사이코드라마적인 개입을 찾지 못한 것을 이상하게 여길 필요가 없다. 팸이 묘사해야 했던 전문가로서의 역할들 사이의 긴장감과 내면 세계의 감정적인 역할들은 갈등적 관계상의 세팅에서 중요한 요소이다.

1년차 사이코드라마 디렉터로서, 목표 지향적인 역할극은 팸을 그녀의 강점(힘)에 가깝게 만들어주었고 그녀로 하여금 미라와 관련하여 더 안정적인 공간에 놓이도록 했다. 효과적인 역할극은 팸에게 미라와의 대화에 몇몇 기본적인 생각을 제공했으며 이것은 그녀가 그 대화를 발전시킬 수 있게 했으며 어느 정도의 안도감을 가져올 수 있도록 했다.

공부를 시작한 지 2년째에, 팸은 나의 사이코드라마 수업 학생이었다. 그 당시 나는 사이코드라마틱한 혹은 사회 관계를 측정하는 과정들 속에서 때때로 나타나는 고통에 대한 그녀의 표현들을 감지할 수 있었다. 이런 상황들에서 그녀는 그녀 자신에게로 '도피'했으며, 신체적으로는 그녀 자신을 움츠러들게 했고 가능한 한 그녀 스스로를 작게 만들었다. 이것은 보통 그녀가 상처나 집단과 나에게서 부족한 신뢰를 경험하는 장소들에서 나타났다.

그 때부터, 팸은 그녀로 하여금 그녀 내면의 힘과 더 가까운 작용을 하도록 하는 일련의 의미 있고 깊은 발전적 단계를 거치게 되었다. 이처럼, 나는 그녀가 침입되었다고 느끼는 자신의 감정들을 숙고하도록 내게 모든 일을 더 느린 속도로 해주기를 암시하며 나에게서 친밀도와 지원을 요구하는 그녀의 독특한 언어를 이해할 수 있게 되었다. 우리는 같이 건설적이고 창의적인 '사이코드라마틱 3자 대담'을 가능하게 하는 상호 신뢰 체계를 만들었다.

■ *수퍼비전 3자 대담*: 사회적 원자 수퍼비전에서, 실제 참가자들 간의 대화의 복합체가 만들어진다. 수퍼바이저-훈련생 그리고 훈련생과 그/그녀의 전이된 참가자인 주인공. 더 정확하게는, '3자 대담'(Kron, 1995, p.183)이 생긴다. 이 대화의 개념은 '만남'과 관계 있으며 때때로 그것과 동일하게 여겨진다. 이것은 매우 기본적인 사이코드라마적인 개념이다. 또 이것은 3자 대담의 세 참가자들에게 적용될 수 있다. Moreno(1973)가 "만남이란 모호한 상호관계를 넘어 두 명 이상의 행위자가 만나 단순히 서로를 대면할 뿐 아니라 각자의 권리를 가지고 함께 살고 서로를 경험하는 것을 의미한다."라고 했다(Marineau, 1989, p.150).

비록 3자 대담에서 관계적인 대화 환경은 온전히 참여자들 사이의 '일대일' 대면이 아니라고 하더라도, 이것은 대화에서처럼 서로를 마주본다는 기본적인 원칙에 의한다. 수퍼바이저가 수퍼비전 과정에서 결정하는 권한을 가지고 있다 하더라도, 그 상황은 수퍼바이저와 훈련생 사이, 혹은 이 둘과 주인공 사이에서 불평등하게 여겨지지 않는다. 오히려 관계의 경계선을 이해하는 3자 대담은 지식과 경험의 계층 구조, 그리고 각각의 타자에 대한 인식을 확립한다는 단언에 의해 나타난다.

3자 대담은 모든 참여자들에게 큰 영향을 끼치며 실제적이고 전이된 상호 관계적 상황들을 만들어낸다. 그러므로 수퍼바이저는 참여자들 사이에 공생 관계가 형성되지 않도록 하면서 민감하게 상호성의 경계를 지켜야 한다.

4. 수퍼비전 속의 역할극

수퍼비전에서 목표 지향적인 전문적인 역할 훈련을 제공하는 것은 중요하다. 수퍼비전에서 나타나는 주제들은 다른 형태의 역할극에 의해 진행될 수 있다. 그 결과, 사용되는 역할극들은 목표 지향형, 행동형, 문제 해결형 역할극들이다. 게다가, 수퍼비전에는 고전적 치료적 사이코드라마라고 불릴 수 있는 공간이 존재하는데 이것은 그 과정에서의 부분 혹은 핵심이라고 여겨진다(Kipper, 1967). 만약 훈련생에게 필요하다면 수퍼비전은 과거의 대면들로부터 초래된, 그리고 훈련생의 '지금-여기'에 영향을 주는 고통을 처리할 시간과 공간을 제공해야 한다. 아래의 예시는 고전적 치료의 사이코드라마적인 요소들과 결합된 목표 지향형 역할극을 보여준다.

샐리(Sali)는 몇 년 전 나의 학생이었고, 지금은 내가 운영하는 최소 2년 이상의 경험을 가진 디렉터들을 위한 사이코드라마 수퍼비전 집단에 참여하고 있다. 샐리는 디렉터로서 6년의 경험을 가지고 있다. 수퍼비전에서 그녀는 직장에서 자신의 위치가 갖는 모호성을 걱정하며 불안이 커져간다고 이야기한다. 정신적 고통과 스트레스는 그녀의 사이코드라마 수행에 영향을 미쳤다. 그녀는 마치 스크린을 통해 보는 것처럼 환자를 보았고 어딘가 로봇처럼 경직되었으며, 자발성이 부족했다. 그녀의 직무 분석표와 영역에 관련되어 고용주와 미완성된 작업은 학생일 때 그녀를 고용해준 고용주를 향한 감사와 존경 사이에서 그녀를 요동치게 만들었고 고용주와 자신을 비교할 때면 자신이 가치가 없다고 느껴졌고 가슴이 답답했다.

첫 번째 장면: 그녀가 고용주와 하지 않았던 대화. 양가감정들의 등장. 몇 분의 망설

임 후에, 그녀는 자신의 역할을 가지고, 의자에 서서 다음의 효과와 같은 것들을 말한다: "나의 창의성은 매우 특별하고, 나는 친절하고 재능이 있다, 나를, 나를, 나를…" 샐리는 치장된 단어들을 선택하고 과장된 손짓을 사용하며 장대한 캐릭터를 만들어내면서 그 캐릭터를 즐기기 시작했다. 여기서 그녀는 잠시 멈춘 뒤 말하기를 그녀가 과도하게 극적인 존재를 향하며 보여주고 과장하고 싶은 경향이 있기 때문에 왠지 모르게 이 제스처들이 그녀의 것처럼 느껴진다고 말했다. 그녀는 이것이 그녀의 오래된 불안들을 건드리기 때문에 두려움을 느낀다.

두 번째 장면: 재현. 샐리는 어머니와 3살 많은 언니, 그리고 아버지가 있던 7살 때의 기억을 이야기한다. 그녀는 자신이 고통받았던 순간에 집중한다. 자신을 많이 안아주던 아버지는 그녀를 버렸고, 언니를 선택했으며 계속해서 언니를 특별한 아이로 여겼다. 그 때부터, 그녀가 하는 그 어떠한 행동도 아버지를 만족시키지 못했다. 그녀가 아버지와 관련된 역할을 바꾸었을 때, 그녀의 분노는 커졌다.

세 번째 장면: 일어나지 않은 대화. 샐리는 아버지에 대해 화가 나 있지만 아직도 그녀 스스로가 아버지를, 특히 아버지의 '과장하는 태도'와 '모든 걸 아는 존재'라는 점을 닮으려고 노력하는 자기 자신에게도 화가 났다. 그녀는 아버지를 즐겁게 하려는 자신의 노력에도 화가 난다. 그녀는 강하고 아프게 자신의 화를 표출한다. '아버지'는 처음에 그녀를 무시했으며 그의 대답은 교활했지만 '그'가 더 들을수록 '그' 자신이 그녀에게 상처를 주었었다는 것을 '그'는 이해하려는 의지가 있다. 그 대화는 어딘가 안정된 듯한 다른 어조이다. '아버지'는 자신이 그녀를 사랑한다고 속삭이고 그녀에게 용서를 구한다.

네 번째 장면: 일어나지 않은 대화. 샐리는 고용주와 개인 사이코드라마 수퍼바이저도 초대한다. '고용주'는 더 이상 의자에 앉아있지 않고 듣는 역할을 받아들인다. '수퍼바이저'는 샐리의 역량들과 전문적인 성장 과정에 대한 그녀의 지지, 인내 그리고 믿음을 확고하게 표현한다. 샐리는 그녀가 지지하는 말들을 만족스럽게 듣고 있지만 그녀에게서 조금 멀리 떨어져 앉아있고, 그녀가 이 둘에게서 지지를 필요로 한다고 하더라도 그녀의 성장은 일반적으로 그녀가 필요한 것과 둘 각각에게서 취해야 할 것들을 배우는 것을 필요로 한다고 말했다. 작업이 모두 끝난 후에, 샐리는 사색하며 그 과정에서 그녀가 논제에 대한 사색과 관련한 감정을 공유했으며 또한 그녀의 어깨에서 짐을 좀 덜었다고 말했다.

다음 만남의 과정에서, 샐리는 고용주에게 자신의 욕구를 표현했다. 그렇게 함으로써 임무와 직장에서의 영역이 재조직되었고 그녀는 훨씬 편함을 느꼈다. 또한 그녀는 사이코드라마 디렉터로서 자신이 더 자유롭고 환자들에게 헌신되었다고 느꼈으며, 역할극에서 떠오른 문제들이 그녀의 내적 불안을 건드려 깊은 과거의 고통에 더 가까이 접근할 수 있었다고 느꼈다.

샐리의 일을 발전시키기 위한 첫 단계들은 고용주와 관련된 어려움의 처리와 민감하고 감정적인 문제들의 대면을 수반했다. 이 목적들을 달성하기 위해, 전문적이면서 개인적인 요구를 결합한 역할극이 선택되었다. 역할극에서 나타난 관계적 상황은 샐리와 고용주 사이의 대화와 그녀와 아버지 사이의 대화의 관계를 제시하면서 그녀가 주인공들과 더 나은 의사소통을 할 수 있도록 해주었다. 이 일은 그녀가 전문적인 사이코드라마 디렉터로서 더 강하게 자라날 수 있도록 해주었다.

5. 요약

수퍼비전에서 수퍼바이저와 훈련생은 가능한 한 가장 사이코드라마적인 과정들을 주인공들에게 제공하려는 목적을 공유한다. 훈련생에게, 수퍼비전의 목적은 개인이 가치 있는 전문가가 될 수 있도록 도와주는 변화를 이끌어내는 대화를 만들어내는 데에 있다.

수퍼바이저와 훈련생 간의 관계적 상황은 그들의 다른 역할들의 만남에서 표출된 것처럼 수퍼비전에서의 중심 역할을 차지한다. 이 상황은 주인공들의 존재가 전이되었을 동안 수퍼바이저와 훈련생이 실제로 존재하는 독특한 사회적 원자 수퍼비전으로 연결될 수 있다. 그들은 수퍼바이저–훈련생 간의 참만남뿐만 아니라 수퍼바이서–훈련생–주인공 간의 3자 대화를 경험한다. 그것이 바로 그들 사이의 지식과 경험의 계층적인 차이점을 유지하면서도, 타인에 대한 인식이 중요한 장소이다.

사이코드라마 수퍼비전은 그들에게로의 열림과 그들 사이의 상호성을 지향하며 참여자들 사이의 살아있는 관계들을 강조한다. 훈련생은 자신을 취약하게 만들며 수퍼비전하에서 성장하는 고통을 겪는다. 이 취약성은 훈련생이 개인적인 감정들을 표출하는 역할들과 학생 역할을 표현해내는 사람들로부터 자발적으로 도전을 동시에 받는 데에 기인한다. 수퍼비전은 훈련생이 개인적인 성장과 전문적인 성장을 모두 용이하게 할 수 있도록 지지해주고 전문적인 치료의 복합체를 그 혹은 그녀에게 제공한다.

사이코드라마 수퍼비전을 실현하는 것은 어려운 일이다. 유일무이한 사회적 원자, 많고 다양한 역할들, 두 배와 세 배의 일들, 이 모든 것들은 수퍼비전을 복잡한 과정으로 만들고 모든 참여자들은 이 과정 속에서 성장과 변화를 겪는다.

참고문헌

Artzi, E. (2001). *A Supervision model in psychodrama*, Doctoral Dissertation. Budapest: Eotvos University.

Hollander, S. L. (1974). Social atom: An alternative to imprisonment. *Group Psychotherapy and Psychodrama, 27*, 173–18.

Holmes, P., Karp M., & Warson, M. (Eds). (1994). *Psychdrama since moreno:* Innovaation in Theory and Practice. London: Routledge.

Kellermann, P. F. (1992). *Focus on psychodrama—The therapeutic aspects of psychodrama.* London: Jessica Kingsley Publishers.

Kipper, D. (1967). *Psychotherapy through clinical role playing.* New York: Brunner/Mazel Publishers.

Kron, T. (1994). (In Hebrew) [What is supervision: Dilemmas, approaches and models.] In T. Kron, & H. Yerusahalmi (Eds.), *Supervision of psychotherapy.* Jerusalem: The Magnes Press, The Hebrew University.

Marineau, R., F. (1989). *Jacob Levy Moreno 1889–1974*—Father of Psychodrama and Group Psychotherapy. London and New York: Tavistok/Routledge.

Moreno, J. L. (1961). The role concept; A bridge between psychiatry and socialogy. *American Journal of Psychiatry, 118*, 518–523.

Moreno, J. L. (1972). *Psychodrama Vol. 1.* Beacon, New York: Beacon House.

Moreno, J. L. (1978). *Who shall survive?:* Foundation of sociometry, group psychotherapy & psychodrama. Beacon N.Y.: Beacon House.

Rolef, A., Gerber, M., & Keet, C. (2010). (In Hebrew) [*A share space: Relational coaching.*] Internet/Betipolnet–Professional Paper's Section.

Williams, A. (1995). *Visual and active supervision: Roles, focus, techniques.* New York: Norton & Company.

디렉팅에 대한 훈련생의 불안감: 불안감에서 호기심으로의 여행으로서의 수퍼비전

Arşaluys Kayir

1980년대에 사이코드라마 교육이 터키의 Abdulkadir Özbek 박사의 사이코드라마 기관에서 시작했을 때, 다른 심리치료 방법들은 사실상 전무했다. 사이코드라마가 관심을 끌었으나, 교육과정이 집단으로 이루어진다는 점이 난관을 야기했다. 고급집단에서 훈련생들은 교육자와 수퍼바이저들 앞에서 교육집단의 연극을 진행해야 했다. 공연에 대한 불안감과 공포가 비공식적으로 언급되었지만, 교육집단에서 표현되지는 않았다. 교육생들은 수퍼바이저들 앞에서 집단을 지도하는 것을 꺼렸다.

일부 훈련생들은 공연에 대한 이 긴장감을 끝내 해소하지 못했다. 기관의 첫 사이코드라마 훈련생 중 거의 절반이 교육을 포기했다. 시간이 지나, 사이코드라마의 효능이 더 두드러지자, 사이코드라마를 교육을 포기한 훈련생들은 "나도 할 수 있었는데" 등의 후회를 남겼다.

교육자 및 수퍼바이저로서, 나는 훈련생들 사이에서 불안감 혹은 수줍음과 같은 유사한 리더 역할을 회피하는 태도를 관찰했다. 따라서 나는 이 장에서 불안감이 교육 과정에서 가지는 역할에 집중하려 한다. 나의 교육자 및 수퍼바이저로서의 실무 경험을 기반으로 교육과정 중 진행과 불안감에 대한 사안을 다룰 것이다. 더 나아가 나는 이 문제를 극복하는 데 도움을 줄 효율적인 기술들 그리고 훈련생을 지배하는 불안감을 자신감과 호기심으로 변화시킬 방법을 제안하고자 한다.

1. 사회적 환경에서의 불안감과 수행

불안은 흔히 긴장감, 몰두, 방해, 속박 등의 불쾌한 느낌으로 특징지어지는 감정적 상태 혹은 반응이다(Spielberger, 1972). 대부분의 사람들이 여러 형태와 정도의 수행 불안을 경험한다.

불안감의 인지적 증상으로는 실수에 대한 두려움, 부족함의 느낌 그리고 어떤 일들이 일어날 것에 대해 걱정하는 것 등이 있다. 수행집단에서의 불안감은 불가피하다(Landy, 1994). 과제의 숙달과 불안감은 연관되어 있다. 높은 수준의 불안감은 낮은 수준의 자신감과 연관되어 있다(Abel et al., 1990). Yerkes와 Dodson(1908)에 의하면 불안감과 수행은 연관되어 있다. 그들은 불안감이 적당한 경우에는 개인의 동기를 고취시키고, 과제의 수행을 용이하게 하는 흥분 상태임을 보고하였다. 하지만, 불안감의 수준이 너무 낮거나, 높으면 동기 및 수행능력이 약화된다.

기술개발에서 약한 정도의 불안감은 그 기술을 개발하는 데 긍정적인 동기를 제공한다. 불안감은 집중력 그리고 경험한 순간들의 기억을 향상시킨다. 사람은 그의 기술을 이용해서 어려움을 다루는 법을 배운다(Nideffer, 1993). 하지만 이 때 불안감이 증가하면 인지적 수행능력이 감소한다(Eysenck, MacLeod, & Matthews, 1987).

자신감, 자기 주장 그리고 불안감은 개인의 성격과 특정한 상황의 특징들일 뿐만 아니라 특정 문화권의 사회화를 반영한다. 일반적인 예시를 들자면, 터키문화권에서 가정 내 자기 주장성은 항상 지지받지는 않는다. Eskin은 이러한 태도에 대해 다른 문화권들을 비교한 뒤 대인 양식에서 그 연관성을 찾았다. Eskin은 "적극성은 개인주의적 대인 양식을 강조하는데, 이는 몇몇 문화적 맥락에서는 가치 있다고 판단되나 다른 맥락에서는 그렇지 않다."(2003, p.1). 그는 여기서 터키 문화를 상호의존성이 존중받는 '연관의 문화'로 설명하면서, Kagitçibasi(1996)를 인용했다. 특히, 여성들은 덜 자기 주장적이게 양육된다. Eskin은 자기 주장적이지 않은 여성이 자기 주장적인 여성에 비해 선호된다는 것을 알아냈다.

이러한 사회화 과정은 교육 집단에도 영향을 미치고 있을 것이다. 상술한 Özbek 기관의 훈련생들은 대체로 여성이다. 어떤 때는 한 교육 집단 내에 여자 열 명과 남자 한 명이 있기도 하다. 비록 남성 훈련생들도 여성 수퍼바이저들에게 평가받는 데 거북함을 느낄 수 있겠지만, 그러한 학습 환경에서 여성이 더 위협받는다고 느낄 가능성이 더 높다. 그러나 자기 주장을 하지 못하면 양성 모두에게 어려움을 야기할 수 있다. 불안해하거나 수줍어하는 것은 수퍼비전 아래에서 집단을 지도할 때 장애물이 될 수 있다.

2. 수행 불안과 심리치료 교육

수행 불안은 학생들이 사회적 상황에서 지도적 역할을 맡아야 하는 다양한 직종에서 넓게 발견된다. 이 현상은 사회적 불안, 수행 불안, 사회적 공포증 등으로 표현된다. 전문적 음악인들과 음악 학생들을 사례로 들자면, 수행/공연 불안이 수시로 발현해서 큰 스트레스를 초래한다는 연구결과도 있다. 하지만, 이미 상술했듯이, 스트레스 또한 좋은 수행을 향한 동기가 될 수 있다. Möller(1999)는 긍정적인 의미가 내포된 상태를 "무대 공포증" 그리고 방해될 정도 수준의 스트레스를 "수행 불안"이라고 칭했다.

심리치료에서 스트레스와 감정적 경험들은 매우 자주 불안 역동의 중심에 서 있다. 유아에게는, 지지적 대인관계가 실패할 때마다 불안감이 생겨난다. 성인의 불안은 자아가 무너져서 결핍이 느껴질 때마다 생겨난다. 불안은 전체적인 치료 과정에서 중심적인 중요도를 가진다(Whitaker & Malon, 1981). 수행 불안을 극복하기 위해서는 자신감과 자기 주장성이 필요하다. 전에 불안감과 제한성을 유발한 상황에서 더 자기 주장적인 행위를 실행해보는 것은 불안과 관련된 반응의 강도를 낮출 수 있다(Wolpe, 1969).

Bernard(2009)는 만약 훈련생들이 경험해야 하는 최적 수준의 불안감이 존재한다면, 논리적으로 수퍼바이저들은 훈련생들의 불안 회피 행위를 막는 것을 목표로 한다. 그리고 훈련생의 불안감이 한계 내에 머물러서 수행에 도움이 되도록 하는 것을 동시에 목표로 한다. 리더의 역할을 취하고자 접근하는 것은 훈련생들의 불안감을 증가시키는 동시에 호기심을 내포한다. 이 시점에서 수퍼바이저는 머뭇거림을 감지하고 지원해줄 수 있을 만큼 의식하고 있어야 한다. 자기 주장성과 자신감이 불안과 공포를 축소시키는 요소 중 몇이라 할 수 있다.

3. 수행 불안감을 줄이고 자신감과 적극성을 키우는 법

훈련생들이 공연하고 평가받는 상황에서 불안감을 줄이는 방법은 여러 가지가 있다. Moreno(1972) 이후 많은 디렉터들이 자발성의 개발, 창의성의 촉진 그리고 유머의 사용을 강조해왔다. 이 요소들이 불안과 호기심의 조절에 가장 중요한 열쇠로 보인다.

나는 사이코드라마 교육 때 수집한 관찰과 피드백에 기초해 훈련생의 수행 불안을 감소시키는 요인들을 구체적으로 보았다. 한 피드백에서 사이코드라마 교육 및 수퍼비전을 마친 교육생 24명에게 사이코드라마 디렉터가 되는 불안감에 대한 질문이 주어졌다. 몇몇 학생들은 자신의 교육 집단을 지도하는 동시에 수퍼비전을 받는 것이, 개인 실습의 사건을 수퍼비전 집단으로 가져오는 것보다 더 난해하며 더 많은 불안감을 일으킨다고 언급했다. 이 피드백은 교육과 수퍼비전 중에 내가 한 관찰과 일치했다. 훈련생들을 위한 도움되는 특징들은 다음의 네 가지로 분류될 수 있다.

- 작은 단계들이 훈련생들의 자신감과 자기 주장성을 증가시킨다.
- 수퍼바이저와 훈련생의 지지적인 관계의 양성
- 생산적이고 진실된 피드백의 제공
- 수퍼바이저 내의 성격과 연결된 면모들

3.1 작은 단계들이 훈련생들의 자신감과 적극성을 증가시킨다

사이코드라마 교육과 마찬가지로, 수퍼비전 과정 자체는 사이코드라마 방법을 통해 직접 이루어진다. 훈련생들이 교육 집단 내 디렉터의 역할을 요구받을 때, 불안과 호기심은 동시에 존재한다.

불안감은 부신피질 호르몬을 생산하는데, 부신피질 호르몬 분비가 지나칠 때 해마의 정보 융합 능력이 감소된다. 이는 자발성을 방해한다. 준비작업을 통해 더 유리하고 역동적인 심리신체 상태로 돌아갈 수 있다. 준비작업은 불안감과 방어를 낮추는 데 필수적이다(Hug, 2007). 사이코드라마는 자발성을 위한 기회를 제공하기에 불안감 수준을 조절해서 호기심 수준으로 낮추는 데 도움이 된다. 따라서, 훈련생의 불안감을 고려할 때, 집단에게 그들의 특정한 과제를 위해 먼저 준비작업을 시키고 단순한 활동과 반성에서 더 강도 높은 것들로 진행하는 것이 핵심적이다.

■ *워밍업:* 시작하는 법의 예시로서, 나는 훈련생들이—마치 집단 리더가 된 듯—방에서 걸어다니며 집단 구성원들의 얘기를 듣기를 권유한다. 이는 수퍼비전 아래의 집단 리더라는 그들의 새로운 역할에 대한 워밍업이다. 그리고 그들에게 다음 단계의 집단 리더의 역할을 누가 맡고 싶은지 질문한다. 훈련생 중 한 명이 역할을 맡으면 워밍

업 수준의 연극으로 계속하라고 제안한다. 훈련생들이 제안하는 것은 집단에 의해 즉시 실행될 수 있다. 몇몇은 지시하기를 좋아하고, 몇몇은 그보다는 더 머뭇거린다. 이 역할을 쉽게 탐험하는 것은 긴장을 해소하고 다 같이 웃을 수 있게 한다.

■ *소집단에서의 디렉터와 주인공:* 그 후 나는 다시 디렉터의 역할을 맡아서 그들에게 눈을 감고 오늘 무엇을 말하고 싶은지에 대해 집중하라고 한다. 눈을 다시 뜨면 서로와 대화하게끔 한다. 다음 단계에서 나는 사람들을 세 명씩의 소집단들로 나누고 각자가 디렉터, 주인공 그리고 대립자의 역할을 맡게 해서 짧은 연극들을 공연하게 한다. 모든 소집단들이 동시에 상연한다. 수퍼바이저는 오로지 걸어다니면서 소집단들이 연기하는 연극이 괜찮다고 긍정해준다.

이 단계의 여러 소집단들에서 훈련생들은 디렉터이자 연기자이지만, 동시에 집단 전체에게 그다지 노출되지 않는다. 이 작은 조각들은 각자의 대상에 집중하면서 무대를 위한 준비작업이 된다.

■ *소집단들로부터의 피드백:* 소집단들이 활동을 다 하면, 다시 큰 원 모양으로 모여서 집단 구성원들이 피드백을 준다. 디렉터들은 주인공들이 느낀 바에 대해 매우 궁금해한다. 비판을 듣는 데 익숙해지는 것은 점차적 지도 교육을 통해 발달되어야 한다. 구성원들은 서로에게 질문한다. 리더들은 느낀 바를 공유하며 디렉팅의 공통적 어려움들에 대해 듣는다. 몇몇 피드백은 모든 지도가 관객이나 수퍼바이저가 직접 보지 않은 채 동시에 행해지면 불안감이 덜 생긴다고 지적한다. 3인 소집단 내에서 역할을 바꾸면서, 차례대로 주인공보다 디렉터의 역할을 맡는 데 동기를 부여한다.

■ *교육 집단 내에서 불안을 일으키는 연습 활동:* 수퍼바이저는 원 모양으로 앉은 집단의 가운데 앉아서, 자신을 마주보는 빈 의자를 하나 놓는다. 각 훈련생이 차례대로 와서 의자에 앉아 수퍼바이저를 약 일 분간 조용히 응시한다. 모든 구성원들이 완료하면 각 훈련생은 이 훈련의, 즉 차례를 기다리다 가운데 앉아있고 다시 돌아가 앉는, 경험에 대한 피드백을 제공한다. 이 훈련을 통해 그들은 상황에 따라 증가 또는 감소하는 불안의 수준의 차이에 대해 인식한다. 그들은 서로 간의 공통점과 차이점에 대해 듣는다. 피드백들은, 자기 차례를 기다릴 때 불안이 증가하지만 무언가를 수행하면 감소해서 처음의 스트레스가 없어진다는 것을 암시한다.

■ *훈련 집단의 리더:* 이 점차적 단계들 후 우리는 전형적인 세 단계의 현장 수퍼비전 집단 양식으로 넘어간다. 훈련생들은 디렉터를 자원하고, 보조리더를 선택하여 2인 1조로 교육 집단을 이끌어간다. 수퍼바이저 겸 교육자는 집단 밖에 서서 일체 개입하지 않는다. 이 단계에서 훈련생들은 적극적이다.

■ *수퍼바이저로부터의 피드백:* 회기 종료 후 우리는 리더와 수퍼바이저로부터의 평가로 계속한다. 그 후 다른 집단 구성원들도 피드백을 제공한다. 구성원들은 역할을 맡았던 자들로부터의 피드백을 듣고자 한다.

마지막에 수퍼바이저가 본인의 피드백을 제공한다. 지금 이 순간 주어지는 현장 수퍼비전은 훈련생들이 자발성과 창의성을 얻는 데 도움을 준다. 우리는 Fontaine(2001)이 제안한 대로 잘 진행된 것들부터 언급하며, 최소한 세 가지 사례에 긍정적 피드백을 준다. 그 후에 약점들을 말한다. 약점들에 대한 피드백은 항상 명확하고 솔직하게 주어지며, 그 약점들이 개선 가능함을 나타내기 때문에 유용하다.

3.2 수퍼바이저와 훈련생의 지지적 관계의 양성

수퍼비전 중에 나는 상담사, 교육가, 집단 리더, 교사이자 훈련가이다. 나와 훈련생들 사이의 평상시 관계는 부드럽고 조용하다. 훈련생의 말을 빌리자면: "내가 떨어질 때, 바위 밑에 베개가 있어요." 엄격하다고 말할 수도 있지만, 위계적이라는 뜻은 아니다. 나는 지지한 다음에 비판한다. 나는 상황이 정상화되도록 '자연스러운' 방식으로 지지한다. 이렇게 집단의 불안을 감소시키는 방법은 (5일 동안 모두가 같이 있었던 토론회였던) 한 수퍼비전 회기의 예시를 통해 묘사될 수 있다.

수퍼바이저: 다음 리더가 누군지 정했어요?

훈련생: 제 차례일 거예요. 우리가 내일 돌아가니까요. … 하지만 … (소리가 낮아지면서 거의 안 들리고, 손이 떨린다.) 저는 긴장돼요.

수퍼바이저: 무엇 때문에요?

훈련생(작은 목소리로): 누군가가… 선생님같이 … 밖에서 보는 거요.

수퍼바이저: 제가 원 가운데 앉는 것 말인가요?

훈련생: 아니요, 더 심한 거요. 제가 회기에서처럼 집단의 내담자들을 지도할 거죠, 해야 하죠. … 하지만, 여기서는 확신이 들지 않지만, 할게요.

수퍼바이저는 평소대로 원 밖에 앉지만 갑자기 집단에게 등을 돌리고 뜨개질을 시작한다.

수퍼바이저: 여러분이 보이지는 않지만 듣고는 싶네요.…(훈련생은 웃고 그 목소리가 더 명확해진다.)

수퍼바이저: 이제 더 잘 들리네요.

나의 수퍼비전 양식은 시간이 지나며 변해왔다. 처음에 나는 훈련생의 이중자역할을 하면서 개입하는 성향을 갖고 있었다. 주인공과 작업할 때, 훈련생들은 "내가 폐를 끼치거나 중요한 점을 놓치면 어떡할지" 등에 대한 걱정을 말했다. 나는 그들의 디렉팅을 나름대로 격려하고 "내가 너를 지도하기 위해 여기 있다."라는 느낌을 받도록 했다. 이것이 어느 정도 동안에는 도움이 되었다. 그러나 작업의 집중력을 유지시키는 데에는 좋지 않았다. 이제 나는 가시적이지만 동시에 여기 없는 것처럼 투명하기도 하다.

나는 그들을 '사이코드라마 훈련생'의 정체성으로만 보지 않기 때문에 그들을 존중한다. 나는 그들의 사이코드라마 수퍼비전일 뿐만 아니라 그들의 인생사에도 관심이 있다. 이는 가깝고 자연스러운 모성적 관계이다. 나는 그들의 인생사에 대해 자연스럽게 질문한다. 나는 그들의 인생 양식이나 전문적 일을 평가하지 않는다. 우리 문화에서 이는 간혹 부모와의 관계에서 바라는 점이다.

3.3 생산적이고 진실된 피드백의 제공

집단 수퍼비전에서, 평가와 피드백은 사적으로 이루어지지 않기에, 나는 모든 구성원들의 지식과 관찰을 존중하는 책임을 진다. 솔직하게 관찰을 공유하는 것이 더 좋다.

훈련생이 회기를 진행한 뒤 앉아서 피드백을 기다릴 때, 그는 피드백에 대해 불안해하는 동시에 어떤 새 정보를 얻을지에 대한 호기심을 가진다. 피드백에서 나는 디렉터가 아닌 상황들에 중점을 둔다. 비판은 바뀔 수 있는 행동들에 가해진다. 가혹한 비판이나 과도한 칭찬은 훈련생들이 개선점을 찾는 데 도움을 주지 않기에 도움이 되지 않는다. 그 둘은 결과적으로 실수를 교정할 기회도 사이코드라마 디렉터로서 어떻게 발달하는지에 대한 조언도 주지 않는다. 직접적이고, 건설적이며, 명확하고 진지한 피드백이 적절한 시기에 주어질 때 좋은 생활지도와 공유가 이루어진다. 그로 인해 훈련생들은 자신들의 발달을 제시할 동기를 얻는다.

중요한 것은 그들이 가진 특정한 능력 덕분에 더 잘할 수 있다는 충분한 정보를 주는 것이다. 예를 들어, 나는 그들에게 작업할 때, 학교, 진료소 등에서 얻은 경험과 지식을 사용하라고 상기시킨다. 이는 그들에게 있어서 자신들의 경험이 부족한 사이코드라마에 심리학이나 정신과 등 다른 영역의 기초 지식을 사용할 수 있다는 자신감을 강화시킨다.

또한 증가하는 신체적, 정신적 또는 감정적 불안 신호들을 인식하게 하고 과제에 접근하는 다른 방법들을 가르치는 것도 유용하다. 이를테면, 주인공과의 거리나, 그들의 자세에 어떤 일이 일어나고 있었나 등이다. 다수의 짧은 연습들이 더 유연한 상태들을 개발하기 위한 수퍼비전 회기들의 일부이다. 그러나, 어떻게 유연하고, 창의적이며, 자발적이고, 유머와 비유를 사용하며 명랑할지에 중점을 두는 것은 중요하며, 이에는 더 많은 시간과 경험이 필요하다. 이러한 특성들은 역할 교대, 대역, 거울 비추기, 미래 투사, 이완 기술, 독백 등 더 쉽게 학습할 수 있고 불안감의 균형을 맞추는 데 더 유용한 기술들보다는 덜 확고하다(Figge, 1982).

나는 수퍼비전 시 화를 내지 않지만, 문제되는 디렉팅이 반복되면 반어법적 피드백을 준다. 반면에, 무언가 좋은 점이 있으면, 그걸 다른 사람들의 '주머니 안에' 넣는다. 이는 마치 다른 사람들이 싸온 음식을 맛보는 피크닉처럼 되어서 서로 함께하는 시간을 즐기도록 한다. 이러한 방식을 통해 수퍼비전은 그들에게 더 넓은 시야를 제공한다.

3.4 수퍼바이저의 성격 특성

*유머*는 놀랍게도 안정성을 위한 상황에서 준비작업 효과를 준다. 유머나 긴장 완화와 호흡 훈련은 효과적으로 알려져 있고, "두려움을 가지는 것에 대한 두려움"을 이해하는 데에 도움을 준다(Stevenson, 1992). 유머는 신체와 정신에 유연성을 제공한다. 이는 수행 불안이나 실패에 대한 두려움을 감소시킨다. 유머와 상상은 자발성의 좋은 예시이다. 위기에는 웃음이 필요한 법이다.

좋은 유머는 즉흥적으로 나오는 것이다. 나는 사이코드라마에서의 유머를 좋아한다. 왜냐하면 우리는 보통 고통에 관해 다루기 때문이고, 유머는 우리의 시각을 밝게 하고 균형 잡힌 삶의 관점으로 돌아가는 것을 도와준다. 유머는 유연성과 좋은 타이밍을 가능케 하고, 모두가 웃는 얼굴로 고통과 기쁨을 나누는 인간적인 분위기를 조성한다.

흔히 중요한 은유들은 유머와 관련되어 있는데, 유머는 특별한 방식으로 추상적이면서 구체적이다. 유머는 머리 속에 일들을 담고 기억하는 것을 용이하게 한다. 현재의 이미지를 바꾸는 것은 쉬고, 웃고, 집단 속의 연계를 도모하는 데에 여유를 준다 (Siegelman, 1990). 나는 빠른 연상들로 은유를 찾고 사용하는 유연성을 가지고 있다. 유머 감각은 그 상황을 명확하게 하는 메시지가 있다면 중요하다. 알려진 노래나 속담, 명언들 속의 은유는 그 상황을 기억하는 것을 강화시킨다. 훈련생들이 수퍼바이저들로부터 배우고 인용하는 것을 보는 것은 매우 신나는 일이다. 수퍼바이저가 모델을 쓰고, 모델이 될 때, 훈련생들 역시 그것을 사용하려 노력한다.

*재미(장난기)와 유연성*도 수퍼바이저가 모델로서 갖추어야 할 중요한 태도이다. '새로운' 동료로서 디렉터를 맡은 훈련생들은 그들의 일을 나누고, 이는 나에게 노는 것과 마찬가지인 일이다. 나는 훈련생들과 정서적 참여 수준으로 접하며, 필요할 때면 언제든 일조할 준비가 되어 있다. 그들은 내 눈물을 볼 수 있고 내 웃음소리를 들을 수 있다. 게다가, 새로운 디렉터들이 사이코드라마 이론을 실제에 적용하는 모습을 보는 것은 신나는 일이다. 이는 내가 얼마나 가르쳤고, 얼마나 더 가르칠 수 있는지를 볼 수 있는 기회를 준다.

수퍼바이저로서 나는 기회가 될 때마다 힌트를 주고 내가 배운 것에 대한 정보나 좋은 해결책을 도출하기까지 얼마나 힘들었는지에 대해 가르친 것을 나눈다. 나는 다른 알려진 사이코드라마 디렉터들의 예시를 들며, 그들이 그 경우에 어떻게 접근할 것이고, 접근해왔는지에 대해 말한다. 이는 사이코드라마의 스타일은 특정한 경험에 의해 이루어지는 것이며, 눈이 먼 것이 아닌, 눈을 뜨게 해주는 계기라는 메시지이다. 나는 무엇이 창의적이고 독창적이며, 무엇이 각각 새롭고 좋은지에 대해 강조한다. 이는 그들을 격려하고 창조할 수 있는 자유를 준다.

겸손: 수퍼바이저가 겸손하다는 것은 좋은 것이다. 왜냐하면 훈련생-수퍼바이저 관계는 이미 계급적이기 때문이다. 또 나는 내가 아는 것으로 자연스럽게 전달할 때 안도감을 느낀다. 내가 만약 주는 것에 대해 기쁨을 느낀다면 그것은 즐겁고 호기심에 의한 것이다. 실패에 대한 두려움이나 수행 불안은 "다음에는 더 잘 할 수 있어. 나는 노력할 거야"라는 생각으로 바뀔 수 있다.

4. 호기심으로의 여정에서 스승-제자 관계

사이코드라마는 놀라움과 절정 체험으로 가득 차 있다. 그러므로 이는 그 자체로 '호기심이 많은 방법'이다. 수퍼비전 하에, 나는 보다 좋고 보다 즐거운 학습을 위해 이를 이용한다. 사이코드라마에서는 미리 계획된 것보다 예측할 수 없는 가능성이 더 많다. 많은 알려지지 않은 부분 속에서, 디렉터로서 훈련생들이 자신감을 얻기는 쉽지 않다. 집단 내의 적당한 양의 불안감은 관심을 호기심으로 바꾼다. 수퍼바이저로서, 나는 어느 때에는 훈련생들을 깨우고 다음 단계가 어떠할지 궁금해하도록 몇 개의 단어를 던지기도 한다. 각 사람마다 자신의 필요대로 단어들을 해석한다.

훈련 중 훈련생들은 사이코드라마 집단에서 자기 자신들을 발견하는 것에 있어 열정적이다. 그들은 자신들의 감정을 나누며 좋은 역할 피드백을 주곤 한다. 그들은 훈련 집단 내에서 무슨 일이 일어나는지 아는 것에 대해 거리낌이 없다. 하지만, 수퍼바이저로서 함께 지도할 차례가 오면, 우리는 '스승-제자 갈등'을 볼 수 있다. 훈련생들은 "당신은 우리보다 더 잘 할 수 있어"라고 독백을 하고, 수퍼바이저들은 "계속해. 당신도 할 수 있어"라고 독백을 한다. 훈련생들은 내가 침묵 속에서 모든 디테일을 따라간다는 내 빈틈 없음을 인지한다. 시연 후에 그들은 사이코드라마 디렉터로서의 자신의 새로운 역할에 대해 듣는 것을 궁금해한다. 그들은 수퍼바이저가 관심 있게 관찰한 것에 대해 감사한다.

5. 결론

수퍼비전의 기능은 지지하고, 가르치고, 나누고, 지도하고, 경험을 실용적으로 하는 데에 있다(Emunah, 1994; Blatner, 2000). 수퍼비전하에 디렉팅해야 할 때가 오면, 많이 만나서 지도 연습을 하고 나누는 시간을 더 갖는 것이 중요하다. 불안은 감소되고 학습은 더 좋아지며 공통적인 어려움을 나누며 훈련생들은 차례로 서로의 평가와 비평을 들을 수 있다.

사이코드라마에의 이론과 실행(연구)의 관계는 교수-학습 관계와도 같다. 둘 다 주고받는 것에 대한 상호관계가 있다. 사이코드라마 훈련생들의 희망과 호기심은 좋은 리더가 되는 것이다. 수퍼바이저-훈련가는 훈련생들에게 사이코드라마적 접근을 통해 인간을 이해하게 하는 사랑과 기쁨을 인식시켜야 한다.

훈련생들과 나의 관계에 대해 쓸 때, 나의 스타일은 내게 더 구체적이고 알아볼 수 있게 되었다. 이는 마치 수퍼비전의 수퍼비전과 같았다. 의자 위에 선 것처럼, 나는 수퍼바이저로서 나 자신을 바라보았다. 나 스스로가 만족하느냐? 나는 무엇을 바꾸고, 더 하고, 빼고, 발전시켜야 하느냐? Fontaine(2001)이 말하는 것처럼, 우리는 우리의 스타일에 대해 부분적으로 눈이 멀어 있다. 나는 이제 새로운 스승들이 사이코드라마 무대에 오르는 것을 보는 나의 감정을 더 잘 알 수 있다.

참고문헌

Abel, J. L., & Larkin, K. T. (1990). Anticipation of performance among musicians: Physiological arousal, confidence and state-anxiety. *Psychology of Music, 18,* 171-182.

Bernard, M. J., & Goodyear, K. R. (2009). *Fundamentals of clinical supervision.* Ohio: Pearson.

Blatner, A. (2000). *Foundations of psychodrama: History, theory, and practice* (4th ed.). New York: Springer.

Emunah, R. (1994). *Acting for real: Drama therapy process, techniques, and performance.* New York: Brunner/Mazel.

Eskin, M. (2003). Self-reported assertiveness in Swedish and Turkish adolescents: A cross-cultural comparison. *Scandinavian Journal of Psychology, 44,* 7-12.

Eysenck, M. W., MacLeod, C., & Mathews A. (1987). Cognitive functioning and anxiety. *Psychol. Res, 49*(2-3), 189-195.

Figge, P. A. W. (1982). Dramatherapy and social anxiety: results of the use of drama in behavior therapy. *Dramatherapy, 6*(1), 3-19.

Fontaine, P. (2001). The development of the trainee's own personal style. In P. Fontaine (Ed)., *Psychodrama training. A European view* (pp. 309-316). Louvain(Belgium): FEPTO publications.

Hug, E. (2007). A neuroscience perspective on psychodrama. In C. Baim, J. Burmeister, & M. Maciel. *Psychodrama, advances in theory and practice.* London: Routledge.

Kagitçibasi, Ç. (1996). *Family and human development across cultures: A view from the other side.* New Jersey: Lawrence Earlbaum.

Landy, R. J. (1999). Role model of dramatherapy supervision. In E. Tselikas-Portmann (Ed.), *Supervision and dramatherapy* (pp. 114-133). London: Jessica Kingsley.

Moreno, J. L. (1972). *Psychodrama,* Vol 1. Beacon, NY: Beacon House.

Möller, H. J. (1999). Lampenfieber and aufführungsängste sind nicht dasselbe! (Stage fright and performance anxiety are not the same!) *Üben & Musizieren, 5,* 13-19.

Nideffer, R. M. (1993). Attention Control Training. In R. N. Singer, M. Murphey, & L. K. Tennnnat (Eds.), *Handbook of research on sport psychology* (pp. 542-556). New York:

MacMillan.

Siegelman, E. Y. (1990). *Metaphor and meaning in psychotherapy.* New York: The Guilford Press.

Spielberger, C. D. (1972). Anxiety as an emotional state. In C. D. Spielberger (Ed.), *Anxiety, current trends in theory and research.* New York: Academic Press.

Stevenson, M. (1992). Maria: Dealing with panic attacks with the help of psychodrama and cognitive therapy. *British Journal of Psychodrama and sociodrama, 7*(1), 11–21.

Whitaker, C. A., & Malone, T. P. (1981). *The roots of psychotherapy.* New York: Brunner/Mazel.

Wolpe, J. (1969). *The practice of behavior therapy.* New York: Pergamon.

Yerkes, R. M., & Dodson, J. D. (1908). The relation of strength of stimulus to rapidity of habit formation. *Journal of Comparative Neurology and Psychology, 18,* 459–48.

III
수퍼비전의 구체적 방법

수퍼비전의 구체적 방법 — 개요

수퍼비전에서의 사이코드라마와 역할극 기법

디렉터와 주인공의 상호작용에 대한 수퍼비전

사이코드라마와 수퍼비전에 대한 사이코드라마의 공헌

무대에서의 '아이디어 교환'과 전문가 정체성의 발달 — 수퍼비전에서의 실용적 적용

Supervision in Psychodrama

Experiential Learning in Psychotherapy and Training

수퍼비전의 구체적 방법—개요

Hannes Krall & Jutta Fürst

일반적으로, '방법'은 어떤 목표를 달성하기 위해 반복할 수 있는 것으로 설명한다. 훈련에서의 수퍼비전은 훈련생들이 보여주는 특별한 사례에만 적용하는 것을 목표로 하지 않는다. 수퍼비전 훈련생의 기술과 지식을 향상시키는 데에도 도움을 주어야 하고 약점들을 줄여주어야 한다. 다음의 부분들과 관련하여 구체적인 방법들을 찾아볼 수 있다.

- 상황(개인, 두 명이 참여하는 혹은 집단 수퍼비전)
- 관찰을 기초로 한 수퍼비전(실시간 수퍼비전) 혹은 보고서를 기초로 한 수퍼비전(구두, 서면, 음성이나 영상)
- 시간과 과정의 구조화
- 수퍼비전 개입
- 이론적 설명

쉬운 과제라도 수행하기 위한 방법은 여러 가지일 수 있다. 예를 들어, 성냥 없이 좋은 바비큐를 위한 불은 피우는 것은 상당히 어려울 것이다. 여러 경험 있는 사람들은 자신들의 실용적인 지식에 의지할 것이다. 다른 사람들은 그 일과 관련된 것을 읽고 그 내용을 바탕으로 실행에 옮길 것이다. 그 다음부터는 오로지 실행과 착오를 통해 불을 피우려 할 것이다.

수퍼비전은 공동-창의적인 방식으로 여러 선택들을 탐색하는 한 방법이 될 수 있다. 불을 피우는 경우를 놓고 보면, 우리는 주의해야 할 부분들이 있다는 것을 알아낼 수 있다. 그런 부분들을 주의하지 못하면 반드시 실패할 것이다. 예를 들어, 젖은 부싯돌은 절대로 좋은 불을 만들어 내지 못할 것이다. 특정한 상황에 있어서, 경험이 많은 사람만이 그 방법을 상황에 맞게 적용할 수 있을 것이다.

훈련생들이 직장과 삶에서 어려운 상황들을 마주쳤을 때, 그것을 다룰 다양한 방법들이 존재한다. 우리가 수퍼비전의 다양한 실습활동들을 고려해보면 여러 방법과 기법을 찾아낼 수 있다. 수퍼비전에는 많은 사이코드라마적인 방법들이 적용되고 여러 전통에서 가져온 방법들도 많다. 또한 수퍼바이저나 각 사이코드라마 훈련기관의 업무에서 시간이 지나면서 발달해온 특수한 방법이나 기술도 상당히 많다. 각기 다른 국가와 다른 환경에서 일하는 전문가들의 경험이나 본보기를 통해 배우는 것도 좋은 자극제가 될 수 있다.

3부는 수퍼비전의 다양한 관점들에 초점을 두고 있다. Chantal Nève-Hanquet은 작업에서와 수퍼비전 시에 반복되는 패턴에 많은 관심을 두고 있다. 또한 그녀는 이중자와 역할극이 훈련생들이 새로운 통찰력을 얻게 하는 데 얼마나 도움이 되는지 보여주고 있다.

Jan Lap은 주인공의 안녕에 대한 책임감을 향상시키기 위해서 디렉터와 주인공 사이의 역학관계에 대한 성찰을 강조한다. 그는 다섯 단계 구조에 기반을 두고 갈등하는 부분 간의 '긴장의 장'에 대해 행동 기법과 언어적 중재를 이용하여 작업한다.

Ildikó Erdélyi는 그녀의 수퍼비전 작업에 관한 예시들을 설명하고 Ferenc Mèrei가 제시한 수퍼비전에 근거하여 집단-중심의 정신분석적 작업과 주인공 중심의 사이코드라마적 접근을 통합하는 것의 가능성을 논의한다. 두 개의 추가적인 예시에서 사이코드라마 시연이 디렉터의 역전이를 성찰하는 데 활용될 수 있는지를 설명한다.

Hilde Gött는 훈련생들이 전문가 역할에 대한 자신감을 강화하고 그들이 사이코드라마 진행자로서의 정체성을 찾을 수 있도록 도와주는 작업을 설명했다. 첫 번째 예시에서 그녀는 훈련생들 간의 '의견 교환'에 초점을 두고 있다. 두 번째 예시에서 그녀는 상담사로서의 다양한 역할과 그 역할들을 어떻게 통합시키는지에 초점을 맞추었다.

수퍼비전에서의 사이코드라마와 역할극 기법

Chantal Nève-Hanquet[1)]

집단 수퍼비전은 다양한 사이코드라마와 역할극 기술을 실험해볼 수 있는 기회가 될 수 있다. 이를 통해, 전문적인 삶에서 마주할 수 있는 어려운 상황들을 성찰해볼 수 있다. 사이코드라마는 다양한 시각을 탐구하는 데 도움을 주는 한편 여러 가지 가능한 상황들을 만들고 시험해볼 수 있기도 하다. '마치' 연극에서 진행되는 인생의 경험은 참가자들로 하여금 자신들과 타인의 삶의 경험을 최대한으로 접해볼 수 있게 해준다 (Anzieu, 1975, p. 57).

이 장에서 나는 두 가지 예시를 설명하여 수퍼비전에서 가능한 두 가지 사이코드라마적인 접근을 묘사하고 싶다. 첫 번째 절에서는 작업과 수퍼비전에서 반복적으로 나타나는 문제가 되는 상호작용의 패턴을 어떻게 다룰 것인가에 초점을 맞출 것이다. 두 번째 절에서는 집단 수퍼비전에 도움이 되는 여러 가지 구체적인 사이코드라마 기술들을 예시로 보여줄 것이다.

1. 일터에서의 반복되는 상호작용 패턴—개인 수퍼비전

브리짓(Brigitte)은 10명 남짓의 전화 상담사들로 구성된 집단을 교육하며 수퍼비전하고 있다. 전화상담원인 조셀린(Jocelyn)은 어떤 남자로부터 도움 요청을 받았다가 그 즉시 그로부터 모욕을 당하고 그녀의 무능력함을 지적당했다고 집단에 보고했다. 그녀는 아무 반응도 할 수 없음을 느끼고, 이 문제를 다음 수퍼비전 회기에서 언급해야겠다고 결심했다.

이 집단의 훈련자이면서 수퍼바이저인 브리짓은 조셀린을 주인공으로 하여 그녀가

1) 이 장은 Magali Pierre와 Brigitte Tilmant와 공동으로 집필했다.

공격적인 주인공에게 대응하는 역할극을 하자고 제안했다. 이 집단의 다른 구성원인 소피(Sophie)는 역할극이 끝난 후에 동료인 조셀린을 호되게 비판했다. 소피는 조셀린이 주인공에게 그의 말하는 태도를 받아줄 수 없다고 알려주기를 원했다.

수퍼바이저 역할을 맡은 브리짓은 이 문제를 올바른 방법으로 다루지 못할 것 같다고 느꼈다. 그러므로 그녀는 이 어려운 상황을 그녀의 개인 수퍼비전에서 다루기로 했다. 그녀는 조셀린과 소피 간의 갈등이 어떻게 시작되었는지부터 파악했다.

조셀린은 "나는 저번 주에 전화 상담에서 어려움을 겪었어요. 오늘 이 문제를 집단 수퍼비전에서 다루어보고 싶어요."라고 밝혔다. 브리짓은 집단이 조셀린의 요청을 받아들인 것을 확인한 뒤 역할극을 제안했다. 조셀린은 스테파니(Stephane)를 주인공 역할로 선택했다. 이 역할에서 스테파니는 전화 상담사에게 소리치고 모욕했다. "너는 완전히 쓸모없어. 너는 내가 무슨 말을 하고 있는지 전혀 알아듣고 있지 않아. 솔직히 말해서, 너한테 전화해서 얻을 수 있는 게 있나?" 조셀린은 매우 불편해했고 침묵을 유지했다. 조셀린은 집단 구성원들에게 "나는 어떻게 대응해야 할지 모르겠어."라고 말했다.

브리짓은 수퍼바이저로서 역할극의 참여자에게 역할극에서의 상호작용에 대해 어떻게 느꼈는지 말해달라고 했다. 집단 구성원 중 소피는 갑자기 조셀린을 향해 소리쳤다. "당신은 주인공의 언어 태도를 받아주지 않겠다고 말했어야 했어요!"

브리짓은 집단이 먼저 조셀린과 스테파니의 역할극에 대한 소감을 들어볼 것을 제안하면서 그 상황을 안정시켰다. 조셀린은 "나는 불쾌했고, 쓸모없게 느껴졌으며, 완전히 무기력해졌어요. 나는 그가 더 화낼 까봐 그 무엇도 말할 용기가 없었어요."라고 말했다. 스테파니는 "나는 그녀로부터 거리감을 느껴졌고, 그녀의 침묵은 나를 더 좌절스럽게 했어요. 그녀가 나를 제한했어야 했어요."라고 했다. 이 순간 소피가 또 끼어들면서 조셀린을 향해 "당신은 그냥 할 만큼 했다고 한 뒤에 끊었어야 했어요."라고 다시 한번 날카롭게 지적했다.

수퍼비전에 대한 수퍼비전에서 브리짓은 소피가 조셀린을 비판하고 그녀에게 열변을 토하는 방식을 보며 얼마나 불편했는지를 밝혔다. "소피가 집단의 다른 구성원들에게 이런 식으로 반응한 것이 처음이 아니다. 논점이 없는 것은 아니지만 그녀의 태도는 참아주기 어렵고 신랄했어요."

수퍼바이저는 브리짓에게 훈련 과정에서 겪은 상황을 빈 의자만 놓고 다시 한 번 해보는 것을 제안했다. 전화상담사의 모두는 빈 의자들로 표시될 것이고 브리짓은 의자에 각 참가자들의 이름이 적힌 포스트잇을 붙였다.

그 후, 수퍼바이저는 브리짓에게 각 집단원의 이중자가 되어 보라고 권유했다. 이는 그녀가 그 특수한 상황에서 집단원들의 의도와 기대를 보다 잘 이해할 수 있게 만들기 위함이었다. 브리짓이 소피의 이중자 역을 맡고 있을 때, 그녀는 그 순간 떠오른 부분들에 대해 놀랐다. 조셀린에 대한 소피의 퉁명스러운 반응을 연기하면서 브리짓은 순간 그녀의 일생과의 연결점을 찾을 수 있었다. 그녀는 그녀의 아버지의 폭력적인 언어 표현 때문에 받은 고통을 떠올릴 수 있었다. 이후 그녀는 아버지가 그녀에게 휘두른 압박으로부터 벗어나기 위해 많은 노력을 했었다. 또한 그녀는 과도하게 온순하다고 생각했던 여동생과도 좋은 관계를 항상 유지하지는 못했다.

빈 의자들을 활용하여 수퍼비전에서 성찰의 시간을 보낸 후에 브리짓은 참가자들에 대한 이중자 경험이 집단 구성원들과 더 가까워지는 데에 얼마나 큰 도움이 되었는지 말했다. 이렇게 그녀는 이 집단 내에서 발생하는 집단 외부에서 발생한 전이를 감지하기 시작했다. 그녀는 그녀의 수퍼비전 집단 내에 반복돼서 이루어지는 역동을 보다 제대로 이해하면서 힘을 얻었다. 그 역동은 다음과 같다. 도발적인 발신자 역할의 스테파니는 조셀린에게 소리를 질렀고 조셀린은 반응하지 않았다. 그리고 소피는 조셀린에게 소리를 질렀고 은연중에 브리짓에게도 소리를 질렀다. 여기서 브리짓은 그녀의 수동적이고 조용한 여동생을 떠올렸다. 수퍼바이저는 브리짓에게 이 수퍼비전 시간에서 얻은 것을 후에 그녀가 집단과 만났을 때 어떻게 이용할 것인지에 대해 물어보며 수퍼비전 시간을 마쳤다.

2. 사회적 상호작용의 복잡성—집단 수퍼비전에서의 역할극

다음의 상호작용은 역할극 훈련 과정에 참석한 사이코드라마 디렉터들과 수퍼바이저 사이에 일어났다. 사이코드라마 디렉터인 스테파니는 어린이와 청소년을 위한 쉼터에서 이들을 돌보는 사람들의 훈련과정에 대해 얘기했다. 그녀는 다음의 사례를 수퍼비전에 가져왔다.

수퍼비전 시간에 루시엔(Lucien)이라는 사회복지사는 쉼터 입소자 중 오비드(Ovid)라는 12살의 남자아이와의 어려움을 기술했다. 스테파니는 루시엔과 오비드의 만남을 역할극으로 할 것을 제안했다. 연기를 하는 동안 루시엔은 오비드와 소통을 할 수 없었다. 이 역할극의 수퍼바이저였던 스테파니는 루시엔을 어떻게 도와야 할지 몰라서 당황했다.

스테파니는 수퍼비전에 대한 수퍼비전 시간에 다른 참가자들에게 다음에 루시엔과의 상황에서 어떻게 하면 좋을지 물어보았다.

이 집단과 함께 우리는 스테파니가 사용할 만한 다양한 행동 방식들을 고려해보면서 토의를 시작했다. 공감의 원, 지속적인 역할극 시행, 공감 표현자와 같은 제안들이 나왔다.

2.1 공감의 원

'공감의 원(empath circle)'은 여러 동료들과 함께 연습할 수 있는 훈련이다. 이 훈련은 참가자들이 훈련의 주인공인 'P'라고 불리는 사람의 경험을 몸소 느낄 수 있게 해준다. 참가자들로 이루어진 원 안에서, 그 단체의 리더 옆에 빈 의자가 놓이게 된다. 스테파니는 그 다음에 루시엔이 오비드한테 갖고 있는 의문점이나 문제점들에 대해 털어놓게 한다. 두 번째 단계로, 스테파니는 루시엔이 오비드의 역할을 연기하게 한다. 루시엔은 그 다음에 스테파니 옆의 빈 의자로 와서 앉는다. 디렉터와 집단원들은 '나'라는 대명사를 사용한 질문들을 하면서 루시엔이 오비드의 존재를 느끼는 데 도움을 주었을 것이다. 예를 들어, 나는 몇 살인가? 이 집에서 나는 얼마나 있었나? 내 부모님과는 어떤 관계를 갖고 있나? 나는 형제 자매가 있나? 나는 형제 자매와 무엇을 하는 걸 좋아하는가? 루시엔과 같이하는 활동에는 뭐가 있나?

질문을 할 때 문제들이 적절한 정보를 요구해야 하는 개방형 질문이어야 한다는 것에 주의해야 한다. 질문하고 답하는 과정은 다양한 방면으로 깨달음을 주려는 목적이 있다. 즉, 이 과정은 루시엔과 오비드 사이의 역동에 대한 새로운 견해가 나올 수 있게 하는 것이 목표이다.

이 '공감의 원'에서 루시엔은 그와 오비드 사이의 작업에 대한 새로운 통찰력과 대안을 얻을 수 있다. 다른 사람의 역할을 연기해보면 자신과 타인 모두에 대한 공감이 생기게 된다. 그로 인해 그 둘 간의 관계 사이에 작은 변화들이 생겨날 수 있다.

2.2 지속적인 역할극 시행

지속적인 역할극 시행 중에, A라는 참가자는 현재 부재 중인 사람 P의 역할을 하도록 한다. A는 P와 불편한 관계에 있었다. P의 반대편에는 세 명의(C, D, E) 다른 참가자들이 있고 이들은 서로 다른 태도를 보인다. 이 특정 상황에서 오비드가 취할 수 있는 다양한 태도를 루시엔이 경험하게 하는 것이다. 다음과 같은 과정을 통해 진행된다.

- 1단계: P는 C를 만난다(C는 수퍼바이저로부터 *많은 것을 요구하는 태도*를 유지하라는 지시를 받는다). 이때 D와 E는 같이 있지 않는다.
- 2단계: P는 D를 만난다(D는 수퍼바이저로부터 *다정한 태도*를 유지하라는 지시를 받는다). 이때 E는 같이 있지 않는다.
- 3단계: P는 E를 만난다(E는 수퍼바이저로부터 *유순한 태도*를 유지하라는 지시를 받는다).

이 세 가지 개입 후에 C, D, E가 그들의 역할에 대한 경험을 얘기해주는 피드백 시간을 갖는다. P의 역할을 한 A는 먼저 그가 마주한 세 가지 태도에 대한 경험을 설명한다. 그 후에, A는 그 경험에서 얻은 통찰에 대해 숙고해본다. A는 또 미래에 P를 만났을 때 어떤 부분에 더 각별히 신경 쓸 것인지에 대해 생각해본다.

2.3 공감 표현자

스테파니는 최종적으로 그녀의 상황에 가장 적합한 수퍼비전 방법으로 '공감 표현자(empath revealer)'를 선택했다. 이 접근방식을 통해서 루시엔과 12살의 오비드 간의 교류를 바라보는 사회복지사의 관점을 탐색하려고 한다.

1단계: 역할 선택하기

스테파니는 그녀가 수퍼비전을 제공하고 있는 모든 사회복지사들의 이름과 직책을 종이에 적었다. 그녀와 같은 수퍼비전 집단에 동료들이 각자 한 명의 사회복지사를 선택한다. 스테파니의 수퍼비전 집단 동료인 안드레(André)는 오비드와 일하는 루시엔의 역할을 맡았다.

2단계: 역할 교대

사이코드라마 무대 위에 두 개의 의자가 놓여 있다. 하나는 사회복지사를 표현하고, 다른 하나는 오비드를 표현한다. 다음 단계들을 통해 각기 다른 동료들이 대표하는 모든 사회복지사들이 루시엔과 오비드의 관계를 바라보는 관점을 탐색할 것이다.

수퍼바이저는 이 극의 모든 참가자들에게 역할 교대를 요구한다. 먼저, 참가자들은 사회복지사 역할을 한다. 그 후에, 그들은 오비드와 역할을 바꾼다. 이 방법으로 참가자들은 양쪽 모두에 대한 공감대를 형성할 수 있다.

루시엔의 역할을 고른 안드레는 먼저 사회복지사의 역할에 대해 감정이입을 했다. 그리고 나중에 그는 오비드와 역할을 바꿨다. 그렇게 함으로써 안드레는 먼저 루시엔의 입장에 공감대를 형성했고, 루시엔의 역할에서 얻은 통찰력을 가지고 오비드로 역할을 바꿨다. 그로 인해 안드레가 다른 관점을 알게 되었다.

오비드의 역할을 하면서 그는 루시엔과의 경험들을 얘기했다. 디렉터인 수퍼바이저는 다음과 같은 질문들을 통해 안드레가 오비드의 입장에서 자신의 감정을 표현할 수 있도록 도왔다. "나 오비드는 어떤 상황에서 루시엔을 만납니까? 나는 루시엔의 어떤 면들을 좋아합니까? 루시엔의 어떤 부분들이 거슬립니까? 어떤 상황에서 루시엔이 나를 도와주었습니까?"

역할극의 각 단계들이 끝날 때마다 디렉터는 사회복지사를 상징하는 빈 의자를 뒤로 돌렸다. 이는 이 집단의 다른 구성원이 곧 오비드 역할을 연기할 것이라는 걸 표시하기 위함이었다.

3단계: 역할 연기에 대한 피드백과 경험 나누기

모든 역할들을 연기한 후에, 세 단계에 걸쳐서 피드백을 갖는 시간이 있었다. 첫째, 모든 참가자들은 오비드의 역할에 대한 경험을 얘기했다. 수퍼바이저는 참가자들에게 물었다. "당신이 오비드의 역할을 하고 있을 때, 무엇을 느꼈습니까?" 예를 들어, 안드레는 (루시엔의 역할에서 얻은 통찰력을 갖고서) 이렇게 대답했다. "나는 오비드가 외로움에 얼마나 빠지기 쉬운지 느꼈습니다."

둘째, 각 참가자들은 사회복지사의 관점에서 오비드의 필요 중 유독 신경 써야 할 부분들을 설명했다. 수퍼바이저는 사회복지사의 역할을 연기한 모든 사람들에게 물어보았다. " 당신이 오비드를 다시 만난다면, 어느 부분을 가장 신경 쓸 것입니까?" 루시엔을 연기하면서 안드레는 "나는 오비드에게 충분한 여유를 주지 않는다는 걸 깨달았고 오비드와 함께 갖는 취침 시간에 더 신경 써야 할 것 같습니다."라고 말했다.

셋째, 각 참가자들은 스스로 역할극을 하면서 개인적으로 많이 놀랐던 부분들에 대해 이야기했다. 디렉터가 그들에게 물었다. "당신이 오비드의 역할을 하면서, 당신 스스로의 경험과 연관 지을 수 있었습니까?" 예를 들어, 안드레는 이 과정에서 개인적인 기억을 떠올릴 수 있어서 놀랐다고 말했다. 그는 어렸을 적에 방학캠프에서 취침 시간에 항상 외로웠던 것을 떠올렸다.

4단계: 훈련생들로부터의 피드백

사회복지사들을 수퍼비전하는 스테파니에게 있어서 이 역할극의 참가자들이 보여준 모든 피드백과 경험들은 중요했다. 특히, 그녀가 루시엔과 오비드 간의 관계에 대하여 알게 된 사실은 더 중요했다. 그녀는 "나는 루시엔이 얼마나 소외되어 있었는지 느낄 수 있었습니다. 역할극에서 나는 오비드가 요구하는 것들을 보다 잘 이해할 수 있었습니다. 수퍼바이저로서 나는 이 단체의 사회복지사들과 함께 소외 문제에 관해 조치를 취할 것입니다."라고 했다.

모든 교류에는 많고 다양한 요소들이 존재한다. 연기는 이런 요소들을 드러내고, 집단의 피드백을 통해서 표현된다. 그러므로 이 과정은 현실과 실제 경험, 해석에 본질적으로 내재되어 있는 복잡성을 드러내기 위해 존재한다.

'공감'이라는 개념은 상이한 상황과 역할에서 경험할 수 있었다. 위의 예를 들자면, 보살핌을 받는 사람의 역할(오비드)와 사회복지사들(루시엔과 그의 동료들)의 역할이 그것이다. 집단 참가자는 이 경험을 하면서 자신의 개인적인 기억들이 떠오른다는 것을 알았고 이 경험을 자신이 실제로 업무를 하면서 마주한 태도와 관련시킬 수 있다는 것을 깨달았다.

"공감은 개인이 성찰하기 전에 일어나는 자극제인 동시에 타인과의 관계에서 실제로 일어나는 과정을 촉진시키는 기술이다."(Vannotti & Berrini, 2010, p.109). 이 저자들은 또한 서로 공감을 갖고 접근하는 것은 타인과 개인의 경험에 대한 이해를 의도적으로 시연하는 것이라고 말했다. 이 과정에서 우리는 자신에게 타인이 어떻게 감정을 나타내는지 물어보게 되고, 우리를 사로잡는 그 감정을 다룰 방법을 찾으려고 노력하게 된다. 공감은 그렇게 관계 속에 신뢰를 성장시킨다.

3. 결론

사람들은 어려운 상황을 마주했을 때 충동적으로 생기는 첫인상을 가지고 수퍼비전을 받으러 온다. 그들은 그 상황에 놓인 자신을 제외한 다른 사람들의 역할을 해보면서 실험해본다. 이 방법은 다양한 형태의 공명을 만들고 확인하게 한다(Elkaïm, 1996). 참가자들은 개인의 새로운 면들에 관심을 기울일 수 있게 되는데, 이 부분들은 그들이 자라온 배경과 연결되고 수퍼비전 집단 내에서도 의미와 목적을 갖게 된다. 개인적 경험의 여운은 다른 참가자들의 경험들을 이해하게 돕는다. 이 방법을 통해서, 수퍼비전을 받는 사람들은 자신들의 변화에 영향을 줄 수 있을뿐더러 다른 사람이나 시스템이 변하는 데에도 도움을 줄 수 있다.

수퍼바이저들이 보여준 기관 내의 상황과 연극을 하면서 일어난 것들 사이에 유사점과 함축된 규칙을 찾아낼 수 있다. 그러므로 이 명백히 복잡한 구조는 그것이 만드는 '여유 공간' 때문에 중요한 장점을 갖고 있다. Christine Vander Borght와 Chantal Nève Hanquet이 설명하듯, "연극을 위한 장면 속에 시간/공간적 장면이 형성하는 '여유 공간'은 참가자들이 궁극적으로 감정과 감동에 빠질 수 있게 한다. 이 감동은 특정한 공간에 있는 것과 거기서 실제로 일어나는 상호작용에 참여하는 것과 관련해서 생겨난다."(1999, p.111).

역할극이 끝나고 사람들이 개인적인 의견을 표할 때, 그들은 그들이 새로 발견한 통찰을 보유하게 되고 변화가 시작될 것이다. 이 세상의 구조를 바꾸려는 의도로, 각 참가자들은 평가와 무관한 역동에 참여하게 된다. 따라서 다음과 같은 실험을 하면서 상호간의 관계 내에 발생하는 작은 변화들을 인지할 수 있게 되었다. 역할 교대는 사람이 다른 입장을 이해할 수 있게 해주고, 새롭게 얻은 통찰력을 토대로 새로운 관계가 형성되고 발전되게 촉진시켜 준다.

참고문헌

Anzieu, D. (1975). *Le groupe et l'inconscient.* Paris: Dunod.

Elkaïm, M. (1996). Pour une lecture circulaire do la résonance. *Génération,* 7.

Vander Borght, Ch. & Neve-Hanquet, Ch. (1999). Mettre le corps en jeu. *Cahiers critiques de thérapie familiale et de pratiquew de réseaux.* 22 Bussels: De Boeck, 103-112.

Vannotti, M., & Berrini, R. (2010). L'essence relationnelle. Fonctionnemet neurobiologique et relations humaines. *Cahiers critiques de thérapie familiale et de pratiques de réseaux,* 43, 97-116.

디렉터와 주인공의 상호작용에 대한 수퍼비전

Jan Lap

이 장은 'LapStreur 사이코드라마 교육 기관'에서 수퍼비전이 어떻게 실행되는지에 대해 초점을 맞추었다. 주 목적은 디렉터와 주인공 간의 관계와 역동을 성찰함으로써 주인공의 건강에 대한 책임감을 증진시키는 것이다. 이 책임감은 디렉터에게 일부 전달되며, 최종적으로 수퍼바이저와 공유된다.

디렉터는 주인공이 경험하는 부담을 모두 겪어야 한다. 따라서 사이코드라마 실행 중의 여러 '긴장의 장'들 모두가 다루어져야 한다. 수퍼바이저는 디렉터-훈련생과 함께, 그의 사이코드라마 실제에서 이루어진 선택들에 대해 성찰한다.

이 장에서는 우선적으로 우리 기관의 기본 수퍼비전 원리들의 개요를 소개할 것이며 그 다음엔 디렉터가 특정한 과제와 긴장상황들을 다룰 때 가지는 선택들을 점검할 것이다.

1. 개요—수퍼비전에 대한 기본 과정과 과정

수퍼비전은 사이코드라마 훈련에 필수적 부분이다. 우리에게는 적극적인 사이코드라마 형식의 수퍼비전을 최대한 자주 하는 것이 중요하다. 그 목적은 사이코드라마 디렉터로 경험하는 문제들을 해결하는 것이며, 주인공의 문제나 주인공을 다루는 것은 아니다. 하지만, 간혹 양쪽의 문제들이 상호 영향을 준다. 우리는 훈련생의 필요와 수준에 따라 수퍼비전의 형태를 달리한다.

- 라이브 수퍼비전 즉 '직접 수퍼비전': 수퍼바이저는 훈련생의 필요에 따라 진행을 관찰하거나 만약 필요하다면 개입한다. 두 경우 모두에, 훈련생은 각 회기 후에 즉각적으로 피드백을 받는다.

- 영상 녹화된 사이코드라마 회기를 기반으로 한 수퍼비전: 영상물을 통해 회기들을 관찰한 후 그를 적극적 형태의 재연 활동을 통해 분석한다.
- (사전에 전송된) 음성 혹은 문서 형태의 축어록을 기반으로 한 수퍼비전: 수퍼바이저에 의해 사이코드라마의 일부분들이 성찰의 대상으로 선택되어서 재연된다. 디렉터의 행동과 태도들을 점검하기 위해 다양한 사이코드라마 방식 및 기술들이 사용될 수 있다.

사이코드라마의 수퍼바이저는 여러 역할을 수행한다. 수퍼바이저는 촉진자, 자문가(혹은 훈련자), 교육자, 평가자의 역할을 동시에 맡게 된다(Williams, 1995). 이는 수퍼비전의 맥락과 목적에 맞추어서 수퍼바이저가 훈련생-디렉터에게 얼마나 많은 자유를 허용하느냐에 의존한다. 갓 시작한 사이코드라마 디렉터는 대체로 더 면밀한 수퍼비전을 원할 것이다. 그 경우에는 디렉터를 지도하는 교사로서의 역할이 지배적일 것이다. 시간이 흐르면서 수퍼바이저는 옳은 행동을 고려하거나 실행하는 자문가 혹은 동료로서의 역할을 맡게 된다.

우리의 수퍼비전 교육 및 실행은 네덜란드 식 수퍼비전 전통(Dutch supervision tradition)이라 불리는 형식에 기반을 둔다(Kessel, 1993, p.5-27). 그 전통에는 인물, 직

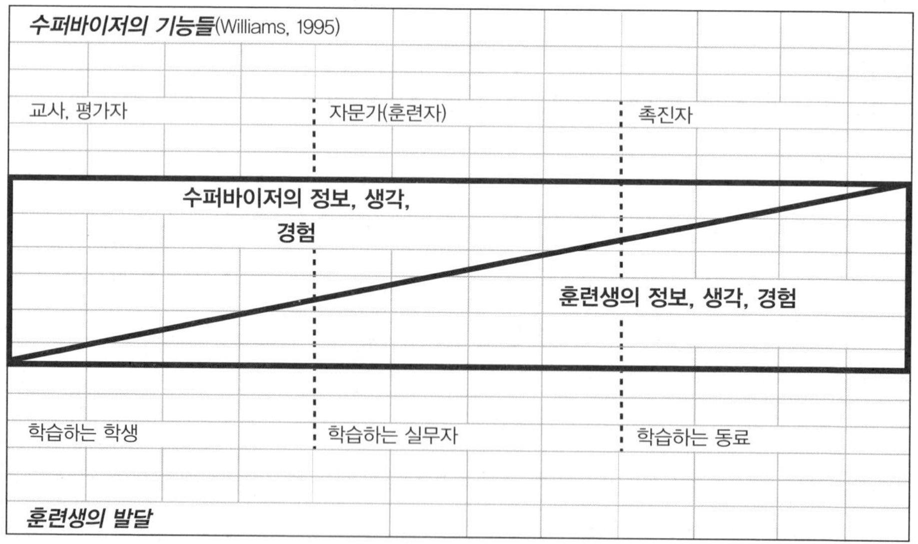

그림 1. LapStreur Psychodrama Education에서 개발하여 사용하는 수퍼비전 개념

업(에 대한 비전), 그리고 전문가의 작업 맥락이 포함되며 이는 생각하고, 느끼고, 행동하는 것과 연결되어 있다. 우리는 이 모두를 사이코드라마 수퍼비전 시 무대로 가져온다(Lap, 2005, p.1-3). 가능한 한 항상, 우리는 더 우수하게 지도된 성과를 얻기 위해 다음의 다섯 단계를 따른다. 이는 Kolb의 학습 순환을 사이코드라마에 적용한 것이다(Smith, 2001).

1단계: *재연: 사실들을 기억해낸다.* 이 단계에서 우리는 행동에서의 사실들(장소, 시간, 인물들, 그리고 행동들의 보고)을 찾는다. 그 당시 및 장소에서의 감정들도 사실로 간주된다.

2단계: *성찰: 영향을 인식한다.* 이 단계에서 우리는 지금-여기에서의 느낌, 감정, 생각 그리고 판단들에 집중한다. 이는 다시 체험하는 경험에 대한 연구이다. 우리는 이를 '성찰'이라 부른다.

3단계: *연결: 통찰을 얻는다.* 우리는 훈련생들이 기존의 이론들, 그리고 자신들의 전기, 현재 인생사와 관계들, 장애물들, 투사들, (역)전이 등을 연결시키며 타인들, 자신들, 자신들의 기원, 선호, 지식과 연결을 맺기를 권유한다.

4단계: *전망: 정착시킨다.* 이 단계의 목표는 결론을 도출하고 미래를 계획하는 것이다. 훈련생들은 차후의 사이코드라마 회기들을 위한 매우 구체적인 의도나 목표를 최소한 하나 정립한 뒤 다음 수퍼비전 때 보고해야 한다. 수퍼비전에서 그것을 시험해볼 필요가 있다.

5단계: *수집: 과정분석한다.* 훈련생들이 수퍼비전 회기를 과정분석하는 데 도움을 주기 위해, 우리는 그들에게 한 페이지 분량의 서면 보고서를 작성하게 한다.

2. '긴장의 장' 속의 주인공

주인공들이 씨름하는 다양한 요소들을 보는 것은 수퍼바이저에게 도움이 된다. 이 요소들은 '긴장의 장'이라 볼 수 있다. 수퍼바이저는 주인공이 대립하는 양상 사이의 긴장선의 어딘가에 있다는 것을 고려해야 한다. 우리는 오랜 시간의 사이코드라마 작업을 통해서 다음의 구조를 형성했다. 주인공의 용기 대 두려움, 화술 중심 대 감동 중심, 지배 대 의존, 현실에 매달리는 것 대 현실을 초월하는 것, 대인관계 대 정신 내적 활동.

■ *용기 대 두려움:* 주인공이 사이코드라마를 시작하는 데에는 용기가 필요하다. 주제가 무엇이든 간에, 주인공은 타인에게 그의 가장 은밀한 공간을 볼 기회를 주게 된다. 많은 사람들이 자신의 문제를 개방하는 데 어려움을 경험한다. 따라서 주인공은 사이코드라마를 시작할 때마다 거의 매번 어느 정도의 망설임을 경험하게 된다. 역설적이게도 어떠한 주인공들은 과장함으로써 그 감정을 드러낸다. "우린 이걸 쉽게 고칠 거야." 다른 주인공들은 조심스럽고 수줍게 시작한다. 이러한 행위는 준비 안 된 채로 집단 앞에 서서 불편해하는 느낌의 표현이라 볼 수 있다.

■ *이성적인 화술 대 감성적인 감동:* 특별히 노력하지 않고서도 말을 잘하는 주인공들도 있다. 그들은 추리하고, 추구하고, 선언하고, 질문하고, 결정들을 보류하며 어떤 때는 완전히 자기 스스로를 감독한다. 사이코드라마 진행자가 역할을 잃기도 한다. 주인공이 이 압도적인 화술을 고의적으로 하고 있다고 생각하기 쉽다. 하지만 이러한 행동은 주인공이 통제권을 갖고 싶어한다기보다는 그가 깊은 내면들을 말 속에 감추거나 문제를 언어의 집합으로써 이해하고 인식하는 생활방식에서 기인한다.

소위 말하는 감동 중심 주인공은 행동(흥분, 감동하는 것, 소동, 감정, 풍부한 얼굴 표정, 웃음, 눈물)을 추구한다. 그 모든 행동에는, 대부분 구조가 없는 소란이 있다. 만일 디렉터가 행동과 상호작용과 유희로 바로 넘어간다면 그는 물 속의 물고기 같을 것이다. 디렉터에게는 매우 쉬운 일로 보인다. 하지만 제어, 계획, 구조를 회피하는 주인공의 생활양식은 주인공 본인의 실생활에서 전진하는 데 대체로 방해가 된다.

■ *제어 대 의존:* 주인공은 언제나 디렉터에게 의존하는 것과 자신의 드라마를 주도하는 것 사이의 연속선상에서 움직인다. 이 움직임은 그 양극 중 하나에 고착되어 버릴 수도 있다. 자기 진행은 주인공이 사이코드라마 전에 이미 도달한 경계선을 통과하지 못한다는 위험을 내포한다. 그는 그가 이미 했던 일들을 다시 경험하게 될 뿐이다. 새로운 것은 대부분 디렉터나 집단 구성원들의 협조에서만 드러난다. 다른 주인공들은 단순하게 디렉터의 사이코드라마 운영에 의존한다. 그들은 스스로 사이코드라마에 내용을 제공하지 않는다. 그저 디렉터나 집단 구성원이 직접 혹은 이중자작업을 통해 제공되는 것을 수용할 뿐이다. 결과는 감동적인 사이코드라마일 수 있다. 하지만 의문점들이 드러난다. 누구의 드라마였는가? 그의 창의력은 얼마나 활성화되는가? 주인공은 무엇을 배웠는가?

■ *현실에 매달리는 것 대 잉여현실(surplus)에 매달리는 것:* 잉여현실이라 함은 주인공이 그 외부에서 전해지는 미지의 충동을 모험적으로 시험해보는 것을 의미한다. 그는 자신이 회피하거나 부정했던 영역(이를테면, 그의 소위 말하는 그림자 면모)들을 직면하려고 한다. 그러나 때로는 그저 현실을 마주하고 그의 내면과 외면을 탐험하는 것으로 충분할 수 있다. 두 접근방법 중 어느 하나가 (혹은 두 방법 모두가) 진행되는 회기에 적합하고 생산적일지 구분하는 것은 주인공이나 디렉터가 쉽게 결정할 일은 아니다.

■ *대인 간 대 정신 내 활동:* 어떤 때는 주인공이 자신과 그리고 관련된 타인(예: 동료, 상사, 고용인, 주치의, 이웃) 사이에 정확히 무슨 일이 일어나는지 알고 싶어한다. 그는 자신에게 질문한다. "그들의 상호작용에 어떤 역동이 작용하는가?" 혹은 "어떤 행동이 분위기를 바꿀 수 있을까?" 이러한 주인공은 이러한 질문들이 해결되기 전까지(아직은) 진행하고 싶어하지 않는다.

이와는 대조적으로 다른 사람들은 그 행위들이 어디서 오는지, 과거의 어떤 것들이 영향을 미치는지, 오늘날에 내면의 어떤 힘들이 무슨 역할을 하는지 그리고 내면의 자신과 어떻게 잘 지낼 수 있는지를 탐색하고 싶어한다. 이 긴장선의 양면은 자주 뒤섞이며 한 면모가 다른 면모를 조명할 수 있다. 한계를 설정하는 것이 중요할 수 있다: 상호작용 드라마(사회적 행동과 관계를 탐험하는 드라마; Cuvelier, 1976)나 정신 내적과 사이코드라마 중에서 선택할 수 있다. 이러한 선택은 다양한 이유로 인해 결정될 수 있다.

3. '긴장의 장' 속의 사이코드라마 디렉터

디렉터, 특히 초보 디렉터는 새로운 주인공을 만날 때마다 복잡한 감정을 경험한다. 잘 발달되는 사이코드라마에는 호기심, 기대, 자신감이 있다. 어떤 때는 시작부터 주인공이 디렉터에게 경계심, 두려움, 방어적 감정 등을 유발할 수 있다. 이외에, 어느 정도의 자부심과 전문가적 자만심도 존재한다.

디렉터는 사이코드라마 중에 많은 명시적 혹은 암묵적 선택들을 한다. 따라서 종종 그렇게 결정된 선택들에 머물러보는 것은 적합한 행동이다. 이는 지루한 절차에서 벗어나서, 반복적 행동을 방지하고 패턴으로부터 자유로워지게 하여 영구적인 학습으로 유도한다. 마지막으로 이러한 성찰은 디렉터의 현재 및 미래 주인공들에게도 도움이 된다. 다섯 개의 긴장선상들이 그 시작점이다.

3.1 용기와 두려움의 관리

디렉터는 모든 주인공이 무언가를 극복해야만 조명등 아래 설 수 있다는 것을 알고 있다. 주인공이 자신이 얼마나 편한지 드러내면, 디렉터는 특히 민감할 것이다. 이 시점에서 주인공이 자신감을 점점 잃어가고, 드라마는 시작된다. 가려진 불안감이 서서히 벗겨지는데, 이는 주인공에게 수치스러울 수 있다. 용기로 인해 가려진 불안이 자발성을 가로막을 수 있다. 불안에서 오히려 사람은 신선하고 새로운 것을 모색할 힘을 찾는다. 디렉터는 그러한 주인공으로 하여금 자신의 불안과 그 근원에 더 근접하도록 도와줄 수 있다. 몇 가지 방법의 예는 다음과 같다.

- 디렉터는 다음과 같은 말로 본인의 불안을 밝힐 수 있다. "우리는 이 모험에 함께 뛰어들며 우리는 우리가 어디에 도착할지 모릅니다. 저도, 당신도 말입니다. 함께 해보지요…"
- 디렉터는 주인공의 행동을 명명하면서, 그것을 바꿀 기회를 준다. "당신은 앞으로 무엇이 일어나야 하는지에 대해 알기를 좋아합니다. 하지만 어떤 때는 모든 것이 예상과 다른 결과를 낳지요. 한 번 모험해보세요…"
- 디렉터는 주인공의 행동을 무시하며, 처음부터 다음과 같은 문장으로 집단 구성원들의 이중자 활동을 자극한다. "저는 여러분 모두가 이중자 활동을 최대한 많이 하도록 권장합니다. 이는 우리 주인공의 시야를 더 넓힐 것입니다…"

어떤 주인공은 불안을 노골적으로 드러낸다. 그러한 방식으로 주인공은 본인을 편하게 해달라고 디렉터의 실력에 호소한다. 디렉터는, 여기에 창의력으로 메울 공간이 있기를 알기에, 이 불안을 외면하지 않는다. 그는 주인공의 안건들이 탐색될 수 있는 구조를 제공한다. 디렉터에게는 불안을 좋은 방향으로 해소할 여러 가능한 방법들이 있다. 디렉터는 주인공에게 "이 단계에 오기까지는 용기가 필요한데, 당신은 무대에 올라오는 이미 큰 단계를 넘었습니다!"라고 해서 그를 긍정할 수 있다. 또한 그는 "과정에는 신경 쓰지 마세요. 그러라고 디렉터가 있는 것이니까요!"라고 말할 수 있다. 이런 경우에는 집단 구성원들로부터의 초기 이중자작업이 매우 고무적이다. 수퍼바이저는 자신의 훈련생의 선택 중 하나를 골라내, 그가 자신에 대해 성찰하도록 한 뒤 가급적이면 대안도 생각해보도록 할 수 있다.

3.2 화술 사용과 감동 사용의 관리

디렉터는 말을 멈추지 않는 주인공들에 대한 분노를 느끼게 되고, 기력이 소모되는 것을 느낀다. 주인공들의 대화는 대체로 재미없고, 무감정적이며 에너지를 소진한다. 디렉터가 이 장황함에 장단을 맞춘다면 함정에 빠진 것이다. 디렉터 본인이 문제를 논리와 대화로 푸는 경향을 가졌으면 상황이 더 악화된다. 사이코드라마가 실제로는 행동과 공연에 관한 것이라는 것을 주인공이 수용한다면, 그는 새로운 경험을 많이 할 수 있게 된다.

말이 많은 주인공은 아마 이미 상담원, 코치, 혹은 심리치료사들을 상대해봤을 것이다. 그리고 아마 성공적이었을 것이다. 문제들은 이미 정리되고, 그는 자기 안건들에 대한 통찰력을 얻었으며 접근방법에 대한 단서도 얻었을 것이다.

사이코드라마는 그에게 추가적인 가치를 주어야 한다. 디렉터는 그를 도와줄 수 있다. 몇 가지 시도를 들자면 다음과 같다.

- 디렉터는 그에게 이곳의 법칙은 행동임을 상기시키고, 곧바로 작업할 장면을 찾아낸다. "우리가 행동을 좋아하는 걸 당신도 알지요. 저희는 당신과 행동을 할 것입니다. 당신의 주제가 드러나는 모습을 보여주는 상황을 떠올릴 수 있습니까?"
- 디렉터는 주인공을 다른 방향으로 유도한다. 그는 면접을 잠깐 멈춘 후 다음과 같이 말할 수 있다. "구성원 중에 당신과 해결할 주제가 있는 사람을 대표할 수 있는 사람을 고르십시오. 그에게, 방금 면접 때 우리에게 그에 대해 말한 것들을 말해보십시오."
- 디렉터는 무엇이 그를 얼마나 심하게 방해하는지를 형상화해보도록 한다. "자, 이제 우리는 알 만큼 알았습니다. 이 방에 있는 모든 것들을 사용해서 무엇이 당신을 바쁘게 하는지, 그리고 그것이 얼마나 당신을 억압하는지 보여주십시오."

만약 디렉터가 감정—웃음, 눈물, 분노, 실망 등—들에 쉽게 빠지는 주인공을 다룬다면 행동이 매우 빨리 일어날 것이다. 즉흥적인 격렬함, 집단 구성원들의 참여, 그리고 모두가 움직이는 것이다. 이에 대해 디렉터는 주인공이 항상 해오던 그리고 이미 매우 잘하는 것을 하고 있다는 것을 인식해야 한다. 바로 행동화하는 것이다. 감동을 주로 사용하여 행동화하는 주인공들 중 대부분은 본인이 지금 살고 있는 세계보다 더 체계적이고 논리적인 세계와 연결되기를 원하면서 사이코드라마에 임한다. 그의 감정들은 그와 함께 날뛰고, 그의 환경과 내적 생활 모두 혼란스럽다. 모두가 그의 얼굴에서 감정을 읽을 수 있고, 내면의 목소리에서 휴식을 읽을 수 없다. 이러한 감동 사용자 주인공은 디렉터에게 좀 더 작업하기 쉬워 보이지만, 그렇지 않을 가능성도 고려해야 한다.

가장 이상적인 사이코드라마는 주인공이 자신의 느낌과 정신을 연결하는 사이코드라마이다. 주로 단어들이 느낌과 생각 사이에 다리를 놓는다. 그러한 상황에서 디렉터가 적절한 개입을 해야 함이 명백하다. 다음은 그러한 예시들이다.

- 주인공의 활기차고 쉴 새 없는 행위에 대해 디렉터는 다음과 같이 묻는다. "당신은 위아래로 빨리 걸어다니며, 땅을 휩쓰는 것이 보입니다. 무슨 단어들이 떠오르는지 우리에게 큰 소리로 말해보십시오."
- 비음성적으로(예를 들어, 고개를 숙이고 머리에 손을 얹어 우는 식) 감정을 표현하는 주인공에게는 디렉터가 이렇게 말한다. "지금 그 감정들을 유지하고, 느껴보세요… 그리고 무엇을 어떻게 느끼고 있는지 말해보십시오." 이러한 사례들에는 이중자작업이 도움된다.
- 어떤 때는 행동이 감정적인 발언으로, 이를테면 "내일은 그에게 가서 진실을 말할 거예요. 그도 내가 겪는 것을 느끼겠죠!"같이 끝맺어지기도 한다. 디렉터에게는 여러 선택이 있다. 그는 "그러면 이것이 내일 어떻게 진행될지 살펴보도록 하죠."라고 말할 수 있다. 일종의 행동 훈련이다. 다른 접근방법은 그의 내적 질서에 집중해서 다음과 같이 제안하는 것이다. "그러면 이 발언에 역할을 가지고 있는 모든 요소들을 나열해보도록 하죠. 우리는 그 요소들의 위계를 찾아볼 겁니다." 이 때 디렉터는 의자, 보조자, 거리감과 근접도, 악기 등을 사용할 수 있다.

수퍼바이저는 디렉터 겸 훈련생의 선택을 같이 마주하며, 그가 자신 혹은 주인공의 선호를 따랐는지 그리고 왜 그렇게 했는지를 점검할 수 있다.

3.3 통제와 의존의 관리

주인공이 직접 진행하는 형식 중 극단적인 것은 오토드라마로서, 이 드라마에서는 디렉터가 옆에 있으나 개입하지 않는다. 주인공이 모든 것을 직접 실행한다. 디렉터는 주인공이 이 형식을 사용하게 허락한 합당한 이유를 가지고 있어야 한다. 주인공과 디렉터 모두 이 절차에 동의했어야 한다.

주인공이 디렉터의 모든 제안을 여러 의미로 거절하는 일반적이지 않은 상황이 발생한다. 이것이 항상 나쁜 방식으로 일어나는 것은 아니다. 어떤 때는 그냥 일어난다. 주인공이 일어나는 모든 일들을 통제하려고 하는 것이다.

이러한 역동을 인식한 디렉터는 '대결'에 임하거나 이를 무시할 수 있다. 모든 개입은 주인공의 자신감과 감동에 대한 그의 신뢰를 자극시키기 위한 의도를 가져야 하며, 그에 따라 주인공이 사이코드라마 과정에 몰입할 수 있게 해야 한다. 디렉터는 그 과정을 유지하며 지키는 자이다. 디렉터의 가능한 개입의 예시는 다음과 같다.

- 메타 수준의 의사소통: "잠깐만요, 주인공 씨, 우리 둘 사이에 무슨 일이 일어나고 있는 거죠? 나에게서 무엇을 바라는 것인가요? 지금 당신에게는 무슨 일이 일어나고 있는 거죠?"
- 공식적으로: "저기요, 제가 지금 디렉터입니다. 이 내용은 당신의 일이지만, 그 설계와 형식은 제 것입니다. 저는 우리가 이 장면을 어떻게 준비할지에 대해 공유할 의사가 있습니다."
- 역설적으로: "구성원 분들과 저는 무대에서 빠져 있죠. 여기서 무엇이 최선인지는 당신이 제일 잘 아는군요."

주인공에게 적합한 어느 정도의 자의적 운행은 바람직하다. 모든 디렉터는 자신에게 매달리고 팔에 안기는 주인공을 알고 있고, 이를 두려워한다. 자신의 주장은 없고, 모든 제안에 동의하며, 모든 이중자를 수용하고, 절대 자신의 결단은 없다. 디렉터와 보조 디렉터를 포함한 집단 구성원 모두가 열심히 일하지만, 거기에 주인공은 빠져 있다. 자신을 의존적으로 만드는 주인공을 움직이게 하는 것은 힘든 일이다. 이에는 개개인에 맞는 창의적인 개입이 필요하다. 이를테면 다음과 같다.

- 디렉터는 주인공 앞에 이중자들을 세워놓고, 구성원들에게 몸짓과 함께 자신의 이중자 역할을 표명하도록 한다. 주인공은 먼저 수용한 이중자의 표명과 몸짓을 따라 해야 한다. 그 다음에는 자신의 말로 바꿔서 다시 표현하도록 한다(친해지기).
- 디렉터는 주인공을 적대자 역할에 자주 그리고 오래 둔다.
- 디렉터는, 주인공이 일상에서도 똑같이 행동하는지, 그리고 정말 그걸 원하는지 탐험하는 것을 도와준다. "당신도 본인의 일상에서 '나는 항상 예라고 말한다'는 것을 알고 있습니까? 그렇게 유지하고 싶습니까?" 그리고 "당신이 최근에 시행한 결단들을 보여주세요"(자존감)

수퍼바이저는 디렉터 겸 훈련생이 주인공을 향한 자신의 충동과 아량에 대해 성찰해보는 것을 도와준다.

3.4 현실과 잉여현실에 매달리는 것의 관리

많은 주인공들이 자신의 실재 현실의 내면과 외면에 대한 더 나은 통제력을 얻기 위해 사이코드라마를 사용한다. 그들은 자신을 다룰 통찰과 가능성들을 찾는다. 그들은 자신들이 한 것과 그 결과에 대해 탐색한다. 그들은 잘 알려진 내면의 목소리들을 확인해서, 그것들에게 새로운 과제를 준다. 그들은 과거의 그리고 현존하는 관계들을 조사해서 그것들의 중요성을 탐색한다. 디렉터는 이 모든 것을 지도하며, 어떤 방향으로 흘러갈지 결정한다.

어떤 때 디렉터는 무언가 다른 것을 결정할 이유를 갖고 있다. 그 이유는 예를 들어 주인공이 어느 특정한 행위를 반복하고 있거나 새로운 자극을 주는 이중자를 거부하고 있거나 혹은 이 주인공의 드라마와 아마 인생 전체가 매우 지루한 것 등이다. 주인공이 자신의 현실의 벽을 깰 수 있게 도와주는 개입은 다음과 같다.

- '기계로부터의(Ex machina)' 개입: "당연히 당신에게는 뛰어난 삼촌이나 조카나 친구가 있겠지요. 그가 저기에 있다 제안해보지요. 그는 여기서 당신의 행동들을 봤습니다. 그가 당신에게 무엇이라 말할까요? 그의 조언은 무엇일까요? 그가 되어서 그가 당신에게 할 말을 크게 말해보세요." 변화를 가한다면: "조물주, 창조자, 신이 여기의 모든 것을 보았습니다. 이 탁자가 그의 관찰장소입니다. 신

과 역할을 바꾸어보십시오. 신이시여, 이 생활양식에 대해 어떻게 평가하십니까?"(Deus ex machina; '기계로부터의 신')

- '마법의 거울(Speculum magicum)' 개입: "우리는 당신에게 마법거울을 들여다볼 기회를 줄 것입니다. 여기 앉으세요. 집단 구성원들이 지금까지의 당신의 행동의 일부분들에 대한 일 분간의 자유로운 즉흥공연을 할 것입니다. 당신이 그들과 합류하고 싶어지면, 그들이 하는 것처럼 당신도 당신 자신의 행동들에 대한 즉흥공연을 해도 됩니다."
- '공상(Imaginatio)' 개입: 이러한 개입에는 다음과 같은 방법들이 포함된다-강제 맞춤(두 현실이 강제적으로 연결되어, 예를 들어 닭이 비즈니스에 대해 조언하거나 항공기 운전사가 산악 등반을 도와주는 것 등); 자신의 그림자 면모를 연극하는 것; 마법의 상자; 마법의 가게; 최선의 시나리오; 확대하기; 자신을 최상급으로 찬양하기.

다른 주인공들은 실험해보기를 선호한다. 그들은 대안을 찾아보고 삶의 안정적인 선들에 대한 새로운 버전들을 찾아보려고 한다. 좋은 관계를 가지고 있으면, 그들은 불성실한 것이 무엇인지 알아보려 한다. 그들은 숙면을 즐긴 뒤 불면증에 걸리면 어떨까 발견해보기를 원한다. 그들은 협조적인 성향을 가진 채 갈등과 적대적 행위에 대해 실험하고자 한다.

디렉터는 이러한 실험들의 현실 가치를 판단한다. 그는 이 행위가 주인공에게 추가적인 가치를 주지 않는다고 결론내릴 수도 있다. 그것이 아마 현실 속 인생과의 교류와 대립의 회피로 보일 수 있기 때문이다. 잉여현실을 다룰 때는, 그것이 조준된 변화나 미래 목표를 향해 수행되어야 한다. 진행자는 그에 대해 강하게 초점을 맞출 것이며, 예는 다음과 같다.

- 주인공이 자신의 장례식을 관찰하고 싶어한다. 디렉터는 "저도 당신과 이를 다뤄보고 싶지만, 조건이 있습니다. 우리는 당신의 장례식을 형성할 형상들을 모색하고, 당신의 가족과 자식과 친구 등 생존자들도 포함시킬 것입니다. 우리는 두 가지를 할 것입니다. 우리는 당신에게 작별하는 방법에 대해 그들의 선택을 도울 것이며, 당신이 본인의 장례식에 중요한 입력을 가함으로써 그것을 개인화하는 것을 도울 것입니다. 저는 자기 연민과 자기 미화에 몰입하는 것에 대해 찬성하지

않습니다!"

- 주인공이 자신이 암이 걸렸을 때 자신이 어떻게 행동할지에 대해 탐색하고 싶어 한다. 디렉터는 "당신의 가족이나 지인 중에 암에 걸린 사람이 있나요? 먼저 그 사람부터 면담해보도록 하지요!"
- 주인공이 "저는 정말로 하늘을 날아보고 싶어요. 제가 미친 건 아니지만, 다쳐도 상관없어요."라고 말한다. 디렉터는 역설적으로 "알았어요. 구성원 중 당신의 대역이 되어서 이 탁자 위의 의자에서 뛰어내릴 의지가 있는 사람을 골라보세요…" 라고 응답한다.

디렉터 겸 훈련생에게는, 주인공이 현실에 대처하거나 혹은 현실을 초월하는 데 있어서 자신이 미친 영향력에 대해 생각해보는 것이 과제이다. 그리고 어떻게 했는지도! 수퍼바이저는 그에게 이에 대한 질문을 한다.

3.5 정신 간 작업과 정신 내 작업의 관리

우리는 주인공과 그와 관련된 타인 사이에 일어나는 일들을 다룰 것이다. 더불어, 정신 내 작업의 경우에는 주인공 내부에서 일어나는 일들을 탐색할 것이다. 우리는 선택, 내면의 움직임과 흐름, 목소리 등을 찾는다. 우리가 선택하는 것은 당연하게도 사전에 요구되는 것이 아니다. 면접 과정과 (혹시 있다면) 조사 질문의 형성이 첫 번째 실연(enactment)으로 이어진다. 드라마는 여기에서 시작해서 양 방향 중 하나로 발전하게 된다. 어떤 때는 두 형식 모두 사용된다.

사이코드라마를 검토하면서 디렉터는 행동이 둘 중 어느 형식으로 귀결되었음을 깨닫게 된다. 어떤 때는 디렉터가 두 형식 중 하나에 별 이유 없는 선호를 가지고 있다. 수퍼바이저와의 성찰이 이에 대한 통찰을 가져올 수 있다. 두 형식 모두 심화에 적합하므로, 주인공은 디렉터가 선호하지 않는 형식에서 더 이득을 취할 수도 있다.

이중자들이 기여하는 상호작용 드라마는 감정의 층들을 다루고, 목표를 분명히 하고, 관계를 명확히 하며, 개인적인 깊이에 나름대로의 방식대로 진행할 수 있다. 이와 유사하게 정신 내 드라마 또한 하위 성격과 내면의 목소리들 그리고 내적 존재들의 재배열을 동반하여 재생과 깊은 경험을 야기할 수 있다. 흔히, 한 형식이 다른 형식으로의 준비작업으로서 작용한다. 어떤 때 상호작용 드라마를 명확히 선택해야 하는가? 몇 가지 가능성은 다음과 같다.

- 사회성 기술 훈련: 사회성 기술의 부족이 주인공을 방해하는 것이 분명하기 때문에, 디렉터는 이 순간 주인공에게 역할 훈련과 유사한 방법론이 가장 득이 됨을 알고 있다.
- 진단적 사용: 주인공이 자신의 공감 능력을 직면하게 된다. 디렉터는 주인공이 역할 교대를 할 수 없음을 인식하게 된다(분열 증상, 사이코패스 경향, 자폐증 계열의 장애가 있는 주인공들은 타인과 공감하는 데 어려움을 겪는다).
- 사회적 원자 연구: 주인공이 우선적으로 자신의 가장 가까운 환경이 자신의 인생에 어떤 영향을 미치는지 알고 싶어한다.

정신 내 드라마의 사용을 촉구하는 징후에는 주인공의 불명료한 정신적 위치, 내적 의심과 딜레마, 혹은 과거나 현재의 트라우마적 경험 등이 있다. 이 때의 맥락은 매우 다양할 수 있으며, 예는 다음과 같다.

- 주인공이 인생에서의 선호들에 대한 우선순위를 매기지 못한다(예: 학업 증진, 휴일을 어떻게 보낼지, 자녀를 가질지 여부).
- 주인공이 윤리적 성격의 결정을 내려야 한다(예: 더 좋은 거주지로 옮기거나 손자손녀 근처에서 사는 것; 18살 아들의 자립을 존중하거나 그를 조종하는 것; 밤 중에 일어난 소형 교통사고를 도와주거나 도난을 우려해서 회피하는 것).
- 주인공이 왜 같은 종류의 고통이 그를 계속 자극하는지 알고 싶어한다(예: 어린이들이 다치는 영화들; 첫째 부인을 상기시키는 것).

수퍼바이저는 선택된 접근방법의 모든 장단점들을 계산해보기를 유도한다. 그들은 대안을 찾아볼 수 있다. 그리고 둘 다 다른 가능성이 어떠한 가치나 이득을 생성했을지 질문하고 탐색한다.

4. 요약

설명된 '긴장선'들을 어떻게 관리할지는 디렉터와 주인공의 주된 과제 중 하나이다. 수퍼바이저 또한 그의 업무에 있어서의 긴장들을 관리해야 한다. 따라서—최소한 내 생각에 의하면—사이코드라마에서 수퍼비전은 다음과 같은 면에서 '특수한 직업'이다.

- *책임감 있는 직업:* 길게 볼 때 사이코드라마 디렉터를 수퍼비전하는 것은 그의 주인공들, 주로 미래 주인공들에 대한 책임을 공유하는 것이다. 물론, 수퍼바이저에게는 디렉터 겸 훈련생이 직접적이고 주된 주인공이다. 그러나 어떤 의미에서 사이코드라마 수퍼바이저는 이중의 책임을 진다. 대부분의 수퍼바이저는 그 위치에 대해 인식하고 있다. 어떤 수퍼바이저는 직접적인 관계만 고려한다. "나는 내가 있지도 않았던 자리에서의 간과나 피해에 대해 비난받을 필요가 없어요!" 이는 그 우연한 간과나 피해에 대한 문제가 아니다. 이는 법적 책임에 대한 것이다. 이 책임감은 도덕적 문제이다. 우리는 수퍼비전을 제공했던 디렉터들에 대해 자랑스러워하며, 탁월한 수행과 창의적인 드라마에 대해 듣고 그 공을 교육과 수퍼비전에 돌린다. 그렇다면 부정적인 사이코드라마 수행도 교육과 수퍼비전의 책임일 수 있다.
- *극적인 직업:* 안타깝게도 많은 사이코드라마 수퍼비전은 사이코드라마적 행동 없이 이루어진다(Williams, 1995). 상담 기법들이 흔히 사용되며, 이는 직면 개입을 동반하기도 한다. 사이코드라마 수퍼비전은 사이코드라마를 시행할 기회에 선택된 셈이다. 수퍼바이저는 특히 대안을 모색하는 과정에서, 재연 기회들을 최대한 활용해야 한다. 훈련생으로 하여금 사이코드라마의 핵심 행동 몇 개들에 대해 성찰하게 하는 작업은 하나의 예술이다. 훈련생은 수퍼바이저의 지도 아래, 행동들을 다시 무대에 올려서, 그의 선택과 그 이유들을 평가하고, 주인공에게 미친 영향을 상기하며, 다른 행동들을 시도해본다.
- *양육하는 직업:* 시행된 행동과 대안들에 대한 반성은 훈련생의 행동 기량을 증진시키기 위한 목적이 아니다. 그것은 아마도 부수적으로 얻게 되는 것이다. 수퍼비전의 진짜 목적은 훈련생이 사이코드라마 디렉터로서의 작업을 통해 내면의 인성을 기르는 것이다. 이로 인해, 그는 주인공들에게 점차적으로 진실되게 다가가게 되며 자신의 장애물들과 선호들에서 멀어질 수 있게 된다.

- *감격이 있는 직업:* 수퍼바이저는 사이코드라마 내에서 재연과 대안 방법들을 진행하게 된다. 그러므로 그 자신 또한 사이코드라마의 디렉터이다. 그는 그의 훈련생자들에게 모범적인 기능적 역할을 맡는다. 그러므로 사이코드라마 수퍼비전은 흥미롭고 감격이 넘치는 일이 된다!

참고문헌

Blatner, A. (1996). *Acting-in: Practical application of psychodramatic methods* (3rd ed.). New York: Springer.

Cuvelier, F. (1976). Psychodrama en intereactiedrama, sociodrama en roltraining. *Tijdschrift voor Psychotherapie, 2*(1), 207-214.

Kellermann, P. F. (1992). *Focus on psychodrama: The therapeutic aspectss of psychodrama.* London: Jessica Kingsley.

Kessel, L. van & Haan, D. (1993a). The Dutch consept of supervision. Its essential characteristics as a conceptual framework. *The Clinical Supervisor, 11*(1), 5-27.

Kolb, D. A. (1984). *Experiential Learning,* Englewood Cliffs, N.J.: Prentice Hall.

Laat, P. de (2008). Quotations. In Lap-Streur, M. (Ed.), *Conference and Souvenir book*, Heeze, pp. 30-36.

Lap, J. (2005). *Psychodrama und Klinische Seelsorgeausbildung.* Einfürung, Kongress Supervision und KSA. Strassburg, p. 1-3.

Moreno, J. L. (1977). *Psychodrama volume I,* (4th ed.). Beacon, N.Y., p.a-e.

Smith, M. K. (2001). David A. Kolb on experiential learning. *The encyclopaedia of informal education.* Retrieved[sept 4, 2010] from http://www.infed.org/b-explrn.htm

Williams, A. (1995). *Visual and active supervision, roles, focus, techniques.* New York/London: W. W. Norton & Commpany.

사이코드라마와 수퍼비전에 대한 사이코드라마의 공헌

Ildikó Erdélyi

이 장에서 나는 사이코드라마 수퍼바이저로서 헝가리에서 20년 동안의 경험을 통해 얻은 교훈에 대해 설명하고자 한다. 그 중 나는 수퍼비전에 있어서의 주인공-중심 과정과 집단-중심 과정 모두를 논의하고자 한다.

여기서 주인공-중심 사이코드라마는 Moreno(1965)가 도입한 작업 방식이다. 또한 집단-중심 사이코드라마는 Mérei와 그의 동료들이 설명한(1987; Erdélyi, 2010) 과정을 말한다.

나는 이 장에서 두 방법의 조합이 어떻게 수퍼비전의 효과를 증진시키는지와, 사이코드라마적 접근 혹은 역동심리학이나 정신분석에서 가져온 분석 방법이 수퍼비전에 기여하는지를 점검하고자 한다.

1. 수퍼비전의 목적과 과정

나는 다음과 같이 수퍼비전을 진행한다: (1) 상급 수련 집단들에서 한 달에 1번 시행하는 10시간 단위의 생애 수퍼비전. 그 중 $\frac{1}{3}$은 집단 수퍼비전으로 진행된다. (2) 상급 훈련생들을 위한 개인 수퍼비전과, 집단 디렉터들을 위한 수퍼비전. (3) 워크숍 형태의 훈련생의 사례에 대한 성찰. 워크숍의 주제는 선택할 수 있다. 훈련생들은 a) 집단 역동, b) 위기 주제, c) 임상적 주제 중 선택할 수 있다. 복합적인 주제, 예를 들어 '위기와 집단 역동' 또한 토론회의 주제가 될 수 있다.

나는 가급적이면 세 주제 모두를 통합하여 워크숍을 진행한다. 우리는 임상적, 위기, 심지어는 집단 역동적 주제까지 참가자들의 사례를 통하여 과정분석을 한다. 만약 특정 주제가 수퍼비전의 틀을 통하여 다루어질 것이라고 강의 내용에 기록되어 있으면, 후보 수퍼바이저들의 참여 의지도 높아진다. 나는 다음 사례를 통해서, 내 기억에 근거한 나의 수퍼비전 작업을 기술하고 분석한다.

2. 사이코드라마에서의 사이코드라마적 접근

2.1 '집': 정신과에서 이루어진 사이코드라마 집단에 대한 수퍼비전

이 사례에서는 여성 집단 디렉터 두 명이 정신과에서 개방 집단 사이코드라마를 진행한다. 두 심리학자는 집단 회기들의 워밍업 단계에서 일화를 사용한다. 그들은 일화를 통해 환자들이 자신들의 정신 내 문제들과 만날 수 있도록 한다.

수퍼비전에서 집단 리더들이 알고 싶어하는 것은 "집단-중심 사이코드라마 기술이 정신과에서 행해지는 정신치료 작업에 적합한 방법인가?"이다. 집단 리더들은 조현병적 방어기제를 지닌 환자들이 포함된 집단에서는 주인공-중심 사이코드라마를 온전히 사용하지 못할 것이라 생각했다(Kernberg, 1979; Holmes, 1992). 우리는 사이코드라마의 '만약' 영역과 집단의 영역이 경계선 환자들에게는 혼돈을 가져오는 것을 경험했다. 환자들은 또한 환상과 현실을 구분 짓지 않는다. 집단-중심 방법은 일화의 도움으로 참여자들을 심리적 작업에 연결시키며, 비유법을 통해 일화와 자신의 문제 사이에 다리를 놓는다.

수퍼바이저의 제의에 따라 집단 리더들은 일화를 말한 후 일화의 주제를 연극으로 시현하는 방법을 발표했다. 수퍼비전 과정에서 집단 내 초점의 인물은 강박장애와 경계선 성격장애를 지닌 환자 이사벨(Isabelle)이다.

일화는 이렇게 만들어졌다: 디렉터 중 한 명이 "먼 옛날에…"로 이야기를 시작한다. 그러자 남성 환자 한 명이 즉각 잇는다: "… 세계가 멸망했습니다." 그리고 몇몇 여성 환자들이 잇는다: "… 집이 하나 있었습니다.", "… 마당에 우물이 하나 있었습니다." 이사벨이 여주인공을 이야기에 삽입한다: "… 그리고 한 소녀가 살았습니다." 그리고 다른 남성이 "… 그리고 방랑객이 한 명 왔습니다." 젊은 여성이 "… 그리고 폭풍이 불기 시작했습니다." 그리고 처음에 말했던 남성이 "… 그리고 남자는 지붕 아래 서 있었습니다."

환자들은 자발적으로 역할들을 맡기 시작했다. 처음 이야기를 시작했던 남성은 자신이 세계멸망이 되겠다며 '무대 위에' 올라갔다. 이사벨이 소녀의 역할을 맡고, 두 여성이 팔을 들고 서로의 손을 맞대어 집이 되었다. 두 번째로 이야기에 참가했던 남성은 방랑객이 되고, 두 남성이 우물과 지붕의 역할을 맡았다.

여기서 사이코드라마가 집단 내에서 멈추었다. 역할을 정하는 것은 부드럽게 지나갔지만, 환상 역할들을 연기하는 단계에서 작업이 멈추었다. 수퍼비전에서 우리는, 역할들을 맡은 환자들 사이에서 어떠한 심리역동적 과정들이 나타날지 보기 위해 두 디렉터들의 환상에 기반해 사이코드라마를 계속했다.

■ *'유혹의 욕망과 금지'—수퍼비전 아래에서의 사이코드라마:* 수퍼비전하에 사이코드라마 집단 회기가 공연되었다. 무대 위에 '연기자'들이 올라섰다. 방랑객이 이사벨의 문을 두드렸다. 이사벨의 역할은 두 디렉터가 번갈아가며 맡았다. 소녀는 남자에게 음식을 주었지만, 집 안은 아니고 마당까지만 들이고 우물로 보냈다. 그리고 수퍼비전 집단의 여성 참가자 중 한 명이 표현한 폭풍이 들이닥쳤다. 방랑객은 우물가에서 떨고 있으나, 소녀는 그를 신경 쓰지 않는다. 이 시점에서 남성 참가자 중 한 명이 무대에 뛰어들어 "제가 지붕입니다."라고 말했으며, 방랑객이 그 밑으로 섰다.

그 와중에 수퍼비전 집단의 다른 참가자들이 개념을 하나 만들어서 사이코드라마를 했다. 그들은 '세계의 끝'에 한 여자가 살고 있는 다른 집을 만들었다. 그 여자는 방랑객을 맞아들였고 들여보냈고, 수줍어하던 다른 집의 소녀도 초대했다.

집단 디렉터들은 이사벨의 사이코드라마에서 역할을 맡음으로써 경험한 내적 갈등을 느낄 수 있다. 그들의 해석은 이사벨이 소녀 시절 때부터 가지고 있던, 욕망-환상이 현실화될까봐 두려워하여 욕망-환상을 숨기고 있다고 하였다. 그 욕망은 자신의 아버지를 대체한, 어머니의 애인을 유혹할 수도 있다는 것이다. 유혹하고자 하는 그녀의 욕망은 죄책감을 느낄 정도로 컸다. 이사벨은 자신의 동작을 완전히 멈춤으로써 자신의 환상으로부터, 본인에게는 실제 행동이나 다름없기에, 자신을 보호하려 한다.

사이코드라마 중 집단 디렉터들의 전이와 역전이에 대한 성찰은, 환자 집단의 디렉터가 너그러운 '좋은' 엄마가 되고(Klein, 1955/1986; Winnicott, 1971), 공동디렉터가 딸을 내치며 죄책감을 유발하는 '나쁜' 엄마가 되고 있음을 암시하고 있다. 역전이에서 보조디렉터는 사이코드라마 도중에 본인의 분노한 엄마를 생생하게 느꼈다. 디렉터들 사이의 분열 현상 또한 경계선 병리의 영향으로 나타난다.

상급 집단의 다음 수퍼비전 회기 때, 환자 집단의 디렉터들이 집에 대한 사이코드라마를 디렉팅한 것에 대해 말했다. 이사벨이 다른 집에 들어가서 벗어나려고 시도했다. 이 행동은 '노력하는 행동'(Merei et al., 1987)이라 불릴 수 있다. 이는 자유를 향한 단계, 즉 분열된 자아와 객관화된 부분들의 통합을 향한 움직임이라 할 수 있다.

2.2 '입양': 상급 훈련생들을 위한 수퍼비전

집단 디렉터인 모나(Mona)와 패니(Fanny)는 개인 수퍼비전에 입양하는 부모들의 사이코드라마 집단이라는 자기 경험적 주제를 도입했다. 모나가 진행하는 주인공-중심 사이코드라마의 미르카(Mirka)는 머리색이 짙은 예술가를 연상시키는 인상의 42세 여인이다. 미르카 본인의 자식은 그의 첫 번째 결혼에서 낳았지만, 10살 연하인 그녀의 두 번째 남편은 본인의 자식을 낳고 싶어했다. 하지만 미르카는 수술로 인하여 임신할 수 없게 되었다. 그래서 그들은 아기를 입양했다. 미르카는 자신이 아들의 결혼식에 갈 수 있을지 걱정했고 그 걱정은 그의 집단 동료들과 리더들 모두를 놀라게 했다.

자기-경험 집단은 결혼사진 세 장을 만들었다. 결혼사진 A(아들의 결혼식에 안 갔을 때): 미르카는 사진에 없고, 미르카의 첫째 남편과 그의 새 아내만이 있다. 결혼사진 B(아들의 결혼식에 갔을 때): 미르카는 두 남편 사이에 있다. 결혼사진 C(사이코드라마 활용): 집단은 신부와 신랑이 가운데에 서 있어야 한다고 결정했다. 미르카는 첫째 줄에 부모들을 놓고, 각 부모들의 새 배우자들을 둘째 줄에 놓았다. 자식 내외는 첫째 줄 가운데 위치한다.

수퍼비전에서 모나와 패니는 다음의 질문들을 제기한다: "사이코드라마 중 미르카의 위치는 어디인가요?" 모나와 패니는 먼저 장면들을 재구성한다. 모나는 주인공의 가족들을 표현한다. 초점 대상이 아닌 가족들은 쿠션으로 표현된다.

사건을 재구성하는 데 있어서, 전이와 역전이에 대한 성찰이 중요하다. 패니는 두 디렉터 중 더 숙련되었으며 더 지배적이다. 패니와 모나 모두 자신이 낳은 아이와 입양한 아이를 가지고 있다. 패니는 아직도 어머니의 자식들 속에서 자신의 자리를 찾고 있다. 패니의 어머니는 어린 아들만을 귀여워했고, 패니는 여동생을 입양하는 공상을 하곤 했다. 이 성찰을 통해, 원치 않는 아이였던 패니는 미르카에게 자신의 상황을 투사하고 있음이 명확해졌다. 미르카의 역할을 맡음으로써 그는 자신의 트라우마를 상기했으며, 원가족에게 자신의 자리는 없다는 것을 깨닫게 되었다.

■ *역전이에 대한 사이코드라마:* 수퍼비전 내의 역전이에 의해 사이코드라마가 형성된다. 우리는 미르카와 패니의 여성 조상들을 나열했다(Ancelin-Schützenberger, 1993/2007). 미르카에게는 딸과 큰 거리를 두는 어머니가 있는데, 이 거리는 미르카의 어머니와 할머니 사이에도 나타난다. 패니의 여성 조상들도 서로 거리를 두나, 차이점

이 하나 있다. 바로 패니는 어머니보다 할머니와 더 긴밀한 관계를 가졌다. 패니의 할머니는 그에게 여성 패턴을 상징하는 '멋진' 여성이다.

성찰에서 패니와 주인공 사이뿐만 아니라, 패니와 동료 모나 사이에도 역동이 존재함이 명확해졌다. 두 디렉터의 조상들 모두 어려운 환경에서 자란 소수집단이다. 하지만 모나의 어머니상 인물들은 애정이 가득했다. 모나는 예쁨 받는 아이였지만, 패니는 아니었다. 사이코드라마를 진행하면서, 모나는 이를 잘 보지 못했다. 모나는, 정작 본인은 귀하게 자란 아이였음에도 불구하고, 소수민족 배경이나 가정 환경 그리고 비슷한 외모 등으로 인해 패니와 자신을 동일시하고 있었다. 수퍼비전 과정에서 모나는 자신이 패니를 이상화했음을 인식하게 되었다. 그에게 패니는 "항상 진실을 보는 사람"이었다. 그는 항상 되고자 했던 해방된, 똑똑한 여성상을 패니에게 투사하고 있던 것이다.

2.3 '숨겨진 아이': 전화 상담서비스에서의 사이코드라마 수련

다음 사례는 사이코드라마 수련을 받던 전화 상담서비스 직원들의 집단에서 도출되었다. 안톤(Anton)은 사이코드라마 조교이자 집단 디렉터였다. 집단 구성원들은 상담서비스에 자주 전화하는 주인공에 대해 이야기를 나누고 있었다. 그 고객의 이름은 카리나(Karina)였고, 린다(Linda)를 제외한 모두가 음성만으로도 그녀라는 것을 알아차릴 수 있었다. 집단 디렉터인 안톤은 전화를 자주 하는 이 고객에 대해 알고 싶어했지만, 린다가 그를 여러 번 제지했다. 안톤은 린다를 불편해했으며 점점 더 신경이 날카로워졌다. 수퍼비전 장면에서 그는 자신이 왜 린다에 대해 그렇게 강하게 반응하는지에 대해 알고 싶어했다.

수퍼바이저 겸 디렉터는 안톤과 린다 사이의 긴장이라는 주제에 초점을 맞추었다. 수퍼바이저는 안톤에게 이 상황에 어떠한 종류의 관계를 연관 지을 수 있는지에 대해 질문했다. 그는 고용주와 피고용인 간 관계를 언급했다. 수퍼바이저는 이 연관성을 통해 집단-중심 사이코드라마를 형성하고, 집단 구성원들은 전화 상담서비스를 사이코드라마의 장면으로 선택했다. 집단은 다른 장면을 선택할 수 있지만, 그들은 전화 이야기에 매혹되어 있다. 그들은 수퍼비전을 위해 상황을 일부 재연하지만, 동시에 즉흥적으로 본인들의 환상을 상연하기도 한다. 공통적인 환상으로는, 안톤이 상관이고 린다가 그의 부하 직원이다.

■ *극 1:* 참가자들이 즉흥적으로 안톤과 린다가 토론하는 전화 상담서비스 상황을 표현한다. 그리고 갑자기 무대의 모퉁이에 전화부스가 보인다. 카리나의 역할을 맡은 구성원이—얼굴을 가려서 그 진짜 정체는 알려져 있지 않음을 나타내며—전화 상담서비스에 전화를 건다: "저는 카리나입니다…"

안톤은, 이 집단-중심 사이코드라마에서 본인의 역할을 맡은 채, 독백을 시작한다. "무언가 나를 불편하게 해서, 내 대역이 말하는 것을 들을 수 없어." 사이코드라마의 수퍼바이저 겸 디렉터가 안톤 옆에 서서 면접을 시작했다. 안톤은 카리나에 대해 생각하지만, 동시에 린다가 거슬린다고 느낀다. 이 시점에서 사이코드라마는 주인공-중심적이 된다. 디렉터의 조언에 따라 안톤은 카리나에 대한 환상을 무대에 올렸다.

■ *극 2:* 안톤의 환상 속 여자인 카리나는 무엇을 말하고 싶은 듯 위아래로 뛰며 그에게 손을 흔든다. 안톤 또한 그에게 손을 흔든다. 사이코드라마의 틀을 통해 바깥에서 상황을 보자, 안톤은 지금 여자를 마주 보고 있는 그 부성적 인물상을 보고, 문득 그가 무대에 자신과 자신의 첫째 딸과의 첫만남을 불러왔음을 깨닫게 되었다. 딸의 이름은 릴라(Lilla)이다. 안톤은 해외에서 살고 있는 딸을 사춘기 때, 그것도 전화로 알게 되었다. 수퍼바이저는 이 연관성을 상연하기를 요구했다.

■ *극 3:* 십대의 릴라는 부스에서 아버지에게 전화를 한다: "저 릴라에요. 저 아시겠죠? 당신이 내 아버지에요. 만나고 싶어요." 안톤: "그래, 나란다. 네 전화를 기다리고 있었다. 이곳에서 가장 아름다운 곳인 시타델(Citadelle)로 널 데려가고 싶단다. 내일 괜찮니?" 안톤과 딸의 만남 또한 무대에서 공연된다. 안톤과 릴라는 시타델 주변을 걸으면서 대화할 시간을 갖는다. 그 장면 이후 수퍼바이저는 다시 집단-중심 사이코드라마로 주제를 주목시킨다.

■ *극 4:* 안톤과 린다는—각각 상사와 대역이 되어—다음 날 처리해야 하는 업무들을 준비하고 있다. 안톤은 평화롭게 린다의 말을 듣는다. 린다는 정체불명의 여자 카리나에게 드디어 통화를 했다고 말한다. 안톤은 린다가 상사이자 아버지 인물상인 안톤이 자신에게 관심 가져주기를 원하는 것을 이해한다. 그는 웃으면서 린다에게 말한다. "아마 그녀는 이제 전화를 안 할 거에요. 내가 그녀에게 여기 사람 모두가 그를 안다고 했거든요. 그녀는 웃으면서 모두에게 안부를 전해 달라 하더군요. 그녀는 자기에게 중

요한 누군가를 만났고 이제 자기 인생을 살아갈 거예요."

집단-중심의 사이코드라마는 집단 리더의 역전이된 감정이 주제가 되자 주인공-중심의 사이코드라마로 변했다. 방법의 변화로 인해 우리는 주인공의 무의식적 과정들을 따라갈 수 있었다. 역전이된 감정이 안톤의 의식으로 떠올랐을 때, 린다의 전이 반응은 더 이상 그를 불편하게 하지 않았다. 카리나에 대한 상담서비스에서의 경험이 훈련생에게 '숨겨진 아이'에 대한 영상을 불러일으켰다.

집단 역동의 깊이 속에 집단을 움직이는 비밀이 숨겨져 있다. 안톤과 여성 수퍼바이저가 '숨겨진 아이'에게 생명을 선사한 부부를 형성한다. 집단 역동적 과정 안에서 안톤이 수퍼비전 집단의 중심 인물이다. 그는 사건을 제시하는 것뿐만 아니라 자신의 역전이 감정을 드러냄으로써 주인공이 되며, 그 드러난 감정은 디렉터가 방법을 주인공-중심으로 바꾸게 하는 결과를 낳았다.

3. 요약

사이코드라마 디렉터이자 수퍼바이저로서 나는 여러 방법을 통합함으로 해서 가장 효과적인 성과를 이룰 수 있다고 생각한다(Szönyi, 2008). 수퍼비전의 초점은 항상 훈련생의 어려움이어야 하며, 가능한 한 빨리 문제를 장면과 행동들로 정리하는 것이 유용하다(Avron, 1996). 진행하다 보면 질문이 일어난다. 어떠한 방법으로 올바른 해결을 얻을 수 있는가?

내가 이 질문에 찾은 해답은 방법들의 조합이다. 이는 주인공-중심의 사이코드라마 기술을 통해 집단 구성원들의 내적 과정들을 드러나게 하고, 집단-중심 사이코드라마를 통해 현재 일어나는 집단 내 절차들의 활성제들을 읽고 표현하는 것을 가르치는 것이다. 집단 역동의 '흐름 읽기'는 수련 때 배워야 하는 매우 중요한 능력이며, 그 실행이 필요한 이유는 *집단의 구성원들이 가져오는 문제들이, 마치 거울처럼, 수퍼비전 집단의 과정에 비추어질 것이기 때문이다*(Laveman, 1994). 이의 좋은 예로 상술한 사이코드라마 '집'이 있다. 여기서 집은 여성성과 유혹의 욕망 그리고 그에 대한 금지를 상징했다. 이 상징적 의미들은 경험적 사이코드라마에서도 드러났다.

대부분의 경우에 사이코드라마 디렉터는 주인공과 작업할 때 자신의 감정에 의해 방해를 받는다. 따라서, 수퍼비전에서는 역전이에 대한 성찰이 중요하다. 전이에 관한 작업을 통해 우리는 Stern과 동료들(2004)이 어머니와 아이 사이의 초기 화합이라고 명명한 참 만남의 순간을 경험할 수 있다. 이 순간은 사이코드라마 참가자들 사이에서 재연될 수 있으며, 나의 경우에는 주인공과 수퍼바이저 사이에서 나타났다. 참 만남의 순간은 수퍼바이저와 훈련생 사이에서 '숨겨진 아이' 사이코드라마에서 제일 분명하게 나타났다. 그들은 '숨겨진 아이'가 오기를 기다리고 있었다.

사이코드라마 디렉터는 그리고 대부분의 수퍼바이저는 자신이 형성한 개념과 개인 혹은 여러 사람의 이야기를 재연하면서 수퍼비전을 위한 사이코드라마를 진행하면서, 사이코드라마 디렉터로서 자기 스타일에 맞게 여러 방법들을 혼합한다. 그리고 혼합의 구체적인 방법들은 학생들에게 전수되며, 학생들이 이를 더욱 발전시킬 것이다.

참고문헌

Ancelin-Schützenbcrger, A. (1993/2007). *Aïe, mes aïeux!* Paris: La Méridienne, Desclée de Brouwer.

Anzieu, D., Béjarano, A., Kaës, R., Misscnard, A., & Pontalis, J. B. (1973). *Le travail psychanalytique dans les groupes.* Paris: Dunod.

Anzieu, D. (1999). *Le Groupe et l'Inconscient.* Paris: Dunod.

Avron, O. (1996). *Lapensée scénique.* Pads, Érès.

Bion, W. R. (1965). *Recherches sur lespetits groupes.* Paris: PUF.

Butler, J. (1993): *Bodies that matter. On the discursive limits of "sex".* London: Routledge.

Erdélyi, I. (1999). The role of the mirror in psychodrama training. In P. Fontaine (Ed.), *Psychodrama Training. A european view* (pp. 173-186). Leuven: FEPTO Publications.

Erdélyi, I. (2010). Mérei Ferenc pszichodrámája (The psychodrama of Ferenc Mérei). In I. Erdélyi, *Mágikus és hétköznapi valóság (Magical and everyday reality* (pp. 172-191). Budapest: Oriold & Tasai.

Hermann, I. (1949). The Giant Mother, the phallic Mother, Obscenity. *Psychonanalytical Review,* 36, 302-306.

Holmes, P. (1992). *The inner world outside: Object relations theory and psychodrama.* London, New York: Routledge.

Kernberg, O. (1979). *Les troubles limites de la personnalité.* Paris: Privat.

Klein, M. (1955/1986). A Study of Envy and Gratitude. In J. Mitchell (Ed.), *The selected Melanie Klein.* London: Hogarth Press.

Laveman, L. (1994). Resemblance and difference between supervision and psychotherapy. *The Clinical Supervisor, 12* (2).

Mérei, F., Ajkay, K., Dobos, E., & Erdélyi. I. (1987). *A pszichodráma önismereti és terápiás alkalmazása (Applying psychodrama for self-experience and therapy).* Budapest: Akadémiai Kiadó.

Moreno, J. L. (1965). *Psychothérapie etpsychodrame.* Paris: PUF.

Moscovici, S. (1972). *Psychologie des minorités actives.* Paris: PUF.

Nève-Hanquet, Ch., & Van der Borght, Ch. (1999). Doubled chairs in supervision. In P. Fontaine (Ed.), *Psychodrama Training. A european view* (pp. 269-274). Leuven: FEPTO Publications.

Stern, D. N. (2004). *The Present Moment in Psychotherapy and Everyday-life.* London: Norton & Company.

Szönyi, G. (2008). A kezelési kombináció kérdései (Problems of method combination in treatment). In G. Szönyi, & Füredi, J. (Eds.), *A pszichoterápia tankönyve, 2. kiadás (Study book of psychotherapy, 2nd ed.).* Budapest: Medicina.

Winnicott, D. W. (1971). *Playing and reality.* London: Tavistock Publication.

무대에서의 '아이디어 교환'과 전문가 정체성의 발달 —수퍼비전에서의 실용적 적용

Hilde Gött

수년 동안 나는 훈련생들의 개인 수퍼비전과 집단 수퍼비전을 지도해왔다. 나의 수퍼비전은 무대에서의 작업을 통해 전문가 역할에 대한 학생들의 자신감을 발달시키고 사이코드라마 디렉터로서의 정체성을 찾는 것을 돕기 위한 것이다.

수퍼비전에 대한 나의 기본적 개념과 전제를 그려내기 위해, 나는 먼저 수퍼비전에 대한 이해를 서술하고(Pühl, 1994; Buer & Siller, 2004; Gellert & Nowak, 2007), 내가 훈련생들에게 제공하는 집단 수퍼비전의 환경에 대해 설명한다. 이후 나는 수퍼비전에 매우 도움이 된다고 판단되는 두 활동을 실례로 들어 설명한다. 첫째는 훈련생들 간의 '아이디어 교환'이며, 둘째는 상담사의 다른 역할들에 대해 성찰하고 그것들을 융합시키는 것이다.

1. 사이코드라마 수련에서의 수퍼비전

사이코드라마 수련은 교육학, 심리학, 연극, 조직 개발 등의 다양한 전문 분야뿐만 아니라 새로운 분야들에 개방되어야 한다. 사이코드라마 수련은 인내, 용기, 적극성이 필요한 장기적 과정이다. 훈련생들이 나중에 이 방법들을 본인들의 실습에 사용해야 할 때 그들은 대체로 혼자 작업하게 되며 불확실성에도 불구하고 모든 예기치 못한 상황들에 자발적으로 그리고 효과적으로 대응해야 한다. 수퍼비전은 사이코드라마 실제로의 전환을 반영하여 용이하게 해야 하고, 특히 경험이 부족한 사이코드라마 디렉터들이 자신감을 키우고 강화할 수 있도록 도와야 한다.

수퍼비전은 상위 수준의 수련 프로그램에서 매우 중요한 부분이다. 훈련생들이 실무에 사이코드라마를 적용할 때 그들은 90시간의 수퍼비전을 받아야 한다(개인 수퍼비전 최소 10시간 그리고 집단 수퍼비전 최소 60시간).

집단 수퍼비전은 사이코드라마 세미나의 형식으로 주말에 실시된다(60분씩 18회기의 수련시간). 수퍼비전은 먼저 자기소개로 시작해서, 각 훈련생이 본인의 현 상황을 설명하고 질문, 기대, 소망 등을 발언한다. 그 후의 주말에는, 절차들에 따라 주제와 단계들이 계속 재구성되며 진행된다. 다른 사이코드라마 집단 회기와 마찬가지로 수퍼비전은 상연, 역할 피드백, 장면 표현 그리고 무대의 '잉여현실(surplus reality)'을 포함한다. 훈련생 동기들 간의 공동 작업과 전문가로서 서로에게서 배우는 것 또한 매우 중요하다.

수퍼비전의 원론적 목표는 전문가로서의 행동의 질을 향상시키는 것이다('독일의 수퍼비전을 위한 모임'/Deutche Gesellschaft für Supervision)(Buer, 1999, 2004).

수퍼비전은 훈련생들이 주인공들과의 전문적 작업에서 더 뛰어난 수준의 역량에 도달하는 것을 도와줘야 한다. 더 나아가서 훈련생들은 치료과정의 각각 다른 역할들을 개발하고 융합하는 것과 상담사로서의 정체성을 찾는 데 지원을 받아야 한다. 이 수련과정에서 수퍼비전은 숙련된 중요한 전문가와 예민한 교사로서의 역할을 맡는다. 수퍼비전은 주인공과의 작업 혹은 더 일반적인 이론적, 방법론적, 혹은 철학적 사안 중 하나에 집중할 수 있으며, 양면 모두 수퍼비전에서 다뤄져야 한다.

이 장에서 나는 집단 수퍼비전에 도움이 된 두 방법의 절차와 사례를 설명하려 한다. 하나는 무대 위에서의 '아이디어 교환'이고, 다른 하나는 디렉터의 다양한 역할들의 융합이다.

2. 수퍼비전 과정에서의 '아이디어 교환'

무대 위에서의 '아이디어 교환'[1]은 집단 내에서 긴장하지 않고 용서하는 분위기를 필요로 한다. 초기의 사회측정학적 작업은 훈련생들에게 서로와 그리고 이 교육 모델에 대한 존중을 가르칠 수 있다. 이 모델은 특정한 단계들을 따르며, 사례를 통해 이를 집단 수퍼비전에 어떻게 적용할 수 있는지를 설명하고 묘사하려 한다. 모델 안의 역할: 훈련생 A = 주인공; 집단 구성원 B = 내담자; 집단 구성원 C, D, E, F = 변형된 자아.

1) 사이코드라마 무대의 '아이디어 교환'은 나의 수퍼비전 수련을 지도해준 Ildikó Mävers에게서 배운 절차를 따른다.

■ *훈련생의 질문을 수반하는, 장면의 상연:* 사이코드라마를 통해 심리치료 작업의 상황이나 상호작용이 상연되며, 이 때 평상시대로의 역할 부여 및 역할 취득이 문제를 무대 위에서 구체화한다. 이 문제는 집단 혹은 개인의 배경에 연관된다. 상호작용이 상연된 후 수퍼바이저는 장면을 정지시켜 멈춘다.

■ *역할 피드백:* 무대에서 역할 피드백과 제안들을 들음으로써 새로운 관점들이 나타날 수 있으며, 이는 문제에 대한 초기 설명에 대해 새로운 통찰을 부여할 수 있다. 그에 기반하여 문제에 대한 새로운 혹은 더 적합한 진단이 형성될 수도 있다. 다음 단계에서 개입 가능성들이 탐험될 수 있다.

■ *수련으로서의 '아이디어 교환':* 이번 단계에서는 첫 번째 순서가 전과 같은 순서대로 재연된다. 다른 훈련생 중 한 명(F, G, H 등)이 이제 집단을 진행하면서 디렉터가 어떤 방법으로 개입하여 도움을 줄 수 있는지 시도할 수 있다. 핵심적인 것은, 훈련생 A가 본인 주인공의 역할을 맡아서 사이코드라마에서 적대자를 연기한다. 나머지 사람들은 첫째 장면에서 가졌던 역할들을 재연한다. 결국 수퍼바이저는 장면을 멈추어서 새로운 피드백, 특히 훈련생 A가 연기한 주인공으로서의 역할과, 디렉터의 개입을 반영하는 피드백을 요청한다. 이 장면은 각기 다른 구성원들이 디렉터의 역할을 맡아가면서 반복 가능하다. 동시에 훈련생은 주인공의 역할을 탐험하고 어떠한 개입이 주인공에게 새로운 통찰과 진전을 줄지 더 잘 이해할 수 있는 다양한 기회를 제공한다. 이 탐색을 통해 훈련생 A는 무대에서 훈련생으로서의 본인 역할을 완성한다. 사이코드라마 무대에서 '아이디어 교환'을 적용한 집단 수퍼비전은 다음의 예를 통해 알 수 있다.

'아이디어 교환'–수퍼비전 예시를 통해: 마리아(Maria)는 신체화 장애를 위한 치료기관에서 일하는 상담사이나. 그는 일주일에 2번 90분 동안 만나는 치료 집단의 14명의 환자 중 1명을 집단 수퍼비전에 소개한다. 치료기관에서 4주를 보낸 후, 게오르그(Georg)는 입소 2주 전에 아내가 그를 떠났다고 말했다. 마리아는 집단에서 게오르그의 상황을 어떻게 다룰지 어려워했다.

수퍼비전의 초기에 마리아는 환자 게오르그의 상황을 그가 치료 집단에서 자신에게 설명한 대로 제시했다. 그리고 마리아는 자신의 치료적 개입과, 집단에서 문제를 어떻게 다루었는지 묘사했다. 첫째 단계에서 설명한 대로 집단은 치료 작업의 장면을 상연한다. 마리아가 게오르그의 역할을 맡는다.

다음 단계에서 수퍼바이저는 장면을 멈추고 무대 위의 참가자들에게서, 특히 게오르그의 역할을 맡은 사람에게서 역할 피드백을 요청한다. 그러면 '아이디어 교환'이 시작될 수 있다. 마리아는 환자의 역할에 머무른다. 다른 훈련생들이 차례대로 상담사의 역할을 맡아서 그들이 어떻게 상황을 다룰지에 대해 탐색해본다.

첫 번째 시도: 첫 번째 시도로 안드레가 상담사의 역할을 맡는다. 그는 게오르그의 역할을 맡고 있는 마리아에게, 아내와 결별하고 인생이 어떻게 바뀌었는지 그리고 미래에 무엇을 할 것인지를 질문했다. 이 개입 후 수퍼바이저는 사이코드라마를 멈추고 마리아에게 본인의 게오르그 역할에 대한 피드백을 요청했다. 그 후 수퍼바이저는 안드레에게 집단 상담사로서 그의 의도에 대해 물어보았다. 안드레는 그의 환자와 함께 미래를 살펴보고 그의 삶의 다음 단계를 돕고자 했다.

두 번째 시도: 이번에는 안나(Anna)가 상담사의 역할을 맡아서 환자에게 아내가 결별을 선언한 후 그가 집을 떠나 치료기관에 온 때에 대해 성찰해보라고 한다. 이번에도 수퍼바이저가 개입한 후 역할 피드백을 요구했다. 상담사로서의 역할에서, 안나는 환자 게오르그에게 결별에 대해 숙고할 여유를 제공하고 관계에 대해 애도를 표할 수 있게 해주고 싶어했다.

세 번째 시도: 이번에는 마이클(Michael)이 상담사의 역할을 맡아서 새로운 개입을 시도한다. 그는 환자(게오르그의 역할을 맡고 있는 마리아)에게 자신의 현 상황을 자세히 바라보라고 격려했다. 그는 치료기관의 상황, 게오르그의 집으로부터의 결별 그리고 미래에 대한 불안에 대해 질문한다. 마이클은 게오르그가 가족, 아내 그리고 집과의 거리를 인정하고 과거의 문제 있던 가족 관계를 시인하기를 권했다. 무대의 역할 피드백에서 마리아는 게오르그의 역할을 통해 그 현재 상황을 디렉팅해봄으로써 통찰을 얻었고 가족과 다시 말해 보고 싶어한다고 말했다.

이 사례는 세 훈련생들이 어떻게 같은 치료적 상황을 경험하고 그에 대해 대응했는지를 묘사하고 있다. 상담사의 역할에서 그들은 서로 다른 가설을 세우고 그에 따른 개입들을 실험해볼 수 있었다. 마지막으로 그들은 이 개입들 중 어느 것이 더 도움되는지 탐색하고 결정할 수 있었다. 이를 통해 '아이디어 교환'은 수퍼비전 시 학습 상황의 '잉여현실'과 실제 심리치료 작업 사이의 교량이 될 수 있다.

3. 전문가 정체성과 그 외 역할들의 통합

수퍼바이저는 훈련생이 전문가로서의 발달에 있어서 자신감을 갖도록 격려하고 도와야 한다. 훈련생들은 사이코드라마 디렉터로서의 정체성을 찾아야 하기에 여러 가지 역할들을 통합해야 한다. Kellermann이 설명한 대로의 여러 가지 역할에 대한 개념은 성찰을 위한 구조를 통하여 제공한다. 그는 Moreno를 인용하며 다른 역할들을 구분한다.

"모든 사이코드라마 디렉터들은 몇 가지 특정하고 중복되는 역할들을 수행한다. Moreno(1972)는 이를 제작자, 치료사/상담사, 분석가의 역할이라 설명했다. 나는 이 역할들의 의미를 재정리한 뒤 내가 사이코드라마에 본질적이라 생각하는 네 번째 역할 즉 집단 리더의 역할을 추가했다. … 이 역할들과 그 기능, 기량 그리고 이 모든 것을 합하여 구성할 수 있는 전문성이 사이코드라마 디렉터에게 요구된다."(Kellermann, 1992, p.46)

집단 리더로서, 사이코드라마 디렉터는 집단, 구성원, 관심, 갈등 그리고 개인 참가자들의 발달에 대해 인식해야 한다. 그는 집단의 실제 상황과 주제들에 대해 전체적으로 면밀히 살펴보아야 하며 화제들이 동시적으로 발생하는 상황들도 보아야 한다. 그는 집단의 분위기, 응집력, 구성원들 간 관계 그리고 그로 인한 집단의 융합에 대해 책임을 진다.

치료사로서, 사이코드라마 디렉터는 주인공으로서의 개인 주인공들에게 집중한다. 그는 화제의 발달, 주인공들의 자신감과 행동들 그리고 집단 과정들에서 그들의 통합에 대해 책임을 진다.

제작자로서, 사이코드라마 디렉터는 장면들의 디렉팅과 진행, 역할들의 설명과 사용, 무대 위 사이코드라마의 기예와 양식뿐만 아니라 제작의 미학에도 책임을 진다.

분석가로서, 사이코드라마 디렉터는 집단, 상황, 주인공들, 진단들 그리고 이론적 구조물로서의 치료적 개념의 분석에 대해 책임을 진다.

각 역할은 동등하게 중요하다. 훈련생들의 장단점이 이 역할들과 연관된 기량을 통해 평가될 수 있다. 수퍼비전에서 수퍼바이저는 네 가지 역할들을 설명하며 훈련생들이 각 역할을 연극함으로써 자신을 평가하도록 한다. 그렇게 하면서 주인공은 한 의자에서 다른 의자로 옮긴다. 그 후 수퍼바이저는 다른 의자들 앞에 다섯 번째 의자를 두어서 '사이코드라마 디렉터'의 개인적 시야에 둔다. 훈련생은 자기 평가 후 다섯 번째 의자에 앉아서 네 가지 역할들과 자신의 성격을 연결 짓는다.

역할들의 통합—수퍼비전 예시를 통해: 알렉산더(Alexander)는 사이코드라마 수련의 상급자 반에 있으며 수련 집단에서 주인공 작업을 성공적으로 시행함에도 불구하고 무대에 환자들을 불러 일하기를 싫어했다. 우리는 그의 환자들이 개인 치료를 받는 상황을 상연했다. 훈련생은 사이코드라마의 방법들과 기술들을 알고 있지만, 무대에 환자를 초대하는 것은 주저하고 있었다.

수퍼바이저는 그에게 사이코드라마 디렉터로서의 역할 목록들을 살펴보라고 제안하고, 무대에 의자 4개를 두고 집단의 리더, 치료사, 제작자, 분석가의 역할들로 규정했다. 알렉산더는 의자에 앉아서 다른 역할들의 경험과 자신감에 대해 묘사함으로써 각 역할들을 차례대로 탐색했다.

알렉산더는 네 번째 의자, 즉 분석가의 역할부터 시작했다. 그는 자신이 좋은 경청자이며, 진단을 잘하고, 사람과 관계를 잘 맺으며 환자와의 절차를 어떻게 다루어야 하는지 안다고 말한다. 두 번째인 치료사의 의자에서, 그는 자신이 환자를 어떻게 다루어야 하며, 어떻게 환자가 자신의 생각과 감정에 대해 말하게 격려하는지 안다고 했다. 그는 이 역할에 매우 자신 있어 했다.

집단 리더의 역할인 첫 번째 의자에서는 알렉산더가 전에 진행했던 집단에서의 좋은 경험에 대해 말했다. 세 번째 의자, 즉 *제작자/디렉터*의 역할에서는 무대에서 환자와 작업하는 데 있는 그의 부담에 대해 말했다. 무대 디렉터로서는 그 자체가 부담이 되었다. 그는 무대에서 주인공으로 서는 것과 디렉터로서 서는 것의 차이에 대해 말했다.

이 수련의 끝에 나는 수퍼바이저로서 다른 의자들 앞에 그의 '개인적 역할'을 나타내는 다섯 번째 의자를 두고, 그에게 왜 무대에 환자들을 초대하지 않는지에 대해 생각해보라고 했다. 의자에서 알렉산더는 자신이 억제된 사람이라 말하며 자신에게는 배후에 있는 것이 더 쉽다고 말했다. 동시에 그는 사이코드라마의 주인공이 되었을 때를 기억하고 무대에 서서 자신의 충동에 따랐던 것이 얼마나 좋았던가를 말했다. 그것은 그에게 좋은 경험이었고 사이코드라마 수련을 시작한 동기가 되었다. 주인공이 된 기분을 인지하면서 우리는 무대에서의 마지막 장면에서, 그가 환자들과 함께 치료실에 있었던 상황으로 돌아가보았다. 환자가 자신의 주제에 대해서 이야기하기 시작하자, 알렉산더는 일어나서 장면을 만들기 위해서 환자에게 무대로 나오도록 초대를 하였다.

4. 요약

요약하자면, 나는 훈련생들이 활동을 좋아한다는 것을 강조하고 싶다. 왜냐하면 그들은 문제를 해결하는 여러 아이디어를 생산하고, 자신의 스타일을 쉽게 개발하고, 그리고 실수를 숨기기보다는 인정하도록 격려받는다고 느끼기 때문이다. 그들은 불안이 없는 환경에서 일할 수 있게 되고, 실수를 용서하고 수정할 수 있다. 내가 훈련생들을 수퍼비전하면서 사용하는 두 가지 방법은 특별히 다음과 같은 점에서 유용하다.

- 실제적인 능력을 길러준다.
- 훈련생들이 불안이 없는 환경에서 실험적으로 배워나갈 수 있다.
- 자신의 사이코드라마 수행으로의 전환을 도와준다.
- 자발성, 융통성, 관용을 증진시킨다.
- 자기 스스로를 평가하고, 전문가로서의 피드백을 제공한다.
- 사이코드라마 디렉터로서의 전문가로서의 정체성을 가지게 한다.
- 사이코드라마 디렉터들의 네트워크를 구축한다.

나의 훈련생 중 몇몇은 수퍼비전을 받는 집단에 더 오래 머무르면서 집단에서의 학습과 방식의 다양함의 장점을 누리고 자신의 개인적인 전문가로서의 정체성을 발전시켰다.

참고문헌

Buer, F. (1999). *Lehrbuch der Supervision. Schriften aus der Deutschen Gesellschaft für Supervision e.V.* Münster: Votum Verlag.

Buer, F. (2004). *Praxis der psychodramatischen Supervision. Ein Handbuch.* Wiesbaden: VS-Verlag für Sozialwissenschaften.

Buer, F. & Siller, G. (2004). *Die flexible Supervision. Herausforderungen-Konzepte-Perspektiven. Eine kritische Bestandsaufnahme.* Wiesbaden: VS-Verlag für Sozialwissenschaften.

Gellert, M., & Nowak, C. (2007). Teamarbeit-*Teamentwicklung-Teamberatung.* Meezen: Verlag Christa Limmers.

Kellermann, P. F. (1992). *Focus on psychodrama.* London: Jessica Kingsley Publishers.

Pühl, H. (1994). *Handbuch der Supervision.* Berlin: Edition Marhold im Wissenschaftsverlag Volker Spiess.

IV
수퍼비전에 있어서 수련과 연구

수퍼비전에 있어서 수련과 연구—개요

수퍼비전 수련에 기초를 둔 사이코드라마

수퍼비전과 훈련생들의 실무자 연구

연구 실행 촉진: 사이코드라마 디렉터 겸 연구자의 역할을 발전시키는 이상적인 시간으로서의 수퍼비전

수퍼비전의 그리스식 모델: 시각적 만남

수퍼비전과 평가: 목적, 실행과 유용한 요인

수퍼비전에 있어서 수련과 연구—개요

Hannes Krall

사이코드라마 공동체는 훈련생의 직업적 발전에 있어서 수퍼비전의 중요성에 광범위하게 동의하고 있고 유럽의 수련기준(FEPTO, n. d.)도 이를 강조한다. 이 책의 앞 장들에서 제시한 것처럼, 사이코드라마 수련에서 수퍼비전은 시간이 지나면서 다양한 실제와 전통들을 만들어왔다. 이 책과 상이한 기관들의 사이코드라마 수련에 대한 지식을 통하여 우리들은 수퍼비전이 상이한 이론과 철학적인 개념들에 기초하고 있고, 다른 경험과 실행에 있어서 기초가 풍성하다는 것을 가정할 수 있다. 반면에 훈련생들에 대한 수퍼비전의 효과, 그들의 학습, 개인과 집단의 사이코드라마 실행에 있어서의 발전에 대한 실증적 연구들은 여전히 충분하지 않다. 그러므로 제4부에서는 수퍼비전에서의 수련, 평가, 연구에 대한 실제 예들을 살펴보고자 한다.

1. 수퍼비전에 대한 연구

연구에 대한 수요가 점점 늘어나고 있음에도 불구하고 수퍼비전에 대한 연구가 크게 주목받지 못하는 것은 놀라운 일이다(Krall, Mikula & Jansche, 2008; Buer, 2008; Galdynski & Kuehl, 2009). 심리치료 수련에 있어서 수퍼비전 분야는 특히 그렇다. 오랫동안 연구가 이루어졌으면서도(예: Ronnestad & Skovholt, 1993, 1997; Ronnestad, Orlinsky, Parks, & Davis, 1997; Wheeler & Richards, 2007) 심리치료 수련에서 수퍼비전은 여전히 소외된 분야이다.

이제까지 수퍼비전의 효과에 대한 연구는 긍정적인 결과를 보이는 서로 다른 측면들에 중점을 두었으며(Worthen & McNeill, 1996) 몇몇 연구는 부정적인 효과까지 분석하고 보고하고 있다(Ruskin, 1994; Gray et al., 2001). 하지만 여기서 중요한 건 수퍼바이저와 훈련생의 과정과 결과에 대한 인식이 크게 다를 수 있다는 것을 고려하는 것이다(Reichelt & Skjerve, 2002).

수퍼바이저와 훈련생 사이의 관계가 중요한 요인이라는 사실에 있어서 충분히 동의하고 있다는 것이 밝혀졌다. 반면에 관계에 있어서 해결되지 않은 갈등은 수퍼비전에 있어서 부정적인 경험을 하게 하는 가장 주요한 이유이다(Nelson & Friedländer, 2001).

물론 좋은 관계는 적용된 방법과 기술이 적절하다면 성공적인 수퍼비전이 되게 하는 요인이다. 연기나 사회적 분포를 사용하는 적극적인 방법들이 유용하다고 여겨지고 촉진되고 있다(예: Williams, 1995; Buer, 2001; Krall & Schulze, 2004; Chesner, 2008; Krall, 2009). 이러한 방법들이 수퍼비전에 사용된다면 연구에서도 더 주의를 끌게 될 것이다.

2. 실무자 연구로서의 수퍼비전

수퍼비전에 있어서 훈련생은 듣고 관찰하고 문서화하고 분석하면서 자신의 사례별 작업을 성찰해보게 된다. 더욱이 이러한 성찰은 수퍼비전 집단 내에서 수퍼바이저와 동료 훈련생들과 함께 성찰함으로써 더욱 깊어지고 확장되게 된다. 이것을 통해 또 다른 관점을 갖게 되고, 훈련생의 성찰을 확장시키고, 도전하기 위해 추가적인 질문을 하고, 그러한 개입이 적절했는지에 관한 피드백을 주게 된다. 이러한 성찰작업은 주인공의 진단과 발전상황과 집단 내의 상호작용적 과정—이는 리더, 집단, 그리고 개인 주인공과의 사이를 모두 포함한다—적용된 기술과 방법에 대한 성찰, 지속적인 훈련생 자신의 자기 평가들을 말한다. 이러한 성찰적인 실행은 모든 사이코드라마 훈련생들이 기초적으로 하는 것들이다.

수퍼비전에 있어서 성찰은 행위적 방법에서뿐 아니라 훈련생들의 수행을 평가하는 과정과 연구 도구에서도 이루어진다. 수퍼비전은 새롭고 실제적인 지식을 만들어내기 위하여 통합적인 실무자 연구의 모델을 따르고, 이는 양질의 사이코드라마를 목표로 하고 있다. 이러한 맥락에서 수퍼비전은 기본적으로는 실제적 경험으로부터 배우고자 하는 체계적이고 통합적인 노력을 말하며, 그러므로 실무자 연구의 한 종류로 다루어지고 있다(Krall, Mikula, & Jansche, 2008). 이러한 방법으로 수퍼비전은 사이코드라마와 직업 기준과 연구 사이의 다리 역할을 수행한다.

수퍼비전에 있어서 훈련생에게 실무자 겸 연구자의 역할을 맡도록 격려를 해주어야 한다. 예를 들어 TRAIN(Towards Research Applied in International Networks of Trainees)연구는 사이코드라마에서 훈련생들의 활동을 체계적으로 성찰해보도록 제안하고 있다. 게다가 훈련생들이 그들의 경험과 연구 결과를 공유할 수 있도록 국제적인 교류를 장려하고 있다(Krall, Fürst, & Doganer, 2009; Krall & Fürst, 2011). 또한 훈련생들이 연구 방법에 익숙해지고 연구가 실무자들에게는 낯선 것으로 여겨지기보다는 사이코드라마 수행에 도움이 된다는 것을 알게 해준다.

이러한 맥락에서 훈련생들을 수퍼비전하는 것은 훈련생들이 연구 방법과 절차를 적용하여 체계적인 성찰을 하도록 지원하는 중요한 역할을 한다. 또 반대로 사이코드라마에 대한 훈련생들의 연구가 수퍼비전에 있어서 성찰과정을 풍요롭게 할 수 있다.

성찰적인 실무자(Schön, 1983) 역할을 하는 훈련생들은 정보를 제공하고, 질문하고, 연구를 참고로 하여 자신의 업무를 발전시킬 수 있는 능력이 필요하다. 관련된 연구 문제를 구체화시키고 중요한 자료를 수집하고 분석, 해석하여 결론을 내리고, 증거에 기반한 결정을 내리기 위해서는 상담, 사이코드라마, 그리고 다른 전문 분야의 기본적인 연구설계에 대해서 숙지해야 한다.

3. 사이코드라마 수련에 있어서 수퍼비전

대부분의 사이코드라마 수련 기관은 다른 단계와 맥락에서 수퍼비전을 적용한다. 한편으로는 훈련생들이 자신의 수련 집단 내에서 동료들 사이에 디렉터나 혹은 공동디렉터로서의 자신의 수행에 대한 수퍼비전을 받는다. 다른 수련 단계에서는 훈련생들이 교육, 심리, 보건과 같은 전문 분야에서 동료 직원으로서 역할하며 실습을 하는 동안 수퍼비전을 받을 수도 있다. 물론 모든 훈련생들은 자신이 사이코드라마 집단을 운영하는 역할을 맡았을 때 수퍼비전을 받게 된다.

수퍼비전이 훈련생의 학습과 전문성 발전에 있어서 중요한 역할을 한다면, 수퍼비전 활동의 이론적 경험적 바탕에 대한 보다 심도 있는 논의가 따라야 할 것이다. 현재 어떻게 수퍼비전이 이루어지고 있는지는 수퍼바이저의 개인적 경험과 각각의 수련 기관의 전통에 따라 매우 다르다. 이 책에 기술된 것처럼 수퍼비전을 하는 상이한 방법을 간략히 살펴보는 것만으로도 수퍼비전은 사이코드라마의 방법과 기술을 적용하여 이루어질 수 있을 뿐 아니라(Teszáry: Fürst & Krall), 집단 분석방법처럼 다르게도 이루어질 수 있다는 것을 알 수 있다(Tsegos & Karapostoli). 사이코드라마 집단과 비슷한 형태로 이루어질 수도 있지만(Gött) 성찰이라는 독특한 절차를 따라서 할 수도 있다(Boria). 이 책에서 사이코드라마에 대한 여러 장들은 Moreno의 이론과 철학을 참고로 하겠지만, 전이와 역전이의 심리분석적 개념(Erdélyi)이나 Jung의 심리분석적 접근(Gasseau & Perrotta), 체계적 구조주의자들의 개념(Dudler & Weiß)이나 주인공 중심의 이론(Apter)도 포함하게 될 것이다.

사이코드라마 수련에서 수퍼비전을 하는 데 있어서 상이한 접근법과 철학이 적용된다는 것이 흥미롭다. 비록 수퍼비전을 하는 다른 절차, 방법, 기술에 있어서 상당한 다양성이 존재하기는 하지만 훈련생들의 학습 효과에 대한 체계적인 검토는 거의 이루어지지 않았다. 수퍼비전에 있어서 궁극적인 학습 효과는 무엇인가? 훈련생이 진행하고 있는 실행에서 무엇이 이전될 수 있을까? 수퍼비전에 있어서 방해되는 요인과 도움되는 요인은 무엇인가? 수퍼비전이 실패했다면 그 이유는 무엇인가? 수퍼비전에 있어서 작업 동맹은 어떻게 강화될 수 있고 수퍼바이저와 훈련생의 개인적 특징은 수퍼비전에서 성공적인 학습의 경험에 얼마나 중요한가? 이러한 것들의 대답들은 수퍼바이저들 사이에 경험을 나누고 이론과 실행 수련에 대해 토의하고 사이코드라마 수련에 대한 수퍼비전에 대한 체계적인 연구를 통해 찾을 수 있을 것이다. 지금까지는 수퍼비전에 대한 단일한 접근과 관련하여 약간의 연구가 있었을 뿐이다. 그럼에도 불구하고 수련과 연구를 시작하고 강조하는 것은 중요하다. 그러므로 다음 장에서는 수퍼비전에 있어서 수련, 평가, 연구에 초점을 맞추게 될 것이다.

Anna Chesner는 일 년간의 수퍼바이저 수련과정을 소개하고 있는데 사이코드라마와 관련된 실행방법에 바탕을 둔 과정이다. 이 장에서는 이 관점의 철학, 구조에 대한 몇 가지 구체적인 실행방법을 기술할 것이다.

Pierre Fontaine은 사이코드라마 수련에서 연구를 포함한 그의 경험들을 기술했다. 그는 훈련생들이 연구에 있어서 상향적 연구를 수행하기를 원했다. 그의 장에서는 사이코드라마 수련에 있어서 연구의 개념을 설명하는데, 훈련생들과의 첫 번째 단계, 실무자 연구 프로젝트의 실제적인 예들을 기술하고 있다.

비슷한 시도로서, Gabriela Moita와 António Roma-Torres는 사이코드라마의 수련 프로그램에서 연구를 결합하는 가능성을 탐구하고 있다. 수퍼비전은 사이코드라마 수련기간 동안에 연구 기술을 취득하는 이상적인 단계로 여겨진다. 이 장에서 사이코드라마에서 수퍼비전을 하는 동안 연구 방법들을 가르치고 프로젝트 발전을 지도했던 그들의 경험을 제시하게 될 것이다.

집단적인 환경에서 어떻게 수퍼비전을 하고 결과를 평가하는지에 대한 실례들이 Ionannis K. Tsegos와 Natassa Karapostoli에 의해 제시될 것이다. 그들은 수퍼비전의 상세한 모델을 기술하고 치료 집단과 수퍼비전 집단의 관계에 중점을 둔 구조적인 절차들을 제공하고 있다. 이 모델에 대한 연구를 통해 발견된 것들이 제시되고 논의될 것이다.

Jutta Fürst와 Hannes Krall은 사이코드라마에 있어서 수퍼비전의 개념, 구조와 무대들을 소개한다. 수퍼비전 활동을 실제적인 예를 통해 설명하고 이론적인 고려사항을 논의한다. 최종적으로 수퍼비전에 있어서 결과와 도움을 주는 요소들을 평가하기 위한 모의 연구의 결과에 초점을 두게 될 것이다.

참고문헌

Buer, F. (Ed.) (2001). *Praxis der psychodramatischen Supervision.* Opladen: Leske + Budrich.

Buer, F. (2008). Erfahrung-Wissenschaft-Philosophie. Drei Wissenssorten zur Konzipierung von Supervision und Coaching. In H. Krall, E. Mikula, & W. Jansche (Eds.), *Supervision und Coaching. Praxisforschung und Beratung im Sozial-und Bildungsbereich* (pp. 223-238). Wiesbaden: VS Verlag für Sozialwissenschaften.

Chesner, A. (2008). Psychodrama: A Passion for Action and Non-Action in Supervision. In R. Shohet (Ed.), *Passionate Supervision* (pp. 132-149). London and Philadelphia: Jessica Kingsley Publishers.

FEPTO (Federal European Psychodrama Training Organziation) (n.d.). Retrieved from http://www.fepto.eu/web/en/Minimal_Training_Standards, (January 4, 2011).

Fürst, J. & Krall, H. (2011). TRAIN-Towards Research Applied in International Networks of Trainees. In Book of Abstracts of the 42nd Annual Meeting of the Society for Psychotherapy Research (SPR), June 29 to July 2, 2011, Bern, Switzerland (p. 72).

Gladynski, K. &. Kühl, S. (Eds.) (2009). *Black-Box Beratung? Empirische Studien zu Coaching und Supervision.* Wiesbaden: VS Verlag für Sozialwissenschaften.

Gray, L. A., Ladany, N., & Walker, J. (2001). Psychotherapy Trainees' Experience of Counterproductive Events in Supervision. *Journal of Counseling Psychology, 48* (4), 371-383.

Krall, H., Fürst, J., & Doganer, I. (2009). *TRAIN-Towards Research in an International Network of Trainees.* In Minutes of the Catania FEPTO RC Meeting October 16-18, 2009.

Krall, H. & Fürst, J. (2009). *Research in Psychodrama Training.* Paper presented at the 17th Congress International Association for Group Psychotherapy and Group Processes (I.A.G.P.), Rome August 24-29.

Krall, H. & Schulze, S. (2004). Psychodrama in der Supervision und im Coaching. In J. Fürst,

K. Ottomeyer, & H. Pruckner (Eds.), *Psychodrama-Therapie. Ein Handbuch* (pp. 412-423). Wien: Verlag Facultas.

Krall, H., Mikula, E. & Jansche, W. (Eds.) (2008). *Supervision und Coaching. Praxisforschung und Beratung im Sozial-und Bildungsbereich.* Wiesbaden: VS Verlag für Sozialwissenschaften.

Krall, H. (2009). Sprache und Szenische Arbeit in der Supervision. *Supervision. Mensch, Arbeit, Organisation, 2*, 19-24.

Nelson, M. L. & Friedlander, M. L. (2001). A Close Look at Conflictual Supervisory Relationsships: The Trainee's Perspective. *Journal of Counseling Psychology 48 (4),* 384-395.

Reichelt, S. & Skjerve, J. (2002). Correspondence between Supervisors and Trainees in their Perception of Supervision Events. *Journal of Clinical Psychology, 58 (7)*, 759-772.

Ronnestad, M. H. & Skovholt, T. M. (1993). Supervision of Beginning and Advanced Graduate Students of Counseling and Psychotherapy. *Journal of Counseling and Development 71*, 396-405.

Ronnestad, M. H. & Skovholt, T. M. (1997). Berufliche Entwicklung und Supervision von Psychotherapeuten. *Psychotherapeut (5)*, 299-306.

Ronnestad, M. H., Orlinsky, D. E., Parks, B. K., Davis, J.D., Society for Psychotherapy Research (SPR) Collaborative Research Network (1997). Supervisor of Psychotherapy: Mapping Experience Level and Supervisory Confidence. *European Psychologist, 2 (3)*, 191-201.

Ruskin, R. (1994). When Supervision May Fail: Difficulties and Impasses. In S. E. Greben & R. Ruskin (Ed.) *Clinical Perspectives on Psychotherapy Supervision* (pp. 213-261). Washington: American Psychiatric Press.

Schön, D. (1983). *The Reflective Practitioner.* London: Temple Smith.

Schigl, B. (2008). Supervision: Ergebnisse aus der Forschung oder was brauchen ForscherInnen und PraktikerInnen voneinander? In H. Krall, E. Mikula & W. Jansche (Ed.), *Supervision und Coaching. Praxisforschung und Beratung im Sozial-und Bildungsbereich* (pp. 39-52). Wiesbaden: VS Verlag für Sozialwissenschaften.

Wheeler, S., & Richards, K. (2007). *The impact of clinical supervision on counsellors and therapists, their practice and their clients: a systematic review of the literature.* Lutterworth: British Association for Counselling and Psychotherapy.

Williams, A. (1995). *Visual and Active Supervision.* New York: W.W. Norton & Company.

Worthen, V. u. McNeill, B. W. (1996). A Phenomenological Investigation of 'Good' Supervision Events. *Journal of Counseling Psychology, 43 (1)*, 25-34.

수퍼비전 수련에 기초를 둔 사이코드라마

Anna Chesner

지난 10년 동안 나는 1년 과정의 수퍼바이저 수련과정을 개발하고 실행하는 일에 관여했다(Creative Approaches to Supervison: 수퍼비전에 있어서 창조적 접근법). 그것은 로완 스튜디오(Rowan Studio)와 실행방법기관(Institute of Action Method)을 통한 Sue Jenning 박사와 나의 공동작업에 뿌리를 둔 것이다. 지금은 사이코드라마를 위한 런던사이코드라마센터(London Centre for Psychodrama)가 관장하고 있다. 이 과정은 창의적 방법에 기초하고 있다는 점에서 특별하며 전문가들의 수퍼비전 수련과 달리 일반적이다. 즉 우리는 사이코드라마 용어와 실행방법을 이론, 교수 유형, 수퍼비전 기술 요인의 핵심 요소로 사용하면서 여러 분야에서 수퍼비전을 제공하도록 훈련한다.

이러한 접근법의 직접적인 결과로 우리는 다양한 전문 분야에서 실무자들을 가르치게 되었다. 최근 몇 년 동안에 우리는 사이코드라마 디렉터, 드라마 치료사, 예술심리 상담사, 춤 상담사, 연극 상담사, 통합적 아동심리 상담사, 체계적 가족상담사, 심리분석적 심리상담사, 상담사, 사회복지사, 코치와 교회 선교 및 교육에 관련된 사람들을 만날 수 있었다. 수련 집단 안에서의 이러한 다양성을 통해 대화와 만남이 촉진되고 동료 간의 학습이 잘 이루어질 수 있었다. 이런 것들은 우리 과정을 이루는 철학에서 핵심적이다.

이러한 접근상의 다양성은 핵심 교수팀에 반영되어, 두 명의 핵심 수련가(Anna Chesner와 Lia Zografou)는 드라마치료, 사이코드라마, 집단 분석, 게슈탈트, 조직자문 플레이백시어터(playback theatre)에서 이러한 수련 참가자의 배경을 끌어들였다.

1. 수련과정의 위상

수련은 대학원과정의 직업 후 수료과정이고 최소 130시간의 수련시간으로 구성되며, 수강은 6주에 걸쳐서 런던의 Maudsley 병원에서 이루어졌다.

이 과정은 처음 '영국드라마치료사협회(British Association of Dramatherapists: BADTh)'에서 인정을 받았는데, 이 협회는 여러 해의 수련과정 동안 수퍼비전에 대한 협회원이 될 수 있는 자격 있는 수퍼바이저들을 등록해온 곳이다. BADTh는 정식 협회원이 될 수 있는 자격으로 회원등록 후 40시간의 수퍼비전을 받도록 규정하고 있다. 이 협회는 전문가에게 수퍼비전을 받게 하는 좋은 본을 보여준다. 나는 이러한 역사적 배경에 대해서 다른 곳에서도 기술해왔다(Chesner, 1999). 이러한 발전은 1980년대 말에 드라마 치료사와 사이코드라마 디렉터 두 가지 모두로 수련받았던 Dorothy Langley에 의해 주로 이루어졌다. 이 과정은 4년 전부터 영국의 사이코드라마 협회에 의해 승인받았다. Jenny Biancardi가 창립한 수퍼비전에 있어서 인간-중심의 훈련기간과 우리 기관만이 영국 사이코드라마협회의 인증을 받았다.

수퍼비전에 있어서 창의적 접근에 대한 런던센터의 수련이 인정받고 승인받았다는 것은 Health Professions Council(HPC)과 영국심리치료위원회(UKCP)에 기반을 둔 전문가로서의 위상을 차지하고 있다는 것을 의미하며, 이러한 상부단체 중 하나에 소속될 수 있는 여러 전문 분야에서 인식이 이루어지고 있다. 영국, 그리스, 아일랜드 훈련생들이 이 과정에 참여하고 있다.

외적 타당성에 관련된 요소들이 지속적으로 변하면서 다른 직업군들의 인증에 대한 필요에 응하고자 하는 교육철학은 여러 전문 분야의 상담사들을 수용하고, 이는 우리 수련의 자산으로 여겨지고 있다. 점점 폐쇄적으로 변하는 문화에서 외적 타당성과 질적 관리는 중요하다.

2. 수련과정에 참여

수퍼바이저로 수련받고 수행할 수 있게 되는 시기는 언제인가? 우리는 자격 후 3년간의 경력을 최소한의 자격으로 요구한다. 몇몇 지원자들은 수년간 수퍼비전을 해왔고 점차 일을 하기 위한 적격성으로 중요시되고 있는 정식 자격을 얻거나 새롭고 창조적인 접근법을 배우기 위해 수련을 받는 사람들도 있다. 다른 이들은 수퍼바이저라는 역할이 생소한데 현장에서 상담 훈련생들을 수퍼비전을 하라는 요구를 받고 있을지도 모른다. 현재 상황에서 수련받지 않은 상담사들이 일터에서 많은 책임을 맡게 되는 경향이 있고 이러한 상황에서 비교적 경력이 적은 실무자들이 훈련생 수퍼비전 업무에 배정된다.

한 사람이 3년 동안 축적하는 실습과 임상 경험의 종류는 매우 다양하고 이것은 공식적인 지원과정과 면담을 통해 평가된다.

지원자들은 이력서를 보내야 하고 그들의 학회 소속과 전문직 보험가입을 증명해야 한다. 더불어 두 명의 추천자를 밝혀야 하는데, 그중 한 명은 현재 수퍼바이저여야 한다. 이러한 것들은 이번 수련과정이나 다른 고려사항에서 적합성에 대한 신뢰할 수 있는 참고자료가 된다.

입학 면접과정은 매우 협력적이며, 본 수련에 대한 준비정도를 알아보며, 현실적으로 이 과정에서 요구하는 헌신과 접근방식에 대해 알아보고, 발생할 수 있는 불안 요소에도 주의를 기울이는 기회가 될 것이다. 이 수련 중인 수퍼바이저의 역할은 모순적인 지위를 가진다. 한편으로는 '나는 이제 직업적으로 새로운 단계로 도약할 준비가 되었다'는 직업적 역량을 요구하기도 하지만, 또 한편으로는 '나는 이제 시작이고, 전문가로서의 수련이 시작된 이후로는 시작점에 있다'라고 하는 훈련생의 역할도 가지고 있다. 지원자들이 착수 단계에서 그들의 임상적 역량에 대해 취약하다고 느끼는 것은 흔한 일이다. 수련과정 중 집단 내에서 임상 수행에 대해 수퍼비전을 받는 것을 자신을 노출시키는 것으로 느낄 수도 있다. 또 다른 불안 요소는 이전의 수련과정에서 겪은 트라우마나 수퍼비전 시의 갈등이다. 이러한 불안 요소를 면접과정에서 인지하는 것이 유익하다. 때로는 수련과정 자체가 이러한 끝맺음되지 못한 문제를 가지고 찾아오는 참가자들에게 치료의 역할을 할 수도 있다.

3. 수련의 구조

과정의 내용은 4단계로 나누어진다. 수퍼비전 역할과 수퍼비전 관계(2번의 주말), 수행의 문제(2번의 주말), 전문가적 관점(4일간의 주말), 수퍼비전에 대한 수퍼비전(1번의 주말과 8회의 개인의 성찰적 회기).

수퍼비전에 대한 수퍼비전(성찰적 실행) 회기는 다른 단계와 동시에 이루어지고 각 단계에 대한 구조의 명확한 연속성은 전문가적 관점과 실행적인 문제가 이 과정의 초기부터 중점이 되고 있다는 사실과 모순되고 있다. 각 단계의 내용을 좀 더 살펴보면 다음과 같다.

수퍼비전 역할과 수퍼비전 관계: 장면의 배치

첫 번째 단계는 다음의 내용을 다룬다.

- 과정에 대한 소개: 집단적인 학습에 대한 계약서를 작성한다.
  과정에 관한 문서들을 살펴보며 과정 중 중요한 시점에 대한 시간계획을 세운다.
- 분야에 대한 개요: 수퍼비전 환경과 관점을 살펴보고 상이한 모델과 수퍼비전의 경험들
- 수퍼비전에 대한 광범위하고 체계적인 관점을 탐구: 주인공으로부터 일반 대중에 이르는 이해당사자들의 연결망을 포함한다.
- 환경, 틀, 파급효과, 일대일과 집단 수퍼비전: 환경에 의해 형성된 관계상의 문제
- 수퍼비전의 이론들, 수퍼바이저의 역할
- 개입의 초점: Hawkins와 Shohet의 7가지 관점 모델(seven eyed model)
- 실제적인 고려 사항: 정보 수집, 계약하기, 병행과정으로 작업, 기록
- 윤리적 영역: 다양한 윤리강령들과 신뢰성에 관한 문제들의 탐구
- 실행기술

둘째 주 주말까지(수련을 시작한 지 한 달째), 훈련생들은 적극적으로 수퍼비전을 수행하여 과정에서 배운 내용을 실행으로 나타낼 수 있도록 기대한다.

실제적 문제: 실행하기

- 두 번째 단계는 이론을 실행에 접목하는 것이다.
- 성장하는 수퍼바이저를 위한 자질과 기술
- 이론적 다양성을 탐색: 이론적 관점들을 대조함으로써 실제 사례를 탐색한다.
- 일상적 수퍼비전 및 위기상황의 수퍼비전과 관련하여 개인적 가치와 전문성에 중점을 둔다.
- 치료와 관련한 경계적 문제들
- 사회적 책무, 법적 비차별적 실행의 문제들

전문가 관점: 상세하고 구체적인 것들

- 특정한 주인공 집단에 관한 전문가들의 관점(섭식장애, 아동, 교정, 이중진단, 중독, 성격장애)
- 맥락적 요인에서 전문가들의 관점(의학적, 지역사회, 사회봉사, 개인적 수행, 교육, 교정)
- 홍보와 관계형성, 수행 형성하기, 보수 범위 정하기, 자기 평가와 동료 평가, 과정 점검

수퍼비전에 대한 수퍼비전

- 네 번째 단계에서 우리는 한 번의 주말 동안에는 수련 집단이 임상에서의 실행과는 대조적으로 수퍼비전이 어떻게 이루어졌는지에 대해 성찰해보도록 한다. 이 작업은 과정 중 초기에 이루어져서, 훈련의 세 번째 주말에 시행한다.
- 또한 이번 주말 동안에 수퍼비전 팀과 집단에서 일어난 문제들에 대해 특별한 주의를 기울인다.
- 이 과정 동안에 적어도 8번의 일대일 수퍼비전에 대한 수퍼비전 회기를 가지도록 의무화하고 있으며 수퍼비전에 있어서 창조적 개입을 사용하는 데에 흥미가 있고 공식적으로 인증받은 수퍼바이저와 함께 하도록 한다.

4. 이론적 배경

가르치는 스타일이 적용된다. 매번 만날 때마다 수퍼비전 이론에 관한 시간을 갖는다. 이 시간에 우리는 사회극 사용과 기술들을 구체화하고 개선시키고자 탐색한다. 여기에는 세 가지 주요한 이론적 접근이 있다.

- Williams의 수퍼비전에 대한 역할 중심 접근(Williams, 1995)

  Williams는 수퍼바이저에 대한 광범위하고 의식적으로 사용되는 역할의 중요성에 대해 분명한 관점을 제공하고 있다. 그는 특히 교사, 상담사, 촉진자, 평가자의 역할의 예를 제시한다. 여기에 우리는 다섯째로 행정가의 역할을 추가했다. 수련

중인 수퍼바이저들은 그들의 수행에 있어서 이러한 역할 중 무엇이 우선이며 그 이유가 무엇인지를 인지하도록 격려받는다.

- Hawkins와 Shohet의 7가지 관점의 모델(Hawkins & Shohet, 2000)
  이는 수퍼비전에 있어서 자기 성찰적인 틀을 제공한다. 이 틀 안에서 수퍼비전을 특정한 관점으로 회기에 집중하고, 다른 것들은 미개발되거나, 사용되지 않는 역할이고 심지어 관심받지 못하는 대상이 되었는지를 확인하고, 문화적 보호로 사용되는 특정한 관점이 있는지를 성찰한다. 간략하게 이러한 관점들은 a) 그 회기의 내용이나 이야기에 초점을 두며, b) 사용되는 전략과 개입, c) 치료적 동맹과 전이, d) 텔레와 역전이, e) 평행 과정과 수퍼비전 관계, f) 수퍼비전 회기의 현재 상황에서 수퍼바이저의 역전이 반응, g) 사회적 · 조직적 · 개인적 이해를 초월한 더 넓은 관점이다.
- 위의 이론들은 수련에 있어서 핵심 이론이고, 우리는 런던센터 역할 분석 접근에서 사이코드라마로 발전된 '수퍼비전 질문'모델을 덧붙였다. 수퍼비전 질문은 런던센터에서 강조하는 사이코드라마 심리치료에서 분명한 '계약하기'와 같은 것이다. 수퍼바이저들에게 각 회기에 한 개 이상의 수퍼비전 질문을 개발하도록 장려하며 각 회기의 탐색과 성찰이 공유된 의도된 초점과 직접적으로 연결되도록 한다. 우리 중 많은 사람들은 질 관리 일람표와 같은 수퍼비전을 많이 경험했는데, 이는 수퍼바이저의 모니터 역할에 바탕을 둔 것이었다. 이러한 접근은 훈련생이 누구를 관찰하고 있고 어떻게 참여하고 있고 얼마나 많은 회기를 끝냈는지, 크게 방해되는 문제가 발생되지 않았는지에 대한 바탕을 제공해주기는 하지만 진행되고 있는 관계와 일에 대해 심도 있는 설명을 해주지는 못한다. 수퍼비전의 또 다른 모델은 업무에 대해 성찰과 자유로운 토론을 결합한 느슨한 접근방식이다. 이는 깊이 있는 접근을 가능하게는 하나 훈련생의 가장 두드러진 관심을 드러내지 못하고 습관적으로 학문적이고 임상적인 관심을 표현하는 것으로 마무리되기 쉽다. 또한 과정 질문들을 통해 발생된 것에 대한 이야기는 무시된다. '수퍼비전 질문 모델'은 수퍼바이저가 회기 내의 주요 초점에 귀를 기울인다는 것을 확실히 하기 위한 것이다. 수퍼바이저와 훈련생은 다음 주제로 넘어가기 전까지 함께 이 문제를 중점적으로 다룬다.

수퍼비전 질문을 찾는 예시:

훈련생: 너무 지쳐서 오늘은 여기에 있고 싶지 않아요. 제 집단에서 일어나는 일과 관련이 있어요. 지난주에 아무도 오지 않았어요!

수퍼바이저: 왜 그렇게 생각하세요?

훈련생: 모르겠어요. 우리 집단의 출석이 규칙적으로 된 지는 좀 지났어요. 전 휴가라서 없었고 그러고 나서 새로운 구성원이 들어왔죠. 그리고 이제야 생각해보는데 그가 지난번에 왔을 때 나는 개입을 잘 하지 못했어요. 그가 말하길 "부담스러워요. 사이코드라마는 나에게 맞지 않아요."라고요. 그러고 나서 다시는 오지 않았죠.

수퍼바이저: (핵심을 알아내고자 하며) 그 회기를 살펴보고 무엇을 교훈으로 얻을 수 있는지를 알아보는 게 도움일 될 듯 하군요. 아니면 이 중단된 경험을 집단의 문제로 생각해보고 그것의 효과에 대해 더 생각해보는 게 나을까요?

훈련생: 둘 다에요. 그리고 그것이 어떻게 출석에 영향을 주었는지도요.

수퍼바이저: 그것에 초점을 두도록 합시다. 어떻게 이 집단의 최근 경험과 새로운 구성원이 왔을 때 제대로 개입하지 못한 것이 집단의 출석에 영향을 주었는지요.

부가적으로 다른 이론적 학습이 필요하다면, 예를 들어 전이나 투사적 동일시와 같은 심리적 기제들에 대한, 우리의 경험적인 이론적 입장을 포함시킨다.

이 과정의 끝부분에 이르러 훈련생들에게 다음과 같은 영역에서 자신에게 도움이 되었던 수퍼비전 회기에 대한 간단한 분석 보고서를 쓰도록 요청한다: 수퍼비전 질문/논점들; 축어록/행위적 개입; 어떤 관점이 사용되었는지; 두드러진 수퍼바이저의 역할; 사용된 창의적 행동방법. 분석보고서를 씀으로 해서 이론의 주요점들을 실제 수행으로 통합시킬 수 있다.

5. 가르치는 스타일

위에서 제시된 대로 수퍼비전 이론에 관한 주말을 이용한 회기 외에 수퍼비전 도구로서 창의적 행동 방법에 관한 시범과 실행에 관한 회기가 있다. 튜터들 중 한 명이 훈련생 집단의 한 명에게 시범을 보이고 집단의 다른 구성원들은 성찰적으로 관찰하는 역할을 맡는다. 시범 후에 집단 구성원 모두는 함께 성찰하며 수퍼비전 질문을 만들고, 관찰한 과정과 기술에 이름을 붙이고 그 효과와 행동 접근의 적절한 타이밍에 대해 성찰해본다.

이는 3명으로 이루어지는 소집단으로 옮겨가기 전 필수 전제조건이다. 수련 중인 수퍼바이저들에게 주어진 도전 중 하나는 수퍼비전 회기 내용보다 과정에 초점을 맞추는 것을 배우는 것이다. 치료사로서 훈련생과 주인공 간의 하부구조를 파악하고 주인공이나 제시된 상황과 명백히 연관시키려는 경향이 있다. 이것의 위험성은 '왜 나처럼 하지 않는가?'라는 질문을 생성하고, 수퍼바이저가 훈련생과 은밀한 경쟁관계가 된다는 것이다. 집단에서 성찰적 과정을 함으로써 상호작용에 대한 메타수준의 관점을 가지게 되고 훈련생-주인공 혹은 훈련생과 기관 간의 하부구조를 인식하게 된다. 그러나 또한 수퍼비전 회기 동안에 훈련생-수퍼비전의 하부구조와 의사결정을 하는 수퍼바이저의 과정에 초점을 맞추게 된다.

이러한 집단의 성찰은 주말동안 이후의 3명으로 혹은 소집단 행동 회기에 대한 정보를 주게 된다.

5.1 3명으로 작업하기

3명으로 이루어진 그리고 소집단 활동은 학습의 주요 부분을 차지하면서, 지지하고 성찰하는 환경 속에서 수퍼바이저의 역할을 발전시키고 이론과 실제를 연결하는 역할을 한다.

우리는 본격적인 작업을 시작하기 전에 수퍼바이저, 훈련생, 관찰자의 역할을 발전시키고 업무에 대한 준비를 할 수 있도록 워밍업을 한다. 훈련생의 역할은 진정성 있는 현재의 일에 관련된 쟁점들을 가져오는 것으로, 이러한 쟁점들은 단순히 수퍼비전이 아닌 일반적으로 임상적이고 동료들과 함께하는 조직적인 쟁점들이다.

수퍼바이저의 역할은 그 회기의 시간과 공간을 관리하고 수퍼비전과 관련된 질문의 초점을 끄집어내고 새롭고 창조적인 행동기법을 실행하거나 그것을 더 익숙한 기법에 접목시키는 것이다.

관찰자는 주로 훈련생이 아니라 수퍼바이저에게 초점을 둔다. 물론 훈련생과의 관계가 중요하지만 관찰자는 특히 수퍼비전 질문과 그 질문에 사용된 관점, 그리고 수퍼바이저의 역할을 확인한다. 대안적으로 2명의 관찰자가 있을 때 한 명은 위에 것에 초점을 두는 반면에 다른 한 명은 창의적 기술과 수퍼바이저 관계에 미친 영향에 초점을 맞출 수 있다.

각각의 소집단의 수행 회기 후에는 이러한 관찰들이 탐색되는 동료 간의 토론이 이어진다. 진정성 있는 피드백을 주고받는 과정은 수퍼바이저의 역량을 개발시키는 데에 직접적으로 관련된다.

세 명으로 이루어진 작업의 실례들:

훈련생들은 제안받았지만 여행을 해야 하거나 힘이 많이 들거나, 스트레스를 받게 될 수도 있는 업무를 맡을지 말지 결정하기와 같은 곤란한 상황에 처할 때가 있다. 그러나 수퍼바이저들은 그러한 딜레마를 끄집어내어 수퍼비전 질문을 형성한다. 이러한 업무를 맡는 것이 어떻게 자신을 보살피고 현재 수행에서 잘 기능하는 능력에 영향을 줄 수 있는가?

수퍼바이저들은 훈련생의 현재 업무주간을 간략히 그려볼 수 있는 두 작은 세계를 나타내는 장면을 사용하는 작은 세계 기법을 사용하고 부가적인 업무를 맡아서 이룰 수 있는 변화와 그것이 함의하는 결과를 바라볼 수 있게 해준다.

축소된 크기의 두 개의 장면을 보면서 다른 주인공 집단과 평판이 좋은 조직과 함께 새로운 업무를 맡는 것이 얼마나 매력적인지를 중심으로 토론을 한다. 훈련생의 이력서가 향상되고 더 흥미로운 업무로 연결될 수 있을 것이다. 또는 늦은 밤까지 지속되고 다음날 아침 일찍 출근하는 것이 반복될 수 있다.

수퍼바이저들은 훈련생에게 만약 훈련생이 새로운 업무를 맡는다면 자기를 보살피는 데 할애할 시간을 주중 다른 시간에 낼 수 있는 융통성이 있는지를 물어본다.

결과적으로 새로운 업무를 맡으면서 자신의 개인생활이 어떻게 변화할지에 대해서 보다 분명해진다. 경력에 있어서 자신의 능력을 발전시키는 시점에 있다는 것을 인식하는 것이다. 지난 6개월 동안 덜 보상적인 일을 제공한 기관과의 관계를 종결하고, 새로운 분야로 신출하고 싶다는 것을 인식하게 되었다. 새 일은 맡으면 그만큼 힘들 수도 있지만 새로운 업무에 대한 제한을 수용하는 쪽을 택한다.

장면은 종결되고, 회기는 결론을 내린다.

관찰자는 간단히 메모를 하고 자신이 관찰한 것을 수퍼바이저에게 알려준다. 청취의 질과 수퍼비전 질문이 성찰된다. 수퍼바이저의 작은 세계를 사용하는 것은 좋은 방법이라고 여겨지는데, 이 방법은 복합적인 상황을 개관하고 변화의 효과를 볼 수 있는 쉬운 방법이다. 자신을 보살피는 상징으로 작은 놋쇠 양팔저울 한 쌍이 사용되었는데,

균형이 맞지 않은 저울을 형상화하고 그 의미는 무엇인지 이야기한다.

관찰자들이 제시된 상황에 반응하여 수퍼바이저의 역할보다 회기의 내용과 관련되어 이야기하고 싶은 유혹을 경험한다. 사이코드라마 장면에서 공유할 수 있는 장소도 있겠지만, 수퍼바이저에게 제공할 피드백을 희생시켜서는 안 된다.

5.2 어항기법

처음에는 수행 회기에서 어느 정도의 취약점이 예상될 수 있다. 높은 정도의 자기 개방이 필요하다. 명시적으로는 훈련생으로서 제시하는 내용을 개방해야 하고, 수퍼바이저로서는 초보로서의 기술부족과 실수를 동료들에게 노출해야 한다. 집단의 과정 초기에 자신들의 학습계약을 만드는 데에 참여하는 것은 필수적이다. 유용하고 존경할 만한 학습환경을 만들기 위해서다. 실수를 할 수 있는 권리는 항상 그 목록의 상위에 위치한다.

일단 학습환경을 안전하다고 경험하고 나면, 그리고 세 사람이 함께하는 작업에 익숙해지고 나면, 우리는 그 집단에 더 많은 수행구조를 제공하는데 이를 '어항'이라 한다. 수퍼비전 업무는 매우 복합적이고 우리는 높은 정도의 자기 인식과 성찰을 요구하는데 전체 집단이 특정한 관찰자 업무를 하면서 매우 지원적이고 학습에 풍부한 기회를 제공한다.

최대 집단인원은 12명이고, 어항에는 최대 10명의 전문 관찰자가 있다. 그들은 전체 회기를 7개의 관점 혹은 수퍼바이저 역할, 수퍼비전 질문, 비언어적 의사소통, 은유 그리고 창조적 방법의 사용 관점 중 하나로 바라본다. 전체 집단토론이 그 후에 이루어지며 수퍼비전 회기를 바라보는 다양한 방법들을 나타내고 회기 내에서 다루어진 방법과 그렇지 않은 방법들을 나타낸다.

어항의 변형은 집단 수퍼비전을 실행할 때 사용된다. 집단을 두 개로 나누어 한 집단은 훈련생 집단이, 다른 집단은 성찰적인 어항이 된다. 자신의 수퍼비전 기술을 수행하는 사람들과 별도로 전체집단을 훈련생이 되도록 하는 것이 더 일반적이다. 이런 경우 어항은 각 집단구성원들 사이에 참여하는 관찰자 관점을 나타내며, 이는 빈 의자들이 상징하는 가상적인 것이 된다.

이런 경우 업무를 진행하는 것은 치밀히 구조화되어야 하며 피드백을 공유하는 것과는 다르게 좀 더 인지적 단계의 성찰을 차별화해야 한다. 의자들은 '내가 경험한 것들', '내가 알아차린 것들', '내가 다르게 처리해야만 했었던 것들(그러나 하지 못했다)'과 같이 명명된다. 비교적 다른 관점을 대표하는 많은 의자들이 사용되고 집단을 격려하여 이로부터 다음과 같이 기술하도록 한다. 예) "5관점(평행적 과정)이 전면에 나선 순간은 …" 매 사건에서 관련 있는 의자/역할로부터 관찰이 명료하게 이루어지고 그 과정은 역동적으로 지속된다.

어항에서 개인을 수퍼비전하는 예시:

수련 중인 수퍼바이저: 관찰 집단이 없는 것처럼 상황설정을 한다.

예) 훈련생이 회기 동안 사용할 공간과 소품을 준비. 수련 중인 수퍼바이저는 30분, 40분, 50분의 시간제한을 지킬 책임이 있다(수퍼비전 회기가 한 가지 주제에 집중되어 있지 않고 한 회기에 많은 상이한 주제를 드러내는 것을 기본으로 한다).

훈련생: 실제적 임상에서 있었던 업무와 관련된 논쟁들을 제시

수련 중인 수퍼바이저: 초점이나 수퍼비전 질문을 끄집어내고 명백하게 하고 이를 탐색하는 데 적용가능하다면 적절한 행동 기술을 선택한다.

관찰자 1: 수퍼바이저의 질문의 관점에서 듣는다. 질문이 확인되었나? 질문이 훈련생이 가지고 온 어려움에 도움이 되었는가? 수퍼바이저는 자신의 개입에서 그 주제에 도움을 주었나?

회기 후 피드백의 예시: 훈련생은 주인공에 대한 자신의 걱정에 대해 이야기한다. 어머니의 급작스러운 죽음을 견디고 있는 10세 아동이 있다. 수퍼바이저는 수퍼비전 질문을 다음과 같이 확인했다. "아동이 학기말에는 학교를 전학한다는 것을 고려할 때, 내가 이 일을 얼마나 직접적으로 다루어야 하는가?" 이것은 수퍼비전 회기에 중심적인 초점이 되었고 유익한 것 같다.

관찰자 2: '관점 1: 회기의 내용'의 관점에서 듣는다. 예) 훈련생은 자신의 업무에서 일어난 것에 대해 어떤 보고를 하는가? 그리고 그 주제에 수퍼바이저는 얼마나 주의를 기울였는가?

회기 후 피드백의 예시: 우리는 주인공이 어떻게 그리고 누구에 의해서 상담에 의뢰되었는지를 확인하지 않았고, 상담사와 주인공이 얼마의 기간 동안 만나게 될지에 대해서 확인하지 않았다. 반면에 그들은 주인공이 지어낸 '소년이 유괴되어 악당에게 산으로 끌려간 이야기'를 나눈 회기에서 무슨 일이 일어났는지에 대해서는 명확히 알게 되었다.

관찰자 3: '관점 2: 사용되는 전략과 개입'의 관점에서 들어본다. 예) 훈련생이 개입과 전략에 대하여 보고하거나 질문했는지 그리고 이는 수퍼바이저의 주의를 어느

정도 끌었는지.

회기 후 피드백의 예시: 나는 이러한 관점이 수퍼비전 질문에 필수적이라는 것을 믿는다. 예를 들어 상담기간이 제한될 때 그 소년과 무엇을 어떻게 해야 하는지. 회기 종료시점에 그녀는 다음 회기에서 그의 어머니의 상실에 대한 문제를 어떻게 언급할지를 기술했다. 그녀는 이러한 전략을 취하는 데 대한 여러 가지의 장점과 문제점을 알아내었다.

관찰자 4: '관점 3: 치료적 동맹과 전이'의 관점에서 듣는다. 예) 훈련생과 주인공이 훈련생에 대한 전이에 대하여 그리고 작업동맹에 관하여 무엇을 보고하고, 질문하고, 탐구했는지, 수퍼바이저가 어느 정도로 이 문제에 주의를 기울였는지.

회기 후 피드백의 예시: 나는 이 관점에 대한 기회를 놓친 것이라고 생각한다. 여성치료사가 어머니를 잃은 소년과 작업을 할 때, 나는 치료사가 소년에게 전이적으로 무엇을 나타내는지, 치료사를 잃는다는 두려움 때문에 그가 어떻게 순종하고 이 회기에 조심하고 있는지에 관한 논의를 듣고 싶다.

관찰자 5: '관점 4: 텔레와 역전이'의 관점에서 듣는다. 예) 훈련생은 주인공에 대한 역전이에 대하여 무엇을 보고하고, 질문하고, 탐구했는지, 어떻게 이 업무가 그녀에게 영향을 주었고 어느 정도로 수퍼바이저의 주의를 끌었는지.

회기 후 피드백의 예시: 수퍼바이저가 훈련생에게 제공한 역할극기술에서 훈련생의 목소리의 논조나 신체언어가 불안을 가져올 때가 있다. 나는 수퍼바이저가 이 부분을 알아차리고 "당신은 애도를 언급하는 데 매우 조심하는 것 같군요"라고 말했다. 나는 이것이 훈련생의 딜레마의 핵심부분이라고 생각한다. 그리고 더 탐색될 수 있다고도 생각한다. 나는 훈련생 자신의 상실경험에 대하여 궁금했다.

관찰자 6: '관점 5: 평행과정과 수퍼비전 관계'의 관점에서 듣는다. 예) 수퍼비전과정과 치료과정의 평행과정, 그리고 수퍼바이저가 어느 정도 그것에 초점을 맞추었는지.

회기 후 피드백의 예시: 나는 이전의 관찰자들의 의견에 동의한다. 나도 한 순간 수퍼바이저가 훈련생이 자신의 인생에서의 상실에 대해 생각하지 못하도록 보호하는 것이 아닌가 하고 궁금해했다. 그리고 이 고통스러운 문제에 관해서는 훈련생과 주인공 사이에 지나치다 싶을 정도로 조심하고 회피하려는 경향과 아주 유사한 것이 아닌지에 의문을 가졌다. 아마도 수퍼바이저가 발생하는 역동을 명명했더라면 도움이 되었을 것이다.

관찰자 7: '관점 6: 수퍼바이저의 역전이'의 관점에서 듣는다. 예) 수퍼바이저 자신

의 역전이와 이러한 소재들에 대한 반응 그리고 이것이 어느 정도 회기에서 사용되었는지.

회기 후 피드백의 예시: 나는 역할극을 시작할 때, 훈련생이 말하는 것을 들었다. "아마도 어려움을 참고 당신이 이 아이와 하는 작업을 명백하게 명명하는 다른 방법을 사용하는 것이 도움이 될 것입니다." '이를 악물고 꾹 참는'이라는 표현에 충격을 받았다. 나에게는 수퍼바이저는 훈련생의 작업과 동일시하는 것처럼 여겨졌다.

관찰자 8: '관점 7: 더 넓은 관점'의 관점에서 듣는다. 예) 광범위한 맥락과 이것이 회기에서 어느 정도 사용되었는지.

회기 후 피드백의 예시: 광범위한 맥락은 치료에 대한 학교환경, 곧 있을 전학이라고 여겨질 수 있었다. 또한 이 가정이 생계부양자와 양육자를 잃었다는 사회 경제적 환경, 물론 가족의 죽음과 상실이라는 전체적인 문제(얼마나 많은 이 학급의 아동들이 부모를 잃었는가?). 상담에 의뢰된 과정에 대한 정보를 알게 되면 이 아동이 학교에서 어떻게 지내는지를 알게 될 것이다. 그 아동의 이야기 속에는 많은 공격성과 슬픔이 깃들어 있었다. 나는 이중 얼마나 많은 부분이 교실에서 표출되고 있을까에 의문을 가졌다.

관찰자 9: 사용된 행동기술의 관점에서 살펴보라. 이들이 얼마나 유용하고 적절했는지.

회기 후 피드백의 예시: 수퍼바이저는 역할극 사용을 결정했고 훈련생이 죽음을 더욱 직접적으로 다룰 수 있는지를 탐구하기 위해 역할 교대를 하기로 했다. 나는 당신이 그녀를 지도한 방법을 좋아하고, 그녀에게 억제된 자발성을 자유롭게 일으키기 위해 실수하고 무감각할 수 있도록 허락한 것을 좋게 본다. 내가 생각하기에 그녀는 주인공의 역할을 해봄으로써 유용한 시사점을 얻었고, 이는 그녀에게 위험을 감수할 수 있도록 허락해준 것이다.

관찰자 10: 회기에 대해서 은유와 상상력의 관점에서 바라보고 어느 정도 그것에 초점을 두었는지를 관찰한다.

회기 후 피드백의 예시: 나는 그가 만들어낸 아동의 이야기에 어안이 벙벙해졌다. 나는 주인공이 이 문제를 직접적으로 다룰 준비가 되었는지를 알기 위해서 당신이 그 역할과 역동성을 그 이야기 내에서 탐색하기를 바란다. 나는 훈련생이 주인공으로서 그 역할을 수행할 때 자연스럽게 그 악당을 상상하고 사랑하는 사람과 억지로 분리되는 것을 그려냈다는 것에 주목하고, 수퍼바이저가 그것을 소재에

접근할 좋은 방법으로 강조할 수 있었는지 궁금했다.

전문가 관찰자의 피드백 후에 훈련생과 수퍼바이저는 또한 성찰을 이야기한다. 이러한 구조는 수련 단계 초기에 너무 자기를 드러내는 반면에 신뢰감을 가진 집단에게는 좋은 학습도구가 될 수 있고, 수퍼비전 업무의 복합성을 보여주고, 상이한 선택의 기회를 보여준다. 우리의 경험에서 보면, 일단 집단이 이러한 구조를 경험하면, 다시 그것을 사용하고자 열망한다.

5.3 전문가의 발표와 문헌 검토

일 년의 수련기간 동안 두 번에 걸쳐서 각각의 참여자들은 집단을 위해서 행동 중심의 회기를 운영한다. 전문가의 발표는 전문가의 입장과 경험에서 우러나온 지식을 공유하는 기회라 하겠다. 주제에 포함되는 것은 특정한 업무환경으로, 예를 들어 입양가정 출신의 아동과 가족들과 일하기, 말기환자의 고통완화 처치 내에서 사이코드라마 디렉터와 일하기, 범죄교정 환경에서 예술상담사로서 일하기 등이다. 이론적 배경에서 보면 특정한 전문 영역이 존재하고 발표는 이를 중심으로 이루어진다. 예를 들면, 애착이론, 신경과학이 그것이다.

이러한 발표에 대한 근거는 세 가지 정도이다. 첫째, 수퍼바이저로서 자신의 장점과 경험분야를 인지하고 있는 것이 중요하다고 여겨진다. 수퍼바이저의 역할은 교육적인 부분도 있다. 이러한 발표는 훈련생이 교육자, 정보제공자의 역할을 창의적으로 받아들이도록 격려한다. 이는 수련과정의 맥락에서 새로운 기술이 학습될 때 유용하다. 유약하다는 느낌과 새로운 기술을 배우는 데 어려움을 경험하기도 하지만, 우리가 자신감을 느끼는 영역을 잃지 않는 것이 중요하다.

둘째, 튜터를 포함하여 동료학습의 기회를 제공한다. 각각의 동질집단의 경험이 다르고, 우리 자신의 경험이 부족한 영역에 관련된 워크숍 활동에 참여하거나 청취하는 것은 기쁜 일이다. 발표가 끝나갈 때, 참여자들은 소집단으로 나뉘어 이 시간에 학습한 것이 발표 주제와 관련하여 수퍼비전을 해야 할 때 어떻게 활용될 수 있는지를 성찰한다.

셋째, 이 발표는 수련에 있어서 중요한 시기에 창의적 기술을 실행해보는 기회가 된다. 행동방법을 다른 환경에서 실행해보는 것이 생각하는 것처럼 진행되지는 않는다. 그러한 연습을 하려면 집단의 환경을 민감하게 고려하고 동료집단과 역할을 교대하는 능력이 요구되고, 학습결과와 일치하는 일련의 행동을 선택해야 한다.

문헌 검토는 비슷한 방법으로 접근한다. 각각의 훈련생들은 수퍼비전과 관련된 쟁점들에 관한 책의 목록들 중 자신이 서평을 쓸 책을 정한다. 기대하는 것은 집단이 책의 핵심 주제에 접근하고 내용을 평가할 수 있도록, 학습적이고 경험적인 접근을 복합적으로 사용하는 것이다. 이러한 접근을 통해서 독서와 학습이 창의적이고 행동 중심적인 과정의 문화와 접목될 수 있다. 문헌 검토와 전문가의 발표를 뒷받침하기 위해 훈련생들은 전체집단에게 제공되는 문서가 제시된다.

6. 훈련생 평가

평가 방법은 수퍼바이저가 되는 과정이 발전적 과정이라는 것을 이해하고 있다는 것을 반영해주고 있다. 1단계 과정은 자기 평가이다. 훈련생들은 다음 질문을 중심으로 2주간의 자신의 학습에 대해 성찰해본다.

- 이론적인 수준에서 이번 단위과정 동안 무엇을 배웠는가?
  어떤 새로운 기술을 배우고 실습했는가?
- 이번 단위과정 동안 당신이 다른 사람에게 받은 중요한 피드백은 무엇인가?
  그리고 어떻게 반응했는가?
- 이번 단위과정 동안 당신의 과정과 성장에 대해 어떻게 느끼는가?

1단계에서 자기 평가를 우선시하면서 우리는 이룬 것과 어려움에 대해 실제적이고 균형 잡힌 성찰을 하도록 하고자 했다. 훈련생들의 신뢰와 확신 있는 행동, 그것이 앞으로 있을 도전의 초석이 된다. 우리는 우리가 집단 내에서 관찰한 것과 자기 자신의 성찰 간의 일치를 고려하여 훈련생의 자기 평가 서류를 복사해둔다.

2단계 과정은 자기 평가뿐만 아니라 동료 평가를 통해서 이루어진다. 동료 평가를 하는 것이 벅찰 수도 있지만 수퍼바이저로서 평가자 역할을 충분히 개발하는 데에도 필요한 것이다. 판단적이지 않은 것을 우선시하는 치료사에게 평가자 역할은 그들이 수퍼바이저 역할로 성장해나감에 따라 도전이 될 수 있다. 그래서 훈련 집단은 평가자 역할을 연습하는 기회가 된다. 세 명으로 구성된 집단과 소집단 수행 후에 직접적으로 말로써 피드백을 주지만, 동료 평가 시 요약과 간결한 작문을 할 줄 알아야 한다. 수퍼바이저로서 활동하게 되면 우리는 수련기관이나 고용주를 위해 주기적으로 훈련생에 대한 보고서를 써야 할 것이다. 우리는 훈련생들이 이런 업무를 수행할 수 있도록 도와주어야 할 책임이 있다.

3단계 과정은 시간의 흐름상 최종적으로 가르치는 과정으로 자기 평가, 동료 평가, 교수자 평가로 이루어진다. 교수자 평가는 집단에서 이루어진다. 간단하게 장점과 좀 더 노력할 부분 두 가지로 구성되어 있다. 우리는 교수자, 동료, 자기 평가의 일치를 추구하고 있다.

수련을 하는 주말에 평가과정은 포물선으로 그려진다. 훈련생 집단이 자신감과 실력을 가지면서, 평가 점수는 점점 높아진다. 교수자 평가의 마지막 부분에서는 강의식 단위과정이 끝나고 이론과 실제를 연결한 마지막 평가서가 제출된다. 이 평가서는 어떻게 이 과정에서 학습한 것이 수련 이외의 수퍼비전 관계에 정보를 제공했는지를 기술하는 기회가 된다. 이는 수퍼비전에 대한 외부 수퍼바이저의 서명과 수퍼비전 회기에 대한 수퍼비전 일지와 함께 제출된다.

평가의 발달 모델은 임상뿐 아니라 수퍼비전 행위도 학습적이고 발전적이라는 것을 인식했다는 것을 반영한다. 우리가 수퍼바이저들이 훈련생의 발전 단계를 명심하고 그에 따라 수퍼비전 역할을 정하는 것을 명심하도록 기대하는 것처럼, 우리는 훈련생들의 능력이 발전되어 나가는 것에 대한 평가과정이 계속해서 실행되고 학습해 나가는 데 필요한 자신감을 꺾지 않으면서도 그들의 역량과 제한점을 비판적으로 반영하는 것을 목표로 하고 있다.

7. 과정 평가

각 단위과정 말에 우리는 훈련생들이 다음의 영역에서 과정의 내용과 전달에 있어서 평가하기를 요청한다. 자료의 적절성, 이론과 실제의 균형, 새로운 학습과 생각들, 명료성과 촉진자의 지식적 바탕, 작업환경에 있어서 유용성, 그 외 다른 고려할 것들이 그것이다. 우리는 피드백에 개방적인 태도를 취하는 본이 되고자 한다. 우리는 우리가 올바르게 수행하고 있는지, 그리고 훈련생들의 학습적 요구가 만족되었는지 여부를 알고자 한다.

8. 창의적 행동 기술

창의적 접근은 아마도 수련에 있어서 가장 매력적인 요소일 것이다. 그러나 그것들은 수퍼비전 과정과 관련된 유용한 이론적 틀 안에 배치되어야 하고 분별력과 목적을 가지고 사용되어야 한다(Chesner, 2007). 각각의 창의적 기술들이 교수되면서 우리는 이러한 기술이 무엇에 유용한지, 언제 금기시되는지를 탐색하는 데 중점을 둔다. 예를 들어 역할 교대와 소규모 조각 만들기는 거리 두기와 친밀감에 있어서 매우 다른 효과를 지닌다. 주인공과 역할을 바꾸는 것이 훈련생이 이해하고 공감하는 데 어려워했던 다른 사람의 입장을 친밀하게 느끼는 데에 도움을 주는 반면에, 소규모의 '작은 세계' 조각 만들기는 더 큰 체계에 관심을 가지게 하고 압도되었던 상황이나 주인공으로부터 거리를 두게 한다. 이것들은 과정에서 교수되는 기술의 일부이다. 그들은 포괄적이거나 고정되지 않고 수많은 다른 접근들의 시작점이 된다.

- 미니어처 기법(Small world miniature sculpting; Lahad, 2000 참조): 탐색하는 관계나 체계의 이미지를 그려보기 위해 작은 물체를 사용
- 커뮤니큐브(Communicube; Casson, 2007 참조): 위의 것의 확장 형태, 동시에 다수의 관점을 보기 위해 다른 수준의 커뮤니큐브를 사용한다.
- 큰 수준의 조각: 이 기술은 의자 혹은 집단 수퍼비전에서 집단 구성원들과 함께 주제나 상황을 집단적으로 탐구하는 데에 이용된다. 이 기술을 사용하여 사회극에 다른 관점을 가지게 하고 수퍼비전의 쟁점들과도 통합적으로 관련된다.
- 역할 맡기와 역할 바꾸기: 사이코드라마에서 나온 이 기술은 다른 사람을 이해하려는 맥락에서 사용된다. 이 기술은 주인공이든, 주인공의 사회집단의 구성원이든, 주인공이 제작한 예술 작품이든 간에 동료, 환경, 실행자로서 자신이라는 요인과 관련된 역동성을 이해하고자 사용된다.
- 사이코드라마 수퍼비전 삽화: 역할 바꾸기의 확장 형태로 집단 내에서 개인이 수퍼비전 질문들을 탐색해보는 것이다. 수퍼바이저가 사이코드라마의 방법을 잘 알고 있어야 하고 이중자, 거울기법, 다양한 역할 교대 등을 통합한다.
- 6조각 수퍼비전 구조(Six Shape Supervision Structure; Chesner, 상황에 따른 창의적 수퍼비전, 미출판): 이것은 Gersie의 치료적 '여섯 조각 이야기 만들기'(Gersie, 1997 참조)의 영감을 받은 종이와 펜 행동 중심의 구조물이다. 그러나 특별히 수

퍼비전의 틀에 맞게 채택되었다. 이것은 셀프-수퍼비전, 집단 및 개인 수퍼비전의 도구이다.

- 4개의 요소(Four elements; Zografou, 상황에 따른 창의적 수퍼비전, 미출판): 대집단과 즉흥성에 바탕을 두고 플레이백시어터에서 발전된 방법으로 무용동작, 투사, 시와 시각예술을 사용한다.
- 만다라(Mandala; Jennings, 1999): 시각적 기술로 발달적이고 전체적인 단계에서의 성찰에 적합하다. 개인적이고 집단적인 환경에 알맞다.

9. 역할 인식

사이코드라마는 역할을 주요 개념으로 강조하는데 이는 이번 수련에 본질적인 것이다. 이 과정의 시작부터 우리는 역할 언어를 사용한다. 훈련생의 최근의 동질집단은 수련기간의 첫 번째 주말에 탐색적 행동 회기에서 수퍼바이저와 훈련생 역할의 긴 목록을 만든다. 두 개의 의자가 무대에 있고 하나는 수퍼바이저 역할, 다른 하나는 훈련생 역할을 한다. 하위역할과 역할에 적합한 기대는 소품에 의해 구체화되고 다음의 목록이 나타낸다.

훈련생의 역할(과정 집단 2009~2010)		
준비된 기여자	헌신된 참여자	솔직히 실수를 인정하는 사람
흥미 있는 탐구자	용감한 질문자	자주 도전하는 사람
주인공의 안전에 대한 책임 있는 양육자	수용적인 환영자	정직한 종결자
관련된 성찰자	윤리적인 검사자	안목 있는 정보 이해자
주인공 중심의 위험감수자	지식을 너그럽게 나누는 사람	
자신감 있는 우선순위를 매기는 사람	장점과 약점을 균형 있게 인식하는 사람	

수퍼바이저의 역할		
항상 참석	용감한 훈련생	너그럽게 지식을 공유
개방적으로 환영	투명한 보고 작성자	일생동안 열심히 배우는 사람
적극적으로 경청	드러난 것 이상을 보는 통찰자	의식적으로 수행을 평가
협력하여 재구성하는 사람	민감한 사람	존경할 수 있는 권력 공유자
민감한 경계 지킴이	창조적으로 안심시키는 사람	현실적인 희망을 품은 사람
한계를 적절히 존중	공모하지 않는 조사자	가망 없음을 견고히 품고 있는 사람
실력 있는 열쇠공	다재다능한 건축가/관계형성자	너그러운 영감자
정당하고 열정적인 옹호자	환영하는 참여자	책임감 있게 자기를 돌봄
쾌활한 반주자	윤리적인 검사자	신뢰할 수 있게 시간을 지킴
적절한 지식 보유자	독서, 치료, 수련을 종종 제안하는 사람	일관성 있는 검토자
용감한 간섭자	적절한 피드백을 주는 사람	정직한 종결자

10. 결론

나는 이 글을 쓰기 시작하면서 *State of the Art in Clinical Supervision*(Culbreth & Brown, 2010)이라는 책 속의 Dianne Borders가 쓴 "Principles of Best Practice for Clinical Supervisor Training Program"이라는 장을 읽고 있다. 그녀는 미국적 관점에서 그 장을 기술했지만 다섯 가지 중심 원리는 유럽의 수퍼바이저 수련 프로그램에도 유용하다. 그 내용은 다음과 같다. 훈련 과정은 다음과 같아야만 한다.

- "전문적 기준과 문헌에서 확인된 모든 핵심 내용, 즉 수퍼바이저의 역할과 기능, 수퍼비전 모델, 상담사 발달 모델, 방법, 기술과 접근법, 관계 역동성, 문화적 주제, 수퍼비전에 대한 집단적 접근, 윤리적 · 법적 주제들, 피드백과 평가 방법들, 행정적 기술과 현장연구들을 다루어야 한다."(p.128)
- "교훈적 지시, 수퍼비전하는 행위를 동시적으로 혹은 결과적으로 포함해야 한다.

경험적 활동들은 피드백을 하며 수퍼비전 행위를 직접적으로 관찰하는 것을 포함해야 한다."(p.130)

- "내용과 순서에 있어서 발전적 접근을 반영해야 한다."(p.136)
- "광범위한 수퍼비전 방법, 기술 접근법에 관한 지도를 포함해야 하고 이러한 접근을 의도적이면서도 융통성 있게 사용할 것을 강조한다."(p.140)
- "학습이론들의 기본원리에 관한 지도를 포함해야 한다."(p.142)

이러한 원리들을 살펴보면서 나는 그 원리들이 균형 잡힌 수련 프로그램을 만드는데 필수적이라는 결론을 내렸다. 수퍼비전 수련에 대한 우리의 창의적 접근들은 수퍼비전의 행동 방법과 관련된 많은 전문적인 기술들을 제공한다. 그러나 다른 원리들도 적절히 자발적으로 사용된다면 꼭 포함되어야 한다.

참고문헌

Borders, L. D. (2010). Principles of Best Practice for Clinical Supervisor Training Programs. In J. Culbreth & L. Brown, *State of the Art in Clinical Supervision.* New York: Routledge.

Casson, J. (2007). Psychodrama in Miniature. In C. Baim, J. Burmeister and M. Maciel (Eds.), *Psychodrama Advances in Theory and Practice.* Hove: Routledge.

Chesner, A. (1999). Historical Issues and Supervisory Perspectives. In E. Tselikas Portman, *Supervision and Dramatherapy.* London: Jessica Kingsley Publishers.

Chesner, A. (2007). A Passion for Action and Non-action. In R. Shohet, *Passionate Supervision.* London: Jessica Kingsley Publishers.

Chesner, A., & Zografou, L. (publication pending). *Creative Supervision Across Modality.* London: Jessica Kingsley Publishers.

Gersie, A. (1997). *Reflections on Therapeutic Storymaking, the Use of Stories in Groups.* London: Jessica Kingsley Publishers.

Hawkins, P., & Shohet, R. (2000). *Supervision in the Helping Professions.* Buckingham: OUP.

Jennings, S. (1999). Theatre-based supervision, A supervisory model for multidisciplinary supervisees. In E. Tselikas-Portman, *Supervision and Dramatherapy,* London: Jessica Kingsley Publishers.

Lahad, M. (2000). *Creative Supervision.* London: Jessica Kingsley Publishers.

Williams, A. (1995). *Visual and Active Supervision.* London: W. W. Norton & Company.

수퍼비전과 훈련생들의 실무자 연구

Pierre Fontaine

네덜란드와 벨기에의 네 개의 수련기관의 사이코드라마 수련의 마지막 해에, 나는 연구에 대한 과정의 책임을 맡으면서(1999~2010), 연구를 수련에 통합시키는 나의 작업에 대해 성찰을 나누고 싶었다. 그러므로 나는 훈련생들이 그들의 실행 초기부터 연구를 하도록 동기부여시키는 시도에 대해 기술하고 싶다.

이 장에서 나는 보건 분야에서 사이코드라마의 위치를 먼저 기술하고, 그 다음 훈련생을 위한 실무자 연구 모델과 상향적 연구를 제시할 것이다. 셋째로, 학생들의 흥미와 연구에 대한 지식을 실무와 연결하는 데에 수퍼비전이 이용된다는 것을 보여줄 것이다. 마지막으로 훈련생과 함께하는 실무자 연구의 결과와 실제적 예들이 제시되고 논의될 것이다.

1. 사이코드라마와 보건 분야에서의 연구

보건 분야에서의 연구는 좀 더 인간적이고, Moreno(1953, p.64)가 기술한 것처럼 연구대상이 동시에 연구자도 되는 사회과학이다.

보건 분야의 의학적 접근과 관련된 사이코드라마 심리치료의 위치는 Fourez(1992)의 모델에 의해 기술된다. 좌표의 두 축은 치료적 개입 유형과 개입의 성노를 통합하는 지도가 된다. 세로축은 '원자 단계'에서 시작해 '우주 단계'까지 이어지고, 가로축은 왼쪽 끝의 '병의 근절'에서 시작하여 '강점의 발달'을 나타내는 오른쪽으로 이동한다. 가로축은 또한 심리치료적 처치에 대한 환자의 태도를 포함한다. 왼쪽을 '수동적 입장'에서 오른쪽은 '적극적 입장'을 나타낸다.

사이코드라마는 '개인'과 미래 행위를 강화하고 탐구하는 '개인적 인물'과 '사회' 사이의 도표 안에 위치한다. 주요한 이론적, 실제적 접근법들을 고려하면, 사이코드라마

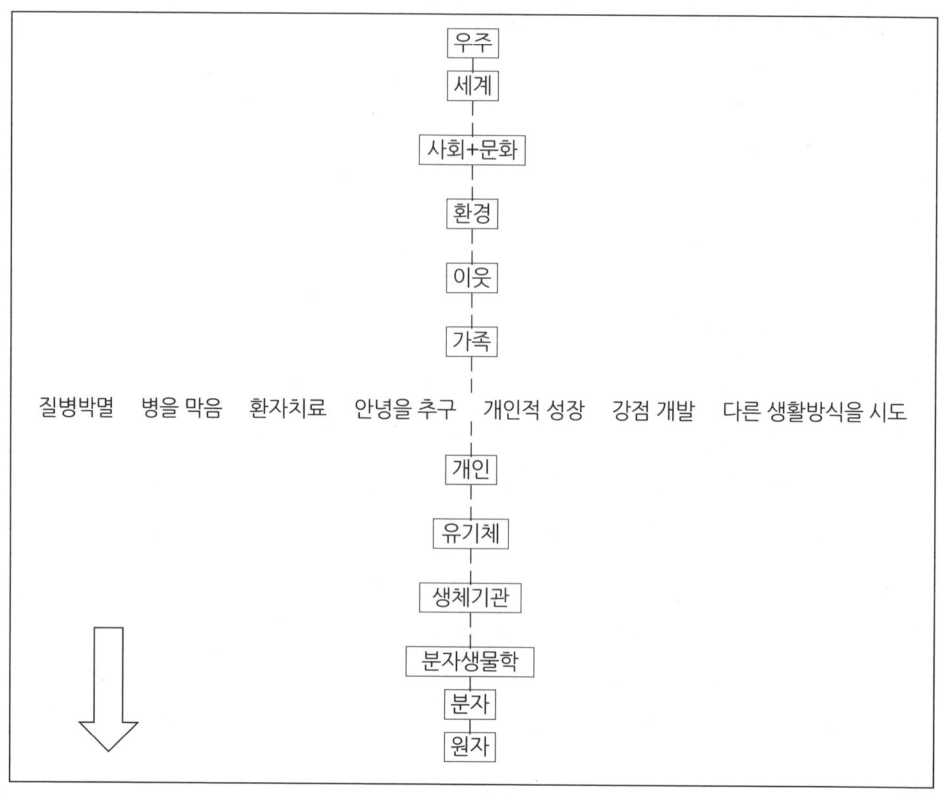

그림 1. 보건 분야에서 사이코드라마.
세로축: 의료적 활동 분야; 가로축: 개입의 방법들
G. Fourez(1992, p.92)의 책에 소개된 Lambourne의 건강 개념에 대한 지도를 번안

와 의학적 접근은 다르면서도 상호보완적이다. 선도하는 의학적 연구들은 '분자적'이고 '질병' 수준에 있고 과학적인 의학의 관심은 서남쪽으로 향하고 있다. 반면에 사이코드라마의 행동은 대부분 반대되는 북동 사분면에 위치한다.

2. 실무자 연구로서의 수퍼비전

여기에서 연구라는 용어는 광의적인 의미에서 사용된다. 학생들에게 연구가 기본적으로 이해를 높이기 위한 것이라는 개념을 알리기 위해 나는 그들의 생각을 들어보는 것으로 시작한다. 학생들은 그들이 흥미를 막 발전시키기 시작했을 때 과학의 이론과 철학에 압도되어서는 안 된다. 이러한 이유 때문에 여기에서 실무자 연구는 자신의 사이코드라마 실행에 대한 훈련생들의 행동 연구로 보고 있다.

더 많은 실무자들을 연구에 참여시키기 위해 수퍼바이저는 연구가 처음부터 수련의 일부가 된다는 것을 알려야 한다. Schön(1983)이 말한 것처럼, 우리는 행동에 대한 성찰이 필요하고 질적인 연구가 더 필요하다. 상담 연구에 관하여 McLeod(2003, p.192-193)는 다음 사항을 강조했다.

- 연구와 실행의 관계에 대한 인식을 넓히는 것
- 성찰할 수 있도록 허락하는 것
- 새로운 탐구 방법에 대해 개방성을 가질 것
- 검증보다는 발견 중심의 연구를 할 것

McLeod(2003, pp.192-193)가 Schön(1983)의 잘 알려진 은유를 사용하여 연구는 일상의 행위라는 복잡한 세상에 바탕을 두어야 하고 증거에 바탕을 둔 행위여야 한다고 기술했다. 그의 생각은 상향적 연구에 대한 우리의 이해와 맞아떨어진다. 우리의 수행에 대한 성찰(내적 관점)과 외부에서 보는 것으로 우리는 더 잘 이해할 수 있다. 이는 좋은 수퍼비전이며 또한 좋은 연구이다. 학생들은 외적인 위치에서 볼 때 새로운 관점을 가질 수 있고 외적인 관찰자나 집단이 유용하다는 것을 알게 된다.

어떻게 연구를 수련에 도입할지에 대한 나의 생각은 우리가 상향식 접근을 따라야 한다는 것이다. 이러한 접근은 세 가지 영역에서 기술된다.

- 중심적인 것은 *우리 자신의 실행*이라고 볼 수 있다. 우리는 우리 자신의 실행에 대해 우리 자신과 관련된 협력 팀과 함께 의문을 제기하고 성찰한다. 우리는 새로운 지평을 열 수 있다.
- *중심을 둘러싸고 있는 더 큰 동료 집단*이 있다(우리가 전문적 협회나 그들의 출판물을 읽을 때 만날 수 있는 사람들이다). 우리는 우리의 연구를 공유하고 우리의 생각들을 제시하여 일부는 일반화될 수 있는지를 알아본다.
- 최종적으로 *사회*라는 영역이 있다. 직업적 수련과 새로운 과정을 소개하고 교수들을 임용하고 사회 안전에 있어서 서비스에 대한 비용처리에 대한 행정적 결정들을 해야 한다. 또한 사회에서는 소비자들을 위해 이러한 지식들을 많은 사람들에게 알릴 필요가 있다.

2.1 실무자 연구의 맥락과 과정

학생들과 내가 일했던 환경은 네덜란드와 벨기에의 많은 수련센터에서 온 훈련생들을 위한 학습모임으로서 사이코드라마 수련을 하는 마지막 해였다. 이 과정들은 ESCOPE(Education Study and Coordination of Psychodrama Education)에서 처음 생겨났는데, 이곳은 사이코드라마 수퍼바이저들이 사이코드라마 수련을 발전시키기 위한 연결망을 구성하기 위해 만났던 곳이다. 이 모임은 1995년에 '유럽 사이코드라마 수련 조직 연합체(FEPTO)'가 창립되기까지 이어졌다.

1999년경에 나는 연구에 관한 교육과정을 이끌도록 요청받았다. 첫해에 나는 학생들에게 실제적으로 이루어진 간단한 연구의 예시들과 사이코드라마와 관련된 다양한 연구 방법을 사용한 논문들을 주었다. 이러한 시도를 하면서, 그들이 연구를 하려는 동기를 높이려고 했지만 성공적이지 못했다.

2년 혹은 3년 후에 있었던 다음 단계에서 나는 사이코드라마에서 연구와 임상 연구의 부족을 불평하는 David Kipper의 이메일을 읽으면서, 연구과정을 시작했다. 나는 학생들에게 연구에 대한 학생들의 태도와 그들에 관한 자신들의 모습을 그래프(많고 적음 등)로 표현해 보도록 요청했다. 학생들은 그들이 자신의 수행에 연구질문을 가지고 있음을 깨달았다. 학생들은 그 질문들을 분명히 하기 위해 다음 모임까지 자신들이 하고 있는 것을 정확하게 관찰하기로 했다. 그들은 이러한 질문들이 자신이 수행에 대한 연구를 시작하는 바탕이 된다는 것을 알았다. 모든 사람은 자신의 행위에서 얻어진 주제에 의문점을 가지기 시작했고 결국 그것에 관한 논문을 썼다.

우리 프로그램에서 나는 공식적으로 이러한 연구 주제를 소개하기 위해 4시간 교육이나 워크숍을 열었다. 우리는 다음의 방법으로 함께 작업했다.

- *준비:* 수업 전에 훈련생들에게 사이코드라마 연구에 관한 약간의 소개의 글을 주고(Burmeister, 1999; Fontaine, 1999), 자신의 치료과정을 성찰해보고 자신의 연구에 대한 주제를 선택하도록 했다.
- *토론:* 먼저 동료들과 주제에 대해 토론하고 보고서를 제출하도록 했다. 그 후에 3시간 정도 모임을 가지며 나와 함께 준비 단계에서 읽은 자료에 대해 토론했다.
- *행동:* 토론 외에도 우리는 적극적으로 훈련생들이 연구를 수행하는 것에 대한 두려움과 동기를 인식하도록 했다. 스펙트럼의 사회측정도구를 사용하여 그들은

무엇이 나에게 매력적인가, 무엇이 나를 두렵게 하는가(예: "나는 내 주인공과의 관계가 틀어지는 것이 두렵다.", "시간이 많이 걸린다."; 아래 글상자 참조) 등의 질문에 대한 자신의 대답을 찾도록 했다.

- *연구과제 발표:* 마지막으로 학생들은 자신이 실행 및 작업하고 싶은 연구주제를 간단하게 발표한다. 집단 구성원들과 작업자들은 피드백을 준다. 한 달 내에 그들은 자신의 연구 프로젝트에 대한 두세 쪽의 보고서를 보내어 과제를 신청한다.
- *수퍼비전:* 그들은 작업하는 동안 그들의 연구에 대해 전화로 수퍼비전을 받았다. 그 외에 연구자들은 자신의 학습 집단의 동료들과 공유했고 나로부터 한 시간 이상 수퍼비전을 받았다.
- *결과 발표:* 최종적으로 그들은 12장 정도 분량의 보고서를 제출했다. 보고서 중 절반은 의견, 질문, 제안들과 함께 되돌려졌다. 최종본은 3명의 교수자들이 읽고 평가했다.

장애 요인과 유인 요인의 스펙트럼

연구를 장려하고 방해하는 요인은 무엇일까? 훈련생의 감정은 드라마 연구에 의해 표현될 수 있다: 두 개의 의자, 스펙트럼 사진, 위성, 사이코드라마와 연구 모임.

다음은 몇 가지 예시들이다.

장애 요인

- 우리는 너무 작은 존재다. 위대한 사이코드라마 디렉터들만이 연구를 할 수 있다. 우리는 학자가 아니다.
- 연구를 하면서 주인공들과 관계가 끊어질 수 있다. 관계에 방해가 될 것이다.
- 시간 투자를 해야 할 것이다. 처음에는 프로젝트를 수행하는 데에 흥미가 있을 것이다. 그러나 진행됨에 따라 규칙을 지켜야 하고 지루해질 것이다.
- 사이코드라마 역할에서 나는 온전한 소녀이고 자유롭고 자발적이다. 나를 분석의 틀에 집어넣지 말아라.

유인 요인

- 연구를 하면서 우리는 우리의 전문적 정체성을 찾을 수 있고 사회에서 전문가로서 자리매김을 할 수 있다.
- 우리 수행에서 연구는 가능하다. 질적인 연구는 가능하고 점차 받아들여질 것이다.
- 주인공들이 사이코드라마에서 진실을 찾아내고, 우리 사이코드라마 디렉터들은 연구에서 진실을 찾아낼 것이다.

2.2 훈련생들의 연구 프로젝트: 몇 가지 예시

다음의 예들은 실무 업무에 대해 훈련생들이 성찰한 것들이다. 실무에서 두 가지 유형의 조사를 보여준다. 먼저 사이코드라마의 성찰에 대한 질문들, 둘째로 새로운 분야나 수행 유형에 대한 탐구와 성찰된 혁신의 한 가지 유형이다.

Marianne Mostert(2008)는 왜 그녀가 그렇게 자주 주인공들과 회기를 연장하는지를 알고자 했다. 왜 시간 내에 종료하지 못했는지를 자문해봄으로써 그녀는 주인공들이 그녀의 업무에 감사해하기를 원했다는 것을 알았다. 그녀는 이 목표를 이루기 위해 더 오래 일했다. 그녀의 업무에서 그녀는 회기들을 준비하는 방식과 개인적인 워밍업 방식을 변경했다고 기술했다. 성찰을 통해 그녀는 그녀의 태도를 바꾸는 방법을 찾아냈다.

Cécile Osse(2008)는 회사합병을 다루는 데 사이코드라마가 유용한 도구라는 것은 알지만, 이민자들의 통합 과정에서 사회극을 사용하는 것이 도움이 되는지를 알고자 했다. 이민자들과 함께하는 사회극 워크숍을 운영하고 두 명의 관찰자들은 그 과정을 평가하기 위해 회기를 기술했다.

Carlo Lesage(2009)는 수년 동안 아마추어 연기자들이 연극을 하도록 도운 예술 리더로서 사이코드라마가 연기자들이 좋은 공연을 창조할 수 있도록 영감을 불어넣는 데 도움이 되는지를 알고자 했다. 이 보고서에서 그는 연기자들이 사용했던 대본을 따르지 않고 자신이 삶의 일부를 연극으로 나타내도록 한 과정을 기술했다. 결국 그는 그렇게 하면서 그의 목표를 변경했다는 것을 알았다. 목표는 가장 흥미진진한 연극이 제시되는 것이 아니라 연기자들에게 치유 효과가 가장 높은 연극을 보여주는 것이 되었다.

Marjolijn Van Burik(2002)는 회사 소속의 수련 집단에서 경험을 나누고 평가를 하는 두 가지 방법을 비교했다. 마지막에 그녀는 참가자들에게 새로운 접근법의 효과를 물어보았다. 처음 방법은 참가자들에게 한 명씩 이전 수련 집단에서 경험한 것들을 서술하도록 했고, 두 번째 방법은 두 명씩 짝을 지어 자신의 경험을 나누도록 했다. 그 후에 집단에서 그들 각자가 상대방의 역할을 하고 집단 구성원들에게 마치 자신의 경험인양 이야기하도록 했다. 실행 후의 피드백을 통해 참가자들이 두 번째 접근법을 더 좋아했다는 것을 알았다.

Moïra Verhofstadt(2001)는 성적 학대로 기소된 사람들과 개인적인 사이코드라마를 수행했다. 그녀는 왜 그녀가 그들을 선택했고 다른 사람들을 선택하지 않았는지를 모르게 하고 특정한 주인공들과 사이코드라마를 사용하여 작업하기 시작했다. 그녀는 어떤 요인이 그녀의 결정에 영향을 주었는지를 더 알기 원했다. 그녀는 치료사, 주인공, 관계성, 상황과 관련된 요인들의 목록을 사용했고 그녀의 결정에 이러한 요인들이 끼친 영향을 평가했다.

이 프로젝트의 목적은 수퍼바이저로서 나의 목표와 부합하는 것들이었다. 나는 실무자들을 수련시키고 그들의 실행을 도움으로써 실행에 있어서 첫 단계를 촉진하기를 원했다. 이러한 목표를 이루기 위한 도구적 목적들은 다음과 같다. a) 성찰함으로써 이러한 실행을 개선시킨다. b) 더 충분한 대안들을 찾고 만들어내고 선택한다.

학생들 중 일부는 그들의 업무를 성찰하는 연구의 첫 번째 단계에 머물러 있었다. 다른 일부는 실행을 넘어서 내가 두 번째 단계라고 부르는 것까지 도달했다. 한 연구는 국제 심리치료저널에 발표되었다. 그것은 더 많은 동료들의 모임에까지 영향을 주었다.

사회극으로 작업했던 Cecile Osse의 방식은 정신건강 전문가들과 정치가들과 함께 이민자들의 통합 문제를 위한 모임에서 시연되었다. 사이코드라마 극장은 다른 사이코드라마 디렉터들의 상이한 모임에서 발표되었지만 많은 경우 대중들에게 발표되었다. 이러한 프로젝트는 일부 사회에까지 이르렀는데, 우리가 연구의 세 번째 단계라고 부르는 것이었다.

훈련생들에게 자신의 프로젝트에 많은 시간과 창의성을 투자하도록 격려했다. 그들은 상이한 주제에서 유연성과 창조성, 전문적 정체성을 개발했다. 이러한 연구의 예시들은 연구주제에 대한 개방적 접근을 함으로써 비과학 분야 출신의 학생들도 연구자의 역할을 감당할 수 있도록 했다.

3. 결론

새로운 탐색 방법에 개방적이 되면, 우리는 창의적일 수 있었고 기존에 개발된 연구 모델에 얽매이지 않았다. 경험적인 접근은 훈련생들에게 동기부여가 되고, 창의적인 사이코드라마 디렉터로서의 정체성에 더욱 다가가는 것이다.

초기 시도부터 마지막 과정까지 발전해가는 것을 고려할 때 훈련생들은 일반적으로 자신의 수행을 성찰해보고 자신의 실행을 연구하면서 배워가는 것을 좋아한다. 행동방법은 자신의 수행을 성찰하고자 하는 동기를 높이는 데에 도움이 되는 것으로 나타났다. 그것이 첫 번째 단계이고 훈련생들이 기초 수준에서 연구자가 되도록 격려하는 초기과정이다.

수련기간 동안 수퍼비전하는 것은 학생들이 연구자의 역할을 경험하기에 좋은 시간이다. 그것은 항상 질문으로 시작하고 수행을 단순히 기술하는 것에서 체계적인 탐구를 하는 복합적인 방법으로 발전했다.

참고문헌

Burmeister, J. (1999). Research and psychodrama training. In P. Fontaine (Ed.), *Psychodrama training. A European view* (pp. 275–287). Leuven: FEPTO Publications.

Fontaine, P. J. (1999). A spirit of research in psychodrama training. In P. Fontaine (Ed.), *Psychodrama training. A European view* (pp. 289–299). Leuven: FEPTO Publications.

Fourez, G. (1992). *La construction des sciences. Les logiques des innovations scientifiques.* Bruxelles: sDe Boeck.

Kipper, D. (2002). Personal e–mail received 22 May 2002.

Lesage, C. (2009). *Zelfonderzoek binnen mijn werk als theatermaker.* [*Self–research on my job as theatre producer*] Onderzoek Learning Circle CP 5 of NBES.

McLeod, J. (2003). *Doing Counseling Research* (2nd ed.). London: Sage.

Moreno, J. L. (1953). *Who shall survive. Foundation of Sociometry, Group Psychotherapy and Sociodrama.* Beacon (N.Y.): Beacon House.

Mostert, M. (2008). *Tijdwinst door warming–up.* [*Time saving through warming up*] Research Learning Circle CP 5 of NBES.

Osse, C. (2008). *Sociodrama een succesvolle benadering voor het oplossen van sociale conflicten !?* [*Sociodrama, a successful approach to solve social conflict*] Onderzoek Learning Circle CP 5 of NBES.

Schön, D. A. (1983). *The Reflective Practitioner. How professionals think in action.* London: Temple Smith.

Smith, M. K. (2011). Donald Schön: learning, reflection and change. *The encyclopedia of informal education.* Retrieved from http://www.infed.org/thinkers/et–schon.htm. 6 Dec 2011.

Van Burik, M. (2002) (in Dutch). [*Evaluation by role reversal and doubling in pairs*] Onderzoek Learning Circle CP 4 of NBES.

Verhofstadt, M. (2001). *Wanneer is het aangewezen tot psychodramatechnieken over te gaan bij een bepaalde client en wanneer niet?* [*Indications and contra–indications for psychodrama techniques for a precise client.*] Onderzoek Learning Circle CP 3 of NBES.

연구 실행 촉진: 사이코드라마 디렉터 겸 연구자의 역할을 발전시키는 이상적인 시간으로서의 수퍼비전

Gabriela Moita & António Roma-Torres

일반적으로 사이코드라마에 대한 연구는 필요한 것으로 언급된다. 사이코드라마는 대부분의 심리치료가 그렇듯이 그 효과가 임상적 타당성에서 만족할 만한 수준은 아니며, 치료과정에 대한 많은 연구가 이루어져야 한다. 연구를 장려하기 위해 이 논문은 사이코드라마 디렉터의 수련 프로그램에 연구 기술을 통합해야 한다고 제안한다.

이 글에서 우리는 연구방법론을 가르치고 사이코드라마에서 수퍼비전을 하는 동안 프로젝트의 발전을 관찰했던 우리의 경험을 제시했다. 수퍼비전은 연구자-실무자적 접근을 성취하는 이상적인 기회로 여겨지는데, 연구 결과란 초보 사이코드라마 디렉터가 가지는 질문에 답을 제공하기 때문이다. 또한 역할을 맡는 단계에서 사이코드라마 디렉터들이 사이코드라마 디렉터이면서 연구자이기도 한 역할을 발전시킬 수 있다고 주장했다. 그리고 이 역할을 지속시킬 것이다.

제안된 연구모델은 Robert Elliott(2002)가 제시한 해석적 단일사례 효용성 연구설계(HSCED)로 양적 · 질적 접근법을 통합하고 결과와 과정의 평가를 가능하게 하는 복합적인 방법론이다.

1. 개요

분석학자와 정치가들은 심리치료 실행과정에서 연구의 필요성을 강조한다. 분석학자들에게는 심리치료의 과학적 위상을 보증할 수 있는 유일한 방법이며, 정치가들은 원칙적으로 비용을 정당화할 수 있는 임상적 타당성을 보장하고자 한다. 사이코드라마는 이러한 요구에 대한 예외도 아니고 그렇게 되어서도 안 된다. Wieser(2007)는 그의 메타분석연구에서 명확히 기술한다. "사이코드라마 심리치료의 과학적 위상은 과학 공동체에 의해 승인되지 않았다. 왜냐하면 사이코드라마 분야에서 이루어진 연구들이 주류의 기준을 만족하는 데에 실패했기 때문인 것 같다."(p.271). 이러한 의미에서 우리는 연구 기술이 심리상담사들을 위한 사회극 수련 프로그램에서 습득해야 하는 기술로써 통합되어야만 한다고 제안한다. 이를 위해서 수퍼비전 기간에 연구 기술이 향상되도록 가르친 경험을 소개한다.

연구가 이루어지는 사이코드라마를 수행하는 것은 우리가 믿기에 현재 연구의 희소성을 극복하는 가능한 방법이다. 수퍼비전을 받을 때 훈련생은 개입 효과에 특별한 주의를 기울인다. 그러므로 경험적인 타당성을 통해 이러한 효과에 대한 반응을 추구하도록 자극하면서, 지식과 연구 기술의 발전을 촉진할 수 있다. 연구-실행은 정부의 요구뿐 아니라 지식분야에서 치료사들의 요구를 충족시키며 가장 중요한 것은 환자의 요구에 반응한다는 것이다.

간단한 역사적 기록에서 심리치료 연구에 대한 몇 가지 성찰이 시작된다. 그 후에 우리는 이러한 작업을 수퍼비전 집단에게 제시한다. 그러고 나서 우리는 이러한 목적을 위해 특별히 조직된 워크숍 기간 동안 학생들에게 제공된 프로그램을 제시한다. 방법론적 틀은 제안된 도구로서뿐만 아니라 시작점으로서 제시한다. 이 장의 끝부분에 기술된 것처럼 이 계획이 FEPTO(Federation of European Psychodrama Training Organization)의 연구위원회의 워크숍에서 개발되고 있다는 것과 오스트리아와 터키의 사이코드라마 수련 교육과정[1]에서도 적용되고 있는 과정이라는 것을 강조해야만 한다.

2. 심리치료 연구의 일반적 요인

심리치료와 심리치료에 대한 연구 사이에 커다란 간극이 존재한다는 것은 알려진 사실이다. 이 간극의 이유는 다양한 요인들의 결과인데 다음과 같다.

- 연구 기술의 부족, 이는 연구가 어렵고 그러므로 접근할 수 없다는 생각과 관련되어 있다.

---

1) FEPTO RC의 회원인 Hannes Krall, Inci Dganer와 Jutta Fürst가 기술한 보고서 참조 (웹사이트 주소 http://www.fepto.ed/storage/files/documents/TRAIN.pdf)

- 연구를 하는 데 걸리는 시간
- 연구는 개입의 현실과 동떨어져 있고, 개입에 대한 의미를 제공하지 않는 뚝 떨어져있는 별개의 지식이라는 생각

연구에 대한 몇 가지 저항은 방법론에 대한 논의에 초점을 두고 있다. 몇몇 방법론은 저평가되어 있고 다른 것들은 과대평가되었다. 실증주의 패러다임에 근거한 양적 연구는 과대평가된 반면, 포스트모더니즘에 근거한 질적연구는 과소평가되었다.

■ *연구 기술에 대한 지식의 부족*: 만약 우리가 연구과정을 가르치는 시간과 장소에 대해 질문한다면 많은 부분에서 부족하다는 것을 알게 된다. 학문분야에서 초기 수련단계에 교수 프로그램의 일반적인 부분으로 연구라는 개념은 기초적이고 특정한 연구의 대상과는 관련되어 있지 않다. 학위과정 후에는 대부분이 방법적인 것에 집중되어 있다. 그러므로 우리는 연구과정을 배우는 것이 응용된 연구 방법을 가르치도록 고안되었기 때문에 석사나 박사과정의 학문적 프로그램에만 국한된다고 결론지었다. 반면에, 대학의 테두리 밖에서 석사 후 과정들 특히 협회나 학회가 제공하는 교육과정들은 사이코드라마 기술을 주로 가르치고, 연구 기술을 가르치는 것을 고려하지 않고 있다.

■ *연구에 걸리는 시간*: 연구에 걸리는 시간은 연구의 대상이 무엇인지, 어떤 연구설계를 선택했는지, 자료를 모으기 위해 선택한 도구가 무엇인지에 따라 달라진다. 이는 적용하고 채점하고 자료를 분석하는 것과 관련되어 있다. 양적인 자료 면에서는 신속하고 단순한 행정적 처리를 위해 통계적으로 타당성 있는 도구를 사용하여 연구설계하는 것이 가능하다. 질적연구를 수행하기 위해서는 조사자료 수집을 위한 다양한 장치들이 있다. 두 가지 경우 모두에서 컴퓨터 프로그램을 사용하여 자료를 처리하고 분석하는 경우가 늘어나고 있다.

조사연구에 의해 얻어지는 이점이 즉각적이지 않을수록 그것에 쏟는 시간에 대해 가치를 덜 두게 된다. 그러나 많은 도구들과 자료 수집 절차들은 심리치료 실행에 있어서 유용한 정보로 사용될 수 있다.

■ *개입의 현실과 동떨어져 있고, 개입에 대한 의미를 제공하지 않는, 개입과 별개로서의 연구*: 연구의 목적에 이용되는 자료 수집 도구들은 심리치료적 실행을 안내하는

데에도 유용하고 사이코드라마 디렉터들이 준비하고 주인공을 뽑고 연기에 대한 적절한 제안을 하는 데에도 유용하다. 연구의 목적과 효용성의 평가에 사용되는 많은 도구들은 치료적인 사용을 위한 도구로도 동시에 사용될 수 있다. 이러한 요인에서 그것을 운용하는 데 소비되는 시간이 치료적인 과정에 다시금 사용된다고 볼 수 있다.

Célia Sale 등(2007)은 일상에서 조사도구를 사용했던 치료사들이 어떻게 이 수행을 인지했는지를 이해하고자 했다. 그들은 질적인 자료를 제공해주고 후에 PQ(Simplified Personal Questionnaire: 단순화된 개인 설문지)(Elliott, Mack, & Shapiro, 1999), HAT(Helpful Aspects of Therapy: 치료의 유용한 요인들)(Liewelyn, 1988)로 지칭될 두 가지 도구를 사용하고 그것에 대한 인식에 관해 토의했다. 치료사들이 인지된 장점과 단점의 목록 그리고 치료사들이 인지된 내담자들을 위한 장점과 단점의 목록 외에도, 우리는 이 연구에 참여한 대부분의 치료사들이 자신들의 임상적 업무에서 PQ와 HAT에서 얻어진 정보를 통합하고자 한다는 것을 알게 되었다(PQ−92%, HAT−91%). 연구에 참여했던 치료사들이 이 도구를 사용하는 가치가 어떠한 부정적인 요인을 능가한다고 느꼈다는 것을 강조한다.

심리치료 연구의 역사에서 방법론적 패러다임을 발전시키고 평가하는 과정 중 세 번의 주요한 순간이 있다(Moreira, Gonçalves & Butler, 2005). 첫 번째 시기는 1952년 이전으로 심리학이 과학으로 위치를 공고히 하고자 애쓸 때이다. 그러므로 '심리치료는 과학적 활동인가?' 하는 의문에 답을 하고자 실험적 방법들을 적용할 필요가 크게 대두되었던 시기로 정의될 수 있다. 따라서 연구의 주제는 분석적 요인에서 조사자의 행동에 중점을 두었고 내담자 변화는 종속변인이며 치료사의 행동이 독립 변인이었다. 따라서 자료 수집에 사용된 도구들은 주로 치료사의 행동에 중점을 두었다. 연구자들은 정확성과 조작적 목적을 보장하는 양적인 연구설계에 의존했다(변이통제의 원리).

두 번째 시기는 1952년부터 1969년까지로 Eysenck의 논문인 "심리치료의 효과: 평가"(1952)가 출판된 이후이다. 이 논문에서 Eysenck은 심리치료의 타당성에 의문을 제기했다. 그는 심리치료가 긍정적인 효과가 없고 오히려 이후 내담자에게 해를 끼칠 수도 있다는 점을 제기했다. 이러한 심리치료의 부적격이 제기되자 그에 대한 반응으로 연구가 크게 성행하게 된다. 이 시기에 전후 시기에 미국 정부는 제대군인의 심리상담 비용을 보상해주는 데 효과적이라는 증거를 요구했다. 이러한 관심은 심리치료의 효과를 측정하는 연구비 지원을 가져왔다. 치료사의 행동분석에서 내담자의 행동평가로 관점의 전환이 일어났다. 연구과정에 대한 관심과 요구가 증가하는 것은 분명해졌다. 연구과정의 평가, 연구 방법의 재정비, 모델의 표준화와 조작화, 조작절차의 발전, 결과를 평가하기 위한 표준화된 측정의 구조화, 심리치료 효과의 임상적 중요성을 평가하기 위한 통계기술의 사용, 무작위 추출 등으로 연구과정이 보다 명확해졌다(Moreira, Gonçalves & Beutler, 2005).

심리치료에서 세 번째 시기는 1969년에 심리치료연구 모임(Society for Psychotherapy Research: SPR)의 결성 이후이다. 이들은 심리치료의 효과를 연구하기 위해 영역을 정의하고자 했던 여러 전문 분야로 이루어진 단체로 구성되었다. 이 시기에는 연구목적 자체에 대한 중요성이 증가했다. 평가 결과에 추가적으로 현재의 관심은 과정을 평가하고 내담자와 치료사 사이의 상호작용을 이해하는 것이다. 분석의 관점은 변화가 일어나는 작동기저뿐 아니라 치료적 과정을 성찰하는 내적인 변수에 의해 정의되었다. 양적 방법과 질적 방법을 혼합한 방법론이 늘어났다. 이 단계에서 메타분석의 발달을 볼 수 있다. 메타분석은 자료와 통계절차를 통해 분석하면서 심리치료의 효과와 통제 집단을 비교하는 일련의 연구결과를 통합하는 것이다. 결과적으로 통제 집단의 실험 참가자들은 30%의 개선율을 보이고, 반면에 치료과정을 통과한 참가자들은 70% 비율로 개선되었다.

세 가지의 역사적 시기로 구분하는 것은 Elliott(2002)가 통합한 심리치료의 주요 연구 영역의 발전과 대응하는데, 이는 개입을 하도록 했던 쟁점들에서 기인한다. Elliott는 다음의 세 가지 연구 분야를 각각 언급했다.

- 심리치료 결과 연구
- 심리치료의 효용성과 효과 연구
- 심리치료의 변화 과정 연구

다음의 영역들은 연구를 촉발하는 쟁점들로 정의된다: 주인공이나 주인공 집단이 실제로 변화되었는가?(*심리치료 결과 연구*, 예: Strupp, Horowitz & Lambert, 1997), 심리치료가 일반적으로 변화의 원인인가?(*심리치료의 효용성과 효과 연구*, Haaga & Stiles, 2000), 치료 내에서 혹은 그 외에 어떤 특정한 요인이 변화에 책임이 있는가?(*심리치료의 변화 과정 연구*, 예: Greenberg, 1986)(Elliott, 2002, p.1에 인용됨).

심리치료 역사에 대한 간략한 기술을 통해서 우리는 연구 요구에 더 개방적이고 일관된 치료설계과정의 요인을 이해하고 효과에 대한 결론에 이르게 하는 일관된 연구설계를 통해 연구하는 것이 중요한 시점에 와 있다는 것을 알게 되었다. 각각의 접근은 심리치료분야에서 지식의 발전을 가져온다. 쟁점은 연구에 대한 올바른 방법을 찾는 것이 아니라, 질문에 대답하기에 적합한 방법을 선정하는 것이어야만 한다. 연구의 쟁점에 따라 최선의 선택은 양적 방법론이거나 질적 방법론, 심지어 두 가지가 합쳐진 것이 될 수도 있다. 우리의 시대는 지금까지 역사적, 사회적 이유로 현장을 지배해왔던 양적 방법론의 영향력이 작아지고 있다.

Moreno는 이러한 요구에 무심하지 않았다. 1930년대에 미국에서 싱싱 교도소를 시작하여 허드슨 이후에 계속 자신의 연구에 헌신했다. 그는 자신의 측정위기를 "사회측정학"(Bustos, 1979, p.13)을 만듦으로써 해결했다.[2] 그는 연구의 대상을 인간관계, 정확하게는 집단의 요소들을 구성하는 연결들로 정의했다. 불행하게도 그는 사이코드라마 디렉터이자 연구자라는 역할을 계승할 후임자를 찾지 못했다. 사이코드라마의 연구분야에 대한 방법론의 발전이 이루어졌지만 더욱 육성되어야 할 분야이다.

만약 우리가 사이코드라마가 인식론적 개방성을 가지고 심리치료적 개입모델로 인정받기를 원한다면 우리의 활동을 조사하는 데 참여하는 것은 중요하다. 우리가 모델을 이해하도록 도움을 주는 질문들에 대답하고자 하는 연구가 그 자체로 관련성이 있고 필수적이어서 우리로 하여금 조사질문에 따라 사이코드라마 분야에 새로운 지식을 공급할 수 있게 한다. 그리고 이 연구는 모든 유형의 연구설계들(사례연구, 기술의 효용성에 대한 연구, 통제집단을 사용한 무작위적 연구, 과정에 대한 연구)을 사용하는 것이다. 그러나 사이코드라마에서 연구를 증진시키기 위해 사이코드라마 디렉터들이 필요한 역량을 가지는 것은 필수적이다.

3. 사이코드라마 수련의 수퍼비전 단계에서 연구 기술의 통합

우리는 수퍼비전 기간 동안 학생들에게 그들의 치료적 실행 연구를 하도록 장려하

---

2) 이후에 사회측정학은 Moreno에 의해 이론의 핵심으로 발전된다. "사회측정학은 대인관계 관련성을 측정하기 위해 만들어졌다." 이후에 Moreno가 사이코드라마의 이론에서 표석으로 제안하게 된 것이다.

고, 자극할 수 있는 이상적인 시간으로 여기고 있다. 개입 자체로 인해 그들은 연구를 통해 얻어지는 결과들에서 이득을 얻을 수 있고, 치료사와 주인공 모두가 과정에 대한 더욱 객관적인 피드백을 얻을 수 있다.

수퍼비전 시간 동안 역할을 맡는 초기 단계에서 훈련생들은 더 많은 피드백을 필요로 하고 또 얻고자 한다. 이 단계에서 연구 방법에 익숙해지도록 하고 그러한 필요를 느끼게 한다는 것은 그들에게 실제적 증거에 바탕을 둔 개입의 결과에 대한 평가를 제공하는 것을 의미한다. Valerie Brito(2006)가 언급한 대로 그들이 자신들을 위해 업무에 적용하기 원하는 원리와 개념을 탐구하는 데에 도움이 된다. 그러므로 우리는 자율성과 자신감을 고양시킴으로써 사이코드라마 디렉터라는 역할을 지원하고 사이코드라마 연구자라는 역할을 만들어내도록 하여 연구자로서의 역할을 발전시킬 수 있는 기술을 습득하도록 해야 한다.

사이코드라마는 연구 분야에 대해 자료 수집의 방법을 제공하여 사이코드라마에서의 연구를 발전시킬 뿐 아니라 치료 모델을 탐구하고 심리치료 외의 연구 분야에도 도움을 주고자 한다. 이러한 한 예가 사회측정학이다. 그러나 이러한 연구 분야는 단지 조사자라는 역할에서만 나온 것이다. 이러한 역할이 발생하는 데에 워밍업 단계를 조성하는 것은 중요하다.

어떤 수퍼비전 집단에서는 수퍼비전의 첫 번째 회기에서 훈련생 중 몇몇은 연구의 중요성을 인식하고 사이코드라마에 대한 연구에 흥미를 표현했다. 나의 이러한 필요에 대한 관심은 그들이 FEPTO 조사연구위원회에서 이러한 쟁점에 대해 토론을 장려했다는 사실과 연관되어 있다. 우리는 비록 다른 타이밍에 이 위원회에 관여하게 되었지만 이러한 것이 동기가 되어, 사이코드라마 훈련생들이 자신의 연구질문에 관련되도록 하기에 더없이 좋은 순간이라고 보았다. 우리가 여기에 공유하고 싶은 것은 훈련생들과 함께 발전되어온 이러한 작업들이다.

도구, 방법론, 연구 계획, 연구의 대상, 연구 결과, 과정 연구의 개념뿐 아니라 연구 자체의 개념이 조각, 독백, 이중자와 소품을 사용하며 현장에서 배양되고 탐구되었다.

가족치료 연구와 사이코드라마 이론적 연구의 전문가인 Célia Sales가 개최한 워크숍에서 역사적인 심리치료 연구들을 재검토하여 발표했다. 우리는 훈련생들이 우리가 제안하는 방법론적 접근의 도구에 익숙해지도록 했고, 연구설계를 제공하면서 문제를 해결하고 경험을 증진하기 위해 역할극을 통해 도구를 접하도록 했다.

제안된 연구 방법론은 Robert Elliott(2002)가 제안한 해석학적 단일사례 효용성 설계(hermeneutic single case efficacy design: HSCED)로, 양적인 자료 수집 분석과 질적인 자료 수집과 분석을 위한 도구를 통합하여, 사용자들이 각각의 상황이 가져야 하는 특성에 동시에 주의를 기울이면서 비교연구가 가능하도록 했다. 이는 과정을 평가하면서 결과 평가를 통합할 수 있는 연구 설계이다. 이러한 도구가 조사 도구뿐 아니라 개입 목적으로도 사용될 수 있다는 것은 언급할 만하다.

결과 평가의 도구는 표준화된 도구인 CORE-OM(Evans et al., 2000), 개인적인 설문지(personal questionnaire: PQ; Elliott, Mack, & Shapiro, 1999)로 이름이 뜻하듯이 개별 환자의 문제에 따라 그 환자와 함께 만들어진다.

우리가 채용한 과정 측정의 도구는 회기 동안에 유용하다고 여겨진 요인들에 중점을 둔 개방형 질문들을 포함하는 질문지(HAT: Helpful Aspects of Therapy; Elliott, Llewelyn, 1988)와 변화를 측정하는 면접(Client Change Interview; Elliott, 1996)이다. 우리가 제안하는 것은 이 연구 설계에 사이코드라마 요인을 평가하는 도구를 추가하는 것이다. 예를 들어, 우리는 자발적인 측정 목록(SAIR: Spontaneity Assessment Inventory; Kipper & Hundal, 2005)과 집단 응집성의 측정(아직 결정되지 못함)을 함께 실시하고자 한다.

이러한 제안은 훈련생들에게 프로그램 시작시에 제시되었다. 훈련생들에게 그들이 이미 사용하고 있는 유용하다고 여겨지는 도구들을 가져오도록 했다. 우리는 사이코드라마의 효과를 평가하기 위해 특별히 고안된 도구 목록을 만들기 시작한다. 기본 연구 설계는 집단과 수퍼비전 목적에 따라 수정된다. 포르투갈에서는 이미 사이코드라마 분야에서 학생 집단이 설문 조사를 수행했고, 그러므로 연구 목록 작성이 시작되었다.

개입의 효용성에 대한 의심이 어느 때보다도 강할 때 이러한 제안들을 따름으로써 역할을 감당해본 경험과 경험적 증거를 가지고 실제적인 연구를 통해 더 많은 질문에 대답하고 더욱 확신을 가질 수 있다. 반면에 연구자의 역할을 가정함으로써 비록 짧은 기간 동안일지라도 관련된 사람들이 연구의 수단과 방법을 알기 쉽게 설명하고 결과와 가능한 적용들에 좀 더 비판적이 되도록 해야 한다(Brito, 2006, p.19). 우리는 이것이 사이코드라마 디렉터들이 '일상생활에서 그들의 전문적인 행동에 의문을 가지는 과학적인 태도'를 가지도록 기여하는 방법이라고 믿는다(Brito, 2006, p.20).

결론적으로 우리는 같은 모델이 FEPTO 연구위원회의 실행 집단에 의해 개발되었다는 것을 반복해서 말하고 싶다. 가까운 미래에 FEPTO를 통합하는 모델들이 다양한 기관, 사회, 연합체에 제공될 것이다.

우리는 이러한 연장선상에서 사이코드라마 연구의 증진에 기여하고 싶다. 사이코드라마 훈련생들이 연구기술에 익숙해지도록 하는 것이 사이코드라마 디렉터이자 연구자로서 역할을 개발하도록 촉진하고 증진하는 방법이다. 이 모든 것들을 통해 우리는 초기 사이코드라마 수행에 연구적 평가를 빨리 받게 될수록, 연구 실제가 가까운 미래에 실현될 것이라고 믿는다.

정보를 받아들이기에 가장 잘 준비되는 순간은 정확히 정보를 통해 훈련생들이 자신의 필요를 충족하게 되는 순간이다. 수퍼비전 단계에서 학생들은 업무의 효율성을 의심하게 되는 순간이 있다. 그들이 이러한 질문에 대답할 수 있도록 해주는 정보는 훈련생들에게 긍정적인 이득이 되고 그들은 이상적인 수준의 동기를 가지고 추구하게 될 것이다.

여기에 기술된 실험의 한계 중 한 가지는 방법론과 연구조사 방법이 그 자체로 사이코드라마가 아니라는 것이다. 그러나 만약 사이코드라마가 다른 수행의 평가에 연구방법을 제공할 수 있다면 외적인 방법으로 평가받는 것도 받아들일 수 있어야만 할 것이다. 이를 통하여 해석적인 고립을 피할 수 있다. 동시에 사이코드라마 디렉터와 연구자의 역할을 발전시키고, 육성함으로써, 우리는 사이코드라마 디렉터들이 사이코드라마 방법론 개발에 집중하도록 할 수 있다.

우리는 수련 동안에 연구 기술을 증진시킴으로써 사이코드라마를 하는 학생들이 사이코드라마 활동을 연구하도록 격려한다. 그리하여 훈련생들은 자신의 질문에 대답함으로써 개인적인 이득을 얻고, 실증적인 타당성을 제공하고 사이코드라마 연구와 심리치료 사이에 존재하는 간극을 줄이도록 하여 사이코드라마 연구에도 기여할 수 있을 것이다.

참고문헌

Brito, V. (2006). Um convite à pesquisa: epistemologia qualitativa e psicodrama. In A.M. Monteiro, D. Merengué & V. Brito (Eds.), *Pesquisa qualitativa e psicodrama* (pp. 14–56). São Paulo: Editora Ágora.

Bustos, D. (1979). *O teste sociométrico. Fundamentos, técnica e aplicações.* São Paulo: Editora brasiliense.

CORE System Group, (1998). *CORE System (Information Management) Handbook.* Leeds: CORE System Group.

CORE System Group, (1999). *The CORE System User Manual.* Leeds: CORE System Group.

Elliott, R. (1996). *Client interview schedule change.* Unpublished research instruments, University of Toledo.
Elliott, R., Mack, C., & Shapiro, D. (1999). Simplified Personnal Questionaire procedure. Retrieved from http://www.experientialresearches.org/instruments.html [Oct. 2, 2010].
Elliott, R. (2002). Hermeneutic single case efficacy design. *Psychotherapy Research 12*, 1–20.
Evans, C., Mellor–Clark, J. Margison, F. Barkham, M., Audin, K., Connell, J., & McGrath, G. (2000). CORE: Clinical outcomes in routine evaluation. *Journal of Mental Health, 9.3*, 247–255.
Gonçalves, O. F. (March 2007). O regresso à ciência básica. Editorial do *Boletim Informativo de Psicologia*, Nº *3* (2), Retrieved from http://www.dicas.sas.uminho.pt/uploads/BIPsi%20%20of%202007.pdf20Fevereiro% [April 15, 2007].
Kipper, D. A. & Hundal, J. (2005). The Spontaneity Assessment Inventory (SAI): The relationship Between nonspontaneity and spontaneity. *Journal of Group Psychotherapy, Psychodrama and Sociometry, 58*, 119–129.
Kipper, D. A., & Shemer, H. (2006). The Revised Spontaneity Assessment Inventory (SAI), Spontaneity, Well–Being and Stress. *Journal of Group Psychotherapy, Psychodrama and Sociometry, 59*, 127–136.
Krall, H., Fuerst, J., & Doganer, I. (2009). *TRAIN– Towards Research in an International Network of Trainees.* In Minutes of the Catania FEPTO RC Meeting October 16–18, 2009, Retrieved from http://www.fepto.eu/storage/files/documents/TRAIN.pdf
Llewelyn, S. (1988). Psychological therapy as viewed by clients and therapists. *British Journal of Clinical Psychology, 27*, 223–238.
Monteiro, A.M., Merengué, D. & Brito, V. (2006). *Pesquisa Qualitativa e Psicodrama.* São Paulo: Editora Ágora.
Moreira, P., Gonçalves, O. & Beutler, L. E. (2005). *Métodos de Selecção de Tratamento.* Porto: Porto Editora.
Sales, C. et al. (2007). Psychotherapists Openness to Routine Naturalistic Idiographic Research? *Health and Learning Disabilities Research and Practice,* 145–161.
Wieser, M. (2007). Studies on treatment effects of psychodrama psychotherapy. In C. Baim, J. Burmeister & M. Maciel (Eds.), *Psychodrama: Advances in theory and practice* (pp. 271–292). New York, NY US: Routledge/Taylor & Francis Group.

수퍼비전의 그리스식 모델: 시각적 만남

Ioannis K. Tsegos & Natassa Karapostoli

'수퍼비전의 그리스식 모델'은 '집단 분석적 수퍼비전'이라고도 알려져 있는데 1983년 이후로 아테네 집단 분석 기관(Institute of Group Analysis, Athens: IGAA)과 개방적 심리치료 센터(Oen Psychotherapy Center: OPC)[1]의 세 개의 교육기관[2]에 도입되고 적용된 개념이다. 위의 모델은 수퍼비전을 하는 여러 종류의 집단(집단 분석, 사회 치료, 사이코드라마, 가족과 부부집단)과 두 사람의 만남(2인 심리치료, 심리적 평가 등)에서 광범위하게 사용되어 왔다.

심리치료 업무의 수퍼비전은 단지 수련과정의 전통적인 보완이 아니고 거의 일생에 걸쳐 심리치료를 하는 데에 필수적 요인이다(Kouneli, 2007, p.59). 수퍼비전이 어떤 종류의 수련에도 학습에 있어서 결정적인 분야가 된다는 것에는 의심할 여지가 없다(Tsegos, 2002, p.162). 심리치료 수련에서 수퍼비전의 중요성은 논쟁의 여지가 없는데, 이는 특히 그것이 지식의 주요 원천을 만나 이론적, 경험적 자극을 받고 그에 따라 긴장과 혼란, 두려움이 늘어나게 된 훈련생에게는 특히 그렇다.

1. 개념적 명확성

논의 이전에 수퍼비전에 대한 개념과 용어를 명확히 하는 것이 필요한 것이다. 첫째

1) 개방된 심리치료기관(Open Psychotherapy Centre)은 자율적이고 자기만족적이고 비영리적인 주간보호기관으로 30년 전에 설립되어(1980) 그리스 안과 밖의 어떠한 기관에서도 경제적 지원을 받지 않고 있다. 치료서비스는 자신의 자유의지로 방문했다는 조건으로, 모든 유형의 심리적 문제를 겪고 있는 개인에게 제공된다. 치료부서는 매달 550명의 환자를 치료하고 다음과 같은 다양한 활동들을 포함한다. 평가, 개인과 집단의 심리치료(집단분석과 집단적 분석적 사이코드라마), 기족과 결혼치료, 아동과 청소년 치료 또한 자율적으로 운영되는 심리치료 공동체(매일, 야간, 여름 캠프) 등이다. 수련과 연구부서는 세미나 분야, 수련기관, 도서관, 연구와 출판 등을 담당한다.

2) 진단심리학연구소, 사이코드라마와 사회치료연구소, 가족치료연구소. 해당하는 수련 프로그램은 개인치료, 이론, 임상실습과 지역사회활동과 수퍼비전을 포함한다.

로, 수퍼비전(supervision)이라는 용어는 super[3]와 vision[4]에서 파생된 것이다. 웹스터 사전에 따르면 수퍼비전은 감시하고 검사하고 관리하는 행위이다. 위에서부터라는 일방적이고 수동적인 관점 대신에 수련에서의 수퍼비전에는 큰 차이가 있다. 적극적이고 다층적으로 보는 것을 수용하는 것이 더욱 유용하다. 두 번째 정의에 가까운 것이 플라톤의 'synavgia'라는 플라톤이 '본다는 것(sight)'으로 정의한 개념이다(Tsegos, 2002; Smicht, 2008).

플라톤적인 모델에서 보는 사람과 보여지는 사람은 연합된 조화로운 시야에서 만나지만 데카르트적으로 보는 것은 인식론으로 주체와 객체의 이원론이 존재하는 것이다. 플라톤에 따르면 본다는 것은 두 가지 관점의 만남으로, 보는 주체로부터 오는 것과 보이는 객체로부터 오는 것이다.[5] 따라서 우리는 수퍼비전 집단의 시각이 수퍼비전을 받는 행동의 시각과 만나는 것으로 여긴다.

수퍼비전은 지식의 중요한 원천으로 정보와는 구별되는 것이다(Tsegos, 2002). 그것은 이론과 실제 사이에 있고 개념적 사고와 경험적 지식의 통합을 가능하게 한다(Behr, 1995, p.4). B. Croce(1909)에 따르면 지식은 두 가지 형태이다. 직감적이거나 논리적 지식; 지능을 통해 얻어지는 지식; 개인의 지식 혹은 보편적인 지식, 혹은 특정한 지식 혹은 그들 간의 관계, 간단히 말해서 표상을 만들어내는 것이거나 개념을 만들어내는 것이다. 다시 말해서 지식의 절차가 고려하는 것은 대상(심리치료학적 접근)뿐 아니라 주체(여기서는 학생)도 고려해야 한다. 그것은 경험에 의해 얻어지고 서로의 상호작용과 환경의 영향을 받고 희망하는 목표에 적합해야만 한다(Tsegos, 2002, p.162).

논쟁의 여지 없이, 수련을 구성하고 결정하는 데 기여하는 요인들은 직접적으로 그 기관의 지배적인 철학과 일치한다. 그러므로 모든 기관이 그들의 *기본 철학*과 수련의

---

3) L에서 부사이자 전치사인 super는 "위쪽, 이상(over), 게다가, 부가적으로"의 의미이고 PIE를 바탕으로 하여 uper는 "이상(over)"의 의미이다.

4) L에서 visionem은 명사이다. visio는 "보는 행위, 보여지는 것, 시야"를 의미한다. PP에서 보면 videro의 어근은 "보다(to see)"이고, PIE 바탕에서 weid는 "알다, 보다."이다.

5) 플라톤은 그의 마지막 저작인 티마이오스에서 우주를 다루기로 결심한다. 보이는 세상과 초월적인 세상 사이의 구분은 존재하지만 삼자 간의 관계를 통해 그 차이를 극복하려는 노력이 있다. 보는 것과 보여지는 것은 제3의 현실인 빛을 필요로 한다. 빛은 눈에서 뿜어져 나와서 대상의 외적인 빛을 만난다. 그러므로 주체와 객체는 빛의 나눔이라는 공통의 행위에 연합된다. 주간의 빛이 시야의 흐름을 둘러싸고 마치 폭포수가 떨어지는 것처럼 그들은 합쳐지고 하나의 형체가 시야의 선상에서 자연적 친밀감으로 형성된다. 그것은 빛이 떨어져서 외적인 객체와 만날 때는 언제나 그렇다. 시야의 모든 흐름은 유사성에 의해 영향을 받아 그것들이 영혼에 이르고 우리가 시각이라고 부르는 감각을 일으키기까지, 그것이 접촉하는 것 그것을 접촉하는 것의 동작을 분산시킨다.

*목적*을 명확히 하는 것은 필수적이다. 감추어진 것이든 선언된 것이든지 간에 어떤 수련기관의 지배적인 목표는 다를 것이다. 예를 들어 국가의 지원을 받는 기관과 독립적인 기관과 비교하여 혹은 기존의 기관과 새로운 기관 사이에는 차이가 있다. 부가적으로 어떤 기관 내에서도 교사의 목적(예: 생존, 번성, 기관의 명예)은 학생들이 몰두하고 있는 목적(예: 정보의 수집, 기술과 적용에 대한 익숙함, 짧은 시간과 최소한의 노력으로 자격을 갖추는 것)과는 같지 않다.

이러한 차이들은 보통은 논의되지 않는다. 그리고 논의될 때도 종종 해석되어 다루어진다. 이는 종종 심리치료 기관들이 통찰력 획득을 주장할 때 더욱 두드러진다. 그러나 우리는 이러한 통찰력이 유일한 목적이 되어서는 안 된다고 믿는다. 그러므로 감정적 경험이 없는 통찰력의 가치는 제한적인데(Foulkes, 1969), 실제적인 관계성에 있어서는 더욱 그렇고 심리분석의 환원적인 것들에 대해서는 덜하다. 통찰력은 관계 맺는 기술을 사용할 때 가장 잘 얻어진다. 이런 경우 수퍼바이저와 학생 두 사람이 그들의 기본 과제가 학습과 교수이며, 주로 관계 맺는 기술을 즐겨야 한다는 점을 기억한다면 통찰력은 행동하면서 가장 잘 배우고 학습될 수 있다. 이러한 수련 프로그램은 그러므로 '행동하는 자아수련'에 바탕을 두고 있다(Foulkes, 1964, p.82와 p.129). 그리고 목적은 관련기술의 습득, 분명한 정체성 획득, 관련 이론을 공고히 하기, 역할을 지위와 질과 구별하여 배우는 것, 권력과 강점을 구분하면서 리더십의 기술에 익숙해지는 것이다(Tsegos, 1996). 수퍼비전은 위의 목표를 이루기 위해 중요하다.

또 다른 의문시되는 쟁점은 심리치료와 관련된다. '기술'인가, 아니면 '과학'인가? 프로이드의 심리분석은 그 자체가 과학임을 증명하고자 노력했다. 새로운 심리치료의 접근법(집단분석, 치료적 공동체, 사이코드라마, 가족치료)들은 위의 유사갈등을 회피한다. 특히 Foulkes는 집단 분석을 이론적이고 정확한 과학에서 차용한 '치료적 기술(therapeutic art)'로 여기는 반면에 사이코드라마는 '치유의 기술(healing art)'로 불렀다. 그러므로 수련에서 우리가 쉽난 심리치료 같은 창소석이고 다중석인 설자를 다룰 때, 인지적 요소 이외에 감정적이고 상상력이 있는 요소를 수련시키는 것이 필수적이다.

마지막으로 우리는 집단 심리치료에서 치료적인 요인으로 여겨지는 *거울기법*을 언급해야 한다. Foulkes는 '거울 반응' 혹은 '거울 현상'을 '집단 분석'[6]에서 매우 중요한 치

6) 집단분석적 심리치료는 집단 내에 심리분석을 적용하는 것이 아니라, 집단의 다양성에 바탕을 둔 방법과 기술이다. 집단 내에서 집단을 집단에 의해 치료하는 것이다. 개인을 치료하는 맥락을 제공하는 것이 집단이다(더 많은 정보는 S.H Foulkes의 저서를 참조).

료적 요인으로 보았다.

> 집단 상황은 개인이 다양한 사회적, 심리학적 혹은 신체이미지에 직면하는 거울의 방과 유사하다. 이러한 요인을 내적으로 면밀히 평가하면서 한 개인은 외적이고 객관적인 평가에서 크게 벗어나지 않게 자신의 개인적 이미지를 얻을 수 있다. 그는 실제 정체성을 발견해 과거의 정체성과 관련시킬 수 있다(Foulkes & Anthony, 1957, p.150).

다른 곳에서도 그는 타인의 문제를 보는 것이 자신의 문제를 보는 것보다 쉽다고 진술했다(Foulkes, 1948, p.167). 집단의 구조는 거울의 배치이고 시간과 공간의 경계들은 거울의 틀이다(Pines, 1984). 자기 자신을 집단을 통해 더욱 잘 보게 되는 환자뿐만 아니라 집단도 서로를 비추어줄 수 있다(Terlidou, 1989). 이는 다중 거울 현상의 경우인데, 집단 간에 혹은 치료적 집단과 수퍼비전 집단 사이에 일어나는 것이다.

2. 모델의 기술: 구조와 절차상의 참신함

집단 수퍼비전은 두 사람 간의 관계(수퍼바이저와 훈련생 간의 역할과 관계의 문제, 역전이의 문제, '실수가 없는' 수퍼바이저의 문제)에서 파생되는 문제들을 완화하기에 가장 적당한 접근인 것 같다. 특히 집단 상담사들을 수련하는 경우에 더욱 그렇다. 그러나 집단 수퍼비전은 그것의 장점과 달리 만병통치약으로 여겨지지는 않는다. 그러한 접근과 관련된 문제들은 다음과 같다.[7] 수퍼비전 집단의 기능장애(적대감, 불신, 악성 거울현상, 세부사항에 대한 강박증상)와 직접적이고 실제적인 해결책에 대해 무능력하다.

이런 것들이 우리가 수퍼비전의 새로운 모델을 가지고 실험하도록 하는 이유들이다. a) 불안으로 집단 회기에서 발표하지 않기. 특히 경험이 없는 학생들의 경우에 그렇다. 수퍼바이저가 격려하고 지원하지만 수퍼바이저나 동료 학생들로부터 비판받는

---

7) 집단 내에서 수퍼비전하는 장점은 안전한 환경을 최고로 조성할 수 있고, 동료 훈련생들과의 상호작용과 지원, 지도 수퍼비전을 받은 활동에 대한 거울로 수퍼비전 집단을 이용할 수 있다는 것이다.

것을 두려워하는 것이 이 불안과 관련되어 있다. b) 수퍼비전을 받는 학생이 옳은 것만을 말하려는 경향. 수퍼바이저가 선호하는 것을 예측하고 자신이 참석했던 지도 집단의 진행자의 스타일을 모방하는 것이다. c) 학생 발표자는 비판을 피하기 위해 자료를 개선하고 형태를 바꾸거나 심지어 조작하거나 망각하는 경향이 있다. d) 학생들 사이의 경쟁적인 현상으로 인해 수퍼비전 과정을 방해하거나 차단시킨다. 이 모든 요인 때문에 발생할 수 있는 결과는 지식화되고 이론적 토론과 수퍼바이저에 대한 주목할 만한 의존성이다(Tsegos, 1995 a, p.120-121). 집단환경에서 발생하는 것 중, 위의 모든 것들이, 수퍼바이저와 훈련생의 좋은 목적을 벗어나서 흔하게 발생하는 것들이다. 제안된 변화들은 수퍼비전 과정의 구조와 절차 모두를 고려한다.

■ *수퍼비전 집단의 구조:* 수퍼비전은 집단환경에서 이루어진다. 수퍼비전 집단은 학생들, 수퍼바이저, 한 명의 경험 있는 관찰자(수련위원회의 구성원이거나 작년도의 학생)로 구성한다. 학생이 수퍼비전 집단의 행정을 맡는다. 관찰자의 역할은 집단 구성원 중의 한 명이라는 점이 강조된다. 물론 관찰자는 더 경험이 많기는 하지만 집단을 관리하기 위해 있는 것은 아니다.

■ *수퍼비전의 과정:* 발표 단계 동안에 치료적인 활동이 제시되는데 학생들은 자신이 적은 내용을 읽고, 칠판에 집단 교체를 표시한다. 수퍼비전을 하는 집단은 칠판 앞에 반원 형태로 앉고 수퍼비전의 두 번째 단계에서 적극적인 역할을 하게 된다. 발표 단계 다음은 분석 단계이다. 분석 동안에 수퍼바이저와 학생 각자는 발표절차를 따르고 수퍼비전 프로토콜이라는 특정 양식으로 기록한다. 다음과 같다.

- 발표 동안이나 이후에 *감정이나 느낌,* 예를 들어 슬픔, 희열, 분노, 두려움 등
- *환상*(발표하는 동안 마음을 스쳐지나간 이미지들), 예를 들어 가라앉는 배, 학교 운동장에서 노는 아이들, 개미집 등
- 무엇이 제시된 활동의 주요 *주제*라고 느껴지는가?

발표 후에 학생 각자는 자신이 적은 것을 읽는다. 모든 자료는 칠판에 쓰여진다. 마지막 단계는 '융합'이다. 결국 분석 단계의 자료들이 칠판에 기록되고 진행하는 학생이 의장이 되어 만들어진 모든 자료와, 제시된 회기의 영향 등에 관한 토론을 진행한

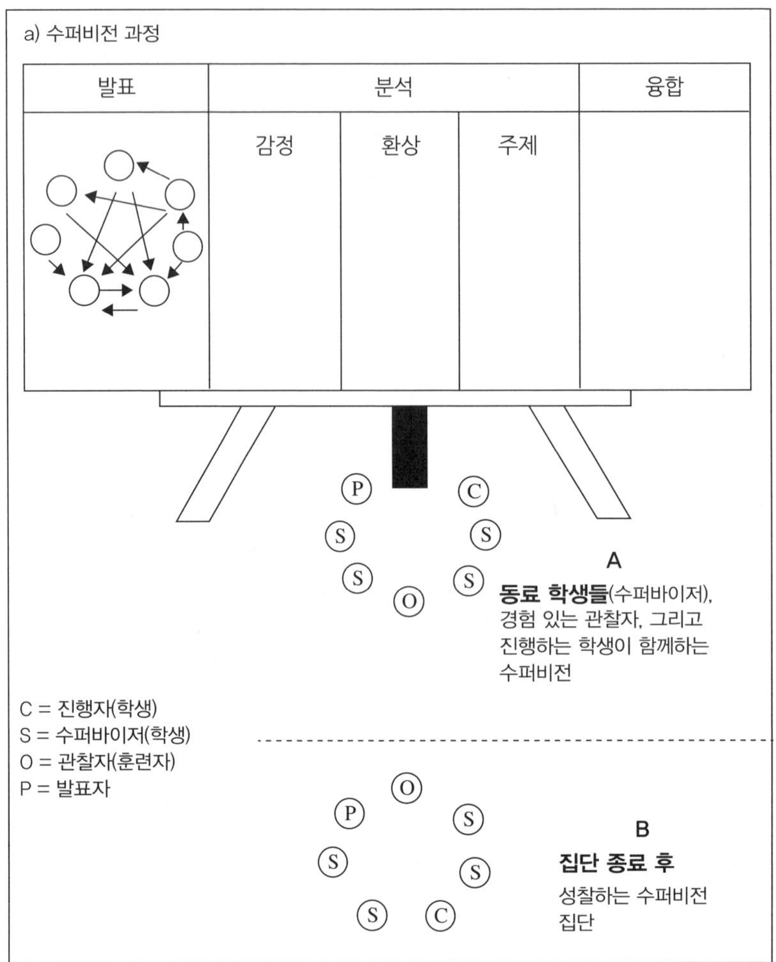

그림 1. 수퍼비전 과정

다. 만약 감정, 환상과 주제에 관해 만들어진 자료들이 일리 있다는 증거가 있다면, 그 회기는 한 명의 치료사 혹은 다수의 치료사가 개입했던 방법과 기술에 관한 제안을 하고 종료된다.

반면에 관련성이 적거나 응집력이 떨어진다면 긴장된 분위기로 이어지고 그 집단은 이에 대한 이유를 찾고자 할 것이다. 이는 발표된 자료나 관찰 집단 혹은 둘 다와 관련될 수 있다. 때때로 수퍼비전 집단은 방해받았다거나 생산적이지 못했다거나 혹은 분석 단계에서 수퍼비전 집단이 제시한 자료에 뭔가 문제가 있다는 것이 드러난다. 그러한 것들이 발생하는 것은 주로 거울현상 혹은 발표 집단에서 기인한 반응 때문에 혹은 무언가가 수퍼비전 집단 내에 진행 중이기 때문이다. 이는 물론 그러한 경우를 진단하고 적절히 개입하는 집단의 기술에 달려있다(Tsegos, 1984, 1995a, 2002; Kakouri & Tsegos, 1993; Kouneli, 2005, 2007). 이럴 경우, 수퍼비전 집단의 구성원인 학생들은 둘러앉아서 정보를 나누고 현재 집단의 문제에 관한 상황을 직시한다.

수퍼비전 프로토콜

1. 수퍼비전 회기 훈련에 참여하는 ( )회기
내적 훈련 수퍼비전 □
2. 수퍼비전 집단의 현재 회원 수 3. 부재자(이름)
4.이름(수퍼비전 학생 또는 수퍼바이저)

발표	**수퍼비전 활동** 치료적 활동의 종류 5. 집단-분석적 집단 □ 실험적 집단 □ 사회치료법 집단 □ 사이코드라마 집단 □ 꿈 드라마 집단 □ 한 쌍의 만남 □ 가족-부부치료 □ 심리학적 평가 □ 6. 상담사(발표자) □ 공동 치료사(발표자) 7. 회기 날짜 □ 8. 장소 □ 9. 시간 □ 10. 횟수 □ 11. 부재자 □	12.	**수퍼비전 집단** 13.진행자(학생) 14.관찰자(리더) 15.장소 16.날짜 17.시간 18.추가정보
	19.감정-느낌	20.환상	21.주제-관심사
분석			
종합	22.견해 및 결론 23.중도에 끝내야 했었나? 예 □ 아니오 □ 24. 누가 참여했나? 진행자 □ 관찰자 □ 수퍼비전 학생 □		

그림 2. 수퍼비전 프로토콜

■ *수퍼비전 프로토콜:* 전체 절차는 수퍼비전 프로토콜과 기본적이고 구조적 요인들에 의해 명백해진다.

> "학생인 진행자가 좀 더 쉽게 자기 역할을 하게 할 뿐 아니라 전체 과정을 구조화한다. 지금 사용되는 버전은 경험이 거의 없는 학생들에게도 처음부터 적극적이며 효과적으로 수퍼비전 절차에 참여하도록 한다. 수퍼비전 프로토콜의 다양한 부분은 역동적이고 실제적인 연구 목적으로도 많은 정보를 제공해준다."(Tsegos, 1995a, p.125)

De Mare(1972), Foulkes(1975), Pines(1983)는 집단 분석상황의 기능을 위한 매우 중요한 문제로 구조, 과정, 내용의 중요성을 강조한다. 내용은 구조와 과정을 통해 나타나게 된다. 그리고 수퍼비전 프로토콜은 수퍼비전 집단의 과정을 구조화한다. 수퍼비전 활동의 구조, 과정, 내용이 가시화되는 수단이 된다. 이 풍부하고 다면적인 자료가 수퍼비전 활동을 돕고자 활용될 수 있다.

3. 집단 수퍼비전의 실례

다음 예는 사이코드라마 집단의 집단 수퍼비전 회기 동안 서로 다른 수준에서 발생하는 거울현상과 그들의 분석과 해석, 또한 많은 수준에서의 상호관계에 미치는 효과를 나타낸다. 사이코드라마 사회치료기관(Institute of Psychodrama-Sociotherapy)의 수련 공동체 안에서 활동하는 수퍼비전 집단은 5명의 훈련생과 한 명의 수퍼바이저 겸 관찰자인 6명의 구성원으로 이루어지고 빈도는 일주일에 한 번이고 2시간 동안 진행된다.

예시된 집단분석 사이코드라마 집단은 진단적으로 이질적이다(심한 성격장애와 조현병을 가짐). 7명의 구성원과 사이코드라마와 사회치료기관의 2년차 학생인 1명의 진행자로 이루어진다. 이번이 그녀가 진행자 역할을 맡게 된 첫 회기이고 지금까지는 공동 상담사였다. 이전의 상담사는 업무 때문에 집단을 떠났다.

■ *사이코드라마 회기(요약):* 집단은 이전 진행자가 떠난 것에 대해 어떠한 언급도 없이 결석한 구성원에 대한 토론으로 시작했다. 그 후의 대화에서 주제는 심리적 문제

를 새롭게 알게 된 사람들에게 드러내는 것이고 특히 누군가는 드러내야만 하는 것에 대한 것이다. 잠시 후에 집단 구성원들은 누구의 심리적 문제가 가장 심각한지에 대한 논쟁을 벌인다. 진행자는 연극을 제안하지만 집단은 계속해서 이야기하고 대화에는 느낌이 부족하고 상투적 충고와 정신건강에 대한 철학적 논쟁만이 가득하다. 연장자인 구성원이 연극을 제안했다[8]: 고등학교에서의 까불고 시끄러운 수업을 주제로 제안한다.

배역을 나누는 절차에서 아무도 교사의 역할을 하고자 하지 않는다. 교실은 교사 없이 남겨졌다! 구성원 중 한 명이 연기를 하지 않고 싶다고 한다. 이것은 선택가능 한 것이다. 게다가 그는 무대 쪽으로 등을 보이며 도발적인 태도를 취한다. 아무도 그의 행동을 언급하지 않는다. 연기하는 동안 모든 학생들은 부재 중인 교사에 대항하여 연합한다. 그들은 공격적이고 심지어 모욕적인 발언을 하고 농담을 하고 웃고 즐거운 시간을 가진다. 마치는 단계에서 모든 구성원들은 연기에 대해 토론하기를 거부하고 학창시절의 기억을 이야기한다. 진행자는 불편함을 느끼고 집단의 태도에 어떠한 개입도 하지 못한다. 회기는 갑자기 끝이 나고 진행자는 가능한 한 빨리 수퍼비전으로 들어가기로 결정한다.

■ *수퍼비전 회기*: 위의 치료적 회기를 발표하고 나서(자세한 설명을 하면서) 수퍼비전 집단의 구성원들이 이야기하는 지배적인 *느낌*은 불안, 슬픔, 분노, 긴장, 버림받은 느낌 등이었다. 게다가 졸림, 복통 같은 육체적 반응도 보고되었다. 발표 동안에 감정의 변화가 없었다는 것도 언급할 만하다. 특히 연기를 제시하고 종료하는 단계 동안에 더욱 긍정적인 감정들이 촉발되었고, 집단은 보통 안도와 카타르시스를 경험하게 된다. *환상*은 주로 외로움, 두려움, 배신과 관련되어 있다. 놀이터에서 혼자이고 겁에 질린 소녀, 주변에 벌들이 날아다니고 그들을 먹일 꽃이 없다는 등이었다. 수퍼비전 집단의 진행자인 학생은 환상이 없다고 말했다. 보통은 그가 환상에 가득 차 있기 때문에 다른 사람들은 그게 이상하다고 하였다. 그는 그의 마음에 자리 잡은 한 가지 이미지는 검은 화

8) 분석적 집단 사이코드라마에서, 극본은 집단 구성원 누구나 제안할 수 있고 공연도 전체집단이 조직한다. 그렇게 하는 목적은 우리가 공연(enactment)하는 것이 주인공의 개인적인 내적 갈등을 나타내거나 인물의 추동(주인공)이 아니라 집단적으로 이루어진다는 것을 고려하여 집단의 치료적 역량을 최대한 활용하려는 것이다. 우리는 처음 단계에서 각각의 구성원의 내적인 현실이 집단의 행렬 안에서 인식될 수 있다는 것을 가정한다. 두 번째 단계에서는, 구성원의 내적인 현실은 극적인 표현(동작이나 실제 동작이 아닌 것)을 통해 외재화된다. 마지막 단계에서는 구성원의 내적인 현실이 집단과 개인이 행렬로써 재구성되고 행위의 갈등을 경험하면서 풍부해진다(Padadakis, 1984). 위의 절차는 필수적이고 단기간에 감정 경험이 교정되는 경험을 하게 하기도 한다. 이것은 매우 혼란스러운 환자로 언어적 의사소통이 두드러지게 나타나는 집단 내에서 자기 표현을 힘들어하는 경우에는 더욱 그렇다(Vassiliou et al., 2006).

면이라고 말하면서 반응했다. 그러나 이는 합당한 환상이 아닌가? 수퍼비전 집단은 무엇이 적합하고 그렇지 않은지에 대해 이야기한다. 분위기는 긴장감이 돌고 발표자는 수퍼비전 집단의 감정이 치료 집단을 적합하게 운영하지 못하는 그녀의 무능력을 반영한다고 여기며 그녀가 수치심을 느꼈다고 고백했다. 관찰자는 그들에게 칠판에 기록된 것에 집중해야하며 쉽게 결론을 내리지 말 것을 일깨워주었다.

종합 단계에서 모든 감정과 환상(검은 화면을 포함)은 서로 관련되어 있고 *주제*에도 관련된다(부재, 심리적 문제, 새로 알게 된 사람들, 의무와 오래된 기억). 수퍼비전 집단은 기술된 자료들이 서로 보완적이지 않고 중심 되는 줄기도 없다는 것을 알았다. 두려움과 분노는 너무 강해서 그들은 작동을 멈출 수도 있다(신체적 반응—'검은 화면'). 반면에 집단의 느낌(슬픔, 불안정, 버려짐)과 주제(새롭게 알게 된 사람, 오래된 기억들)은 간접적으로 이전 집단 상황(예: 이전의 진행자)에 대한 사별과 향수를 의미한다. 감정과 환상이 사이코드라마 집단의 한 국면과 다른 국면 사이에 달라지지 않는다는 사실이 언급되었다. 거울 개념에 따르면 수퍼비전 집단은 문제와 긴장을 인식했다. 그것은 치료 집단을 지배하는 것이었는데, 왜냐하면 모든 자료들은 자체의 역동성을 반영하기 때문이었다.

- 치료 집단은 감정의 처리뿐 아니라 그것에 이름을 붙이는 것도 회기 내내 거부했다. 비록 고등학교 시절의 청소년들같이 명랑했지만 연기가 안도나 카타르시스를 가져다주지 못했다.
- 처음에 수퍼비전 집단은 감정적으로 압도되어 있었지만 수퍼비전 과정에서 자신의 감정들을 확인할 수 있었다. 그러고 나서 감정의 처리를 피하려는 경향도 있었지만, 추측을 통해('적합한 것', '내가 책임감을 느낀다') 수퍼비전 과정의 구조적 요인에 집중하면서(칠판에 써놓은 것에 관한), 그 집단은 좀 더 긴장을 풀고 창조적 사고로 발전해 나갈 수 있었다. 이것은 특히 발표자–학생들의 경우에 그러했는데, 그녀(발표자–학생)가 혼자 부담을 느낄 필요가 없다는 것을 깨닫게 되었다.

수퍼비전 집단의 비전은 수퍼비전을 받는 활동의 비전과 직면하게 되었다. 그리고 다음의 것들에 효과가 있었다.

■ *사이코드라마 집단:* 발표자는 매우 강한 감정을 인식하고 이해할 수 있다. 그러한 감정들은 표현되었고 점차로 그녀 자신뿐 아니라 그들이(그런 감정들을 검은 화면

과 같이 흡수해버리지 않으면서) 그러한 감정을 조명해볼 수 있는 집단을 신뢰할 수 있게 되었다. 이러한 감정을 그들과 연극을 하면서 탐구해보며 연기와 종료 단계에 집중하는 것은 더욱 유용하다(수퍼비전 집단이 종합에 집중하는 것처럼). 치료 집단은 그러한 감정들을 이전 진행자의 부재, 새로운 진행자의 어려움과 개인적인 무의식적 두려움과 긴장과 연결 지을 수 있다.

■ *수퍼비전 집단*: 수퍼비전 집단의 구성원들 사이의 관계가 강화되고 다음 회기에서 집단은 매우 생산적이며 집단 업무에도 중요한 이점을 가진다. 치료 집단의 거울효과를 통하여 수퍼비전 집단 상황을 성찰하는 것은 모든 구성원들(학생들을 수퍼비전하는)이 자신의 감정을 인식하고 받아들이고 수퍼비전 과정을 좀 더 신뢰하는 데에 도움이 되었다.

두 가지 과정(수퍼비전 활동과 동료에 의한 수퍼비전)을 통해서 훈련생들은 지식과 무의식적 소재들을 의식적으로 전환하는 일이 관계를 맺는 것에 의해서 더 잘 될 수 있다고 확신한다(Tsegos & Tseberlidou, 2002, p.251). 결국 라틴어 어원으로 "의식적(con-scious)"이라는 개념은 " ~와 함께 안다는 것"(지식을 다른 사람과 나눈다)을 의미하고 혼자만 알고 있는 것을 의미하는 것은 아니다(Whyte, 1960, p.43).

4. 집단 분석적 수퍼비전에 대한 연구

수퍼비전의 상이한 모델과 이론과 실제 간의 더 나은 조합이 훈련생들에게 계승되는 방법에 대한 연구의 증거가 부족하다는 것은 꽤 이상하게 느껴진다. 집단적 수퍼비전과 관련된 연구들이 부족하기 때문에 우리는 이 문제를 깊이 있게 연구하게 되었다.

Ⅰ. 먼저 수퍼비전의 중요성의 문제는 *수련의 핵심부분*이다. 즉 수련의 어떤 부분이(개인적 치료, 이론, 임상적 실행, 수퍼비전) 학생들 사이에 그리고 수퍼바이저들 사이에 가장 중요한 것으로 평가되었다. 수련 공동체에서 '수련 요인에 관한 연구 결과들'[9]

9) 이전에 언급된 연구는 구조화된 설문을 통하여 4개 기관(집단분석, 분석심리학, 사이코드라마 사회치료, 가족치료) 학생과 훈련생들(N=74)에게 전달되었고 훈련생의 개인적 발전과 전문가적 정체성의 확립이라는 두 가지 분야에서 상이한 수련활동의 효과를 측정하기 위해 이루어졌다.

(Fikiori, 2007)에 따르면, 참여자(훈련생과 수퍼바이저)의 대부분은 개인적 치료, 임상적 행위와 수퍼비전 순으로 개인적인 발전과 전문적 정체성 확립에 중요했다고 평가한다. 반면에 수퍼비전은 훈련생들에게 임상적 실행에 대한 요구를 충족하도록 돕는 것을 가장 중요한 요인으로 평가하고(83%), 이론적 지식과 임상 경험을 구성(69%)한다고 조사되었다.

추가적으로 개방형 질문을 통해 훈련생들은 수련하는 동안에 일어난 가장 중요한 변화[10]가 다른 사람과의 관계에서는 개선, 다른 사람과의 관계에서는 유연성, 역할의 교대, 자기 이미지의 개선, 자아의 강도의 향상, 감정과 자기 노출, 자기 경계, 비판의 수용이 된다는 것을 기록했다.

II. 둘째로, *수퍼비전이 반영하거나 거울처럼 비추어주는 요인들이 무엇인지*에 대한 본질적 질문이다: 수퍼바이저, 훈련생, 수퍼비전을 받는 활동 혹은 수퍼비전 집단을 대상으로 광범위한 연구를 통해 발견된 것은, '*집단 분석 수퍼비전: 집단 분석적 수퍼비전: 집단 수퍼비전 활동에서 파생된 프로토콜에 대한 연구*'(Karayanni, 2004; Tsegos et al., 2004)[11]는 비록 수퍼비전하는 집단의 구성원에 따라서(참여하는 학생들과 수퍼바이저들이 집단 · 분석, 치료적 심리학, 사이코드라마 사회치료, 가족치료와 같은 4개의 기관에서 왔다) 각 치료적 활동에서 차이를 발견했다. 이는 수퍼비전하는 집단이 각각 치료적 활동에 반향을 주고 비추어주는 것과 같다. 중요한 발견점들을 요약하면 다음과 같다.

- 가장 높은 정도의 *긍정적 감정과 느낌, 환상*은 치료적 공동체 집단과 집단 분석적 사이코드라마에서 일어난다.
- 가장 높은 정도의 *부정적 감정과 느낌, 환상*은 가족치료, 심리적 평가, 부부치료와 개인 심리치료에서 일어난다.
- 대부분의 *집단* 활동이 가장 좋은 정도의 긍정적 *감정, 느낌, 환상*을 제시하는 반면

---

10) 수련 전체는 공동계획, 수련 공동체를 통해 구체화되었는데, 수련 공동체에서 수퍼바이저와 훈련생들은 함께 일하고 공통된 활동을 하면서 양편이 지식을 추구하는 데에 있어서 최대한의 이점을 얻도록 한다.

11) 방법론: 자료의 기록은 10년 동안(1992~2002)의 수퍼비전을 활동에 대한 수퍼비전 프로토콜을 모아놓은 자료에서 얻었다. 모델이 이미 구성되었고 참여자는 절차에 익숙하다.
연구 샘플: 수퍼비전 프로토콜은 모두 225개이고, 1,027명의 수퍼비전하는 학생들이 참여했다.
자료의 범주화: 자료의 입력과 분석은 3개의 범주로 나누어진다. 첫째는 감정과 관련된 것이고, 둘째는 환상, 셋째는 주제이다. 입력이 많고 다양하다는 것을 고려해서 우리는 다음의 범주를 적용하기도 했다. a) 긍정적 감정(쾌락, 익숙함, 기쁨 등), 부정적 감정(회한, 불안, 슬픔 등), 결정할 수 없는 감정(예: 놀람, 의문, 경악 등) b) 긍정적 환상(예: 행복하게 노는 아이들), 부정적 환상(젊은 부부를 위협하는 괴물), 결정할 수 없는 환상(예: 겨울에 항해하는 작은 배) c) 세 번째 영역은 주제로서 각각의 프로토콜에 대한 입력 수와 각각의 프로토콜에 대한 유사입력의 수에 따라 분류되었다.

에 심리적 평가, 개인 심리치료와 같은 두 사람이 만나는 활동들은 가장 높은 정도의 부정적 *감정과 느낌*, *환상*을 제시한다. 부가적으로 가족과 부부 활동(어쨌든 집단으로 이루어지는)은 가장 높은 정도의 부정적 감정, 느낌, 환상을 제시한다.
- 수퍼비전을 받는 모든 활동은 약간의 차이는 있지만 거의 같은 *주제*를 제시한다.

결론적으로 상이한 치료 활동이 수퍼비전 프로토콜에 나타나는 경향들은 질적이든 양적이든 간에 동일하다. 이들이 수퍼비전 집단의 종합과 관련 없이 일어나기 때문에 우리는 집단의 반응이 수퍼비전을 받는 활동과 주로 관련되어 있다고 가정한다. 그러므로 집단 수퍼비전에 대한 어떠한 비판적 관찰도(수퍼비전 과정을 방해하거나 변형시키는 집단 현상의 발전) 수퍼비전이 특정 모델에 관해 타당성이 있지는 않는 것 같다. 우리는 결코 다른 역동적 요인이 존재하며, 그것들이 수퍼비전 집단의 구성원들 사이에 관계를 발전시키는 것과 관련되어 있고, 그것들이 수퍼비전 과정에 영향을 줄 수 있다는 것을 무시하는 것은 아니다. 그리고 이러한 요인들이 수퍼비전 집단과정을 방해하거나 복잡하게 할 수 있기 때문에, 그러한 현상을 위한 그리스식 모델의 안전밸브는 '원을 닫기', 즉 잠시 수퍼비전 업무를 떠나서 그 자체와 관련된 쟁점들과 구성원 사이의 관계에 관련된 쟁점들을 다루어주는 것이다.

위의 발견점들은 수퍼비전의 특정 모델 연구와 관련하여 중요하다. 그러나 그들이 어떠한 치료적 결과와 관련되어 있지 않다는 것을 분명히 하는 것이 필요하다. 특정한 치료적 행동이 더욱 긍정적이거나 부정적인 반응을 수퍼비전 집단에 일으킬 수 있다는 사실이 그들이 다소 치료적이라는 것을 의미하는 것은 아니다. 반면에 그것은 이러한 활동의 다른 특징으로, 구별되는 것이고 미래의 흥미 있는 조사연구에 대한 동기가 될 수도 있는 사실이다.

Ⅲ. 위의 연구는 *감정/느낌*, *환상*의 영역을 정하는 데에 특정한 방법론적 차이를 보여주고 새로운 연구를 할 수 있게 해주었다. 비록 감정과 느낌은 심리치료에서 일반적이긴 하지만 그 주제에 대한 증거는 없다. 예를 들어 수퍼비전 과정이 감정과 느낌을 현저하게 나타내거나 이용한다. '집단 분석 수퍼비전'의 감정(Mitroutsikou, 2005)이라는 연구 결과에 따르면, *감정과 느낌*이라는 장에는 여러 내용이 포함된다.

- 감정의 상태만을 기술하는 부분(예: 분노, 즐거움, 슬픔)
- 참여자들을 대신하여 수퍼비전을 받은 활동 중 사건의 인지를 기술하는 부분(예:

안도, 긴장)

- 참여자들의 신체적 반응을 기술하는 부분(예: 두통, 탈진)
- 해석하여 사건을 기술하는 부분(싸움에 대해 기술하는 대신에 학생들이 경쟁을 언급한다)
- 조건을 기술하는 부분(예: 흥미, 당혹감)

우리가 끊임없이 우리의 업무에서 감정적 문제를 다루는 동안 우리 자신의 감정과 느낌을 느끼기보다는 해석하려는 경향이 있다는 것이 다시 한 번 강조되었다. 이것은 다음의 의미에서 중요하다. 수퍼비전의 특정 모델(참여자들에게 자신의 감정 상태를 구조화된 절차의 하나로 분명히 하여 기술하도록 의무를 지우는 모델)에서 어려움들이 관찰된다. 그러므로 단지 그러한 절차가 없을 때 무슨 일이 발생할 수 있는지를 생각해볼 수 있다. 학생들이 수련 첫날부터 자신의 느낌을 기록하도록 하는 것은 큰 도움이 된다. 그러나 위의 발견점들이 제시하는 것처럼 수퍼비전의 그리스 모델은 잠재적 문제, 예비심리상담사(훈련생) 혹은 존경받는 수퍼바이저의 심리분석적이거나 권위주의적인 경향에 대한 만병통치약은 아니다. 특정 모델은 경험 있는 관찰자가 유용성을 확신하고 그것이 실행되는 맥락이 전문가보다 집단에 신뢰를 둔다면 더욱 생산적일 수 있다(Tsegos, 1995a, p.128).

IV. 상상력의 단계는 모든 인간 활동에서 매우 중요한데 심리치료에서는 더욱 그렇다. 비록 우리가 심리치료 목적을 위해 상상력을 이용하고 신장시키지만 어떻게 수퍼비전에 의해 만들어진 상상력 있는 자료를 이용하도록 하는지에 대한 증거가 부족한 것은 조금 이상하다. '집단 분석 수퍼비전에서의 환상들'[12]에 관한 연구(Panagopoulou, 2008; Zerva, 2008)를 통해 다음과 같은 것들이 발견되었다. Rorchach 상호작용 척도의 결정적 요인을 따라서 수퍼비전 집단에 의해 만들어진 환상을 제시된 자료의 유형과 연결하려는 시도가 있었다. 양적인 자료는 수퍼비전을 받은 활동의 유형에 따라, 환상의 질적인 특징에 있어서 차이와 유사점을 보여준다.

- 한 가지 공통된 특징은 수퍼비전 집단은 높은 정도의 창조성, 지적인 사고, 공감능력, 사람에 대한 강한 흥미, 과도한 비평을 사용하려는 경향에서 기능한다는 것이다.

12) 연구의 표본(환상 영역에서 1,320개 입력)은 상이한 수퍼비전을 받은 활동에서 추출했다(집단 분석적 집단, 치료적 공동체 집단, 집단분석적 사이코드라마, 부부치료, 환자상담, 가족치료, 심리평가).

- 모든 유형의 수퍼비전 활동은 다른 종류의 반응을 일으킨다(상상력 있고 감정적인).
- 다른 것들 중에서 차이점은 다음과 같다. 심리적 평가와 개인 심리치료를 제외한 모든 수퍼비전된 행위들은 수퍼바이저의 집단적 긴장과 직면을 촉발시킨다. 개인 모임과 가족, 부부치료는 개인적인 내적 갈등을 일으킨다. 집단 활동(집단 분석적 집단, 집단 분석적 사이코드라마, 치료적 공동체 집단 등) 수퍼비전 집단은 활동과 오히려 감정적으로 활동하도록 촉구한다. 이에 비해 개인 수퍼비전 활동은 이성적 사고를 할 수 있게 한다.

5. 맺음말

수퍼비전의 그리스식 모델은 이완된 분위기를 조성하고 경험이 부족한 학생들이 자신의 집단에서 발표를 주저하는 것을 줄이는 데 도움이 되는 것 같다. 이것은 수퍼바이저-훈련생의 개인 수퍼비전 개입과 같은 초자아적 상황 때문에 일어나는 방해를 최소화하기 때문이다. 부가적으로 권위와 진정성에 대한 경향이 수퍼바이저와 학생들에게 감소한다. 이 집단은 전문가 혹은 초보자의 역할을 증진시키거나 약화시키는 데에 중요한 역할을 한다. Foulkes가 디렉터에 대해 기술한 것은 우리 사례에서 수퍼바이저의 역할에도 부합하는 것이다. "디렉터는 너무 중요해지는 것을 피해야 하고 배경에 머물러야만 한다. 집단은 그 자체에 의존하는 것을 배우게 될 것이고 따라서 자신들이 발견한 것에 진정성을 가지게 될 것이다."(Foulkes, 1975, p.111).

수퍼비전 집단의 구성원들은 다양한 수준과 절차에서 적극적으로 참여한다. 자유로운 지적 기능(그 회기의 주제를 기록), 감정적 기능(개인적인 감정과 느낌의 통찰과 기독), 상상하는 기능(개인석인 환상). 훈련생은 분리된 전문가의 역할 뒤에서 보호막을 취하는 것을 피할 뿐 아니라 임상적 작업에 의해 일으켜진 자신의 내적 과정을 인식하게 된다. 경험 있는 관찰자가 기능하는 방법은 (더욱 수평적이다) 집단의 기능에 대한 신뢰를 강화하는 것이다(Tsegos, 2002).

그 특정한 모델은 역할을 지속적으로 교환함(수퍼바이저, 훈련생, 진행자)으로써 개인적이고 직업적인 차원에서 성숙과 발전의 기회를 제공하는데, 집단 현상에 익숙해지는 것(거울기법, 공명, 상담사 등) 그리고 지위와 역할의 차이뿐 아니라 *이끌어가는 것*

과 *조정하는 것*의 차이, 그러므로 *권위주의적*과 *권위를 가지는 것* 같은 개념상의 차이 등을 통해서 이루어진다. 모든 개념과 역할이 상급자를 관찰함으로써 내재화 과정을 통해 학습된다는 사실에는 의문의 여지가 없다. 그래도 이러한 역할을 그 자신이 수행하거나 동료들이 수행하는 것을 관찰함으로써 보다 기억에 남을 것이다(Tsegos, 1993).

참고문헌

Behr. L. (1995). The Integration of Theory and Practice. In M. Shame (Ed.), *The Third Eye. Supervision of Analytic Groups* (pp. 4-17). London: Routlcdgc.

Croce. B. (1909). *Aesthetic as Science of Expression and General Linguistic.* BiblioBazaar (2006).

De Mare, P. B. (1972). *Perspectives in Group Psychotherapy. A Theoretical Background.* London: Allen and Unwin.

Fikiori, I. (2007). *Evaluation of the Training Factors in a Training Gommunity. Research Study.* Dissertation. Institute of Psychodrama and Sociotherapy, Open Psychotherapy Centre, Athens.

Foulkes, S. H. (1948). *Introduction to Group Analytic Psychotherapy. Studies in the Social Integration of Individuals and Groups.* London: Heinemann (Reprinted, London, Kamac Books, 1983).

Foulkes, S. H., & Anthony, E. J. (1957). *Group Psychotherapy. The Psychoanalytical Approach.* London: Maresfield Reprints (reprinted 1984).

Foulkes, S. H. (1964). *Therapeutic Group Analysis.* London: Maresfield Reprints.

Foulkes, S. H. (1969). Summary and Conclusions. In S.H. Foulkes & G. St. Prince, *Psychiatry in a Changing Society.* London: Tavistock Publications.

Foulkes, S. H. (1975). *Group Analytic Psychotherapy. Method and Principles.* London: Gordon and Breach (Reprinted, London, Karnac Books, 1986).

Kakouri, A., & Tsegos, I.K. (1993). Boundaries and Barriers in Peer Supervision. In W. Knauss, & U. Keller (Eds.) *proceedings of the 9th European Symposium in Group Analysis.* Hcidelberg: Mattes-Verlag.

Karayanni, V. (2004). *Group Analytic Supervision. Research Study on Protocols Derived fran Group Supervision Activities.* Dissertation. Institute of Group Analysis, Athens.

Kouneli, E. (2005). The Image of the Self in the Mirror of the Supervising Group. *Group Analysis 38*(4), 558-568.

Kouneli, E. (2007). Group Analytic, Communal Supervision. In I. K. Tsegos & Collaborators. *Open Psychotherapy Centre* (1980-2007). Athens: Enallaktikes Ekdoseis (in greek).

Mitroutsikou, E. (2005). Emotions in Group Analytic Supervision. Dissertation. Institute of Psychodrama and Sociotherapy, Open Psychotherapy Centre, Athens.

Panagopoulou, T. (2008). *Fantasies in Group Analytic Supervision.* Dissertation. Institute of Family Therapy, Open Psychotherapy Centre, Athens.

Papadakis, Tb. (1984). *Group Analytic Psychodrama.* Dissertation. Institute of Group Analysis, Athens.

Pines, M. (Ed.) (1983). *The Evolution of Group Analysis.* London: Routledge.

Pines, M. (1984). Mirroring in Group Analysis as a Developmental and Therapeutic Process. In T. E. Lear (Ed.), *Spheres of Group Analysis.* Group Analytic Society Publications.

Plato (1965). *Timaeus and Critias.* Penguin Books.

Smicht, B. (2009). *The Concept of Mirroring from Ancient Greek Literature to Καθ' Ἡμᾶς Group Analysis.* Dissertation. Institute of Family Therapy, Open Psychotherapy Centre, Athens.

Terlidou, C. (1989). *The Group Analytic Therapeutic Factors in the Psychotherapeutic Community of the Open Psychotherapy Centre.* Dissertation. Institute of Psychodrama—Sociotherapy, Open Psychotherapy Centre, Athens.

Tsegos, I. K. (1984). Experimenting on Group Analytic Supervision. 6th European Symposium in Group Analysis, Zagreb.

Tsegos, I. K. (1993). Strength, Power and Group Analysis. *Group Analysis, 26* (2), 131–137.

Tsegos, I. K. (1995a). A Greek Model of Supervision: the Matrix as Supervisor–a Version of Peer Supervision developed at I.G.A. (Athens). In M. Sharpe (Ed.), *The Third Eye. Supervision of Analytic Groups.* London and New York: Routledge.

Tsegos, I. K. (1995b). Further Thoughts on Group Analytic Training. *Group Analysis, 28* (3), 313–326.

Tsegos, I. K. (1996). Small, Medium and Large Groups in Group Analytic Training. The Training Community of I.G.A. Athens. *Proceedings of the Egatins' Study Days.* Ljubljana: Egatin.

Tsegos, I. K. (1999). Training. Establishing a Professional Identity. In P. Campling & R. Haigh (Eds.), *Therapeutic Communities. Past Present and Future* (pp. 189–206). London: Jessica Kingsley Publishers.

Tsegos, I. K. (2002). *The Disguises of the Psychotherapist.* Athens: Stigmi (in greek).

Tsegos, I. K. & Tseberlidou, M. (2002). The Oneirodrama Group. The Therapeutic and Supervisory Process of a Dream Drama Group. In C. Neri, M. Pines & R. Friedman (Eds.), *Dreams in Group Psychotherapy. Thea and Technique* (pp. 233–253). London: Jessica Kingsley.

Tsegos, I. K., Karayanni, V., Karapostoli, N., Morarou, E. (2004). An Extensive Outcome of a New Research to Supervision: A Research Study Derived from Supervision Protocols of Students' Psychotherapeutic and Psychometric Activities. *The European Journal of Psychiatry. 18*, 61–70.

Tsegos, I. K. & Collaborators (2007). *Open Psychotherapy Centre* (1980–2007). Athens Enallaktikes Ekdoseis (in greek).

Vassiliou, O., Livas, D., Karapostoli, N., & Papadakis, Th. (2006). Theoretical Developments and Various Applications of Group Analytic Psychodrama. *International Journal of Therapeutic Communities, 27* (2), 275–290.

Whyte, L. L. (1960). *The Unconscious Before Freud.* London: The Estate of LanCelot Law Whyte (Greek translation, 2010, Athens: Enallaktikes Ekdoseis).

Zerva, E. (2008). *Fantasies in Group Analytic Supervision.* Dissertation. Institute of Diagnostic Psychology, Open Psychotherapy Centre, Athens.

수퍼비전과 평가: 목적, 실행과 유용한 요인

Hannes Krall & Jutta Fürst

사이코드라마 수련에서의 수퍼비전은 자신의 수행을 성찰함으로 해서 훈련생의 학습을 개선시키고자 한다. 이론적 지식의 심화, 기술적 방법들의 발전, 개인적이고 대인관계적 인식에 대한 집중 등이 고려된다.

훈련생의 수퍼비전이 전문적 발전에 중요하다는 광범위한 동의가 있기는 하지만 수퍼비전의 과정이 어떻게 평가되어야 할지에는 큰 관심을 기울이지 않았다. 그러므로 이번 장에서는 사이코드라마 수련에서 수퍼비전의 역할에 집중하고 체계적으로 수퍼비전의 과정을 기술하고 성찰할 것이다. 수퍼비전의 결과를 평가하는 방법들을 제안하고 사이코드라마 수퍼비전의 유용한 요인이 서로 어떤 연관이 있는지를 탐구할 것이다. 이 장의 도입부에서 수퍼비전의 일반적 구조와 배치를 설명하고, 두 번째 단계에서는 수퍼비전 과정의 실제적 예시와 이론적 고려점들과 함께 기술될 것이다. 세 번째 단계에서는 수퍼비전 과정에서 결과와 유용한 요인을 평가하기 위해 준비조사의 결과를 고려할 것이다.

1. 사이코드라마에서의 수퍼비전과 학습

수퍼비전이라는 말은 때로 훈련생보다 치료 과정에 대한 더 나은 견해를 가진 누군가가 외부에 있다는 생각을 일으킨다. 수퍼바이저는 다음에 기술된 것처럼 뛰어난 지식과 지혜를 가진 초월적 마음을 가진 존재로 여겨지게 된다.

어느 날 수도승 스승이 생각에 잠겨 명상하면서 호숫가를 산책하고 있었다. 갑자기 그는 큰소리로 부르는 것에 방해를 받았다. 분명히 호수 중앙의 섬에서 수도승 제자가 수도의 경전을 읊조리고 있었다. 그것을 완벽히 수행하면 제자가 물위를 걷게 될 거라

고 스승은 생각했다. 그가 하고 있는 방법은 이치에 맞지 않는다. 불운한 제자가 더 잘 할 수 있도록 가르치는 것은 숙련자로서 도와주어야겠다는 생각을 한다.

그 수도승은 배를 띄워서 호수 건너편으로 가서 젊고 야망에 찬 청년의 잘못된 소리를 수정해주고자 최선을 다했고, 청년은 현명한 수도승이 자신을 가르치기 위해 시간을 내준 것을 고마워했다.

얼마 지나지 않아서 수도승이 배를 타고 돌아가고 있을 때 곧 다시 그 제자의 목소리를 듣게 되었다. 하지만 여전히 똑같이 틀린 소리가 섬에서 들려왔다. 사람들이 얼마나 재능이 없고 마지못해 하는지를 생각하던 중 그는 그 제자가 그의 배 옆에 있는 것을 보게 되었다. 그는 수도승 스승의 배에 오기 위해 물위를 걸어온 것이었다. 그러고는 겸손한 목소리로 말했다. "스승이여 제발 귀찮게 여기지 마시고, 그 경전을 다시 반복해 알려 주시겠습니까? 나는 여전히 올바르게 하기가 어렵습니다."

심지어 경험이 많은 수퍼바이저들도 훈련생들이 사이코드라마를 자신의 방식으로 수행하도록 배운다는 것을 인식해야만 한다. 때로 그들은 물위를 걸어와서 여전히 배가 필요한 수도승 스승보다 더 잘 할 수도 있다. 이 이야기는 수퍼비전의 중요성을 감소시키는 것이 아니고 우리가 사이코드라마의 마법과 같은 기술을 수퍼비전을 통하여 어떻게 가르칠지 여전히 많이 모른다는 사실을 강조하는 것이다. 우리는 학습과정의 목적과 유용한 요인에 대해 더욱 질문을 해야 한다. 그것에 답해야 할 질문들은 다음과 같다. 수퍼비전의 어떤 요인들이 유용하다고 여겨지는가? 다른 것보다 더 효과적인 기술들이 있는가? 어떤 기술들이 유용한지는 훈련생에 따라 다른가? 혹은 일반적으로 다른 것보다 더욱 유용한 요인들이 있는가? 우리가 사이코드라마 디렉터로서 행동과 역할교대가 단순한 언어적 반영보다 더 효과적이라고 생각한다면, 수퍼비전을 위해 이러한 가정을 입증하는 것이 가능한가?

수련에서 수퍼비전의 효과에 대한 기존의 몇 가지 연구들이 있다. 그들 중 일부는 부정적 효과를 기술하고 역효과(Gray, Ladany, Nicholas, & Walker, 2001)와 혹은 수퍼바이저의 실패(Ruskin, 1994)에 초점을 맞추고 있다. 또 다른 연구들은 갈등적인 수퍼비전 관계를 밝혔다(Nelson & Friedlander, 2001). 그러므로 수련에 있어서 수퍼바이저의 목적과 과정, 방법, 결과를 면밀히 살펴보는 것이 필요하다.

2. 사이코드라마 커리큘럼에서의 수퍼비전

수퍼비전은 오스트리아 인스부르크 대학(University of Innsbruck) 교육과학과의 심리사회적 개입과 의사소통 조사연구 기관의 사이코드라마 수련 프로그램의 일부이다. 프로그램은 오스트리아의 심리치료 법률을 따라야 한다. 보건부의 자문위원회가 기관과 프로그램의 수용과 통제를 관장한다. 훈련생은 집단과 개인 회기에서 주인공과 600시간의 치료 업무를 수행해야만 하며, 각 회기는 전부가 녹음된다. 수련시간은 방법에 상관없이 모든 심리치료 수련기관이 동일하다. 또 정부는 최소한 150시간의 수퍼비전을 규정하고 있다. 개별 수련기관이 수퍼비전의 형식과 배치를 결정한다.

심리치료법에 따르면 학생은 최소 24세 이상이어야 하고 'Propadeutikum'이라는 심리치료 프로그램을 수료해야 한다. 우리의 훈련생들은 27세에서 54세까지로 평균 연령은 39세였다. 훈련 집단의 참가자의 평균 인원은 14명이었으며 6명에서 16명 크기의 집단이었다. 훈련생 중 단지 10~15%가 남성이었다. 훈련생의 대부분(60~70%)은 석사를 마친 심리학자이거나 교사였다. 수련의 시작부터 훈련생의 대부분은 정신병원, 소아과, 집중치료실, 거주형 약물 중독 치료기관, 아동 보호시설, 심리 상담서비스 기관, 아동과 청소년을 위한 거주시설, 난민 돌봄 서비스나 정신질환자를 위한 기관들에서 사회서비스에 종사하고 있었다.

수련의 3년째나 4년째에 훈련생들은 수퍼비전하에서 주인공들과 심리치료적 업무를 수행한다. 이 위치에 이르기 전에 그들은 자가 탐색 집단에서 240시간과 개인 사이코드라마를 적어도 30시간 수료해야 한다. 추가적으로 이론 세미나를 210시간 이상 수강하고 보건 시설에서 275시간 이상의 인턴십을 해야 한다.

수퍼비전은 3~5명의 소집단으로 대학에서 이루어진다. 평균 5시간(45분씩)으로 2~4주마다 이루어지며, 집단의 구성원은 일반적으로 일정하며 단지 가끔씩만 변화가 있다.

3. 사이코드라마 수련에서 훈련생과 그들의 역할

지난 20년 동안 사이코드라마 수련은 더욱 구조화되고 내용도 다듬어졌다. 사이코드라마 수퍼바이저와 훈련생은 이론과 실제의 계속적인 발전이 사이코드라마의 미래에 필수적이라는 것을 인지해왔다. 사이코드라마에서 방법과 기술을 배우는 것으로는 충분하지 않다. 훈련생은 이론적 성찰과 연구에 익숙해져야 한다. 이론을 명심하고 외부와의 상호작용에 관심을 가지는 것이 변화하는 상황에서 해결책을 구성하고 찾는 데에 도움이 된다.

인스부르크 대학의 수련 프로그램은 훈련생들이 사이코드라마 심리상담사의 업무에서 중요하다고 여기는 특정한 역할을 발전시킬 수 있도록 지원한다.

- *주인공과 주인공의 역할:* 주인공으로서 훈련생은 과거와 현재에서 자신의 행동, 감정, 사고에 영향을 주는 과거의 주요한 사건을 탐색할 수 있다. 훈련생은 삶의 어려움을 극복하는 자신의 가능성에 대해 더 알기 원하는 사람의 역할을 한다는 면에서 주인공과 비슷하게 시작한다.
- *보조자의 역할:* 훈련생은 연극에서 공감적 이중자가 되고, 주인공의 역할을 하도록 선택될 때 반대 입장의 역할을 맡음으로써 유연하고 도움이 되는 집단구성원이 되는 것을 배운다. 통합하는 동안 훈련생은 공유, 역할 피드백, 확인 피드백의 차이점을 구분하고 자신의 감정과 생각에 대한 적절한 단어와 문장을 찾는 것을 배운다.
- *관찰자의 역할:* 수련 집단에서는 훈련생이 주인공, 혹은 보조자가 되지 않고 그 과정을 관찰해야만 하는 상황도 있을 수 있다. 그 시간을 통해, 주인공과 작업하는 수퍼바이저를 보면서 적절한 역할 모델을 배울 수 있다.

이러한 세 가지 역할이 훈련생이 진행 중인 자기 탐색적 수련 집단의 일부일 때 수련의 첫 2년 동안 발전시킬 수 있는 것들이다. 이후 훈련생은 더 상위의 역할을 맡을 수 있게 된다.

- *디렉터의 역할:* 상급 수련 집단에서는 분석적이고 기술적인 요인에 초점을 둔다. 훈련생들은 어떻게 워밍업을 하고, 어떻게 주인공과 그 집단의 주제를 선정하는지, 배경을 설정하고 기술을 도움을 주는 방식으로 적용할지, 잘 마무리하고 성찰단계까지 집중적으로 이끌어나갈지를 배운다. 이 상급 집단에서는 그들이 집단 촉진자, 창조적 제작자, 도움을 주는 치유자, 현명한 분석가의 역할을 발전시킨다(Kellermann, 1972). 훈련생은 이제 디렉터의 역할에 입문하게 된다.

- *분석자와 개념 관리자의 역할:* 이 두 개의 상급 집단 외에 훈련생들이 실제적 경험과 이론을 연관시키도록 해주는 이론 세미나에 참가하여 이론적, 실제적 지식을 습득하게 된다(철학, 정신건강과 질병에 대한 개념, 진단, 역할 병리학 등).
- *'내적' 수퍼바이저 혹은 성찰적 역할:* 수퍼비전을 통해 훈련생은 사이코드라마 연기의 거울기법과 비슷하게 외부에서 자신의 치료 업무를 조망하는 능력을 개발할 것으로 기대된다. 그들은 거리를 두고 진행되는 것을 전체적으로 본다. 그들은 자신이 디렉터로서 행동하는 방법과 주인공과 디렉터의 관계를 볼 수 있고 그 상황을 개선시킬지에 관한 아이디어와 개념을 발전시킬 수 있다. 이 역할의 발전은 기초적 자기 탐색 집단의 처리과정 동안에 시작되어 상급 집단에서 계속되고, 후에는 수퍼비전 집단에서 지속된다. 단계적으로 그들은 자신의 업무에 대한 '내적' 수퍼바이저 역할을 발전시킨다.

사이코드라마 디렉터는 공감적 이중자, 주의 깊은 관찰자, 분명한 분석자와 사색자, 그리고 분명한 개입을 할 수 있는 디렉터의 역할로 전환하는 것이 중요하다. 그러므로 학생들은 이러한 각각의 역할에서 능력을 개발해야 하고 수퍼비전 과정 동안 역할 간의 빠른 전환이 되어야만 한다.

4. 수퍼비전에서 방법과 기술

수퍼비전 집단에 참여하고 있는 경험 많은 상담사는 보통 그들 자신의 전문적 업무에서 이미 자신감을 가지고 있고, 그러므로 그들은 특정한 쟁점에 주의를 기울이는 것이 용이하다.

그에 반해 훈련생들은 특히 그들이 수퍼비전을 받으며 사이코드라마를 시작할 때 그들이 하는 것에 관해 확신보다는 의심을 더 많이 가지고 있다. 비록 수퍼비전이 평가과정의 일부가 아니더라도 그들은 수퍼바이저에 의해 평가받는 것을 두려워한다. 이러한 맥락에서 그들은 사이코드라마의 지식과 기술 면에서 수퍼바이저보다 열등하다고 느낄 수 있다.

다양한 연구에 따르면, 존중하고 지지적이며 평등한 수퍼바이저(Gandolfo &

Brown, 1987; Worthen & McNeill, 1996)는 훈련생의 개방성과 자아효능감의 중요한 선행조건이다. Reising과 Daniels(1983)의 연구에 따르면, 긴장도와 수퍼바이저에 대한 의존도는 초급수준에서 더 높고 그들은 실행의 고급과정의 훈련생들보다 직면하는 것에 덜 준비가 되어 있다고 한다. 훈련생들이 자신의 지식과 능력, 그리고 업무에 대한 직감과 감정에 크게 의존하지 않기 때문에 수퍼비전의 주요 과제는 훈련생의 작업에 대한 인정을 제공해야 한다.

훈련생은 때로 그들이 문제에 직면할 때 무엇을 느끼는지 말하는 것을 매우 힘들어 한다. 그들은 해석하는 데에 매우 빠르고 감정, 연결, 해석을 구분하는 데에 시간이 걸린다. 비록 그들이 역할극 후에 피드백을 주는 데에는 뛰어나지만. 이러한 연속선상에서의 목적은 감정의 성찰을 통해 현재 일어나는 상황에 대한 통찰력을 얻을 수 있게 하는 것이다. 이 부분에서 수퍼바이저는 교사의 역할 이상이다. Ronnestadt와 Skovholt는 다음과 같이 기술했다.

> *이론과 실제의 차이는 초급 학생들에게 매우 강렬하게 경험되고 이것은 특정한 상담기술에 집중하는 '교수 가능한 순간'이 된다. 이 단계에서 효과적인 수퍼바이저는 교사의 역할을 이후의 단계들과는 다르고 좀 더 제한적인 역할로 가정한다. 학생들은 특정한 기술을 배우고자 열망하고 이것을 강조하는 수퍼바이저들이 높은 평가를 받는다. 이러한 기술적 초점을 두지 않는 수퍼바이저는 일반적으로 비판을 받고 그들의 학생들을 종종 실망시킨다(Ronnestadt & Skovholt, 1993, p. 397).*

4.1 워밍업과 안전지대 만들기

심리치료 수행에서뿐만 아니라 수퍼비전 맥락 내에서도 훈련생이 직면하는 도전을 수퍼바이저가 인식하는 것은 중요하다. 훈련생이 배우는 과정과 창조적 업무를 위해 편안한 기분이 필요하다는 것은 강조할 만하다. 그러므로 수퍼비전에서 따뜻한 분위기를 조성하기 위해 워밍업을 하는 것은 모두가 두려워하지 않고 자유로이 탐색하는 따뜻한 환경을 조성하는 것을 말한다. "수퍼비전 공간은 폭풍, 스트레스, 인간의 절망, 목표가 뚜렷한 계획 그리고 서로의 평가를 감당할 수 있어야 한다." 워밍업 단계는 한편으로는 신뢰하고 안전한 분위기를 만들도록 돕고 다른 한편으로는 사례연구를 위해 집단을 준비시키는 것이다.

장면 1: *집단—안나(Anna), 마그다(Magda), 파울라(Paula)와 마틴(Martin)의 세 번째 모임 중이다. 훈련생들은 서로를 환영하고 만나서 반가워한다. 처음 몇 분간 훈련생들은 개인적 느낌을 나누고 개인의 삶에 있었던 일들을 나눈다. 수퍼바이저는 그들에게 방을 걸으면서, 그들의 직업생활에서 즐기는 점과 애로점에 대해 생각해보도록 한다. 그러고 나서 그들을 가장 혼란스럽게 하고 힘 빠지게 하는 어려운 점에 집중하도록 한다. 훈련생은 자신이 생각한 문제를 상징할 수 있는 의상, 또는 그 방에서 얻을 수 있는 물건들을 선택한다.*

마틴은 조심해서 초록색 의상을 네모나게 접고 아래에 무엇인가를 넣고는 천이 바닥에 평평하게 놓이지 않기 때문에 무언가를 추측해볼 수 있게 한다. 검은색의 매듭지어진 리본으로 만든 튀어나온 부분은 안나에 의한 것이다. 마그다는 강하고 분명한 색의 다른 천들을 추상적인 큐빅 그림처럼 배열하고 그 옆 의자 아래에 견직물의 붉은 천을 배열한다. 파울라는 붉은 줄로 가운데가 묶인 하늘색의 실크 스카프를 바닥에 놓았다. 그 후에 훈련생들에게 예술전시회에 온 것처럼 그 물건 사이를 걸어다니며 그 물건들을 볼 때 어떤 느낌이 드는지를 이야기하도록 했다.

모두에게 동료가 자신의 문제에 대한 상징적 표상으로 무엇을 연결 지었는지를 듣고 어떻게 느꼈는지 물어보았다. 대부분의 감정은 그들 자신의 것과 일치했고 몇몇은 달랐다고 한다. 그들로 하여금 그것에 대해 생각해보게 했다. 그 후에 그들은 무엇을 그들의 상징과 연결시켰는지에 대해서 이야기하도록 했다. 훈련생은 다수결로 이 순간 가장 흥미가 있는 한 가지 것을 선택했다. 그것은 파울라의 푸른 실크 스카프였고 파울라는 자신의 사례를 이야기하기 시작했다….

긴장을 풀고 수퍼비전에 대한 워밍업을 하면서, 그들에게 정말 중요한 주제에 집중하는 것에 도움이 된다. 특히 수련 초기에 그들이 수퍼비전을 하면서 어떤 일이 생길지 모를 때 그들은 비판받는 것을 두려워한다. 그들의 자아존중감에 따라, 때때로 그들은 잘 진행되었던 사례를 선택하기도 한다. 그러므로 질문하는 것이나 혹은 무언가를 명백하게 설명하는 것에 위협을 느끼지 않고 그들이 감정을 이야기하는 것이 처음에는 매우 유용하다. 훈련생들이 무엇에 관한 것인지 모르고 동료의 사례 중 하나를 선택할 때 그들은 자신의 감정을 따르고 감정을 신뢰하는 것을 배운다.

4.2 사례를 소개하고 훈련생-디렉터를 선택하기

집단에서 사례를 선택한 후에 그 훈련생 자신이 일했던 것을 이야기 식으로 말하기 시작한다. 그러고 나서 훈련생에게 자신이 힘들어하는 주제를 질문으로 만들게 한다. 또 다른 훈련생이 할 일은 주의깊게 듣고 그들이 그 이야기의 어느 부분에서 감정적으로 개입되며 그 사례가 발표되는 동안에 어떠한 느낌과 연관이 일어났는지를 인지하는 것이다.

장면 2: *마틴은 여러 달 동안 치료 중인 그의 주인공 릴라(Lila)에 대해 이야기한다. 그녀는 치료 불가능한 피부질환으로 고통받고 있는데 그것은 몇 달 전에 시작되었으며, 얼굴을 덮고 있다. 그녀는 더 이상 사랑받지 못한다고 믿고, 그녀의 몸을 다시 공공장소에서 드러낸다는 것을 생각조차 하지 못하고 있다. 치료 활동 동안 그녀는 그녀의 파트너가 충족해주지 않은 만큼 성적 욕구가 있다는 것을 표현했다. 그녀는 파트너가 그녀에게 부탁하지 않고 관계를 할 만큼 남성적이기를 원했다. 실제로 그녀의 파트너는 매우 부드럽고 신중한 사람이었다.*

마틴은 어떻게 이 사례를 진전시켜야 할지를 확신하지 못하고 있다. 그는 릴라의 증상과 이상한 환상의 관련성을 이해하지 못했다.

수퍼바이저는 다른 훈련생에게 그들이 이 이야기를 들었을 때 무엇을 느꼈느냐고 물었다. 세 명의 여성 훈련생은 마틴의 주인공과 많은 부분에서 동질감을 느끼고 그들은 통제받지 않고 자발적인 방법으로 살고자 하고, 한편으로 그렇게 하기를 두려워해 괴로움을 느낀다고 했다. 수퍼바이저는 만약 당신이 마틴의 수퍼바이저라면 사이코드라마적으로 어떻게 진행할 것이냐고 물었다. 주인공과 어떻게 진행해 나갈지에 대한 다양한 아이디어가 제시되었다.

수퍼바이저는 마틴에게 어떤 아이디어가 그에게 가장 적합한지를 물었다. 마틴은 안나의 계획을 선택했다. 안나는 마틴에게 릴라와 그녀의 환상속의 마초적인 남성의 역할을 탐색해볼 수 있다고 제안했다. 마틴이 진행되는 상황을 이해하기 위하여 두 가지 역할을 해야만 했다. 그리고 수퍼비전에서 안나가 디렉터의 역할을 하고 그 장면을 연기하기 위해 마틴과 함께 무대로 나갔다. 안나의 가설은 릴라의 내면에 두려움이 있는데 피부와 관련된 증상이 그녀가 성적인 환상대로 살아가는 것을 막는다는 것이다.

훈련생이자 디렉터인 안나는 마틴에 의해 선택되었고 그녀는 그녀의 생각에 대해 감사하고 있음을 경험했다. 디렉터의 역할을 맡기 위해서, 훈련생은 한 가지 역할에서 다른 역할로 빠르게 전환해야만 한다. 디렉터 역할에 대해 좀 더 안정감을 느끼기 위해서 도움이 제공된다. 훈련생은 무대에서 일할 때 그들에게 유용한 것들을 선택할 수 있어야 한다.

- 훈련생 겸 디렉터가 집단이나 수퍼바이저로부터 도움이 필요할 때 그 장면을 멈출 수 있는 정지 스프레이
- 다시 무대 위의 작업을 계속할 수 있는 재생 스프레이
- 집단이 그나 그녀가 무엇을 생각하는지 알게 하기 위한 훈련생이자 디렉터의 독백
- 수퍼바이저나 집단 구성원에 의한 디렉터 역할의 이중자

훈련생들은 가설을 발전시키고, 주인공의 증상에 대한 믿을 만한 설명을 하기 위해 제시된 사례에 대한 자신의 생각에 대해 질문을 받는다. Casper(2005)는 이 분야의 많은 연구들을 분석한 후에 심리치료사의 정보처리 능력의 중요성을 간략하게 기술했다. 훈련생은 자신의 내재적인 개념을 나누는데 이는 개입을 이해하고 계획하는 기초가 된다.

치료사의 '개념화 능력'은 치료의 효능감에 있어서 핵심적 요인으로 여겨진다 (Kahl-Popp, 2004; Crits-Christoph et al., 1988). 그것은 설명적 모델과 개입의 단계를 계획하는 것을 포함하는 또 다른 사람에 대한 복합적인 이해라고 정의된다. Krler와 Andreatta(2006)의 연구는 사이코드라마 훈련생의 개념화 능력을 평가했다. 이는 심리치료 사례에 대한 가설을 설정하는 데 있어서 구조와 내용의 복합성 정도를 통하여 이루어지는 것이다. 수련의 시작부터 종료까지 개념의 차별화가 크게 개선된 것을 검증한다.

4.3 수퍼비전에서 사례를 다루는 구체적인 개입

핵심 문장과 은유에 중점을 두며, 제시된 사례분석과 훈련생의 자전적 경험 사이의 관계를 보고, 주인공의 증상에 대한 이론적 이해를 심화하거나 혹은 개입의 논리를 성찰하는 것은 수퍼비전에서 특정한 접근법에 대한 가능성들이다. 다음의 예들은 수퍼비전 업무에서 특정한 개입을 보여준다.

핵심 문장에 집중하기

장면 3: *선자(Sonja)는 완전히 탈진하고 지치고 수퍼비전 집단에 화가 났다. 그녀는 청소년들을 위한 쉼터에서 일하고 있다. 매일매일 분노와 우울 사이를 오가는 청소년들의 변하는 기분을 다루는 것은 어렵다. 그들을 자리 잡도록 하여 일종의 성공을 거둔 후에 다시 그들과 깊은 수렁으로 떨어지면서, 당국에서는 아이들이 그 시설을 떠나서 그들을 심하게 다루었던 부모들에게로 돌려보내져야 한다고 결정한다. 선자는 모든 그녀의 업무가 의미 없다고 느낀다.*

선자에게, 누가 그녀에게 그녀의 일이나 업무가 의미 있다고 이야기하는지를 묻자 그녀는 자신의 내적인 목소리라고 말한다. 그 목소리는 나이 많은 현명한 여자로 의인화되었다. 그녀의 수퍼바이저는 그 나이든 현명한 여자를 위해 무대 위에 의자를 놓는다. 나이든 여자에게 그녀의 업무가 어떤 의미가 있느냐고 묻자 훈련생은 역할 교대 후에 대답했다. '당신은 세상을 구할 수 없어. 당신은 그 자리에서 자신이 할 수 있는 것을 해!' 선자는 안도감을 느꼈다. 그 문장은 그녀의 업무에 필수적인 것이다.

방법론적 질문에 집중하기

장면 4: *집단의 주제는 어떻게 치료를 종료할지가 되었다. 훈련생은 이미 사용한 기술들을 공유한다. 리사는 두 개의 상자를 가지고 하는 연습을 좋아하는데 주인공은 그와 그녀가 경험했던 모든 좋은 것을 한 상자에 넣고, 모든 부정적인 것은 다른 상자에 넣었다. 그녀는 그녀의 주인공인 그의 모친의 사망 후에 우울해지기 시작한 한 남자를 이해하기 위해 그것을 사용했다. 그는 어머니를 이상화하고 있었다. 이전의 몇 회기 전부터 그는 처음으로 그가 어머니를 싫어했던 상황들이 있었다는 것을 깨달았다. 이 치료의 끝에 리사는 그에게 그녀가 종이로 만든 4개의 상자를 주기를 원했다. 한 개의 상자는 그가 어머니와 경험했던 모든 좋은 상황과 느낌, 두 번째 상자는 어머니와 경험했던 모든 나쁜 상황, 세 번째 상자는 그가 치료 중에 경험했던 좋은 상황과 네 번째 상자는 그가 치료에서 좋아하지 않았던 것을 위한 것이다.*

은유와 훈련생의 자전적 경험

장면 5: *마틴이 집단에서 그의 우울한 주인공을 기술할 때 모든 사람들은 그녀가 가지가 부러진 나무 같다는 이미지를 가졌다. 그는 그의 주인공과 어떻게 계속해야 할지를 모르겠다고 했다. 그는 안나를 훈련생-디렉터로 선택했다. 그녀는 그에게 가지가*

부러진 나무의 역할을 맡기고 무엇이 필요한지 물었다. 그는 그 나무가 심하게 상처받았기 때문에 다시 자랄 수 있을지 모르겠다고 대답했다. 디렉터 역할에서 훈련생은 고립된 것 같다고 독백으로 이야기했다. "나는 이 이미지에 두려움을 느끼고 무엇을 해야 할지 모른다. 나는 이제 아무것도 모르겠다."

수퍼바이저가 훈련생-디렉터의 역할을 이중자하였다. 내 생각에 나무에 대한 은유는 다른 생각들을 발전시키는 데 도움이 될지 모른다. 그러나 지금 나는 내 동료들이 이전에 겪은 것과 같은 상황에 처해 있다. 나는 마틴에게 그가 마치 나무처럼 느끼고 보고 듣고 있느냐고 묻고자 했다. 아마도 땅, 태양, 풀과 같은 것들이 있을 것이다.

안나는 나무 역할을 하고 있는 마틴에게 그가 볼 수 있는 것이 주변에 있는지 물었다. 마틴은 정원사를 발견했다. 그는 파울라를 정원사로 선택했다. 정원사는 강하고 현명하며 경험 많은 남자로 묘사되었다. 안나는 마틴에게 정원사의 역할로 전환하게 했다. 이 역할에서 그는 치료크림을 가지가 잘린 나무 등걸에 발라주었다. 그러고 나서 뿌리를 검사했다. 다시 나무 역할에서 그는 편안함과 안정을 느꼈다. 왜냐하면 정원사는 새 잎이 자랄 때까지 기다릴 만큼 인내심이 있다는 것을 알았기 때문이다. 갑자기 마틴은 그가 항상 부모에게 주변 사람들보다 더 뛰어나야 한다고 강요받았다는 것을 기억했다. 그는 정원사 역할로 다시 돌아가 착하고 인내심 많은 정원사 역할을 맡았다.

4.4 통합과 성찰

훈련생 겸 디렉터의 역할을 해제시킨 후, 수퍼비전 사례업무가 끝난 후에 통합이 중요하다. 수퍼바이저는 훈련생-주인공과 그의 디렉터가 무대를 정리하게 한다. 그 후에 훈련생 겸 디렉터, 주인공과 보조 자아는 그들의 역할에 대해 피드백을 준다.

장면 6: *안나는 파울라와 마틴에게 나무와 정원사의 역할을 맡았을 때 느낌이 어떠했는지를 묻는다. 파울라는 그녀가 상처 입은 나무를 봤을 때 매우 슬펐고 나무에게 무슨 일이 있었을까를 생각하면서 유대감을 느꼈다고 말했다. 나무의 역할을 맡으면서 그녀는 좋은 정원사가 있다는 것에 안심했다. 안나는 마틴에게 질문에 대한 대답을 찾았는지를 물었다. 그는 그가 나무와 인내심 있는 정원사라는 은유를 취함으로써 매우 만족감과 침착함을 느낀다고 했다.*

마틴과 파울라와 안나가 그들의 역할을 끝낸 후에 수퍼바이저는 마틴에게 안나가

디렉터로서 함께 한 것에 대해 어떻게 느꼈느냐고 물었다. 마틴은 안나가 인내심이 강한 디렉터로, 자신에게 느끼고 생각할 수 있는 시간을 주어서 많은 것을 배울 수 있었다고 말했다. 그러고 나서 수퍼바이저는 안나에게 디렉터로서의 역할에서 무었을 배웠느냐고 물었다. 그녀는 마틴이 그녀가 느리다고 지적받았던 참고 견디어낸 인내심을 인정해주어서 기쁘다고 말한다.

피드백 후에 수퍼바이저는 집단 구성원이 수퍼비전 회기의 시작부분에 집중했던 쟁점에 대한 상징들을 재배치하도록 요청했다. 훈련생은 그들 앞에 있는 상징들을 살펴보고 수퍼비전 후에 뭔가가 변화되었는지에 대해 생각해본다. 그러고 나서 집단은 그들이 작업할 다음번 문제를 선택했다.

5. 수퍼비전의 평가—목적과 유용한 요인

사이코드라마 심리치료는 복합적인 과제이므로 상이한 수준에서 수퍼비전을 받게 된다. 훈련생은 그들이 어떻게 주인공과 관계를 맺고 어떻게 작업적 관계를 맺어 갈지를 인지해야 한다. 방법적이고 기술적인 지식과 경험의 광범위한 토대가 중요하다. 사이코드라마 수련에서 수퍼비전에 대한 다음의 체계적 성찰의 예는 수퍼비전의 결과를 평가하고 어떻게 유용한 요인들이 훈련생이 실행으로부터 배우는 것을 지원하는지를 조사할 수 있는 가능성을 제안하게 될 것이다.

5.1 평가의 초점과 절차

두 개의 설문지를 통해서 훈련생들의 피드백이 취합된다. 수퍼비전의 각 회기의 첫 번째 설문지에서 훈련생들에게 수퍼비전이 얼마나 유용하고, 얼마나 그들이 심리적 어려움을 경험했는지, 이러한 심리적 어려움이 수퍼비전 후에 감소되거나 없어졌는지를 평가하게 했다. 훈련생들의 평가는 5점 척도로 제시되었다. 리커트 척도: 1 = 매우 그렇지 않다, 5 = 매우 그렇다.

또한 훈련생들이 어떤 수퍼비전 요인이 심리치료적 업무에 유용했는지를 평가하게 했다. 설문지는 수퍼비전의 방법적 요인-장면에서 일하기, 핵심 문장, 주인공의 심리·사회적 쟁점을 설명, 훈련생의 자전적 문제, 방법적이고 기술적인 개입, 훈련생들에 의해 그들의 학습에 유용하다고 선택된 것들이다.

두 번째 혹은 추후평가는 2주나 4주 간격의 기간을 두고 수퍼비전의 다음 회기의 시작부분에서 설문을 받았다. 훈련생들에게 자신의 학습경험을 다시금 평가하게 했다. 이것은 훈련생들이 학습이 얼마나 지속되는지를 알아보기 위한 중요한 단계이다. 각각의 훈련생들은 치료사와 주인공의 관계, 심리적 이해와 주인공의 사회적 상황과, 그들의 치료 업무에 적용된 기술과 방법에서 변화와 개선이 있었는지를 평가한다.

5.2 수퍼비전 환경과 참여하는 훈련생들

평가과정은 사이코드라마 수련기관에서 이루어진다. 이 장의 저자인 수퍼바이저는 수퍼비전 집단을 운영해온 경험 있는 수퍼바이저이다. 이 연구에는 4개의 다른 수퍼비전 집단에서 온 22명의 훈련생(18명의 여성, 4명의 남성)이 참여하고 있다. 한 집단은 약 3~5명의 훈련생으로 구성되었다. 각각의 수퍼비전 집단은 2~4주 내에 4개월에 걸쳐 만난다. 한 번의 수퍼비전 회기는 4~6시간이 걸린다(1 작업시간은 45분이다).

4개월의 시간 동안 38개의 심리치료 사례가 다루어졌다(한 회기당 평균 3개 사례). 수퍼비전이 이루어지는 대부분의 시간은 광범위하고 상이한 사이코드라마 배치와 기술을 포함하는 방법으로 이루어졌다. 각각의 사례에 할애된 시간은 최소 15분 이하에

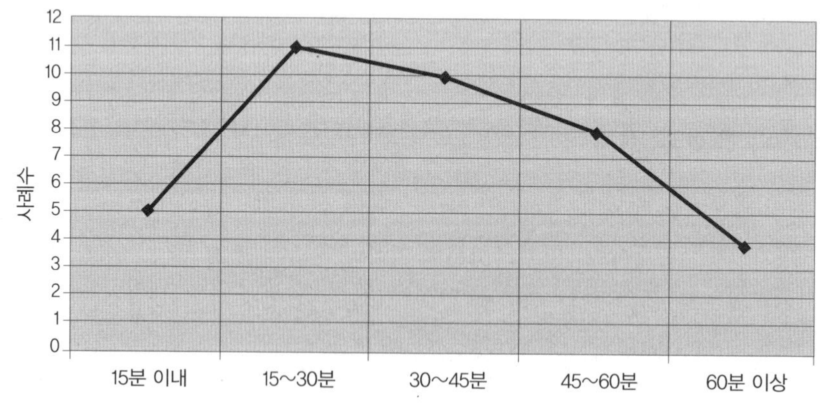

그림 1. 매 사례분석에 소요된 시간

서 1시간 이상까지 다양했다.

5.3 평가의 결과

일반적으로 참가했던 훈련생들은 수퍼비전에 대하여 긍정적인 태도를 가지고 있다. 그들은 수퍼비전이 그들의 업무에 매우 유용하다고 생각했다. 결과는, 훈련생의 대부분이(59.1%) 수퍼비전이 그들의 심리치료 업무를 '그렇다'와 '매우 그렇다' 수준에서 도움이 되었다고 응답하였다. 수퍼비전의 도움으로 주인공의 심리적 · 사회적 상황을 더 많이 이해할 수 있었다. 훈련생들은 그들이 개입하고 주인공과 관계 맺는 데 있어서 변화되었다. 게다가 훈련생들은 업무에서 주인공과 관련되어 가졌던 심리적 어려움이 수퍼비전 후에 상당히 줄어들었다고 말한다는 것이다.

5.3.1 수퍼비전은 유용하며 심리치료 업무의 어려움을 감소시킨다

일반적으로 훈련생들은 수퍼비전이 그들에게 매우 유용했다고 응답했다(M = 4.41, SD = 0.86, n = 54). 자신의 사례를 제시하고 성찰했던 훈련생들은 수퍼비전 과정의 도움 정도를 더 높게 평가했다(M = 4.61, SD = 0.73, n = 36). 몇 주간의 간격 후에 이러한 평가는 줄어들지만 그래도 '중간이다'와 '그렇다' 중간에 머물러 있다(M = 3.50, SD = 1.32, n = 44, CI 95%, 3.1–3.9).

이 수치는 자신의 사례를 가지고 작업했던 훈련생이 다른 사람의 사례를 성찰했던 훈련생보다 수퍼비전을 더 높게 평가한다는 것으로 나타났다. 특별히 자신의 사례를 성찰했던 사람들에게 수퍼비전은 몇 주 후에 더 유용하다고 여겨지는 것으로 나타났다(M = 3.96, SD = 0.93, n = 23). 이 훈련생들에게 수퍼비전은 자신의 심리치료적 업무를 수월하게 하는 데에 매우 높은 정도의 지속가능한 효과를 주었다. 반면에 '그렇다'에서 '중간이나'라고 평가정도가 감소된 경우는 동료의 사례를 가지고 작업했던 훈련생들이었다(M = 2.79, SD = 1.58, n = 14).

훈련생이 치료적 사례업무와 관련하여 가지는 어려움은 수퍼비전 전에 2.44로(SD = 1.14 n = 55), '매우 그렇지 않다'와 '중간이다' 사이이다. 그리고 수퍼비전 후에서 1.80으로 상당히 감소했다(SD = 0.78, n = 55; t = 4.87, df = 54, p = .001).

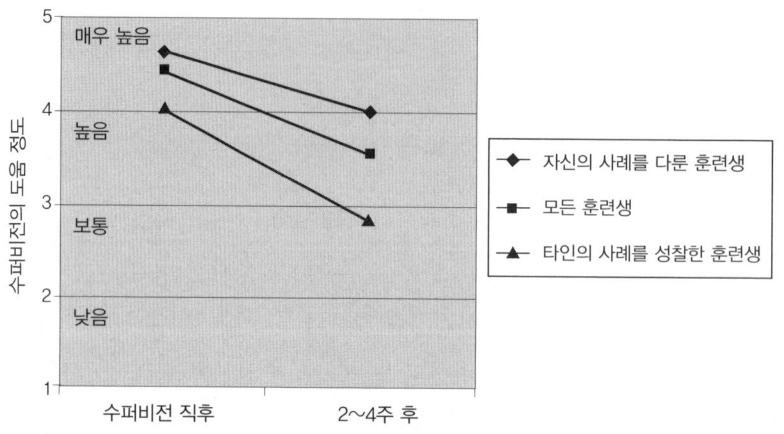

그림 2. 심리치료 작업을 위한 수퍼비전의 유용성

5.3.2 수퍼비전은 훈련생의 치료 업무에 영향을 끼친다

훈련생은 그들의 수퍼비전의 결과를 평가하고, 몇 주 후에 다음의 요소에 변화나 발전이 있는지에 대한 질문에 응답했다.

- 주인공과의 관계가 변화했다.
- 주인공의 심리적 · 사회적 상황에 대한 이해가 개선되었다.
- 적용하는 기술과 방법이 변화했다.

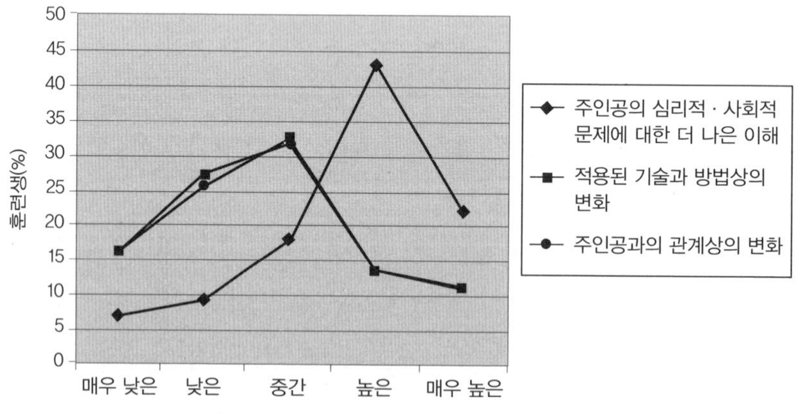

그림 3. 수퍼비전을 통한 개선점

표 1. 수퍼비전의 결과

	주인공과의 관계 변화	주인공의 심리적 · 사회적 상황에 대한 이해	적용된 기술과 방법 변화
N	43	44	44
평균(M)	2.81	3.70	2.82
표준편차(SD)	1.20	1.07	1.23

$\frac{2}{3}$ 이상의 훈련생들(65.9%)은 수퍼비전이 그들이 주인공의 심리적 · 사회적 상황을 더 잘 이해하는 데에 긍정적 영향을 준다고 응답했다(M = 3.70, SD = 1.07, n = 44). 적용하는 기술과 방법에 대한 수퍼비전의 효과(M = 2.82, SD = 1.23, n = 44) 혹은 주인공과의 관계 변화에 대한 효과(M = 2.81, SD = 1.20, n = 43)는 더 낮게 나타났다. 둘 다 평균적으로 '그렇지 않다' 와 '중간이다' 사이로 나타났다.

5.3.3 수퍼비전의 유용한 방법적 요인

수퍼비전에서 무엇이 유용했는지를 평가하기 위해 훈련생들은 수퍼비전 직후와 2~4주의 간격을 두고 평가했다. 제안된 요인의 목록에서 각각의 훈련생들은 유용한 요인들을 표시하거나 그들에게 유용했지만 목록에 언급되지 않은 것들을 추가할 수 있다. 유용한 요인의 목록은 무대에서 주요 장면을 가지고 작업한 것, 핵심 문장들, 주인공의 심리적 · 사회적 쟁점에 대한 설명, 방법적이고 기술적인 개입에 대한 성찰, 감정(예: 역할 교대 과정 내에서) 혹은 심리치료적 사례업무가 훈련생의 전기적 경험과 어떻게 관련되는지 등이다.

성찰된 모든 사례들의 $\frac{2}{3}$ 이상에서 훈련생들은 주인공의 심리적이고 사회적인 문제에 대한 설명이 그들에게 가장 유용한 요인이라고 말한다. 이 자기 보고는 몇 주 후에도 거의 줄어들지 않았다(−3.5%).

절반 이상의 훈련생들(58.2%)은 '장면'을 가지고 작업한 것, 방법적 · 기술적 문제에 대한 성찰(58.2%)이 그들에게 매우 유용하다고 보고한다. 두 가지 요인 모두 시간이 지나면서 중요성을 잃었다. 훈련생이 그들의 수퍼비전을 회상하고 다시 평가할 때 중요한 장면을 작업한 것(−10.4%)과 방법적 문제에 대한 언어적 성찰(−16.9%)은 수퍼비전 직후처럼 중요하지는 않았다.

감정에 대한 성찰(예: 역할 교대와 관련되어)은 거의 절반 정도의 훈련생들(45.5%)

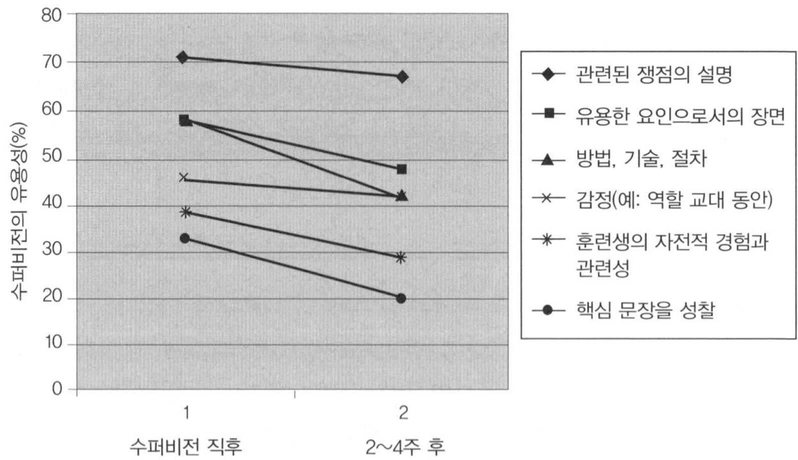

그림 4. 수퍼비전의 유용한 요인

에게 수퍼비전의 유용한 요인으로 여겨지며, 몇 주가 지난 후에도 이 요인을 중요하게 평가하는 훈련생으로부터의 피드백은 완만한 감소(−4.2%)를 보인다.

훈련생의 $\frac{1}{3}$은 그들의 자전적 삶과 관련된 치료적 업무에서 다가오는 문제들에 대한 성찰이 또 다른 유용한 요인이라고 보고한다. 그러나 짧은 시간 동안 이 요인은 중요성을 잃는다(−9.9%). 핵심 문장과 관련된 업무는 수퍼비전 이후에 훈련생에게 유용한 요인으로 여겨지지만(32.7%), 몇 주 후에는 중요성을 잃어버린다(−13.1%).

표 2. 수퍼비전에서 유용한 요인

심리치료 업무에 대한 유용성(모든 훈련생) n = 55				자신의 사례를 다룬 훈련생 n = 36		
심리치료 업무에 대한 유용성	SV후(%)	2~4주 후(%)	차이(%)	SV후(%)	2~4주 후(%)	차이(%)
주인공의 심리적 · 사회적 문제	70.9	67.4	−3.5	69.4	78.3	+8.9
장면을 연기하기	58.2	47.8	−10.4	72.2	47.8	−23.4
방법, 기술, 절차	58.2	41.3	−16.9	58.3	39.1	−19.2
감정(예: 역할 교대 동안)	45.5	41.3	−4.2	50.0	47.8	−2.2
훈련생의 자전적 경험과의 관련성	38.2	28.3	−9.9	38.9	21.7	−17.2
핵심 문장	32.7	19.6	−13.1	44.4	30.4	−14.0

만약 우리가 더욱 면밀히 살펴보고 다른 사람의 사례업무를 성찰하기보다 자신의 심리치료 사례업무를 성찰해본 훈련생들의 평가만을 실시한다면, 우리는 결과에서 차이를 얻게 될 것이다. 몇 주 후에는 그 장면의 평가가 더 이상 그리 중요하지 않은 것 같다(72.2%에서 시작하여 47.8%까지 감소한다). 같은 방법으로 사례와 훈련생의 자전적 삶을 관련시키는 것에 대한 성찰은 시간이 갈수록 중요성이 떨어진다(38.9%에서 21.7%까지 감소한다). 반면에 주인공의 심리적 · 사회적 문제에 대한 설명이라는 요인은 수퍼비전 후에는 높게 평가되고(69.4%) 몇 주 후에 더 높게 평가된다(78.3%).

훈련생이 평가하는 가장 유용한 요인은 주인공의 심리적 · 사회적 문제에 대한 설명이다. 이 요인은 그들이 몇 주 후에 되새겨볼 때에도 여전히 중요하다. '설명'은 수퍼비전 과정 동안에 드러나는 상이한 경험과 생각을 통합하는 인지적 과정으로 여겨진다.

6. 결론

수퍼비전 집단에서 제기된 질문들은 매우 다르다. 어떤 훈련생들은 특정한 주인공들과 새로운 집단을 계획하고, 어떤 이들은 이론과 기술에 대한 질문을 가지고 있다. 때로는 치료업무 내에서의 윤리적 딜레마를 고려해야 할 필요가 있다. 훈련생의 대부분의 질문은 주인공과 치료적 과정에 대한 것이다. 수퍼비전은 보통 훈련생이 제기한 질문과 문제에 초점을 둔다.

연구 결과로부터 수퍼바이저와 훈련생의 관계가 학생들의 학습에 큰 영향을 준다는 것은 잘 알려져 있다. 그러나 어떤 다른 요인이 수퍼비전의 결과에 영향을 주는지에 대해서는 많이 조사되지 못했다. 학생들은 때때로 역할 교대, 거울기법, 자신의 자전적 경험에 대해 성찰해보는 것이 그들이 이해하고 학습하는 데에 도움이 된다고 회상한다. 동료나 수퍼바이저의 피드백이 통합 단계에서 유용한 것으로 보고되곤 한다. 그러나 수퍼비전의 유용한 요인으로 여겨지는 것들은 훈련생이 무엇을 기억하는지와 이러한 요인들이 어떻게 그들의 지식기반에 통합되는지에 따라 다르다. 특별히 자신의 사례를 성찰했던 훈련생들은 주인공의 심리적 · 사회적 문제에 대한 설명이 몇 주가 지난 후에 오히려 더 중요해진다고 여긴다. 반면에 감정(예:역할 교대와 관련)을 예외로 한 다른 유용한 요인들은 사라져간다. 우리는 학습경험의 자기 평가가 어떻게 훈련생들이 시간이 지남에 따라 학습경험을 통합할 수 있는지에 달려있다는 가설을 세울 수 있다.

수퍼비전은 학습경험을 '지금 여기'라는 현재적 상황에서 제공하지만, 학습이 지속 가능한가에는 충분한 주의를 기울이지 않는다. 훈련생(그리고 수퍼바이저)은 단지 잊어버리거나 학습하지 않게 될 수 있다. 학습의 결과가 통합된 지식의 일부가 되도록 처리되지 않을 수도 있다. 수퍼비전이 생생히 이루어지고 있을 때 성찰의 '마법 같은 순간'을 유지시킬 수 있는 가능성을 생각해보는 것은 중요할 것이다. 학습일지를 쓰고 학습과정의 포트폴리오를 만드는 것도 수퍼비전의 지속 가능한 학습의 유용한 요인으로 고려될 수 있다.

이 글 도입부의 수피(Sufi) 이야기는 수퍼바이저와 연구자로서 우리가 겸손해야 함을 촉구하기 위한 것이다. 그러므로 우리는 경험적 지식 없이 길을 잃을 수 있다는 것을 명심해야 한다. 그러나 여전히 우리는 창조적 업무의 신비함을 지나는 통로를 찾기 위해 더 많은 지식과 지혜가 필요하다.

세 명의 어부가 강위의 배위에 앉아 있었다. 얼마의 시간이 지나자 그들은 목이 말랐고 가장 연장자는 배에서 뛰어내려 맥주 한 병을 가지러 물위를 걸어서 물가 쪽으로 갔다. 한 시간 후에 두 번째 남자가 가장 어린 남자에게 모두를 위해서 맥주를 다시 가져오라고 말했다. 그 젊은이는 할 수 있을지 확신하지 못했다. 그러나 그의 친구가 말하기를 "왜 너는 못해? 너는 그게 가능하다는 걸 봤잖아?" 그 젊은이는 배에서 뛰어내렸고 물속으로 사라져 버렸다. 잠시 후에 첫 번째 사람이 말했다 "너는 그에게 어디에 발을 디딜 돌이 있는지 말해주지 않았니?"

참고문헌

Caspar, F. (2005). Die Entwicklung klinischer Informationsverarbeitung. In A. R. Laireiter, & U. Willutzki (Hrsg.), *Ausbildung in Verhaltenstherapie* (pp. 239–262). Göttingen: Hogrefe.

Crits-Christoph, P., Cooper, A., & Luborsky, L. (1988). The accuracy of therapists' interpretations and the outcome of dynamic psychotherapy. *Journal of Consulting and Clinical Psychology, 56*, 490–495.

Gandolfo, R. L., & Brown, R. (1987). Psychology intern ratings of actual and ideal supervision of psychotherapy. *Journal of Training and Practice in Professional Psychology, 1*, 15–28.

Gray, L. A., Ladany, N., & Walker, J. (2001). Psychotherapy Trainees' Experience of Counterproductive Events in Supervision. *Journal of Counseling Psychology, 48* (4), 371–383.

Kahl-Popp, J. (2004). Lernziel: Kontextbezogene psychotherapeutische Kompetenz. *Forum der*

Psychoanalyse. 20, 4, Springer, Medizin Verlag. 403–418.

Kellermann, P. F. (1992). Focus on psychodrama. The Therapeutic Aspects of Psychodrama. London: Jessica Kingsley Publisher.

Kraler, Ch., & Andreatta, P. (2006). *Effectiveness of Psychotherapy training—On the evaluation of psychotherapeutic competence.* SPR—Society of Psychotherapy Research: From Research to Practice, Book of Abstracts. Norderstedt, Germany.

Ladany, N., Hill, C. E, Corbett, M. M., & Nutt, E. A. (1996). Nature, extent, and importance of what psychotherapy trainees do not disclose to their supervisors. *Journal of Counseling Psychology, 43* (1), 10–24.

Nelson, M. L., & Friedlander, M. L. (2001). A Close Look at Conflictual Supervisory Relationsships: The Trainee's Perspective. *Journal of Counseling Psychology, 48* (4), 384–395.

Reichelt, S., & Skjerve, J. (2002). Correspondence between supervisors and trainees in their perception of supervision events. *Journal of Clinical Psychology, 58* (7), 759–772.

Reising, G. N. & Daniels, M. H. (1983). A study of Hogan's model of counselor development and supervision. *Journal of Counseling and Development, 30*, 235–244.

Ronnestad, M. H., & Skovholt, T. (1997). Berufliche Entwicklung und Supervision von Psychotherapeuten. *Psychotherapeut,* (5), 299–306.

Ronnestad, M. H. & Skovholt, T. M. (1993). Supervision of Beginning and Advanced Graduate Students of Counseling and Psychotherapy. *Journal of Counseling and Development, 71*, 396–405.

Ruskin, R. (1994). When Supervision May Fail: Difficulties and Impasses. In S. E. Greben, & R. Ruskin (Eds.): *Clinical Perspectives on Psychotherapy Supervision* (pp. 213–261). Washington: American Psychiatric Press.

Williams, A. (1995). *Visual and Active supervision.* New York, London: W.W. Norton & Company.

Worthen, V., & McNeill, B. W. (1996). A Phenomenological Investigation of "Good" Supervision Events. *Journal of Counseling Psychology, 43* (1), 25–34.

편집자 및 저자 소개

편집자

Hannes Krall 박사는 Klagenfurt 대학의 교육과학과 연구 기관 소속 교수이다.
Jutta Fürst 박사는 Innsbruck 대학의 사이코드라마 심리치료 훈련 과정의 책임자이다.
Pierre Fontaine 의학박사는 벨기에의 Louvain 대학의 아동과 가족 정신병동의 교수이다.

저자

Apter Norbert. 하버드대, 교육학 석사. 제네바에서 개업상담소 운영. Rogers의 인간중심 상담과 Moreno의 사이코드라마 두 분야의 전문가로서 사이코드라마 훈련 및 수퍼비전 활동. 세계 여러 나라의 대학 및 훈련 기관에서 개인 및 집단 작업 실시 (팀빌딩, 갈등조정, 개업상담 훈련 등).

Artzi Einya. Kibbutzim 교육대학의, 표현치료 훈련센터의 사이코드라마 학과 학과장, 이스라엘 사이코드라마 협회 설립자 및 주요 회원. 이스라엘과 아랍의 전쟁 생존자의 외상 및 외상 후 장애에 대한 사이코드라마 작업. 이스라엘 대학과 훈련 기관에서 사이코드라마 워크숍 진행. 「사이코드라마(Psychodrama)」(1991, Dvir Publishing House, Tel Aviv) 저술.

Boria Giovanni 박사. 임상심리학자. 심리치료사. 이탈리아 최초의 Moreno 방법의 사이코드라마를 가르치는 밀라노의 사이코드라마 스튜디오(훈련과정)의 소장. 이탈리아 Moreno 사이코드라마 협회의 창립 회원, 초대 회장. 전통적 사이코드라마에 대한 다수의 논문과 책 출판.

Chesner Anna. 사이코드라마 런던 센터의 공동 대표. 런던의 Maudsley 병원과 개업 센터에서 사이코드라마 진행. 캠브리지에 있는 Anglia Ruskin 대학의 사이코드라마 치료 팀 회원. London Playback 극장의 창립 회원. 수퍼비전과 사이코드라마 기법에 대한 다수의 출간물. *e-mail:* chesnera@aol.com, *web:* www.londoncentreforpsychodrama.org

Daniel Sue. 호주 멜버른 사이코드라마 훈련기관의 소장. 멜버른의 개업 상담소 운영. Moreno 사이코드라마 학회의 창립자. 호주와 뉴질랜드 사이코드라마 학회의 회장. 세계적으로 사이코드라마 워크숍 진행, 역할 이론에 대한 교수, 연구 및 출판 활동.

e-mail: suedan@netspace.net.au, *web:* http://www.psychodrama-institute-melbourne.com

Dudler Agnes. 심리학 박사. 독일 본의 개업 상담사. 인간중심 상담, 호흡법, 요가, 체계적, 게슈탈트, 정신분석적 상담에 대해 훈련을 받음. 사이코드라마 훈련기관인 SZENEN의 설립자. 독일 사이코드라마 학회 회원. 개인, 집단, 부부 상담 및 수퍼비전과 코칭, 알아차림과 자기 보살핌 등에 관한 훈련 제공. 사이코드라마와 '역할 원자'에 대한 논문 출판.

e-mail: agnes@dudler.org

Erdélyi Ildikó. 박사. 헝가리 부다페스트의 Károli G. R. 대학의 심리학과 교수. 임상심리사. 사이코드라마 심리사. 사이코드라마 학회와 정신분석 학회의 수련을 담당. 헝가리 사이코드라마 협회의 초대 부회장. 사이코드라마의 효과성 분석 연구(주인공 중심 vs. 집단중심) 및 논문 출판.

e-mail: dr.erdelyi.ildiko@gmail.com, *web:* http://www.erdelyiildiko.hu

Fürst Jutta. 철학박사. Innsbruck 대학의 사이코드라마 심리치료 프로그램의 학장. 임상심리학자. 사이코드라마, 안내되는 정서적 심상의 수퍼바이저이며, 개업상담사. FEPTO의 전임 회장. 여러 대학과 오스트리아 집단역동 및 집단상담학회의 훈련자이며 교수자. 유럽에서 워크숍 진행. 사이코드라마 심리치료에 대한 책의 공동 저자.

e-mail: jutta.fuerst@uibk.ac.at, *web:* http://members.cnh.at/jutta.fuerst

Fontaine Pierre. 의사. 교수. Louvain 대학의 아동과 가족 정신과 병동 교수(전 학과장). 임상심리학자. CFIP-Verveine Brussels, 사이코드라마 훈련 기관의 창립자이며 전 소장. IAGP의 전 회장. FEPTO의 전 부회장. 빈민자에 대한 공동 연구. *Psychodrama Training* 학술지의 편집장. *A European View* (2nd ed. 2001: FEPTO Publ.)의 저자.

e-mail: p.fontaine@uclouvain.be

Gasseau Maurizio. della Valle D'Aosta 대학의 역동심리학과의 교수. 융분석학자이자 사이코드라마 수퍼바이저. FEPTO 전 부회장. IAGP의 사이코드라마 분과의 회장. 융분석적 사이코드라마의 공동 개발자. 사이코드라마에서의 꿈 연구. 융분석적 사이코드라마 꿈, 그리고 심리역동적 사회적 꿈 매트릭스에 대한 강의. 90여 편의 논문 출판. 대표 도서 *From Analytical Psychology to Jungian Psychodrama* (2009, Franco Angeli).

email: m.gasseau@univda.it, *web:* www.jungianpsychodrama.com

Gött Hilde. 아동, 청소년, 중독 상담자. 사이코드라마 수퍼바이저. 유럽 사이코드라마 기관(PIfE)의 학과장. 유럽 여러 나라에서 수퍼비전과 워크숍 진행. 외상, 가족 폭력, 성폭력, 자살과 관련된 다양한 NGO 단체에서 일함. 유대인 학살의 생존자, 피해자의 가족, 가해자의 외상 전이에 관한 작업. 다수의 논문 출판.
e-mail: hildegoett@t-online.de, *web:* www.pife-europe.eu

Karapostoli Natassa. 개업한 직업상담사, 사회심리치료사, 가족상담자, 가족치료사. Open Psychotherapy Centre의 훈련과 연구학과의 행정담당자이자 프로그램 관리자. 그리스 심리치료학회와 치료적 공동체, 사이코드라마, 사회심리치료 학회 등의 회원.

Kayır Arşaluys. 의사이자 교수. 임상심리학 교수. 이스탄불 대학 의대 정신과 소속. Abdulkadir Özbek 박사의 사이코드라마와 성 교육, 치료, 그리고 연구 센터의 훈련가이자 수퍼바이저. FEPTO의 자문위원. 사이코드라마 치료사. 성 치료사. 사이코드라마를 활용한 성 기능장애 집단 상담. 성기능장애 여성의 성, 사이코드라마, 집단 과정에 대한 문헌 다수 출판.
e-mail: arkayir@gmail.com

Krall Hannes. 박사. Klagenfurt 대학의 교육과학과 연구 분과의 교수, 교육자, 심리학자, 상담자, 심리치료사, 오스트리아 집단 역동 및 상담 학회의 수퍼바이저이자 훈련자. Innsbruck 대학에서 강의. FEPTO 연구위원회의 위원장. 최근 연구 주제는 사이코드라마 훈련, 수퍼비전 수행. 사이코드라마, 수퍼비전, 폭력, 아동과 청소년의 외상에 대한 연구물 발표.
e-mail: hannes.krall@aau.at

Lap Jan. 실용 신학자. 네덜란드의 Tilburg 대학 근무. 목회상담, 수퍼비전, 집단 역동, 그리고 기관 자문으로 교육받음. LapStreur SE 교육기관의 사이코드라마와 성서연극의 교육과 개발 부서의 소장이자 수퍼바이저. NBES(CP와 TEP를 위한 네덜란드-벨기에 시험위원회)의 회원. 사이코드라마적 성서드라마 전문가. 사이코드라마적 행동 양상에 대한 작업.
e-mail: info@lapstreur.nl, *web:* www.lapstreur.nl

Moita Gabriela. 생의학 박사. 포르투갈의 Porto 대학에서 강의. 임상심리학자. 사이코드라마 감독, 수퍼바이저, 훈련자. FEPTO의 공동 회장. FEPTO의 연구위원회 전 회장. SPP(포르투갈 사이코드라마 학회)의 부회장. 포르투갈 성 학회의 부회장. 심리치료 및 교육 분야에서 사이코드라마 작업.

e-mail: gabriela.moita@mail.telepac.pt

Nève-Hanquet Chantal. 심리학자. 벨기에의 CFIP에서 사이코드라마 진행. SBPA에서 융분석 심리학자로 활동. 가족치료와 사이코드라마 훈련자. FEPTO의 총무이사. 개업상담자로서 개인, 부부, 가족 상담 수행. 유럽 각국에서 수퍼비전 집단과 워크숍 진행. Jacques Pluymaekers와 가계도 관련 연구 발표. Christine vander Borght와 공동으로 치료에서의 신체에 대한 연구물 발표. Pierre Fontaine과 다수의 공동 연구.

e-mail: hanquetchantal@gmail.com

Perrotta Leandra. della Valle D'Aosta 대학과 이탈리아 북부의 Bologna에 있는 국제심리치료 기관에서 강의. 임상심리학자. 사이코드라마 훈련자이며 무용치료사. FEPTO의 위원회와 지중해 사이코드라마 학회의 회원. 융심리학적 사이코드라마와 무용치료의 통합적 모델을 개발. 여러 세대 작업. 세계 각국에서 워크숍 진행. 꿈 작업과 융심리학적 사이코드라마에 대한 다수 연구물 발표.

Teszáry Judith. 스웨덴 스톡홀름 사회행정과와 개인상담소에서 수퍼비전과 교육 제공. 사이코드라마 훈련자이자 수퍼바이저. FEPTO의 설립 회원이며, 전 회장. IAGP의 과학적 프로그램 위원회의 회원. 스웨덴 사이코드라마 학회의 회장. 스웨덴 사이코드라마 학술지의 창립자이자 편집자. 다양한 나라에서 원로 수퍼바이저와 훈련자. 치료적 장면에서 사이코드라마와 사회드라마 진행. 돌봄 측정에 관여.

e-mail: judith.teszary@comhem.se

Roma-Torres António. 정신과 의사, 포르투갈의 São João 병원의 정신과 과장. 가족상담. FEPTO 설립 회원이며, FEPTO 연구위원회의 전 회장. IAGP 위원회의 전 위원. 포르투갈 사이코드라마 학회의 전 회장. 식이장애에 대한 연구와 상담. 공공기관과 개업 정신과 진료.

e-mail: aroma@sapo.pt

Tsegos Ioannis K. 정신과 의사. 집단 분석가. (I.G.A. 런던). 오픈 심리치료 센터의 훈련과 연구 센터의 소장. 개업상담자. 집단 분석 기관의 회장. 유럽 집단 분석 훈련 기관의 설립자. 그리스 현대심리치료 시리즈물의 출판물 책임자.

Weiß Kersti. 심리학 박사. 수퍼비전 교수자(DGSv), 조직 발달과 수퍼비전을 위한 교육기관의 소장. 심리치료 전문가이자 사이코드라마 상담자(DFP/DAGG), 수퍼바이저이자 코칭전문가. 생활지도, 갈등, 팀빌딩에 대한 출판.

e-mail: info@kersti-weiss.de, *web:* www.kersti-weiss.de, www.ipos-ekhn.de

찾아보기

ㄱ

가상 장면 42
감격이 있는 직업 195
감독(conductor) 31
거울 39, 77
거울 신경계(mirror neuron system) 45
게슈탈트 37
결속 46, 114
겸손 165
공간 장악 101
공감 12, 179
공감의 원 176
공감 표현자 177
공동 무의식(co-unconsciousness) 32
공명상태 109
공상(Imaginatio) 개입 191
과잉 학습자 115
과정분석 8, 91
과정분석 단계 18
과정 평가 236
관계성 148
교수자 평가 236
구조화 171
그리스식 모델 259
그림자 44
극적인 직업 194
기계로부터의(Ex machina) 개입 190
기법(technique) 93
기억 비대(memory hypetrophy) 41
긴장의 장 181
꿈 배양 32
꿈 연기 42

ㄴ

나누기 11, 46
내레이터 소개하기 46

ㄷ

다중-개별적 기능 14
다차원적 역할 20
단순화된 개인 설문지 252
단일사례 효용성 연구설계(HSCED) 249
독백 39
동료 수퍼비전 104
동료 평가 235
동일 구조 109
동작 피드백 23
두려움 184

ㄹ

라이브 수퍼비전 5, 181

ㅁ

마법의 거울(Speculum magicum) 개입 191
만다라 238
명확한 관찰자 117
무대 공포증 159
무조건적 수용 12
문헌 검토 235
문화적 원자 116
미니어처 기법 237

ㅂ

반복되는 꿈 32
방법론 세미나 70
방법론적 패러다임 252
보존(containment) 49
보편성 46
보호관찰 62
분석가 209
분석의 원(analytical circle) 36
불안 157

붙잡아둠(holding) 49
비공생 평등 144
비판적 종합 74

ㅅ

사이코드라마 디렉터 46
사이코드라마 수퍼비전 삽화 237
사이코드라마 집단과의 치료적 결합 46
사전 수퍼비전 101
사회성 기술 훈련 193
사회성측정이론 116
사회성측정학자 119
사회적 꿈 32
사회적 원자 수퍼비전 148
사회적 원자 연구 193
상징적 꿈 32
서면 피드백 23
설문지 287
성찰 93, 141
셀프 수퍼비전 104
소시오드라마 60
소집단 161
수퍼비전 69, 113
수퍼비전 과정 264
수퍼비전 프로토콜 265
수행 불안 159
시각적 꿈 32
시청각 녹화 73
신탁 꿈 32
실연 11, 192
실존적 요소 46
실행방법기관 221

ㅇ

아이디어 교환 206
악몽 32
양육하는 직업 194
어항기법 230
여유 공간 180
역실연(reverse enactment) 4, 19
역전이 134
역할 개념 146
역할 교대 38
역할 맡기 237
역할 바꾸기 237
역할 벗기 44
역할 원자 56
역할이론 116
역할 중심 접근 225
역할 탐색 39
연구방법론 249
연기의 장면 구성 37
연상(association) 36
영국드라마치료사협회 222
용기 184
워밍업 11, 35, 160, 281
위기 개입 57
유머 164
유인 요인 245
윤리 130
융 심리학적 사이코드라마 30
의식 102
의존 184
이중자 33, 39, 77
인간행동학 56
인본주의적 과정분석 10, 26
인본주의적 사이코드라마 8
일치성 12
임상 세미나 70
잉여현실(surplus) 185, 206

ㅈ

자기 실현(self actualization) 13
자기 지식 46
자기 탐색 55
자기 평가 235
자문가 100
자발성이론 115

작전 타임(time out) 33
장면(vignettes) 41
장면의 길이와 마무리 41
장면 해결 41
장애 요인 245
전이 134
정신분석 134
제어 184
제작자 119, 209
조력자 39, 100
존재의 방식 12
주인공 경청하기 37
주인공 면담하기 36
주인공 선택하기 35
즉석 피드백 23
지도(guidance) 92
직접 수퍼비전 142, 181
진단적 사용 193
집단 분석적 수퍼비전 259
집단 지성 15

ㅊ

차례 기다리기 73
촉진자 110
추후평가 288
축어록 182
치료사 119, 209
치료적 동맹 135
치유의 기술 261
침묵 관리 44

ㅋ

카타르시스 46
커뮤니큐브 237
큰 수준의 조각 237

ㅌ

탈중심화 15, 39
텔레 무의식(tele unconsciousness) 32
팀 짜기 90

ㅍ

페르소나 43
평가 287
평가과정 288
평가 방법 235
평행 109
표현적 치료 훈련 센터 144
플레이백시어터 221
피드백 16, 161

ㅎ

현장 수퍼비전(supervision in situ) 4
협업 15
훈련 113
훈련 집단 70
희망의 결합 46

기타

3명으로 작업하기 228
4개의 요소 238
6조각 수퍼비전 구조 237
7가지 관점의 모델 226
Carl Rogers 12
CFIP 88
Claire Danielson 144
Correale 41
ESCOPE 244
FEPTO 250
Jinnie Jefferies 13
J. L. Moreno 12
La Verveine 88
Martin Buber 12
PQ 252
SEPT 88
TRAIN 217
Zerka Toeman Moreno 41

역자 소개

최대헌

심리극장청자다방, 생애발달교육상담센터 대표
강남대학교 사회복지학 박사
드라마심리상담 수퍼바이저
성심리상담전문가
사회복지사 1급
한국드라마심리상담협회 회장
한국학교상담학회 프로그램 개발 및 기획위원장
서울지방경찰청 성폭력범죄 자문위원
경기창조학교 멘토
세상을 바꾸는 15분
EBS 가족, 부부 달라졌어요 패널

주요 저역서

- 부부의 심리학 (2007, 학지사)
- 트라우마 생존자와 심리극 (2008, 학지사)
- 트라우마 회복탄력성과 상담실제 (2011, 시그마프레스)
- 집단트라우마 치유 (2015, 시그마프레스)
- 회상치료 이론과 실제 (2011, 학지사)

심호규

공군 보라매리더십센터 교수
서울여자대학교 심리치료학 박사
청소년상담사 1급
한국상담심리학회 상담심리사 1급
한국상담학회 전문상담사 1급 (학교분과)
드라마심리상담 수퍼바이저
한국상담심리학회 대외협력위원회 부위원장
전 춘천교육대학교 초빙교수

주요 저역서

- 군 스트레스 심리학 (2014, 교문사)
- 놀이치료 사례연구 (2007, 시그마프레스)

방기연

고려사이버대 상담심리학과 교수
University of Iowa, Counselor Ed & Supervision, Ph. D.
한국상담심리학회 상담심리사 1급
한국상담학회 전문상담사 1급 (학교분과)
현 한국상담심리학회 대외협력위원장
현 한국대학상담학회 국제교류위원장

주요 저역서

- 상담수퍼비전에서 만나게 되는 윤리적 주제들 (2014, 양서원)
- 상담수퍼비전의 이론과 실제 (2011, 양서원)
- 용서심리학 (2011, 시그마프레스)
- 문화적 다양성과 소통하기 (2010, 한울)

소용주

사과나무 심리상담센터 소장
서울여자대학교 심리치료학 박사
한국상담심리학회 상담심리사 1급
드라마심리상담 수퍼바이저

주요 저역서

- 성폭력 피해자 가해자 치료지침서 공역 (2005, 학지사)
- 놀이치료 사례 연구 공저 (2007, 시그마프레스)

사이코드라마 수퍼비전

Supervision in Psychodrama
Experiential Learning in Psychotherapy and Training

발 행 일 | 2016년 11월 30일 초판 1쇄 발행
편 저 자 | Hannes Krall ·Jutta Fürst ·Pierre Fontaine
역 자 | 최대헌 · 방기연 · 심호규 · 소용주
발 행 인 | 구본하
발 행 처 | 도서출판 박학사
주 소 | 서울시 마포구 월드컵북로5길 33 동아빌딩 2층
전 화 | (02)3142-3764~5
팩 스 | (02)3142-3766
웹사이트 | www.pakhaksa.co.kr
등록번호 | 제10-2230호

정가 15,000원 ISBN 978-89-98521-56-1